大唐盛世

黄中业——著

SPM
南方传媒 广东人民出版社

·广州·

图书在版编目（CIP）数据

大唐盛世 / 黄中业著 . -- 广州 : 广东人民出版社，

2025. 1. -- ISBN 978-7-218-18232-2

Ⅰ . K242.09

中国国家版本馆 CIP 数据核字第 2024PH9998 号

DATANG SHENGSHI

大唐盛世

黄中业　著

出 版 人：肖风华

责任编辑：陈泽洪　宁有余
责任技编：吴彦斌
装帧设计：仙境设计

出版发行：广东人民出版社
地　　址：广州市越秀区大沙头四马路 10 号（邮政编码：510199）
电　　话：（020）85716809（总编室）
传　　真：（020）83289585
网　　址：http://www.gdpph.com
印　　刷：天津中印联印务有限公司
开　　本：710mm×1000mm　1/16
印　　张：20　字　　数：350 千
版　　次：2025 年 1 月第 1 版
印　　次：2025 年 1 月第 1 次印刷
定　　价：85.00 元

如发现印装质量问题，影响阅读，请与出版社（020-87712513）联系调换。
售书热线：（020）87717307

卷一

大唐开国

一　隋末天下大乱　002
二　太原留守李渊　005
三　晋阳起兵前后　007
四　决策西取长安　015
五　李渊建国称帝　023
六　建国诸项举措　026

卷二

贞观之治（上）

一　玄武门之变　030
二　决计偃武修文　036
三　尊孔注释经书　039
四　兴学校重科举　043
五　鉴古设馆修史　047
六　兴礼乐修族志　056

卷三

贞观之治（下）

一　创立宰相制度　064
二　修唐律建法制　068
三　发展经济举要　083
四　任贤纳谏新风　097
五　开疆宇大一统　114
六　贞观晚年流弊　131

卷四

武后临朝

一　贞观遗风尚存　144

二　武则天主朝政　151

三　武氏治国有方　157

卷五

开元新政

一　开元初年形势　172

二　稳定政局措施　175

三　确定治国方针　180

四　任用天下贤能　182

五　纳谏与谏议制　189

六　完善立法制度　192

七　抑制奢靡　196

卷六

开元盛世：经济繁荣

一　农业迅速发展　200

二　手工业的新貌　210

三　商贸空前繁荣　215

卷七

开元盛世：科技成就

一　天文学成就　222

二　数学成就　226

三　医学成就　228

四　农学成就　233

五　地学成就　235

六　生物学成就　238

七　农业技术成就　240

八　手工业技术成就　244

九　建筑技术成就　248

卷八

开元盛世：文化昌盛

一 多元宗教 252
二 盛唐诗歌 257
三 史学理论 265
四 图书文字 269
五 学校教育 273
六 音乐舞蹈 274
七 美术雕塑 286

卷九

开元盛世：民族和睦

一 民族融合 292
二 朝聘往来 294
三 汉番通婚 295

卷十

开元盛世：中外交流

一 中外交通主要线路 298
二 国际都市长安、广州 300
三 唐朝与中东世界 302
四 唐与东罗马及非洲 304
五 唐与印度半岛诸国 305
六 唐朝与东南亚各国 308
七 唐与新罗等国 310
八 唐与东瀛日本 312

大唐开国

一　隋末天下大乱 ～～

　　隋朝一统天下，是中国历史上的一件大事，它结束了中国从西晋开始，长达270多年的分裂局面。开国之君隋文帝杨坚，于称帝后实施了一系列的社会改革，诸如设置尚书、门下、内史三省以加强中央集权；简化地方行政机构，在地方上实行州、县两级制，以节省国家开支，便于政令通达；初创科举选官制度，加强对地方官吏的考核和控制；在经济上，颁布均田新令，采用租调制度，减免赋税，颁布输籍法作全国性户口调查，增加国家的财政收入；注重水利建设；在全国范围内推行府兵制度，镇压江南豪族叛乱，等等。这一切使得隋朝的农业获得了空前的发展，耕地面积扩大、粮食产量增加，全国各地粮仓中储存的粮食数量不可胜数。在手工业方面，著名工匠李春所设计的赵州石桥，至今仍保存完好，堪称我国建筑史上的杰作。其他如纺织业、造船业，亦有很大的发展。在科学文化事业方面，诸如巢元方的《诸病源候论》、陆法言的《切韵》等，皆堪称一代名著。这一时期，在中央王朝同边疆各民族的联系上，亦有了进一步的发展，中原与中亚地区已开辟了三条主要交通要道。总之，在隋朝统一天下后的短短一段时期内，社会经济、文化事业均获得了空前的发展，隋王朝呈现国势强盛的局面。

　　但另一方面，隋朝在隋文帝统治时期，社会矛盾亦呈现出某种程度上激化的苗头。隋王朝的建立，是隋文帝杨坚以外戚的身份"入宫辅政"的方式取得的，因此他不大懂得安天下必须先存百姓的道理。在施政方针上，隋文帝所实行的均田制度并没有解决豪强兼并土地的问题。他多次减轻对人民的赋税征收，稳定经济发展，使国家仓库中储存的粮食暴增，据李世民后来估计，隋朝储粮足以供全国五六十年的食用。史学家马端临称："古今称国之计富者，莫如隋。"[①]即使在这种情况下，当开皇十四年（594年），在关中地区出现大旱灾、人民无粮可食的情况下，隋文帝虽然表面上表示同情人民的疾苦，却不肯开仓放粮、赈济灾民，而是令关中灾民

---

① 上海师范大学古籍研究所，华东师范大学古籍研究所点校：《文献通考·国用考》，北京：中华书局，2011 年。

到河南洛阳地区"就食"，自谋活路。在史书的记载中，隋文帝是以节俭著称的。但事实上，他下令大兴土木，在岐州（今陕西宝鸡）修造仁寿宫，工程期限紧迫，被逼死的民工多达几万人。在法律制度建设方面，隋文帝有时不按法律条文处理政务，晚年"喜怒不恒""用法益峻"，造成了社会矛盾进一步的激化。待隋炀帝继位之后，他所施行的苛政更是致使社会矛盾空前地尖锐起来。

隋文帝改立的太子杨广，于604年登上了皇帝的宝座，是为隋炀帝。隋炀帝上台后，立即向全国大批征发民工，大兴土木。他下令营建东都洛阳，每月役使的民夫多达200万人，死者十有四五。他调动大量民力，从五岭、江南地区向北方运送奇材怪石，营建宫殿和苑囿。他在洛阳西面修建的西苑，方圆200里，苑内宫殿无数，台观殿阁林立，工程量十分浩大。他还下令征调上百万的民夫开凿运河。人民为了躲避徭役，往往会自己伤害自己的肢体并致残，称为"福手""福足"，足见人民竟被迫害到何种悲惨的地步。特别是隋炀帝自612年至614年向辽东地区发起的征讨高句丽的战争，更加给人民带来了深重的灾难，并最终导致了农民起义的爆发。

隋炀帝征讨高句丽，是以山东的东莱和河北的涿郡为军事基地的，因而给河北、山东地区的百姓带来了沉重的负担。大业七年（611年），山东、河北发生大水灾，淹没了30余个郡县。大批农民在谷价踊贵、饥馑四起的情况下，被迫离开故土，成为流民。然而，隋炀帝却不顾灾民的死活，依旧加紧准备对高句丽的战争。这一年的十二月，邹平（今山东邹平东北）人王薄率众占领长白山（今山东邹平、章丘交界处），举起起义的大旗。王薄自称"知世郎"，作了一首《无向辽东浪死歌》，称"譬如辽东死，斩头何所伤"，号召人民起来反对进攻高句丽的战争。由于贫苦农民"避征役者多归之"，起义队伍迅速壮大。

在王薄起义的号召与影响之下，平原（今山东平原）人刘霸道聚众数万人，占据了"负海带河、地形深阻"的豆子䴚（今山东惠民境内）；漳南（今山东武城西北）人孙安祖聚众数百人，占据了高鸡泊（今河北故城西南）；清河（今河北清河）人张金称聚众活跃于鄃县（今山东夏津）的河渚地区；蓨县（今河北景县境内）人高士达，则聚众活动在蓨县一带。

大业八年（612年），隋炀帝在山东、河北等地农民起义风起云涌的形势下，仍然一意孤行，发动了第一次对高句丽的战争：陆军从涿郡出发，水军从东莱海口出发。最终，在高句丽军民英勇抵抗、隋军士气低沉不愿作战的情况下，隋炀帝第一次东征的军事行动，以大败而告终。

　　大业九年（613年），隋炀帝不顾各地农民起义不断爆发和第一次东征失败，悍然发动对高句丽的第二次战争。沉重的战争负担，迫使更多逃避兵役、徭役的农民纷纷加入了起义军的队伍。这一年，济阴（今山东曹县）人孟海公、北海（今山东青州）人郭方预、齐郡（今山东济南市）人孟让、厌次（今山东惠民东南）人格谦、平原（今山东平原）人郝孝德、渤海（今山东阳信南）人孙宣雅等相继聚众起义。各路起义军队伍，少则数万、多则十余万人，至此，反隋农民起义已形成第一次高潮。

　　在此次农民起义浪潮中，隋王朝统治集团内部的矛盾亦日益尖锐。大业九年（613年），当隋炀帝率大军在辽东征伐高句丽之际，负责督运粮草的礼部尚书杨玄感（越国公杨素之子）在黎阳（今河南浚县东南）重镇率部起兵反隋。为夺得国家政权，杨玄感提出了"为天下解倒悬之急，救黎元之命"的口号。此后，每天投奔到他旗下的民众有数千人之多，形势对他十分有利。然而，杨玄感在战略上屡犯错误：从黎阳渡过黄河后攻打守备力量很强的洛阳，四五十天都未能攻下，致使隋炀帝得以从辽东前线率大军返回河南洛阳；杨玄感在匆忙中又率军西入关中，在隋军追击之下，连战连败，最后自杀而死。杨玄感起兵被平定后，隋炀帝杀戮了大批官员，隋王朝统治集团上层人物人人自危，形势对农民起义军的反隋斗争更为有利。

　　大业十年（614年），一意孤行的隋炀帝不顾王朝危亡在即，又发动了第三次征讨高句丽的战争。然而，农民起义军从山东、河北发展到河南、江淮、山西、关中的事实，迫使隋炀帝不得不从辽东前线草草收兵，回师集中力量镇压各地的农民起义。

　　从大业十年（614年）至大业十三年（617年），隋军与各地农民起义军之间战事不断，农民起义军队伍此起彼伏，并且在反隋斗争中逐渐形成了三支强大的武装：在河南，有以翟让、李密为首的瓦岗军；在山东、河北，有以窦建德为首的义军；在江淮，有以杜伏威、辅公祏为首的义军。在农民起义军的强大冲击下，隋朝统治集团进一步分化，各地豪族和地方官员相继起兵，占据一方，隋王朝覆亡的大局已定。在这种形势下，关陇贵族太原留守李渊在晋阳起兵，引起了全局形势的变化。

二 太原留守李渊

李渊字叔德，祖籍陇西狄道（今甘肃临洮）。李渊的七世祖李暠，在西晋末年占据敦煌、酒泉为王，建立西凉国，自称凉公，是为凉武昭王。六世祖李歆时，西凉被北凉吞灭。五世祖李重耳，曾任北魏弘农太守。四世祖李熙，曾任北魏金门镇将。三世祖李天赐，为北魏幢主。祖父李虎因与李弼等八人协助宇文泰政变有功，成为北周著名的八柱国之一，系北周的开国功臣，死后追封为唐国公。父亲李昞，袭封唐国公，曾任北周安州（今湖北安陆）总管、柱国大将军。可见，自西晋末年到隋统一中国的将近三百年中，李氏家族一直是关陇地区的贵族世家。

李渊娶北周上柱国窦毅之女为妻，生有四男，即建成、世民、玄霸、元吉。在隋炀帝继位后，李渊升任将军，历任陇州、岐州、荥阳、楼烦等地的地方长官。

大业九年（613 年），当隋炀帝第二次率大军东征高句丽时，李渊被派往怀远镇（今辽宁辽中附近）督运粮草。杨玄感起兵反隋时，他的兄弟从辽东的前线逃回，李渊首先发觉后，立即向炀帝报告，炀帝闻讯立即回师平叛，并同时任命李渊为弘化郡（今甘肃庆阳）留守，诏令他兼领关右诸郡的兵力，用以抵御杨玄感进入关中后的西进行动。

当时天下大乱，统治集团内部日益分裂，炀帝因杨玄感起兵反叛而猜忌杀戮大臣。炀帝曾因事征召李渊议事，李渊因病未能按时谒见。李渊有个外甥女王氏在炀帝后宫，炀帝向王氏询问李渊未应召入宫的原因，王氏以李渊患病答对。炀帝听闻后半信半疑，颇不满意地说道："可得死否？"[1]当李渊得知炀帝对自己的猜疑和不满后，越发恐惧。为消除皇帝的猜疑，李渊在向炀帝进献珍宝的同时，整日纵酒取乐，以表示自己胸无大志，没有窥伺国家神器的野心。就在这一年，炀帝因猜疑大将军李浑门族强盛，抄斩了李浑一家 13 口。李浑的势力与李渊不相上下，李渊怎能不整日提心吊胆，担心大祸降临？

大业十一年（615 年）四月，李渊被调任为山西河东慰抚大使，携家眷自陕西

---

① （宋）司马光编著，（元）胡三省音注：《资治通鉴》卷一八二，北京：中华书局，1956 年。

来到山西，奉命镇压山西的农民起义军。当时天下大乱，李渊早有起兵反隋的考虑，他的副使夏侯端向他指出处境险恶之处，劝他及早做准备，李渊表示赞同，"深然其言"①。由于李渊的深谋远虑，他认为起兵的时机尚不成熟，因此表面上不得不继续效忠炀帝。到达山西后，李渊率兵攻击龙门以毋端儿为首的义军，"射七十发皆中，贼败去"。②又攻击绛州以柴保昌为首的义军，"降其众数万人"。③

大业十二年（616 年），隋炀帝命令李渊与马邑太守王仁恭抵御突厥南下的进攻。当时突厥兵强势盛，而李渊、王仁恭所拥有的兵力却不足 5000 人。在强大的敌人面前，"仁恭以兵少甚惧"④，而李渊却胸有成竹地分析形势说："我当用长策以驭之，和亲而使之，令其畏威怀惠。"⑤并提出了"今若同其所为，习其所好，彼知无利，自然不来"⑥的策略。王仁恭赞同李渊的谋略，派"两千余人饮食居止一同突厥，随逐水草……驰骋射猎以曜威武……如此再三，众心乃安，咸思奋击"。⑦李渊的战略战术使突厥颇为困惑不解，在时机成熟后，李渊下令"纵兵击而大破之，获其特勒（可汗子弟）所乘骏马，斩首数百千级。自尔厥后，突厥丧胆，深服帝之能兵，收其所部，不敢南入"。⑧

就在同一年，隋炀帝因李渊镇压农民起义和抵御突厥势力南下屡立战功，任命李渊为太原留守。在太原留守任上，鉴于隋王朝在农民起义的强烈冲击下大势已去，李渊终于开始酝酿起兵反隋，夺取天下。与此同时，李渊的次子李世民自从随父亲来到太原后，见"隋祚已终"，为"潜图义举"⑨，便结交了长孙顺德、刘弘基、刘文静等豪杰，以图大事。

① （后晋）刘昫等撰：《旧唐书·夏侯端传》，北京：中华书局，1975 年。
②③（北宋）欧阳修等撰：《新唐书·高祖本纪》，北京：中华书局，1975 年。
④⑤⑥⑦⑧（唐）温大雅撰，李季平、李锡厚点校：《大唐创业起居注》卷上，上海：上海古籍出版社，1983 年。
⑨《旧唐书·太宗本纪》。

三　晋阳起兵前后

李渊出任太原留守后，策划了对历山飞农民起义的镇压。然而，就全国范围来看，各地的农民起义如火如荼。地方贵族、豪强势力趁机起兵占据州县，割据一方。据《新唐书·高祖本纪》记载：

> 刘武周起马邑，林士弘起豫章，刘元进起晋安，皆称皇帝；朱粲起南阳，号楚帝；李子通起海陵，号楚王；邵江海据岐州，号新平王；薛举起金城，号西秦霸王；郭子和起榆林，号永乐王；窦建德起河间，号长乐王；王须拔起恒、定，号漫天王；汪华起新安，杜伏威起淮南，皆号吴王；李密起巩，号魏公；王德仁起邺，号太公；左才相起齐郡，号博山公；罗艺据幽州，左难当据泾，冯盎据高、罗，皆号总管；梁师都据朔方，号大丞相；孟海公据曹州，号录事；周文举据淮阳，号柳叶军；高开道据北平，张长懋据五原，周洮据上洛，杨士林据山南，徐圆朗据兖州，杨仲达据豫州，张善相据伊、汝，王要汉据汴州，时德叡据尉氏，李义满据平陵，綦公顺据青、莱，淳于难据文登，徐师顺据任城，蒋弘度据东海，王薄据齐郡，蒋善合据郓州，田留安据章丘，张青特据济北，臧君相据海州，殷恭邃据舒州，周法明据永安，苗海潮据永嘉，梅知岩据宣城，邓文进据广州，俚酋杨世略据循、潮，冉安昌据巴东，宁长真据郁林，其别号诸盗往往屯聚山泽。

上述记载表明，至隋大业十三年（617 年），反隋的烽火已经燃遍中国大地，隋王朝的命运已是危在旦夕。正是在这种形势下，李渊起兵反隋的谋略进入了实质性的准备阶段。

在官修史书，如新旧《唐书》以及《资治通鉴》中，为了有意突出李世民在晋阳起兵中的作用，说什么晋阳起兵本非李渊的本意，"皆秦王世民之谋""皆太宗之功"。但大量记载表明，事实并非如此。在隋末天下大乱的形势下，起兵反隋的念头在李渊的脑海中由来已久。

大业九年（613 年），李渊于怀远镇为隋炀帝东征高句丽督运粮草，与宇文士及"往在涿郡，尝夜中密论时事"①。后来宇文士及降唐，李渊又对裴寂说："此人（指宇文士及）与我言天下事，至今已六七年矣，公辈皆在其后。"②当时，二人的"密论时事""言天下事"，无疑是图谋天下之类的密事。

与此同时，李渊按夫人窦氏生前的建议，向隋炀帝进献鹰犬以及炀帝对他表示不满后的"纵酒纳赂以自晦"③等行为，无疑是为着掩盖自己谋取天下的意图，保存自身，以观时变，寻找机会。

李渊调任弘化郡留守时，兼领关右十三郡军事，他的妻兄窦抗前来劝说他："可乘其便，天之所启也。"④李渊告诫窦抗不要乱讲，认为"无为祸始，何言之妄也"⑤。这表明他虽然一直在考虑起兵一事，但不愿在时机成熟前采取行动，以免招来祸难。

大业十一年（615年），李渊调任山西河东慰抚大使，他推荐好友夏侯端任副使。这位颇知"玄象"的夏侯端劝说李渊："金玉床摇动，此帝座不安……天下方乱，能安之者，其在明公……若早为计，则应天福；不然者，则诛矣。"⑥李渊"深然其言"⑦，这表明李渊此时已下定了起兵的决心。

大业十二年（616年），据《大唐创业起居注》记载，李渊来到太原任职时，曾对李世民说："唐固吾国，太原即其地焉。今我来斯，是为天与。与而不起，祸将斯及。"这是李渊来到太原后已决心起兵反隋的又一证明。

同年十二月，李渊升任太原留守，突厥入侵北部边境，隋炀帝命令李渊和马邑太守王仁恭并力抵抗。因战事不利，炀帝派使者将李渊和王仁恭送江都治罪。李渊托词不赴江都，同时对李世民说道："隋历将尽，吾家继膺符命，不早起兵者，顾尔兄弟未集耳。今遭羑里之厄，尔昆季须会盟津之师，不得同受孥戮，家破身亡，为英雄所笑。"⑧

李世民一直积极主张起兵反隋，见炀帝要逮捕父亲问罪，便主张举兵造反。然而几天过后，炀帝又派使者赦免了李渊的罪过。这场虚惊对李渊起兵反隋无疑起了催化的作用，他通知建成、元吉于河东"潜结英杰"⑨，使世民"于晋阳密招豪友"⑩。

---

①②《旧唐书·宇文士及传》。

③《资治通鉴》卷一八二。

④⑤《旧唐书·窦抗传》。

⑥⑦《旧唐书·夏侯端传》。

⑧⑨⑩《大唐创业起居注》卷一。

在大业十二年（616年）十二月至大业十三年（617年）五月的半年期间，李渊父子加快了准备起兵的步伐。

在李世民"密招豪友"的过程中，刘文静、裴寂为酝酿起兵起到了重要的作用。

刘文静字肇仁，据《旧唐书·刘文静传》记载，此人"伟姿仪，有器干，倜傥多权略。隋末，为晋阳令，遇裴寂为晋阳宫监，因而结友"。李渊来太原出任留守，刘文静通过一段时间的观察后认为李渊"有四方之志，深自结托"①。文静又通过私下对李世民的观察，认为李世民必定能成就大事，因而对裴寂说李世民"非常人也。大度类于汉高，神武同于魏祖，其年虽少，乃天纵矣"。②后来，刘文静因与瓦岗农民起义军的首领李密结为姻亲，被隋炀帝下令投入太原狱中。李世民深知刘文静是一位可以共同图谋大事的人才，便私下到狱中探望他。刘文静心中明白李世民为何而来，便十分高兴地向他说道：

"天下大乱，非有汤、武、高、光之才，不能定也。"③

李世民回答：

"卿安知无，但恐常人不能别耳。今入禁所相看，非儿女之情相忧而已。时事如此，故来与君图举大计，请善筹其事。"④

刘文静见李世民毫无保留地向自己说明来意、图谋大事，便胸有成竹地细说了自己对形势的分析，提出了起兵反隋的方略。他说：

"今李密长围洛邑，主上流播淮南，大贼连州郡、小盗阻山泽者万数矣，但须真主驱驾取之。诚能应天顺人，举旗大呼，则四海不足定也，今太原百姓避盗贼者，皆入此城。文静为令数年，知其豪杰，一朝啸集，可得十万人，尊公所领之兵复且数万，君言出口，谁敢不从？乘虚入关，号令天下，不盈半岁，帝业可成。"⑤

李世民听完刘文静的一通高论，笑着说："君言正合人意。"⑥然而，此时李世民对父亲的深谋远虑和行动部署尚不十分清楚，更不必说刘文静了。世民与文静为促成李渊不失时机地起兵，决定利用裴寂同李渊的亲密关系进行说项。

裴寂字玄真，据《旧唐书·裴寂传》记载，此人"年十四，补州主簿。及长，疏眉目，伟姿容"。在长安任侍御史、驾部承务郎期间，已与李渊结识交往。李渊在太原任职时，裴寂正担任晋阳宫副监。李渊因"与寂有旧，时加亲礼，每延之宴

---

①②③④⑤⑥《旧唐书·刘文静传》。

语，间以博奕，至于通宵连日，情忘厌倦"。①

此时李世民急于及早起兵反隋，又不敢贸然向父亲进言。他见到裴寂很受父亲的器重，便决定与裴寂结成密切的关系，通过裴寂劝说父亲及早起兵。为此，李世民投裴寂所好，私下出钱数百万，使令龙山令高斌廉与裴寂赌博，故意输钱给裴寂。裴寂赢钱既多，十分高兴，每日同世民游乐。世民既已与裴寂结成亲密关系，便把敦促父亲及早起兵的实情告诉裴寂，裴寂答应从中相助。一日，裴寂让晋阳宫中的两名美女在家中酒宴时侍奉李渊饮酒，饮至半醉之时，裴寂乘机向李渊说：

> "二郎（即李世民）密缵兵马，欲举义旗，正为寂以宫人奉（侍）公，恐事发及诛②，急为此耳。今天下大乱，城门之外，皆是盗贼。若守小节，旦夕死亡；若举义兵，必得天位。众情已协，公意如何？"③

李渊见形势既已如此，便对裴寂说道：

> "我儿诚有此计，既已定矣，可从之。"④

李渊起兵的想法由来已久，为谨慎从事，他只向李世民透露过这一意图，从未谈及行动布置，更没有向外人透露。此次李渊当着裴寂的面就起兵一事明确表态，表明起兵反隋一事正式由谋划进入付诸实施的阶段，起兵的步伐从此开始加速。

李世民与刘文静、裴寂一道敦促李渊及早起兵，《旧唐书·刘文静传》亦记载，当隋炀帝要将李渊押至江都问罪时，李世民派刘文静与裴寂共同向李渊进言：

> "《易》称'知几其神乎'，今大乱已作，公处嫌疑之地，当不赏之功，何以图全？其神将败衄，以罪见归。事诚迫矣，当须为计。晋阳之地，士马精强，宫监之中，府库盈积，以兹举事，可立大功。关中天府，代王冲幼，权豪并起，未有适从。愿公兴兵西入，以图大事，何乃受单使之囚乎？"

李渊深以为然。

据《资治通鉴》卷一八三记载，在隋炀帝要将李渊押至江都问罪时，世民"乘间屏人说渊"曰：

> "今主上无道，百姓困穷，晋阳城外皆为战场。大人若守小节，下有寇盗，上有严刑，危亡无日。不若顺民心，兴义兵，转祸为福，此天授之时也。"

李渊闻听后大为惊讶，说道：

---

① ③ ④ 《旧唐书·裴寂传》。
② 以皇帝离宫中的美女侍宴，当事人当然是罪不容诛。

"汝安得为此言，吾今执汝以告县官！"

说着，李渊便取过纸笔，想要写表状向县官告发儿子。李世民心中有数，并不相信父亲真会向官府告发自己，不过是责怪自己如此大事怎可随意轻言而已。于是，世民用缓和的语气诚恳地向父亲说道：

"世民观天时人事如此，故敢发言；必欲执告，不敢辞死！"[1]

李渊见儿子信以为真，便马上改口说：

"吾岂忍告汝，汝慎勿出口！"[2]

第二天，李世民又向父亲劝说道：

"今盗贼日繁，遍于天下。大人受诏讨贼，贼可尽乎！要之，终不免罪。且世人皆传李氏当应图谶，故李金才无罪，一朝族灭。大人设能尽贼，则功高不赏，身益危矣！唯昨日之言，可以救祸，此万全之策也，愿大人勿疑。"[3]

李渊闻言后感叹道：

"吾一夕思汝言，亦大有理。今日破家亡躯亦由汝，化家为国亦由汝矣。"[4]

要起兵必须扩充兵力，而公开招募士兵必定引起炀帝委派来监视李渊的副留守高君雅、王威的警觉，暴露李家起兵的密谋。为此，李渊令刘文静以晋阳令的身份诈称接到皇帝敕书："发太原、西河、雁门、马邑民年二十已上五十已下悉为兵，期岁暮集涿郡，击高丽。"[5]消息传出后，人们议论纷纷，对炀帝决定再次征伐辽东一事愤怒无比，思乱者益众。

与此同时，马邑人刘武周杀死马邑太守王仁恭，占据了马邑郡，起兵反隋，自称皇帝。同时，他又勾结突厥率兵南攻，攻陷楼烦，占据汾阳宫（隋炀帝的离宫）。这件事，又为李渊的公开募兵找到了有利的借口。

为了麻痹和稳住高君雅、王威，李渊故意对二人说："武周据汾阳宫，吾辈不能制，罪当族灭，若之何？"[6]高、王二人闻言很是恐惧，便向李渊请计，李渊故意说："朝廷用兵，动止皆禀节度。今贼在数百里内，江都在三千里外，加以道路险要，复有他贼据之……进退维谷，何为而可？"[7]

王威等人不明白李渊说这番话的用意，中了李渊的计策，说道：

"公地兼亲贤，同国休戚，若俟奏报，岂及事机；要在平贼，专之可也。"[8]

李渊故意装作不得已采纳王威的建议，说道：

---

[1][2][3][4][5][6][7][8]《资治通鉴》卷一八三。

"如此看来，只好首先招募士兵了。"

于是，李渊命李世民与刘文静、长孙顺德、刘弘基、窦琮等人四处招募士兵，远近有不少人前来投奔，旬日之间便募兵近万人，由刘文静、长孙顺德、刘弘基、窦琮等人统领。同时，李渊秘密遣使至河东（山西永济蒲州镇）、长安，令建成、元吉以及女婿柴绍迅速前来太原。

长孙顺德、刘弘基都是为了逃避征伐辽东的诏令而亡命于太原，窦琮也是触犯隋朝法律的逃犯。高君雅、王威见李渊非但不法办上述三人，反而令他们四处募兵，并委以带兵的重任；同时，李渊又令王威兼任太原郡丞，令高君雅守备高阳，使得王、高二人不能过问军中的重要事务。当李渊招募的士兵云集晋阳时，高君雅、王威这才明白了李渊募兵的意图，怀疑李渊心怀异志，因而对行军司铠武士彠说："顺德、弘基都是逃避征伐辽东的罪犯，罪当处死，怎能让这样的人统率士兵！"高、王二人哪里知道武士彠与李渊私交甚深，早已了解李渊起兵的意图，因而袒护李渊道："这两个人都是唐公的门客，如果就此事责难唐公，必将引起大的纠纷。"王威因此便没有责问李渊。留守司兵田德平见李渊大量募兵，想要劝说王威等人追查募兵一事。武士彠得知后，对田德平说："讨捕盗贼的军队，全部归唐公统领，王威、高君雅不过是托寄于客位而已，地位很不稳固，他们能有什么作为！"田德平闻听此言，便打消了原来的念头。

李渊父子大量募兵的真正意图毕竟难以掩盖。高君雅、王威被剥夺了参与军机要务的大权后，越发感到形势不妙，便拉拢晋阳乡长刘文龙等人，谋划利用在晋祠求雨的机会，将李渊父子及其党羽全部杀死。刘文龙平素与高君雅、王威友好，后来通过裴寂的关系与李渊结识。李渊平时待人以礼，不问出身高下，使刘文龙很受感动。因而当高、王指使文龙谋杀李渊父子时，文龙便把这一密谋全部告诉了李渊。李渊得知高、王二人的密谋，大为惊讶。于是，他使令刘文龙继续与高、王二人保持密切的交往，以便随时掌握高、王的一言一行，同时立即布置铲除高、王二人的行动计划。

大业十三年（617年）五月癸亥夜，李渊命长孙顺德、赵文恪等人从兴国寺新军中挑选500名壮士，会同李世民率领的精兵埋伏在晋阳宫城东门的左面，加强戒备。同时，他派遣鹰扬府司马刘政会为"急变之书"[①]，到留守府的议事大厅控告高、王二人勾结突厥谋反，以便就地逮捕二人。

---

① 《旧唐书·刘政会传》。

第二天（五月甲子日）早上，李渊与副留守高君雅、王威二人在留守府大厅议事，刘文静引导刘政会入厅，只见政会大声说道：

"有密状，知人欲反！"①

李渊目视王威等人，令其取告密状审视。刘政会不肯将告密状交给王威，说道：

"所告是副留守事，唯唐公得省之耳！"②

李渊故作惊讶地说："怎会有这等事情？"说着，他便取过告密状观看，只见状纸上面写道：

"威、君雅潜引突厥入寇。"③

这时，高君雅已经从突如其来的诬告中发觉自己已陷入李渊等人的预谋，因而挥臂大骂道：

"这是造反的人想要杀我而已！"

然而，高、王二人此时的觉悟已经为时过晚。当时，李世民的军队已控制了城内的街道路口，刘文静与刘弘基、长孙顺德等人一道将王威、高君雅逮捕入狱。

事情也真是有些巧合，在高、王被捕入狱的第三天，突厥数万人果然入寇晋阳，轻骑入外郭北门，出其东门。李渊命裴寂等人布置军队，防备敌军入城。与此同时，李渊下令将所有城门洞开，突厥不知李渊用的是什么计策，因而不敢入城。因此，城中的军民都认为突厥骑兵是高君雅、王威二副留守密谋招来的，于是便将高、王二人斩首。

逮捕并处死副留守高君雅、王威，标志着李渊父子晋阳起兵的正式开始。

有关晋阳起兵的大量记载表明，无论李世民在晋阳起兵中起到了怎样至关重要的作用，起兵的主导者都应是李渊，正史中所谓晋阳起兵"皆世民之谋"的说法与史实并不相符。李渊早有起兵之心，事实上也一直为此从各方面做准备。然而，作为一方军政大员，他老成持重，深知此等大业不可轻率从事。李渊深知此举的成功要具备各方面的条件，因此要等待时机成熟。在隋王朝尚有一定实力、隋炀帝对臣下百般戒备的情况下，他不愿重蹈杨玄感的覆辙，只能将起兵之心埋藏在心中，甚至对亲生儿子李世民，也不肯轻易透露自己的真实意图。事实表明，李渊这种做法是完全正确的。在晋阳起兵中，李渊绝非缺乏足够的勇气、处于被动的地位，更不

---

① ②《旧唐书·刘政会传》。
③《资治通鉴》卷一八三。

是无能之辈。在当时的环境之下，他的坚忍镇静，正体现了他的四方之志、大智大勇。事实表明，在几支主要的义军势力足以置隋王朝于死地的情况下，李渊在起兵这一问题上的态度是坚决的，他确实做到了把握时机，准备周密而充分，故能一举成功。正如王夫之在《读通鉴论》中所评论的那样：

> "人谓唐之有天下也，秦王之勇略志大而功成，不知高祖慎重之心，持之固，养之深……非秦王之所可及也。"

> "高祖犹慎之又慎，迟回而不迫起，故秦王之阴结豪杰，高祖不知也；非不知也，王勇于有为，而高祖坚忍自持，姑且听之而以静镇之也。"

不容否认，李世民在协助、敦促李渊晋阳起兵一事中发挥了十分重要的作用。如果说李渊在晋阳起兵中慎重有余的话，那么他的次子世民则是勇于有为、擅长计谋，对形势的分析和判断十分准确，又敢于当机立断，对促成李渊的及时起兵确实起到了重要的作用。特别值得提出的是，李渊为维持自己"纵酒纳赂以自晦"的形象以麻痹炀帝，他事实上是通过世民来"密招豪友"的。在交结豪杰的活动中，李世民确实显示了他在这方面的杰出天才。正是世民所结交的众多豪杰，在晋阳起兵以及其后夺取全国政权的军事斗争中，发挥了至关重要的作用。总之，是李渊的坚忍自持、老成持重、慎之又慎，与李世民的勇于有为、擅长计谋、善结豪杰的两相结合、交相辉映，才最终使晋阳起兵获得了圆满的成功。

四　决策西取长安

李渊逮捕高君雅、王威的第三天，突厥即率兵前来攻城，因不知城中虚实而离去。为消除争夺天下时来自北方的威胁，李渊派刘文静出使突厥，许诺攻入长安后"财帛金宝入突厥"①。于是突厥可汗派将领率骑兵2000人随刘文静前来助战，又献马千匹。

李渊于晋阳起兵，位于晋阳西南不远的西河郡（今山西汾阳）郡丞高德儒坚决反对。西河同太原近在咫尺，又是李渊出兵南下与西进的必经之地，因而拔掉这颗"钉子"，势在必行。

攻打西河是起兵后的第一场战役，李渊对此十分重视。大业十三年（617年）六月，李渊任命太原令温大有参谋军事，并且嘱托说："士马尚少，要资经略，以卿参谋军事，其善建功名也！事之成败，当以此行卜之。若克西河，帝业成矣。"②这里可以看出，西河战役被李渊视为事关夺取天下的大局。而他所派出的统兵将领，则是他的两个年轻的儿子——长子建成与年仅18岁的世民。当时，军中尚称建成与世民为"大郎""二郎"。出师前，李渊告诫两个儿子："尔等少年，未之更事，先以此郡观尔所为，人具尔瞻，咸宜勉力。"③建成、世民身受重任，聆听父训，当即跪在地上向父亲发誓道：

"儿等早蒙弘训，禀教义方，奉以周旋，不敢失坠。家国之事，忠孝在焉，故从严令，事须称旨，如或有违，请先军法。"④

建成、世民果然不辜负父亲的厚望。面对新近招募而未经训练的士兵，各级文武官吏又不齐整，二人草拟军法，从严肃军纪入手进行整顿。行军路上，两位青年将领与士兵同甘共苦，"遇敌则以身先之。近道菜果，非买不食，军士有窃之者，辄求其主偿之，亦不诘窃者"。⑤在隋末那个动乱年代，建成、世民所率领的这支

---

① 《旧唐书·刘文静传》。
② 《旧唐书·温大有传》。
③④ 《大唐创业起居注》卷上。
⑤ 《资治通鉴》卷一八四。

军队纪律严明、秋毫无犯，深得百姓们的拥护；二人的表率行为，亦深受广大将士们的爱戴，军队因此士气高昂。待至西河城下，建成、世民下令不许伤害城内外的百姓，允许百姓入城、出城，城中军民感到他们所面对的确实是正义之师。第二天大兵攻城，城中军民在司法书佐朱知瑾的带领下，从城中内应，引义师入城。

攻克西河后，"执德儒至军门，世民数之曰：'汝指野鸟为鸾，以欺人主，取高官，吾兴义兵，正为诛佞人耳！'遂斩之。自余不戮一人，秋毫无犯，各尉抚使复业，远近闻之大悦"。① 从出师到凯旋，往返不过九日。李渊见二子凯旋，高兴地说："以此行兵，虽横行天下可也。"②

晋阳起兵后，李渊父子同他的谋士刘文静、裴寂等人便制定了乘虚入关、夺取长安、号令天下、建立新王朝的战略目标。

西河战役后，李渊建置大将军府，自为大将军。大将军府下辖三军：李建成为陇西公、左领军大都督，统率左三军；李世民为敦煌公、右领军大都督，统率右三军；李元吉为太原郡守，留守晋阳宫。裴寂为长史（掌文书），刘文静为军司马（掌军务），唐俭、温大雅为记室，温大雅及其弟温大有共掌机密，武士彟为铠曹，刘政会、崔善为、张道源为户曹，姜謩为司功参军，长孙顺德、刘弘基、窦琮、王长谐、姜宝谊为左右统军、副统军。从五月甲子日至六月癸巳日，在短短48天里，李渊已建立起了自己的政治军事组织。

李渊还效法李密开仓济民、收买民心的做法，在太原开仓救济贫乏，因而应募从军的人很多，"二旬之间，众得数万"③，为李渊西取长安提供了充足的兵源。

为确保西取长安无后顾之忧，李渊必须消除来自两个方向的巨大威胁：一是北方的突厥，这已通过同始毕可汗所达成的许诺得以解决；二是李渊西取长安时来自左侧洛阳附近的李密瓦岗军以及隋军的威胁。李密作为瓦岗军的首领，此时拥有几十万的军队，据有洛阳附近的几个大粮仓，可谓兵强粮足。李密自从杀死瓦岗军的另一领袖人物翟让后，一心想要做中原的盟主，因而对让李渊直取京都长安是不甘心的。如果李渊在西取长安时遭到来自背后的李密大军的追击，他所拥有的军队力量一时无法同李密的大军相抗衡。诚然，此时李密的瓦岗军与隋军在东都洛阳的决战尚未进行。而李渊正是基于这种形势并利用李密"妄自矜大"的弱点，以一纸书

---

① ② 《资治通鉴》卷一八四。
③ 《大唐创业起居注》卷上。

信稳住了李密，因而在西取长安时免除了来自李密的威胁。李渊收到李密回信，笑着说道：

> "密妄自矜大，非折简可致。吾方有事关中，若遽绝之，乃是更生一敌；不如卑辞推奖以骄其志，使为我塞成皋之道，缀东都之兵，我得专意西征。俟关中平定，据险养威，徐观鹬蚌之势以收渔人之功，未为晚也。"[①]

李渊的这一段自我表白，不仅道出了他设法免遭来自瓦岗军和隋军攻击的意图，也表达了他西取关中是为实现"据险养威"以夺取天下的战略目标。为麻痹李密，李渊命温大雅代笔向李密复书，书信中有"当今为牧，非子而谁！老夫年逾知命，顾不及此……复封于唐，斯荣足矣"[②]等数语。李渊复书中的一番恭维和表白，李密竟信以为真。他得意地让将佐们观看来信，说道："唐公见推，天下不足定矣！"[③]李渊"卑辞推奖以骄其志"的策略奏效，为西取长安消除了后顾之忧。就这样，当山东群雄与隋军在中原激战时，李渊却占据了长安和关中地区，将西北区的各路义军逐一扫平，使自己在关中站稳了脚跟、壮大了力量。

大业十三年（617年）七月癸丑日，李渊亲自率领3万大军誓师出征，遥尊隋炀帝为太上皇，立代王杨侑（炀帝孙）为帝，将隋朝的赤色旗帜改为杂用绛白，改朝换代的意图已是路人皆知。

李渊西取长安的进军路线是沿汾河东岸南下，直取潼关。而霍邑（今山西霍州）则是进军途中的第一个军事目标。消息传至长安，留守京师的代王杨侑立即命虎牙郎将宋老生率精兵2万屯驻霍邑，同时派左武侯大将军屈突通驻守河东（今山西永济），阻截李渊的西进部队。当李渊的大军行至霍邑西北50里的雀鼠谷至贾胡堡（今山西灵石西南），时逢秋雨连绵、道路泥泞，大军不得不扎营于贾胡堡。由于秋雨久下不停，李渊不得不派出一部士兵返回太原增运一个月的军粮。霍邑地形险要、有险可据，守将宋老生与河东的屈突通遥相呼应，因此成了李渊西进关中途中的第一道障碍。这时，军中谣传刘武周联合突厥南下，一时不能证实是否属实，增运粮食的士兵又尚未返回，将士们有些不安。李渊召集将领商讨对策，裴寂等人都说：

> "宋老生、屈突通连兵据险，未易猝下。李密虽云连和，奸谋难测。突厥贪而无信，唯利是视。武周，事胡者也。太原一方都会，且义兵家属在焉，不如还救根本，更图后举。"[④]

---

①②③④《资治通鉴》卷一八四。

李渊赞同裴寂等人的意见，而李世民则反对说：

"武周位极而志满，突厥少信而贪利，外虽相附，内实相猜。突厥必欲远离太原，宁肯近亡马邑！武周悉其此势，未必同谋。又朝廷既闻唐国举兵，忧虞不暇，京都留守，特畏义旗。所以骁将精兵，鳞次在近，今若却还，诸军不知其故，更相恐动，必有变生，营之内外，皆为勃敌，于是突厥、武周不谋同至，老生、屈突追奔竞来。进阙图南，退穷自北，还无所入，往无所之，畏溺先沉，近于斯矣。"①

李世民对形势的分析是正确的，揭示了突厥与刘武周尚有矛盾的一面，指出了退军将产生严重的后果。李世民进一步阐述道：

"今来禾菽被野，人马无忧，坐足有粮，行即得众。李密恋于仓米，未遑远略。老生轻躁，破之不疑。定业取威，在兹一决。诸人保家爱命，所谓言之者也。儿等捐躯力战，可谓行之者也。耕织自有其人，请无他问。雨罢进军，若不杀老生而取霍邑，儿等敢以死谢。"②

李建成亦赞成弟弟世民的意见。

然而，老成持重的李渊，虽然认为世民讲得有理，仍下令大军返还太原。李世民见自己的意见未被采纳，想要入军帐再次向父亲进谏，无奈天色已晚，李渊已经就寝，世民不敢贸然入内。李世民与哥哥建成立于军帐之外，为拔营返还太原的决定而痛惜万分，兄弟二人不禁失声痛哭起来。李渊于夜间闻听帐外的痛哭声，便将两个儿子召入帐内，李世民再次进谏：

"今兵以义动，进战则克，退还则散；众散于前，敌乘于后，死亡无日，何得不悲！"③

听世民这么一讲，李渊也有所省悟，说道："大军已向北出发，如何是好？"

李世民见父亲态度有所转变，说道：

"右军严而未发；左军虽去，计亦未远，请自追之。"④

李渊见世民如此有见识，遇事善断，便高兴地说：

"吾之成败皆在尔，知复何言，唯尔所为。"⑤

建成、世民连夜驱马北驰，将已经出发北上的左军全部追还。丙子日，从太原增运的军粮也运达贾胡堡前线。

---

①②《大唐创业起居注》卷中。
③④⑤《资治通鉴》卷一八四。

在贾胡堡前线关于进军与退兵的分歧，事关西取长安、夺取天下的大局。李世民对于形势的分析和进退利害的论断，并非危言耸听。在关键时刻，是李世民的据理力争和行动上的按兵不动，使得李渊在西进关中的重大决策问题上避免了一次重大的失误，同时显露出李世民杰出的战略天才，为李渊西取长安的计划在交战前便立了一大功劳。事后，李渊也埋怨裴寂道："懦夫之徒，几败乃公事耳！"①

八月己卯日，连月的阴雨天气终于放晴。第二天，李渊下令军中晾晒铠仗行装。第三天，趁着漫天大雾，李渊带领骑兵从东南山旁小路神速地出现在霍邑城前，在城东五六里处扎营。霍邑易守难攻，宋老生采取坚守城池、不予出击的战略。李渊军中攻城战具缺乏，如果久攻不下，将处于不利地位。建成、世民知道父亲的忧虑所在，便建议说：

"老生勇而无谋，以轻骑挑之，理无不出；脱其固守，则诬以贰于我。彼恐为左右所奏，安敢不出！"②

李渊认为这个计谋不错，便派骑兵进至城下，做出攻城的姿态，然后建成、世民率数十名骑兵，一面做出围城的样子，一方诟骂城中的守兵无能，不敢出战。在辱骂声中，宋老生恼羞成怒，率领3万士兵从东门、南门出战。李渊下令收缩阵地。宋老生误以为李渊畏惧而后退，便引兵前进，在距城下一里处布阵。这时李渊的步兵也相继赶到，列阵与隋军对峙。李渊想要下令军士先食而后战，世民说："时不可失。"③于是，李渊与建成布阵于城东，世民布阵于城南。交战后，李渊与建成的军队向后稍退，世民与军头段志玄自南原引兵驰下，直冲宋老生的军阵，出其背后。"世民手杀数十人，两刀皆缺，流血满袖。"④激战时，世民令军士传呼："已获老生矣！"⑤宋老生的部队闻听后顿时大乱，争相奔向城门。此时，建成、世民已分别把守住东门、南门。宋老生见城门紧闭，退至城脚。此刻，城上守军放下一条大绳索，老生想要攀绳入城，却被义军斩杀于城下，隋军横尸数里。待到暮色降临，李渊下令立即登城。由于缺少攻城战具，义军将士"肉薄而登"，终于攻克了霍邑城池。霍邑战役的胜利，打开了李渊大军通往关中的门户。在霍邑战役中，李世民立下了卓越的战功。

霍邑大捷后，李渊奖赏有功将士，大军乘胜南下，于丙戌日攻入临汾郡（今山西临汾），攻克绛郡（今山西新绛）。癸巳日，李渊率大军进至龙门（今山西河津

---

① 《大唐创业起居注》卷二。
②③④⑤ 《资治通鉴》卷一八四。

西北的禹门口），驻军于壶口山（今山西吉县西南）。这时，刘文静与突厥大将康鞘利所带领的 500 名士兵以及 2000 匹战马亦来到龙门。在李渊大军的进军途中，临汾、绛郡的官吏纷纷投降，关中的起义军首领孙华也率众渡河前来归顺。

汾阳（一说"汾阴"）人薛大鼎向李渊提出如下作战方案：勿攻河东郡（今山西永济蒲州镇），大军自龙门西渡黄河，占据永丰仓（今陕西大荔境内），向远近发出招抚公文，关中地区便可以坐而取之。李渊想听从薛大鼎的建议，但众将领均主张先攻取河东郡。于是，李渊命孙华回到黄河以西，令右统军王长谐、刘弘基及左领军长史陈演寿率步骑兵 6000 人自梁山西渡黄河，驻兵于河西，以形成对河东的夹击形势，断绝河东守将屈突通的西归之路。屈突通派虎牙郎将桑显和率兵数千，从河东西渡黄河夜袭王长谐营盘，长谐等人交战不利。孙华、史大奈利用游骑袭击桑显和，大败敌兵，显和逃入河东郡城中。

九月戊午日，李渊率大军围攻河东郡，因城甚高峻，屈突通坚守，未能攻下。这时，李渊见河东一时难以攻下，又想起薛大鼎的建议，便想引兵直取长安。犹豫未决之下，他便召集将领商议对策。裴寂说：

"屈突通拥大众，凭坚城，吾舍之而去，若进攻长安不克，退为河东所蹑，腹背受敌，此危道也。不若先克河东，然后西上。长安恃通为援，通败，长安必破矣。"[1]

李世民反驳裴寂的意见，说道：

"不然。兵贵神速，吾席累胜之威，抚归附之众，鼓行而西，长安之人望风震骇，智不及谋，勇不及断，取之若振槁叶耳。若淹留自弊于坚城之下，彼得成谋修备以待我，坐费日月，众心离沮，则大事去矣。且关中蜂起之将，未有所属，不可不早招怀也。屈突通自守虏耳，不足为虑。"[2]

比较裴寂与李世民不同的作战方案，裴寂的方案虽然有一定的道理，但属于畏敌而不敢进取；李世民的方案则切中要害，颇具战略眼光，有胆有识，但"不足为虑"之说未免有些轻敌。李渊综合两方面的意见，决定留部分兵力包围和牵制屈突通，自己率大军渡河西取长安。

九月庚申日，李渊率各路兵马西渡黄河。甲子日，抵达朝邑县（今陕西大荔东），进驻长春宫，关中士民纷纷前来归附。丙寅日，李渊派建成、刘文静率王长谐等诸

---

①②《资治通鉴》卷一八四。

军数万人驻守永丰仓，守卫潼关以防备来自东方的敌兵，慰抚使窦轨等人归建成节度；派世民率刘弘基等诸军数万人沿渭水北岸西进，慰抚使殷开山等人归世民节度。

屈突通闻知李渊渡河西进，自引兵数万直趋长安，被刘文静的军队所遏止。屈突通想要依附潼关的隋军守将刘纲，然而刘纲已被王长谐斩杀，潼关被义军占领，屈突通不得已退入河东城中。

义军进入关中后，李渊在关中地区的家属或亲属纷纷起兵响应，其中有建成、世民的胞妹平阳公主（柴绍之妻）及李渊的从弟李神通，二人均在鄠县山中聚众数千人。李渊的女婿段纶也在蓝田县聚集万余人。李世民所率领的大军一路攻占泾阳（今陕西泾阳）、云阳（今陕西三原西）、武功（今陕西武功西北）、鄠屋（今陕西周至）。在泾阳时，世民的军队已有 9 万人，胞妹平阳公主又率精兵万余人与哥哥会师于渭水北岸，与丈夫柴绍各置幕府，号称"娘子军"。

李渊命刘弘基、殷开山分兵西进攻占扶风，有众 6 万人，南渡渭水，驻扎在长安故城。长安城中的隋军出战，被刘弘基击败。当时，由李世民所统率的义军已有 13 万人，驻扎在长安故城和鄠屋。世民派使者向李渊询问对长安城发起总攻的日期，李渊命建成从守卫永丰仓的士卒中挑选精兵，直奔长乐宫，与李世民所统率的军队从北、东两面对长安形成钳形攻势。九月丙子日，李渊引军自冯翊西行，途中所过隋炀帝离宫园苑，皆罢之，宫中的宫女一律遣还。

十月辛巳日，李渊到达长安城外，各路大军云集，合 20 余万人，李渊下令将士宿于营中，不得入村落侵犯百姓。十月甲辰日，李渊下令攻长安城，同时向军中传令，不得侵犯隋朝的祖庙、代王以及隋朝宗室，"违者夷三族"。十一月丙辰日，义军军头雷永吉首先登上长安城，长安城被攻克。

李渊入长安城，迎代王于东宫，迁居大兴殿后。李渊还居长乐宫，与百姓约法12 条，废除隋朝苛法。李渊大军兵临城下时，闭门准备抵抗的刑部尚书卫文升、将军阴世师、京兆丞骨仪等人，在城破后除卫文升已死外，阴世师、骨仪等十余人以"贪婪苛酷，且拒义师"[1]的罪名被斩首，余者一律不予追问。马邑郡丞李靖过去与李渊有嫌隙，亦在被斩之列。临刑时，李靖大声呼喊：

"公兴义兵，欲平暴乱，乃以私怨杀壮士乎！"[2]

李世民见李靖是个人才，坚持向李渊请求赦免，李靖得以免于一死，被李世民

---

[1][2]《资治通鉴》卷一八四。

安置于自己的幕府之中。

鉴于当时全国的政治形势，李渊攻取长安后并没有立即称帝，而是决定以代王杨侑作为自己的傀儡。

十一月壬戌日，李渊备皇帝车驾迎代王杨侑（时年13岁）即皇帝位于天兴殿，是为隋恭帝。新皇即位大赦改元，改大业十三年（617年）为义宁元年，遥尊隋炀帝为太上皇。甲子日，李渊自长乐宫入长安，以假黄钺、使持节、大都督内外诸军事、尚书令、大丞相的头衔独揽了朝廷的军政大权，并进封为唐王。李渊以武德殿为丞相府，改教称令，每日于虔化门视事。丙寅日，皇帝诏令："军国机务，事无大小，文武设官，位无贵贱，宪章赏罚，咸归相府。"唯有祭祀天地、四时需奏请皇帝。在丞相府中，以裴寂为长史，刘文静为司马，分管民事和军事。以李建成为唐王世子，李世民为京兆尹、秦公，李元吉为齐公。

义宁二年（618年）正月初一，隋恭帝诏令唐王剑履上殿，赞拜不名。

戊辰日，唐王以世子建成为左元帅、秦公世民为右元帅，督诸军十余万人，以"救东都"为名，实为扩充自己的势力。

三月己酉日，唐王以齐公元吉为镇北将军、太原道行军元帅，都督十五郡诸军事，听以便宜从事。

三月，隋炀帝在江都被亲信宇文化及等人杀死。

五月戊午日，唐王李渊导演了"禅让"仪式：隋恭帝禅位于唐王，逊居于代邸。

五月甲子日，唐王李渊即皇帝位于太极殿，国号"唐"，是为唐高祖。李渊派刑部尚书萧造告天于南郊，大赦天下，改年号为"武德"，推五行之运为土德，色尚黄。罢郡置州，以太守为刺史。

六月，甲戌朔，以赵公李世民为尚书令，李瑗为刑部侍郎，裴寂为右仆射、知政事，刘文静为纳言，窦威为内史令，李纲为礼部尚书，殷开山为吏部侍郎，赵慈景为兵部侍郎，窦琎为户部尚书，屈突通为兵部尚书。

乙卯日，李渊追尊皇高祖曰宣简公；皇曾祖曰懿王；皇祖曰景皇帝，庙号太祖；祖妣曰景烈皇后；皇考曰元皇帝，庙号世祖；妣独孤氏曰元贞皇后；追谥妃窦氏曰穆皇后。

庚辰日，立世子建成为皇太子、赵公世民为秦王、齐公元吉为齐王。

从唐王李渊即皇帝位，到任命百官，立建成为太子，立世民为秦王、元吉为齐王，标志着唐王朝已经正式建立。

从李渊父子的晋阳起兵到唐王朝的正式建立，经过了整整一年的时间。

五 李渊建国称帝

618年，李渊在长安称帝建国，当时的天下形势是：从陇右、代北到关东中原，再至江南地区，各地称帝称王的军事集团首领数不胜数。从晋阳起兵到长安称帝，李世民与兄长李建成分别统领左右大军，而负责部署指挥全军的则是李渊。建国后，唐高祖李渊便身居京师处理军国大事，不再统率大军亲征；太子建成也基本上是在长安协助父亲处理军政事务。因而统率大军、逐一扫平各路群雄的任务，便落在建国之前就已显示出卓越军事才能的秦王李世民肩上。

几支强大的农民起义军主要活动在中原地区。特别是东都洛阳附近由李密所领导的瓦岗军，拥有几十万兵力，兵强马壮，又一直想要做中原的盟主，因而是唐帝国的主要威胁，是唐帝国东出争夺天下的极大障碍。李渊西取长安前所采取的"卑辞推奖以骄其志"的策略，即是担心瓦岗军会成为唐王朝的后顾之忧。

唐政权所面临的威胁不只来自东方的李密。李渊攻取长安后，四处招抚，间或用兵，虽然初步在关中站稳了脚跟，但形势仍然十分严峻：薛举父子占有陇西称帝，不时向关中用兵；李轨在武威称王，亦虎视关中；刘武周以马邑为中心，勾结突厥，一再南下威胁晋阳；梁师都占有夏州朔方，北连突厥，亦是唐朝北面的一大威胁。在关中地区四周尚有强敌威胁的形势下，如若把主要军事力量用于关东地区，对唐朝显然是不利的。因而，翦除关中四周的强敌，把关中建设成唐王朝巩固的根据地，然后再扫除关东群雄、统一天下，便成了唐王朝最高统治集团的战略抉择。

武德元年（618年），李渊想要大举发兵出关讨伐王世充，司农卿韦云起上表谏曰：

"国家承丧乱之后，百姓流离，未蒙安养，频年不熟，关内阻饥。京邑初平，物情未附，鼠窃狗盗，犹为国忧。盩厔、司竹，余烬未殄；蓝田、谷口，群盗实多，朝夕伺间，极为国害。虽京城之内，每夜贼发。北有师都，连结胡寇，斯乃国家腹心之疾也。舍此不图，而窥兵函、洛，若师出之后，内盗乘虚，一旦有变，祸将不小。臣谓王世充远隔千里，山川悬绝，无能为害，待有余力，方可讨之。今内难未弭，且宜弘于度外。如臣愚见，请暂戢兵，务稼劝农，安人和众，关中小盗，自然宁息。秦川将卒，贾勇有余，三年之后，一举便定。

今虽欲速，臣恐未可。"①

韦云起关于首先建设关中根据地的建议，与李世民"新定关中，根本未固"的见解不谋而合，被李渊所采纳。因此，巩固关中、东向争雄，便成了唐朝统一天下的总体战略。在巩固关中、消除关中四周威胁的战略部署中，实力最强且经常进犯关中的薛举、薛仁杲父子，便成了唐王朝统一天下的第一个战略目标。

薛举于大业十三年（617年）七月称帝于兰州（今甘肃兰州市）。李渊攻取长安不久后，薛举曾率军进攻扶风（今陕西凤翔），被李世民率军击败。武德元年（618年）七月，唐军在高墌（今甘肃宁县南）与薛举交战，被薛举打得大败，损失惨重。

不久，薛举病死，其子薛仁杲继位。唐高祖派李世民再次举大军西征。李世民吸取上次失败的教训，于高墌坚壁不出，寻找战机，终于大败秦兵。十一月，薛仁杲出城向唐军投降，李世民率军凯旋，薛仁杲被斩首于长安，唐王朝自此消除了来自陇西地区的严重威胁。

据有晋北地区的刘武周，自从河北易州（今河北易县）人宋金刚率4000人投奔以来，势力大增。武德二年（619年），突厥与唐的关系发生变化，转而支持刘武周南下。六月，刘武周派宋金刚率3万大军进攻太原，接连取得胜利并占领太原，晋中已落入刘武周手中。

唐高祖在不利的形势之下，想要放弃黄河以东地区，"谨守关西"②。李世民表示愿率军"平殄武周"③。于是，唐高祖征调关中全部兵力，交由李世民统领。十一月，唐军渡过黄河。

在李世民的统率下，唐军经过一系列的苦战，接连取得胜利，大败宋金刚，收复太原与山西的全部失地。武德三年（620年）四月，刘武周逃入突厥，不久被杀。至此，唐王朝来自晋北地区的威胁已被消除。

唐王朝统一天下的战略方针，大体分为两个步骤：一是巩固关中，二是出关东征天下。当刘武周被消灭后，关东最强的两大军事集团，一是河南的王世充，二是河北的窦建德。此外，还有占据幽州的罗艺，占据长江中下游的萧铣、杜伏威等。

武德三年（620年）五月，李世民从山西回到长安，七月受命率大军进军中原，向王世充发起攻击。

---

① 《旧唐书·韦云起传》。
②③ 《旧唐书·太宗本纪》。

武德四年（621 年）二月，李世民于谷水大败王世充，兵围洛阳。三月，夏王窦建德率大军救郑，李世民抢先占据虎牢，大破夏军，生擒窦建德。接着，王世充向李世民投降，郑亡。七月，李世民凯旋至长安，献俘于太庙，赦王世充为庶人，斩窦建德于市口。窦建德故将刘黑闼起兵占据漳南，徐元朗响应，连克州县。李世民再度受命东征。

武德五年（622 年）三月，李世民大败刘黑闼，刘黑闼逃往突厥。六月，刘黑闼引突厥侵扰山东。十二月，太子建成、齐王元吉大败刘黑闼。

武德六年（623 年）正月，刘黑闼被部下所执，送太子建成军，被斩首。二月，徐元朗战败而死。八月，辅公祏占据丹阳，称皇帝。

武德七年（624 年）春，辅公祏兵败而死，江南地区尽为唐有。至此，唐王朝统一天下的大业已经完成。

六　建国诸项举措

　　李渊于长安称帝，此时他所面临的首要问题，是消除来自四周其他军事集团的威胁，削平群雄，实现国家的统一。这项任务，至武德七年（624年）春辅公祏兵败而死，已经胜利完成。

　　在唐王朝削平群雄的战争岁月中，唐高祖李渊作为一位政治家，他的才能不仅表现在隋末的动乱中善于韬晦和长于把握时机，一举攻克长安，更体现在其称帝后的政权建设中。李渊的建国举措，同他削平群雄的部署，可谓是珠联璧合、交相辉映，相得而益彰。

　　强盛一时的隋王朝，因炀帝的暴政短命而亡。在隋末农民起义的洪流中，起兵反隋的地方官员不胜枚举。李渊以隋太原留守的身份起兵于晋阳，而他称帝后任命的高级官员如内史令萧瑀、礼部尚书李纲、兵部尚书屈突通等人，都曾在隋王朝担任高级官职。在唐王朝的中央政权中，有一大批颇具政治、军事才能的原隋朝官员担任要职，这对于唐王朝初期的政权建设、安定局势和削平群雄的大业，无疑都起到了重要的积极作用。

　　唐高祖李渊以隋王朝地方官员的身份，目睹了隋王朝因炀帝暴政短命而亡的事实。因此他的建国方针之一，便是一反隋末的暴政而行之，救民于水火，使百姓和局势尽快地安定下来。

　　唐高祖在武德元年（618年）五月即皇帝位，并发布"大赦天下"诏令的同时，诏令"官人百姓，赐爵一级。义师所行之处，给复三年"。[1]即是说，在唐军新征服的广大地区，三年内免除百姓的一切徭役。这对于饱受隋末徭役之苦的广大民众来说，无疑是一种"解放"。

　　隋末的残酷法令，是套在民众颈上的一副沉重的锁链。唐高祖即位后便正式下令，废除隋王朝的《大业律令》，于五月壬申日，"命裴寂、刘文静等修定律令"[2]。

---

[1]《旧唐书·高祖本纪》。
[2]《资治通鉴》卷一八五。

同时颁布新的法令，安定百姓。为督察新法的实施情况，唐高祖还于同年九月乙巳日，"亲录囚徒"①。高祖在位期间，曾不止一次地"亲录囚徒，多所原宥"。②

隋文帝晚年即仁寿元年（601年）六月，曾下达这样一道诏令：废太学、四门及州县学，只留国子生70人。七月，改国子学为太学。隋文帝废除学校的这道诏令，对于国家的文化教育事业和人才（包括官员）培养事业，都是极为不利的，很不得人心。唐高祖即位不久，于武德元年（618年）五月壬申日，在诏令裴寂、刘文静修定律令的同时，又诏令"置国子、太学、四门生，合三百余员，郡县学亦各置生员"。③国家和地方的各级学校一律得以恢复。武德二年（619年）六月戊戌日，唐高祖诏令"国子学立周公、孔子庙，四时致祭，仍博求其后"。④李渊在即皇帝位后，于诏令修订新律的同时，下令恢复各级学校，表明他于建国之初的深谋远虑与高瞻远瞩。

武德七年（624年）二月，辅公祏兵败而死，国家实现统一，唐高祖李渊在国家政权建设方面接连推出了一系列重大举措。

> 三月，初定令，以太尉、司徒、司空为三公，次尚书、门下、中书、秘书、殿中、内侍为六省，次御史台，次太常至太府为九寺，次将作监，次国子学，次天策上将府，次左、右卫至左、右领卫为十四卫；东宫置三师、三少、詹事及两坊、三寺、十率府；王、公置府佐、国官，公主置邑司，并为京职事官。州、县、镇、戍为外职事官。自开府仪同三司至将仕郎二十八阶，为文散官；骠骑大将军至陪戎副尉三十一阶，为武散官；上柱国至武骑尉十二等，为勋官。⑤

唐高祖选择在全国实现统一的时机公布百官典制，无疑有他的考虑。而这一诏令对国家与地方各级政权机构的设置、隶属关系的确定，中央与地方各级文武"职事官"、文武"散官"以及"勋官"，都做出了明确的法律规定。这一诏令的公布，标志着唐王朝的国家政体已经初步确立。

唐高祖于武德七年（624年）三月发布关于国家各级政权与文武百官的组织法令。四月庚子朔，正式颁布"新律令"，即所谓《武德律》。这一法律比隋文帝的《开皇律》"增新格五十三条"。⑥

---

①②④《旧唐书·高祖本纪》。
③《资治通鉴》卷一八五。
⑤⑥《资治通鉴》卷一九〇。

在唐高祖公布国家政权组织法、颁布《武德律》的同时，又确定并公布了一项重要的法律，即"租庸调法"。这项法律作为唐王朝在赋税、徭役方面的一项根本大法，既有其历史上的渊源，又在后来有所发展。

总之，时至武德七年（624年），唐王朝国家政权官制、《武德律》、"租庸调法"三项重要典制均已公布实施，标志着唐王朝建国大业第一阶段的工作已经基本完成。李渊作为唐王朝的开国皇帝，已经完成了历史所赋予他的大部分使命。两年过后，唐高祖传位于次子李世民，唐王朝的国家建设又进入了一个崭新的阶段。

［卷二］
贞观之治（上）

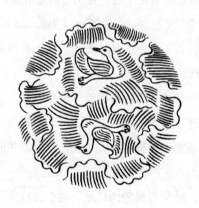

一 玄武门之变

　　窦皇后为李渊所生的四个儿子建成、世民、玄霸、元吉，除玄霸早夭外，晋阳起兵时建成 29 岁，世民 18 岁，元吉只有 15 岁。在西取长安的进军途中，建成与世民分统左、右两支大军，都为攻取长安立下了功劳。李渊称帝前首次出兵关东，也是建成、世民分别以左、右元帅的头衔领兵出征。李渊称帝后，建成被立为太子，便留在京师协助唐高祖处理军国大事，因而平定天下的统帅一职，主要落在秦王李世民的身上。李世民在统一战争中屡屡立下的赫赫战功，为他带来了一系列的荣誉、头衔和权力，使得他在唐帝国中的政治地位和军事地位日益增长。

　　李世民的声望、地位和权势日增，对太子建成的地位构成了威胁，东宫府中的太子中允王珪和太子洗马魏征看出了这一势头，向建成谋划说：

　　　"秦王功盖天下，中外归心。殿下但以年长位居东宫，无大功以镇服海内。今刘黑闼散亡之余，众不满万，资粮匮乏，以大军临之，势如拉朽，殿下宜自击之以取功名，因结纳山东豪杰，庶可自安。"①

　　太子建成接受了这一建议，向唐高祖请求率兵东征，高祖以建成为陕东道大行台及山东道行军元帅，于武德六年（623 年）讨平刘黑闼、徐元朗。这是建成在唐王朝统一天下的战争中所立下的唯一重大战功。这一战功的取得，对建成巩固自己的太子地位当然是有利的。

　　很显然，秦王声望、地位与权势的日增，对于建成太子地位所构成的威胁，是客观存在的。而李世民在他取得赫赫战功、被授予天策上将之后，并非没有谋取国家最高权力的意图。武德四年（621 年），他于京师"锐意经籍，开文学馆以待四方之士。行台司勋郎中杜如晦等十人有八人为学士，每更直阁下，降以温颜，与之讨论经义，或夜分而罢"。②在天下即将平定之际，秦王的"锐意经籍""讨论经义"表明他已开始了由崇尚军事转向注重文治。从他注意网罗人才、培植私党的行为中，

---

① 《资治通鉴》卷一九〇。
② 《旧唐书·太宗本纪》。

可以窥见其觊觎国家最高权力的端倪。

早在晋阳起兵前夕，李世民便注意结交豪杰，所谓"太原元谋功臣"如刘文静、左骁卫大将军长孙顺德、右骁卫大将军刘弘基，以及柴绍、唐俭等人，都同李世民有着密切的关系。攻取长安后，李世民更是注意网罗人才，如房玄龄、杜如晦，以及长孙无忌等人，无不成为了秦王的谋士。《旧唐书·杜如晦传》曾记载，杜如晦归唐后不久，李渊调杜如晦出任陕州总管府长史，房玄龄得知后向李世民说道："府僚去者虽多，盖不足惜。杜如晦聪明识达，王佐才也。若大王守藩端拱，无所用之；必欲经营四方，非此人莫可。"李世民闻听后大惊道："尔不言，几失此人矣！"

作为秦王府的心腹谋士，房玄龄的话泄露了李世民的天机。他所说的如不甘于"守藩端拱"，而是想要"经营四方"，非杜如晦不可，表明李世民早已有"经营四方"之志。否则，房玄龄的话岂不成了无的放矢？李世民经房玄龄的提醒，果然将杜如晦留在了自己府中，随从自己征讨薛举、刘武周、王世充、窦建德，使杜如晦成了秦王的又一心腹谋士。所谓文学之士18人表明，秦王府中可谓人才济济。

在平定天下的征战中，李世民又从敌军的营垒中网罗了一大批武将，诸如尉迟敬德、秦叔宝、程知节、屈突通、张士贵、薛万彻、张公谨、李君羡、戴胄，等等，不一而足。

可见，以李世民为首的政治集团，文臣武将均已齐备。如果不是为着"经营四方"，李世民为何会对网罗天下英才表现出如此之大的兴趣？

至于建成、元吉的府中，也都有各自的亲信，如太子宫中的王珪、魏征、韦挺等人，都很有政治才干。

东宫与秦王府间的矛盾，随着统一战争的结束而急剧激化，形成了一场你死我活的明争暗斗。这场明争暗斗反映在宫廷中，关系也颇为复杂。

在朝廷的大臣中，支持建成的是裴寂，而宇文士及、萧瑀、陈叔达则倾向李世民。上述大臣之中，裴寂是最受高祖信任的宰相。唐高祖晚年，宫中内宠甚多，其中以张婕妤、尹德妃最受宠幸。由于秦王在一些事情上得罪了张婕妤、尹德妃，她们便经常在高祖面前称道太子建成，说秦王的坏话，甚至对秦王进行诬陷，致使高祖对秦王颇为不满。建成在朝廷和宫中有裴寂和高祖嫔妃们的支持，形势颇为有利。

建成、元吉与世民之间的争斗最终难免要通过暴力的方式来解决，对此，他们也都早有准备。东宫、秦王府、齐王府都有自己的卫兵。此外，他们又都私募了大批勇士，如李世民有蓄养在外的勇士800人，建成则擅自招募2000多人为东宫卫士，号称"长林兵"，分别驻守东宫的"左、右长林门"。建成又使令可达志"从燕王李艺发幽州突骑三百，置宫东诸坊，欲以补东宫长上"[①]，却被人告发。建成因此遭到高祖的谴责，可达志也被流放到嶲州（今四川西昌）。

建成又派自己的亲信杨文干私自招募壮士，送至京师。当时，唐高祖前往宜君（今陕西宜君）仁智宫，命建成留守京师，世民、元吉皆随行前往。建成使令元吉在途中对世民下手，并说："安危之计，决在今岁。"[②]同时，建成派郎将尔朱焕、校尉桥公山从庆州（今甘肃庆阳）向杨文干运送铠甲兵器，尔、桥二人抵达庆州后，感到事关重大，便到仁智宫向唐高祖告密，告发太子派杨文干举兵谋反，内外响应。同时，又有宁州（今甘肃宁县）人杜凤举到仁智宫告发此事。唐高祖闻知后大怒，托言他事，用亲笔诏书召建成前来仁智宫。建成见手诏后，因心怀鬼胎而恐惧万分，不敢应召前往。太子舍人徐师谟劝建成据城起兵，詹事主簿赵弘智劝建成轻车简从，前往认罪。建成听从了赵弘智的劝告，率十余名骑兵到达仁智宫，向唐高祖叩头认罪。高祖怒气未消，夜间"饲以麦饭"，令人将建成看守起来。同时，高祖又派司农卿宇文颖急驰召杨文干来仁智宫。宇文颖到达庆州后以实情相告，杨文干于是起兵造反，高祖派左武卫将军钱九陇与灵州都督杨师道率兵进击。

唐高祖派李世民前往讨贼，说道："文干事连建成，恐应之者众，汝宜自行。还，立汝为太子。吾不能效隋文帝自诛其子，当封建成为蜀王。蜀兵脆弱，他日苟能事汝，汝宜全之；不能事汝，汝取之易耳！"[③]

李世民讨伐杨文干时，嫔妃们以及封德彝为建成说情，高祖又改变了易立太子的主意，只是责怪建成不应该"兄弟不睦"，并归罪于太子中允王珪、左卫率韦挺、天策兵曹参军杜淹，将他们一并流放到嶲州，此事便不了了之。

太子建成、齐王元吉与秦王世民的矛盾日益加深，愈演愈烈，唐高祖对此左右为难，始终没有拿出果断的决策。由于建成、元吉与后宫妃嫔们日夜说世民的坏话，高祖不由不信，将归罪于世民。元吉进而请高祖诛杀秦王，高祖以秦王功高而罪状未著为由，不予答应。事实上在太子与秦王之间，高祖偏向于建成一边。

两大对立集团之间，建成与元吉在朝廷有宰相裴寂的支持，宫中有妃嫔的帮助，因而在朝廷与后宫方面，太子与齐王占有某种优势。秦王府的谋臣、武将虽拥有实力，但东宫与齐王府的私兵（卫队）数量的总和，远比秦王府要多。为此，元吉想

---

①②③《资治通鉴》卷一九一。

032

拉拢、收买秦王的心腹猛将尉迟敬德，未能奏效；于是又诬陷敬德，将他下狱审讯。多亏李世民一再请求，敬德才得以释放，免去一死。接着，建成、元吉又用金帛收买秦王府的段志宏，志宏同敬德一样，拒不接受金帛，并将此事向秦王汇报。事既如此，李世民不得不考虑采取相应的对策。

在李世民尚未采取行动之前，建成、元吉可谓是步步紧逼：他们见尉迟敬德、段志宏拒不接受贿赂，便一方面诬陷秦王的又一心腹猛将程知节，令他出任康州（今甘肃成县）刺史，从秦王府中调出；一方面又打起了秦王的两位主要谋士房玄龄、杜如晦的主意。他们深知房、杜二人作为秦王府智囊团中的核心人物，难以用金帛收买，于是在唐高祖面前对房、杜大肆攻击，房、杜因此被驱逐出秦王府，责令"归第"，不准再私下觐见秦王。

危急时刻，李世民仍然未向部下部署行动。尚在秦王府的秦王心腹长孙无忌，同他的舅父高士廉、右候车骑将军侯君集，以及尉迟敬德"日夜劝世民诛建成、元吉，世民犹豫未决"[1]。秦王先后分别就此事向灵州大都督李靖、行军总管李世勣询问对策，靖与世勣都认为这是关系皇帝骨肉之间的大事，均未表态。

这时，由于突厥入侵而引发的一系列连锁反应，终于促成了流血事件的发生。

突厥郁射设率数万名骑兵在河套地区进驻黄河南岸，围攻乌城。建成向唐高祖推荐元吉代替世民统率各军北上，被高祖采纳，命元吉督右武卫大将军李艺、天纪将军张瑾等救援乌城。出发前，元吉向高祖请求调秦王府中的尉迟敬德、程知节、段志宏、秦叔宝同大军一道北征突厥，从秦王府中挑选精锐士卒补充元吉的军队。从秦王府中调出猛将精兵的目的，在于为杀害秦王制造条件。建成对元吉说："既得秦王精兵，统数万之众，吾与秦王至昆明池，于彼宴别，令壮士拉之于幕下，因云暴卒，主上谅无不信。吾当使人进说，令付吾国务。正位已后，以汝为太弟。敬德等既入汝手，一时坑之，孰敢不服？"[2]

建成、元吉上述密谋被东宫的太子率更丞王晊得知，王晊立即向世民告密。原来，在建成、元吉用重金收买尉迟敬德、程知节的时候，世民也在暗中收买东宫府中建成的部下。结果，在东宫中掌管要害部门的常何（掌东宫宿卫）、王晊（掌东宫的机要），均成了秦王在东宫的密探。正是这两个地位不高的要害人物，在玄武

---

① 《资治通鉴》卷一九一。
② 《旧唐书·元吉传》。

门之变中发挥了重要的作用。

李世民得知王晊的告密后，立即与长孙无忌、尉迟敬德商量对策。长孙无忌等人劝世民抢先动手，将房玄龄、杜如晦召回秦王府密谋大事。于是，敬德令房、杜二人改着道士衣服，与无忌共入秦王府，他自己则从另一条道路回府。当日夜间，秦王府众人终于商定了行动计划，时为武德九年（626年）六月二日。

六月三日，太史令傅奕向高祖密奏，"太白见秦分，秦王当有天下"①。高祖以此问世民，世民密奏建成、元吉与张婕妤、尹德妃淫乱，并且说："臣于兄弟无丝毫负，今欲杀臣，似为世充、建德报仇。臣今枉死，永违君亲，魂归地下，实耻见诸贼！"②

李世民的"似为世充、建德报仇"一语，使唐高祖有所动心，于是向世民说："明当鞫问，汝宜早参。"③

六月初四天亮以前，尉迟敬德、长孙无忌、侯君集、张公瑾、刘师立、公孙武达等人按照李世民事先的布置率兵埋伏在玄武门内，准备趁建成、元吉朝参路过此地时杀害他们。玄武门是宫城北门，为出入内宫的必经之路。这一天正值常何值班守卫宫门，他私下将李世民等人引入玄武门内埋伏起来。六月初四清晨，高祖上朝，裴寂、萧瑀、陈叔达、封德彝、宇文士及均已入朝，只等建成兄弟二人的到来，而建成、元吉此时已进入玄武门内。当二人行至临湖殿时，察觉到四周有些异常，便拨转马头回府。这时李世民却突然骑马出现，并从后面呼喊二人，元吉回身张弓射世民，三次均未能射中。世民搭箭张弓，一箭将建成射死。这时尉迟敬德率70名骑兵到达，左右射箭，元吉坠马后逃入林中，被敬德射杀。

唐高祖在宫中，对玄武门内的事变已有所闻。李世民派尉迟敬德入宫内宿卫，敬德擐甲持矛到达高祖的处所。高祖正泛舟海池，见敬德擐甲持矛而来，大吃一惊，问道："今日乱者谁邪？卿来此何为？"④

"秦王以太子、齐王作乱，举兵诛之，恐惊动陛下，遣臣宿卫。"⑤敬德回答道。

唐高祖闻建成、元吉已被世民所杀，又见世民派敬德来宿卫，深知这"宿卫"二字对自己是个不祥之兆，便对裴寂等人说："不图今日乃见此事，当如之何？"⑥

裴寂作为太子建成的支持者，深感自己处境不妙，心事重重，默不作声。而倾

---

① 《旧唐书·元吉传》。
②③④⑤⑥ 《资治通鉴》卷一九一。

向于秦王李世民的萧瑀、陈叔达此时则向前对唐高祖把话挑明，进言道："建成、元吉本不预义谋，又无功于天下，疾秦王功高望重，共为奸谋。今秦王已讨而诛之，秦王功盖宇宙，率土归心，陛下若处以元良，委之国事，无复事矣！"①

唐高祖闻知建成、元吉被杀，对形势已明白了大半；敬德前来宿卫，以及萧、陈的一番话已向唐高祖说明，要他把皇帝的宝座立即让给秦王。只有"委之国事"，方能"无复事矣"。否则，后果将不堪设想。于是，唐高祖立即表态说："讲得好！这正是我心中的夙愿。"

唐高祖与裴、萧、陈等大臣讲这番话的时候，秦王府的士兵与东宫、齐王府的士兵交战尚未停止。敬德请唐高祖下达亲笔敕令，令各路兵马都要听候秦王的指挥，高祖不得不从。于是，天策府司马宇文士及自东上阁门出门宣读敕令，交战双方始放下兵器。高祖又派黄门侍郎裴矩到东宫晓谕众将士，将士们都罢兵而散。于是，高祖召世民，抚之曰："近日以来，几有投杼之惑。"②

李世民"跪而吮上乳，号恸久之"。③

李世民使令部将把建成的五个儿子、元吉的五个儿子处死，斩草除根。可见，李世民在高祖面前的跪而痛哭纯属演戏。否则，建成与元吉的儿子为什么全部被杀死？

李世民的部将想把建成、元吉左右的百余人全部杀死，尉迟敬德力争道："罪在二凶，既伏其诛；若及支党，非所以求安也！"④于是，诛杀得以停止。

六月初四这一天，唐高祖下诏书大赦天下，凶逆之罪，止于建成、元吉，其余一律不予追问。"国家庶事，皆取秦王处分。"⑤六月七日，唐高祖立李世民为太子，诏书说："自今军国庶事，无大小悉委太子处决，然后闻奏。"⑥

事实上，唐高祖已把国家的全部权力交给了李世民。

八月癸亥日，唐高祖下达制书，传皇帝位于太子世民，世民一再推辞，高祖不许。

八月甲子日，李世民即皇帝位于东宫显德殿，大赦天下。

---

①②③④⑤⑥《资治通鉴》卷一九一。

二 决计偃武修文

大凡经过连年战乱、用武力统一天下的新兴王朝，建国后能否实现由"武功"向"文治"的转变，关系到一个王朝能否实现长治久安。西汉王朝的开国皇帝刘邦自称天下是"马上得之"，经陆贾"马上得之，宁可以马上治之"的一句反问，顿得省悟。于是，引出了陆贾的一部《新语》，并在治国方针上完成了由"崇武"向"重文"的转变，迎来了汉帝国的文景之治与汉武盛世。

大唐王朝在建国之初，也同样面临这一问题。贞观四年（630年），风调雨顺、年丰谷贱、法明刑省、夜不闭户。这时，唐太宗颇有感慨地对大臣长孙无忌说道：

"贞观之初，上书者皆云：'人主当独运威权，不可委之臣下。'又云：'宜震耀威武，征讨四夷。'唯魏征劝朕'偃武修文，中国既安，四夷自服'。朕用其言。"①

这条史料表明，在唐初的最高统治集团中，主张把"偃武修文"作为治国基本路线的，只有魏征等少数人。唐太宗把"偃武修文"奉为治理国家的根本方针，表明他对这一问题有着深刻的认识。早在武德四年（621年），李世民便于长安开设文学馆，充分说明了这一点。

武德四年（621年），李世民俘获窦建德、王世充，于七月甲子日凯旋至京师长安。唐高祖以秦王李世民功大，为他"特置天策上将，位在王公之上。冬十月，以世民为天策上将，领司徒、陕东道大行台尚书令，增邑二万户，仍开天策府，置官属"。②

窦建德与王世充是关东地区势力最强的两大军事集团。他们的覆亡，标志着唐王朝统一天下的大业即将完成。在这种形势下，李世民开始把精力转移到以"文"安邦上面来。这就是史书所载的："世民以海内浸平，乃开馆于宫西，延四方文学之士，出教以王府属杜如晦，记室房玄龄、虞世南，文学褚亮、姚思谦（一作"廉"），

---

① 《资治通鉴》卷一九三。
② 《资治通鉴》卷一八九。

主簿李玄道，参军蔡允恭、薛元敬、颜相时，咨议典籖苏勖，天策府从事中郎于志宁，军咨祭酒苏世长，记室薛收，仓曹李守素，国子助教陆德明、孔颖达，信都盖文达，宋州总管府户曹许敬宗，并以本官兼文学馆学士。"①李世民将上列18学士分为三番，轮流在文学馆"更日值宿"。所谓"更日值宿"表明，这些文学馆的兼任学士，一般是白日处理他们本职的工作，在公务之余或晚上于馆内研读经史，同时为李世民提供咨询。

李世民在文学馆内为这些学士们提供丰盛菜肴，"恩礼优厚"，对这些学士们甚为尊重。世民在朝请或处理公事后，稍有余暇便来到馆中，与各位学士们"讨论文籍"②，往往直到夜半的时候，他才肯离馆寝息。李世民又使令阎立本为学士们图像，由褚亮为之撰写赞词，号《十八学士写真图》，"士大夫得预其选者，时人谓之'登瀛州'"。③

李世民所设置的文学馆，馆中的学士即是秦王府中的主要文职官员，实际上也是他的智囊团。而房玄龄、杜如晦则是这个智囊团中的首席顾问。正是这个智囊团同秦王府中的尉迟敬德、程知节、秦叔宝等一批猛将们，一文一武，共同辅佐李世民在玄武门之变中取得成功，李世民本人也因此登上了皇帝的宝座。

文学馆的开设，表明李世民在全国统一之前，在他尚未登上皇帝宝座之时，就已经意识到"讨论文籍"、研读经史对于治理国家的必要。诚然，文学馆毕竟是秦王府属下的一个机构。待到武德九年（626年）八月李世民即皇帝位时，原文学馆的学士在职务上变动很大，有的已担任政府中的重要职务，而秦王则成了大唐皇帝（以下称唐太宗，简称太宗）。秦王府与文学馆作为特定机构，也完成了它的历史使命。为了适应新形势的需要，太宗于九月在弘文殿左侧设置弘文馆，贞观三年（629年）又将馆址移至纳义门西。

弘文馆设置之初，太宗将经、史、子、集四部书20余万卷纳入馆中，同时"精选天下文学之士"④如虞世南、褚亮、姚思谦（一作"廉"）、欧阳询、蔡允恭、萧德言等人，如同文学馆学士那样，仍然是"以本官兼学士"⑤，使令他们"更日值宿"⑥。太宗在听朝、处理公务的空隙，便将这些学士们引入内殿，讲论古今中

---

①②《资治通鉴》卷一八九。

③《资治通鉴》卷一八九。传说有蓬莱、方丈、瀛洲三神山，以此来比喻入选为学士犹如成仙。

④⑤⑥《资治通鉴》卷一九二。

外的"前言往行，商榷政事"①，也往往是到夜半时分，才肯休息。同时，太宗又选取三品以上官员的子孙充任弘文馆学士。

据《唐六典》记载，弘文馆的职责是："或典校理，或司撰著，或兼训生徒。"事实上，弘文馆绝非一个单纯的学术机构，所谓"讲论前言往行，商榷政事"表明，同文学馆一样，弘文馆及其学士，仍然有为唐太宗制定方针政策提供咨询的职责，弘文馆学士可以参加议定礼仪、律令及朝廷各项制度。《新唐书·儒学传序》说：唐太宗"既即位，殿左置弘文馆，悉引内学士番宿更休，听朝之间，则与讨古今，道前王所以成败，或日昃夜艾，未尝少怠"。

元代史学家胡三省对唐太宗设置文学馆、弘文馆一事曾评论说：

"唐太宗以武定祸乱，出入行间，与之俱者，皆西北骁武之士。至天下既定，精选弘文馆学生，日夕与之议论商榷者，皆东南儒生也。然欲则守成者，舍儒何以哉！"②

胡三省所说的东南儒生，即指越州余姚人虞世南和杭州钱塘人褚亮。据《旧唐书·虞世南传》记载，贞观七年（633年），世南转任秘书监，"太宗重其博识，每机务之隙，引之谈论，共观经史……每论及古先帝王为政得失，必存规讽，多所补益。太宗尝谓侍臣曰：'朕因暇日与虞世南商略古今，有一言之失，未尝不怅恨，其恳诚若此，朕用嘉焉。群臣皆若世南，天下何忧不理。'"

唐太宗即位后立即设置弘文馆、与弘文馆学士"商榷政事"的事实表明，他是何等重视发挥文学之士对治理国家的重要作用。

---

①② 《资治通鉴》卷一九二。

三　尊孔注释经书

自汉武帝罢黜百家、独尊儒术以来，儒家学说一直被封建统治阶级奉为治国安民的指导思想。唐王朝建立之初，唐高祖于武德二年（619年）六月戊戌日，诏"令国子学立周公、孔子庙，四时致祭，仍博求其后"。[1]武德七年（624年），唐高祖至国子学，释奠于先圣、先师。武德九年（626年），封孔子的后代为褒圣侯。

唐太宗即位后，对儒学和儒家创始人孔子尤为尊崇。贞观二年（628年）六月，唐太宗说：

> "梁武帝君臣惟谈苦空，侯景之乱，百官不能乘马。元帝为周师所围，犹讲《老子》，百官戎服以听。此深足为戒。朕所好者，唯尧、舜、周、孔之道，以为如鸟有翼，如鱼有水，失之则死，不可暂无耳。"[2]

唐太宗认为孔子的学说对于他来说，"如鸟有翼，如鱼有水，失之则死，不可暂无"。这比喻足以说明，他把儒家学说奉为治国的指导思想。贞观二年（628年），唐太宗采纳房玄龄等人的建议，"乃罢周公，升孔子为先圣"[3]，专门设置了孔子庙堂，以孔子为先圣，以颜回为先师。据《贞观政要·崇儒学》记载："贞观二年（628年），诏停周公为先圣，始立孔子庙堂于国学，稽式旧典，以仲尼为先圣，颜子为先师，两边俎豆干戚之容，始备于兹矣。是岁大收天下儒士，赐帛给传，令诣京师，擢以不次，布在廊庙者甚众。学生通一大经已上，咸得署吏。"贞观十一年（637年），唐太宗又诏令尊孔子为宣父，在兖州特设庙殿，令20户民家维持供养。

为尊孔崇儒，唐太宗褒扬前代的儒学大师，"因诏前代通儒，梁皇侃、褚仲都，周熊安生、沈重，陈沈文阿、周弘正、张讥，隋何妥、刘炫等子孙，并加引擢"。[4]除了给予前代儒学大师的子孙以荫官的待遇外，唐太宗又尊崇先秦以来的经学大师，于贞观二十一年（647年），"诏左丘明、卜子夏、公羊高、谷梁赤、伏胜、

---

① 《旧唐书·高祖本纪》。
② 《资治通鉴》卷一九二。
③ 《新唐书·礼乐五》。
④ 《新唐书》卷一九八。

高堂生、戴圣、毛苌、孔安国、刘向、郑众、杜子春、马融、卢植、郑玄、服虔、何休、王肃、王弼、杜预、范宁二十一人①，用其书，行其道，宜有以褒大之，自今并配享孔子庙廷"。②

上列配享于孔子庙廷的历代儒学大师中，以汉代居多。其中既有今文学家，又有古文学家。所褒扬的前代名儒，既有"北学"学派，又有"南学"学派的代表人物。可见，唐太宗对于汉代以来经学上的学派之争并不感兴趣。在天下大一统的新形势下，他主张对经学上的各家学派兼收并蓄、各取所长，为繁荣唐代经学、建设太平盛世服务。

同尊崇儒学相联系的，是唐太宗对注释经学典籍的重视。唐代在经学典籍注释工作中所取得的成就，在中国经学史上占有重要的地位。

经书是经学的载体，当时所谓"经部"书籍，除了孔子所编订的经书原文之外，亦包括孔子以来历代儒学大师们的注释与解说。自南北朝以来，从经学本身的发展来说，与社会分裂局面趋向统一相一致的，是经学上也出现了"南学"与"北学"相融合的趋势，出现了像刘焯、刘炫那样"学通南北，博极古今"③的经学大师。

然而，由于隋朝末年的社会动乱，图书典籍包括儒家经典，均散乱佚失甚多。武德四年（621年）五月，王世充于洛阳出城向李世民投降，世民率大军入洛阳宫城，"命记室房玄龄先入中书、门下省，收隋图籍制诏，已为世充所毁，无所获"。④据《隋书·经籍志》记载，李世民平定王世充时，唐高祖曾命宋遵贵将东都洛阳的藏书监运长安，不幸在溯河西上时发生翻船事故，图书"多被漂没，其所存者，十不一二。其《目录》亦为所渐濡，时有残缺"。⑤唐高祖武德年间，"时承丧乱之余，经籍亡逸，德棻奏请购募遗书，重加钱帛，增置楷书，令缮写。数年间，群书略备"。⑥这些记载表明，唐高祖在位时，收集散失经书的工作已取得了很大的成绩。

唐太宗即位后立即设置弘文馆，并着手对征集上来的图书进行整理。据《旧唐书·魏征传》记载，贞观二年（628年），魏征"迁秘书监，参预朝政。征以丧乱之后，典章纷杂，奏引学者校定四部书。数年之间，秘府图籍，粲然毕备。"这

① 《新唐书·礼乐志》《旧唐书·礼仪志》，作"二十二人"，多出贾逵一人。
② 《新唐书·儒学传序》。
③ （唐）李大师等：《北史·儒林传序》，北京：中华书局，1974年。
④ 《资治通鉴》卷一八九。
⑤ （唐）魏征等：《隋书·经籍志》，北京：中华书局，1973年。
⑥ 《旧唐书·令狐德棻传》。

条记载表明，贞观初年在秘书监魏征的主持下，对征集上来的图书所进行的整理工作，已经取得了初步的成果。

在对图书典籍初步进行整理的基础上，唐太宗尤为重视的是对经部书籍的整理。这不仅因为经书中的理论是他用来治国的指导思想，更是出于科举考试的需要，所以尽快地校刊出一部《五经定本》已成为一项迫切的任务。

孔子所整理的"六艺"即西汉以来所说的"六经"，《乐》早已亡佚，只有《诗》《书》《易》《礼》《春秋》流传下来。经秦始皇焚书，西汉时的经书在篇章字句上，流传的各本已多所不同；经过南北朝时期的分裂局面，流传的经书在文字上的差异以及讹、夺、倒、衍之处甚多。唐王朝既已统一天下，便用儒家学说的理论治国，以经书作为科举考试命题的依据，于是唐太宗于贞观四年（630 年）命中书侍郎颜师古来主持这项工作。据《旧唐书·颜师古传》记载：

> "太宗以经籍去圣久远，文字讹谬，令师古于秘书省考定《五经》，师古多所厘正，既成，奏之。太宗复遣诸儒重加详议，于时诸儒传习已久，皆共非之，师古辄引晋、宋已来古今本，随言晓答，援据详明，皆出其意表，诸儒莫不叹服。于是兼通直郎、散骑常侍，颁其所定之书于天下，令学者习焉。"

颜师古是南北朝时期名儒颜之推的孙子，他禀承家教和祖训，在经学上有很高的修养，堪称贞观初年的儒学大师。他于贞观四年（630 年）受命校刊统一的《五经定本》，历时两年有余，完成了对《周易》《尚书》《毛诗》《礼记》《左传》等五经的校订。完稿后，唐太宗召集诸儒讨论，提出很多非难意见，师古都一一予以回答，"诸儒莫不叹服"①。唐太宗对颜师古出色地完成了这一任务大加赞赏，"称善者久之"②，并于贞观七年（633 年）十一月，诏令将《五经定本》颁行天下，"令学者习焉"③。

《五经定本》既已颁行天下，对"五经"经文的注释解说工作便被提到了议事日程上。由于经学内部的学派不同、师承不同，对经书的解释也相当异歧，既不能适应科举考试答卷的需要，也不利于在政治上统一全国的思想。为解决这种"师说多门"的情况，唐太宗命国子祭酒孔颖达主持这一工作。孔颖达在隋末曾师事于经学大师刘焯，而刘焯又精通南学、北学，颖达向刘焯"请质疑滞，多出其意表，焯改容敬之"④。

---

①③《旧唐书·颜师古传》。

②（唐）吴兢著，张燕婴等译注：《贞观政要》，北京：中华书局，2012 年。

④《旧唐书·孔颖达传》。

在孔颖达的主持下，颜师古、司马才章、王恭、王琰等名儒，以及其他人士共20余人参加了"五经"注释工作，历时两年有余，于贞观十四年（640年）二月终于完成。长达180卷的《五经义疏》完稿后，唐太宗于诏书中称赞说："卿等博综古今，义理该洽，考前儒之异说，符圣人之幽旨，实为不朽。"①将"义赞"改名为"正义"，并将《五经正义》"付国子监施行，赐颖达物三百段"。②

在注释工作中，孔颖达等人选择了王弼《周易注》、孔安国《尚书传》、杜预《左传集解》、《诗》毛传郑笺、郑玄《礼记注》，《疏》则是根据汉魏南北朝以来的旧说和经师们的注释撰写而成，"师说多门""章句繁杂"的弊病得以克服。《五经正义》是在唐太宗的授意下完成的，它标志着经学上南学、北学两派的融合，是中国封建社会前期经学的总结，在经学发展史上占有一定的地位。

《五经正义》的撰写所遵循的是"疏不破注"的原则，这就难免出现曲徇注释经文的现象，又往往流于繁琐；加之参编人员较多，水平与见解不一，部头较大，因而《正义》的乖谬等弊病亦有很多。参加编撰义疏的太学博士马嘉运，"驳颖达所撰《正义》"③"以颖达所撰《正义》颇多繁杂，每掎摭之，诸儒亦称为允当"。④因此，唐太宗又下诏"更令详定"。只是自贞观十七年（643年）开始，孔颖达便因年老退休而无法主持这项工作了。尽管《五经正义》在撰写中存有一些缺点，但唐太宗仍然对孔颖达的功绩给予了充分的肯定，于贞观十八年（644年）"图形于凌烟阁，赞曰：'道光列第，风传阙里。精义霞开，掞辞飚起'"。⑤

《五经定本》《五经正义》的撰写，是中国经学史上的一件大事，是两汉以来经学上的又一重大成就。从此，《五经正义》作为由国家钦定的经学教科书，直至宋代一直被奉为科举取士的标准，对后世有很大的影响。

---

①②③⑤《旧唐书·孔颖达传》。
④《旧唐书·马嘉运传》。

四　兴学校重科举

　　唐高祖李渊即皇帝位后，于武德元年（618年）五月诏令设置国子、太学、四门生，合300余员，郡县学亦各置生员。武德七年（624年），唐高祖诏令州、县、乡皆设置学校，有明一经以上者，咸以名闻。高祖亲自到国子学，释奠先圣、先师，诏令王公子弟各就学校。

　　唐太宗即位后，对学校教育更加重视，学校教育制度日趋完备，中央、州、县三级学校均已具备相当的规模。中央的学校是国子监，亦称国学。唐高祖武德年间，国学已增筑学舍400余间。唐太宗即位后亦多次到国学视察，令国子祭酒、司业、博士讲论，赐以束帛，"四方儒生负书而至者，盖以千数"①。贞观六年（632年），国子监作为全国最高学府，下属的学校除隋时已设置的国子学、太学、四门学、书学、算学之外，又增设律学。上述六种学校的学生人数分别达到了300、500、1300、50、30、30人不等。前三种学校分别接纳三品、五品、七品以上官员的子弟入学，后三种学校则录取八品以下的官吏及一般地主家庭的子弟。据《通典》卷五十三记载：

　　　　贞观五年，太宗数幸国学，遂增筑学舍千二百间。国学、太学、四门亦增生员，其书、算各置博士，凡三千二百六十员。其屯营飞骑亦给博士，授以经业。无何高句丽、百济、新罗、高昌、吐蕃诸国酋长，亦遣子弟请入国学之内八千余人，国学之盛，近古未有。

　　当时在国学之内，来自四方的儒者数以千计，连同四周各国派来的留学生，"于是国学之内，鼓箧升讲筵者，几至万人，儒学之兴，古昔未有也"。②

　　国学的组织机构是，国子监作为国家的教育行政领导机构，置祭酒一员，总管国家的教育事业，同司业二员一道，是国学最高的正副学官，掌管邦国儒学训导之政令。国学的六种学校中，还设有博士、助教多人，负责日常的教学工作。例如：经学大师孔颖达于贞观六年（632年）被召为国子司业，贞观十二年（638年）拜

---

①②《贞观政要·崇儒学》。

为国子祭酒，于国子监任职长达十余年。其他如国子博士马嘉运、太学博士王恭、国子助教司马才章等，都是著名的经学家，并在孔颖达的主持下参加过《五经正义》的撰写工作。

如果说国学的教师都是当时的经师的话，那么国学中的主要课程则是经书。除了《论语》《孝经》等必修课程外，还有大经（《礼记》和《左传》）、中经（《毛诗》《周礼》和《仪礼》）、小经（《周易》《尚书》《公羊传》《谷梁传》），统称为"九经"。

州、县所设立的官办学校分为三等，上郡学生60员，中下郡各50员；上县学生40员，中县30员，下县20员。在州县学校中成绩优良者，可由地方官保送参加常举考试，考试合格后送中央参加常举考试，合格者可获得做官的候补资格。贞观六年（632年），唐太宗还诏令"诸州置医学"，设医药博士一人，负责教授学生，对各地医学教育事业的发展起到了一定的积极作用。

在中央，除了国学六种（国子学、太学、四门学、书学、算学、律学）的中央官学系统外，贞观元年（627年）所设置的弘文馆，贞观十三年（639年）在东宫所设置的崇贤馆，也都教授生徒，从而形成了以"六学二馆"为代表的官学体系。此外，在屯营、飞骑等军事建制中，也设置了博士教育学生。当时，高昌、吐蕃、高句丽、百济、新罗，以及日本也派遣子弟前来长安求学，盛况空前。

国子监作为总管国家教育事业的最高行政机构，它在隋唐时期的出现，标志着中国历史上中央政府中首次设立了专门的教育行政部门，体现了国家对教育事业的重视和教育事业所处的地位，是中国教育史上的一件大事。

同唐初兴办各级学校以及教育制度、课程设置相联系的，是唐太宗对科举制度的重视。唐初重视科举的直接目的，在于为国家的各级政权机关选拔合乎规格的人才，特别是选择那些经过一段时间的实践，能够在国家政权机关中担任重要职务的英才。

唐初的选官，除令州县推荐外，科举亦是重要途径之一。隋王朝建立后，废除九品中正选官制度，创立科举选官制度。唐太宗继承并发展了隋朝科举制度，使科举制度日趋健全，终于使科举和恩荫、杂色入流并列为选拔官吏的三种主要途径之一，从而扩大了庶族地主参政的机会，这是唐太宗对用人制度进行改革的重要内容之一。

贞观年间科举考试的常试科目有秀才、进士、明经、明法、明书、明算等六科。其中，秀才科为最高科等，应试者需要熟悉经史，精通治国方略，因而敢于应试秀才科的士子不多。明法、明书、明算三科考试专门学问，及第后从事专门工作，很少有机会进入政界，担任高级官吏，而且录取人数较少，应考的士子也很少。因此，士子大多报考明经和进士两科，特别是进士科尤为热门，因为一旦录取，便取得了候补官员的资格。

明经科考试主要考九部儒家经典（《礼记》《左传》为"大经"，《毛诗》《周礼》《仪礼》为"中经"，《周易》《尚书》《公羊传》《谷梁传》为"小经"）中的两部。唐初，明经按照经书的章疏试策。进士科在唐初考试时务策五道，当时衡量策文的标准，主要是看文章的词华。明法科考试律、令各一部。所试律令，每部十帖，策试十条。明书科考试《说文》《字林》，帖式、口试并通，要求通训诂，兼会杂体。明算科考试《九章算术》《海岛算经》《周髀算经》等十部算经，要求明数造术，辨明术理。

唐初应试的士子有生徒和乡贡。生徒是指国子监所统的国子学、太学、四门学、律学、书学和算学的学生，还有在弘文馆、崇文馆学习的皇亲、贵族子弟等。他们学习两部儒家经典，期满考试合格后由馆监举送到尚书省参加各科考试。乡贡是指不在馆内学习的举子，经县、州逐级考试合格，由州府举送到尚书省参加常科考试。

考试的主持单位是吏部考功司，主持人是吏部考功员外郎。报名考试日期由每年十一月到次年春三月。为方便考生，除京城长安外，又在东都洛阳设考场，以方便关东举子参加科举，称为"东选"。考试纪律颇严，为防止举子挟带经籍书策入场，进入试场时要进行搜身。考试时间是从清晨日出时起，一直延续到夜间，因而入场时可携带水、炭、餐器，以及蜡烛等。考试成绩在尚书省唱第公布，合格者即被录取，称为及第。同时，又张榜公布，第一名（即状元）名列前茅，称为榜头。及第的进士要参谒宰相，然后还要举行各种聚会。

明经、进士两科考试及第后，只是获得了做官的资格。要获得官职，还要到吏部参加复试，复试内容亦为经史之类。为此，贞观八年（634 年）颁发了"进士试读一部经史"的诏令。复试通过后，即获得了到吏部参选的资格。

进士科考试录取者百分之一二，明经科考试录取者十分之一二。在唐初的 40 年间，科举录取人数只有 290 人。由于录取人数甚少，因而老年中榜、终生未中、老死科场者大有人在，故有"三十老明经，五十少进士"①的谚语。同书还引唐代

---

① （唐）王定保：《唐摭言》卷一。

诗人赵嘏诗句:"太宗皇帝真长策,赚得英雄尽白头。"

贞观年间录取的进士人数虽然不多,但同九品中正制度相比,科举制度有利于从庶族地主乃至于平民百姓中选拔人才、补充官员,对于巩固中央集权的封建专制制度是有积极作用的。唐太宗健全科举制度,为庶族地主参与国家政权开辟了宽阔的道路。当时,唐太宗在金殿端门俯视新科进士鱼贯而出的盛况,得意地说道:"天下英雄,入吾彀中矣。"[①]太宗对及第进士很是关心。贞观二十二年(648年),考功员外郎王师旦主持进士复试,进士张昌龄、王公谨在考试中"文策全下",因而落第不报。张、王两人由于"并有俊才,声震京邑",太宗亦有耳闻。金榜公布后,唐太宗见榜上无昌龄、公谨的名字,感到很奇怪,急忙问王师旦是何缘故。王师旦向太宗答对说:"此辈诚有文章,然其体性轻薄,文章浮艳,必不成令器。臣若擢之,恐后生相效,有变陛下风雅。"[②]在科举制度之下,一大批庶族地主出身的人,如贫士出身的李义府经科举入仕朝廷,最终官至宰相。

---

② (北宋)王溥等:《唐会要·贡举》,北京:中华书局,1955年。

五　鉴古设馆修史

纵观贞观年间唐太宗实行文治的种种举措，几乎无不与总结历史经验相联系。是历代王朝特别是秦、隋二朝兴衰得失的无数事例，给了唐太宗以启发和警示，促成他为大唐帝国制定了一系列合乎实际的方针政策，避免了诸多失误，从而开创了"贞观之治"。自李世民于武德四年（621 年）设立文学馆、即皇帝位后设立弘文馆（626 年）以来，他常常夜读史书，"或夜分乃寝""中宵不寐"。唐太宗的夜读史书，主要不是为了学习以往帝王们的驾驭群臣之术，而是从历代的兴亡得失之中总结正反两方面的经验，用来治理他所统治的国家，实现国泰民安。贞观十七年（643 年）正月，魏征卒，唐太宗亲自撰写碑文，并对侍臣说："人以铜为镜，可以正衣冠；以古为镜，可以见兴替；以人为镜，可以知得失。魏征没，朕亡一镜矣！"[①]所谓"以古为镜，可以见兴替"，正是他以史为鉴、通过总结历史经验来制定治国方针政策、治理国家这一实践的总结，这也就是他在《帝范·序》中所说的："所以披镜前踪，博采史籍，聚其要言，以为近诫云尔。"[②]

唐太宗酷爱史书，读史成癖，这在史书中多有记载。黄门侍郎刘洎称唐太宗"听朝之隙，引见群官，降以温颜，访以今古"。[③]对于弘文馆学士虞世南，"太宗重其博识，每机务之隙，引之谈论，共观经史……每论及古先帝王为政得失，必存规讽，多所补益。太宗尝谓侍臣曰：'朕因暇日与虞世南商略古今，有一言之失，未尝不怅恨，其恳诚若此，朕用嘉焉。群臣皆若世南，天下何忧不理。'"[④]中书侍郎岑文本在上书中称："伏惟陛下览古今之事，察安危之机，上以社稷为重，下以亿兆为念。"[⑤]这正是对唐太宗以史为鉴、以史辅治的概括。

---

① 《资治通鉴》卷一九六。
② 《全唐文》卷一〇。
③ 《旧唐书·刘洎传》。
④ 《旧唐书·虞世南传》。
⑤ 《旧唐书·岑文本传》。

为配合以史为鉴、励精图治的需要，唐太宗"欲知前世得失"①，诏令魏征、虞世南、褚亮以及萧德言等人"裒次经史百氏帝王所以兴衰者上之"②，唐太宗"爱其书博而要，曰：'使我稽古临事不惑者，公等力也！'赉赐尤渥"。③

　　唐太宗重视以史为鉴，还见于他对臣下们的自我表白。贞观十四年（640年），唐太宗对房玄龄说："朕每观前代史书，彰善瘅恶，足为将来规戒。"④在《答魏征上群书理要手诏》中，唐太宗说："览所撰书，博而且要，见所未见，闻所未闻，使朕致治。"在《金镜》中，唐太宗总结他即位以来以史为鉴的行为，说道："朕以万机暇日，游心前史。仰六代之高风，观百王之遗迹，兴亡之运，可得言焉。每至轩昊之无为，唐虞之至治，未尝不留连赞咏，不能已已，及于夏殷末世，秦汉暴君，使人懔懔然兢惧，如履朽薄。"⑤这些表白说明，唐太宗的以史为鉴，其最终目的只有一个，那就是借此治理好他所统治的国家。

　　贞观年间，以史为鉴不只是唐太宗的个人意志，亦是唐初最高统治集团的共识。以魏征为代表的一些朝廷大臣，每每以隋亡为鉴，就治国的方针大计与军国大事提出自己的意见或劝谏君王，事例不胜枚举。唐太宗在位时期，皇帝、大臣，以及君臣之间，他们在就国家政事发表自己意见或进行讨论时，常常是通过总结历史经验、以史为鉴来作为立论的根据，这可谓唐初政治生活中的一大特色，是中国封建时代任何一个王朝所无法比拟的。

　　唐太宗和他的大臣们之所以如此重视"以古为镜"，显然是与隋王朝二世而亡的历史背景联系在一起的。隋王朝统一天下，国家富庶强盛，据说国家储备的粮食可供50年食用。然而，隋炀帝继位不到15年，隋王朝便短命而亡。这个事实，是唐太宗和他的大臣们亲眼所见。这件事在他们的头脑中所留下的印象和引起的震动可以说是太深刻、太强烈了，怎能不引起他们的再三思考呢？他们时时"以古为镜"，显然是同这一历史条件联系在一起的。唐太宗所说的"隋炀帝富有四海，既骄且逸，一朝而败"⑥，魏征所说的"昔在有隋，统一寰宇，甲兵强锐，三十余年，风行万里，威动殊俗，一旦举而弃之，尽为他人之有"⑦，都是在说强盛的隋王朝短命而亡的

---

①②③《新唐书·儒学·萧德言传》。

④《贞观政要·文史》。

⑤吴云，冀宇校注：《唐太宗全集校注》，天津：天津古籍出版社，2015年。

⑥《贞观政要·灾祥》。

⑦《贞观政要·君道》。

事实，是唐初君臣们以史为鉴的直接动因。

唐太宗所说的"以古为镜"，当然首先是以隋亡为鉴。武德四年（621年）五月，李世民率东征大军俘获窦建德，王世充被迫投降，唐军开入洛阳宫城。当时，李世民面对隋王朝的宫殿，感叹地说："逞侈心，穷人欲，无亡得乎！"①于是下令"撤端门楼，焚乾阳殿，毁则天门及阙，废诸道场，城中僧尼，留有名德者各三十人，余皆返初"。②李世民因他西取长安、平定天下而转战各地时，目睹了隋王朝因炀帝奢侈暴虐而亡的无数场景，这使得他即皇帝位后仍一再谈及此事。据《贞观政要·行幸》记载，贞观初，唐太宗对他的侍臣们说：

"隋炀帝广造宫室，以肆行幸。自西京至东都，离宫别馆，相望道次，乃至并州、涿郡，无不悉然。驰道皆广数百步，种树以饰其旁，人力不堪，相聚为贼。逮至末年，尺土一人，非复已有。以此观之，广宫室，好行幸，竟有何益？此皆朕耳所闻，目所见，深以自戒。故不敢轻用人力，惟令百姓安静，不有怨叛而已。"③

贞观十一年（637年），太宗幸洛阳宫，泛舟于积翠池，顾谓侍臣曰：

"此宫观台诏并炀帝所为，所谓驱役生人，穷此雕丽，复不能守此一都，以万人为虑。好行幸不息，人所不堪……遂使天下怨叛，身死国灭，今其宫苑尽为我有。"④

贞观十三年（639年），太宗谓魏征等曰：

"隋炀帝承文帝余业，海内殷阜，若能常据关中，岂有倾败？遂不顾百姓，行幸无期……身戮国灭，为天下笑。"⑤

贞观二年（628年），唐太宗对侍臣说：

"卿等岂不见隋主为君，不恤民事，君臣失道，民叛国亡，公卿贵臣，暴骸原野，毒流百姓，祸及其身？朕每念及于斯，未尝不忘寝辍食，所以师古作法，不敢任情。"⑥

可见，唐太宗对隋王朝短命而亡的感受是何等之深。唐太宗君臣们由以隋亡为

---

①②《资治通鉴》卷一八九。

③④⑤《贞观政要·行幸》。

⑥（北宋）王钦若等：《册府元龟·帝王部·勤政》。

鉴发展到"以古为镜""鉴前王之得失"。除了以隋亡为鉴外，还有对秦王朝的二世而亡以及对汉初文景之治经验的总结。

秦、隋均统一天下，两大帝国的一时强盛以及二世短命而亡，有着极为相似的情形。因而唐太宗在以隋亡为鉴的同时，自然要探讨秦王朝二世而亡的教训。他时常把秦王朝与隋王朝两相比较，探求其短命而亡的过程与原因，借以总结教训。他说：

"秦始皇初平六国，据有四海，及末年不能善守，实为可戒。"①

"秦始皇，亦是英雄之主，平定六国，以后才免其身，至子便失其国……朕为此不得不惧。"②

"秦之胡亥，始皇所爱，赵高所傅，教以刑法。及其篡也，诛功臣，杀亲族，酷烈不已，旋踵而亡。"③

"（隋文帝）性至察而心不明。夫心暗则照有不通；至察则多疑于物。又欺孤儿寡妇以得天下……朝臣既知其意，亦不敢直言。宰相以下，惟即承顺而已。"④

"向使隋主早悟，亦当不至于灭。前事不远，朕与公辈当思自勉。"⑤

在唐太宗看来，秦王朝的短命而亡，始自始皇，成于二世；这与隋王朝的短命而亡，始于文帝，成于炀帝，有着相似的情形。

正如唐太宗的大臣魏征所说："隋之得失存亡，大较与秦相类。"⑥而贞观二年（628年）唐太宗对黄门侍郎王珪的一段话，则揭示了隋王朝灭亡始自文帝、成于炀帝的过程。他说："隋开皇十四年大旱，人多饥乏。是时仓库盈溢，竟不许赈给，乃令百姓逐粮。隋文帝不怜百姓而惜仓库，比至末年，计天下储积，得供五六十年。炀帝恃此富饶，所以奢华无道，遂致灭亡。炀帝失国，亦此之由。"⑦

唐太宗的以史为鉴，主要是对秦、隋，尤其是从隋朝的二世而亡中吸取教训，

---

① 《贞观政要·慎终》。
② （唐）王方庆辑：《魏郑公谏录》卷四。
③ 《贞观政要·杜谗邪》。
④ 《贞观政要·政体》。
⑤ 《册府元龟·帝王部·诫励二》。
⑥ 《隋书》卷七，《后论》。
⑦ 《贞观政要·辩兴亡》。

从反面提醒自己，从而避免施政方针和政策上的失误。正如他自己所言："朕昨阅《帝系略》，有八十余君，亡国丧身者多，兴邦利物者少。"①而从历史上吸取正面的成功经验，则见于他对汉初高祖、文帝及其施政方针的称赞。他于贞观十一年（637年）对高士廉说："昔汉高祖止是山东一匹夫，以其平定天下，主尊臣贵。卿等读书，见其行迹，至今以为美谈，心怀敬重。"②贞观二年（628年）八月，公卿们以"宫中卑湿"③为由，奏"请营一阁以居之"④。唐太宗回答说："昔汉文帝将起露台，而惜十家之产。朕德不逮于汉帝，而所费过之，岂谓为民父母之道也。"⑤最终没有允许为他营建楼阁。

贞观十一年（637年），魏征等大臣鉴于唐太宗"欲善之志不及于昔时"以及"游猎太频"，主张鼓励臣下上书言事，太宗表示首肯，于是侍御史马周上疏，以"汉之文景恭俭养民"进行劝谏。上疏说："昔汉之文、景，恭俭养民，武帝承其丰富之资，故能穷奢极欲而不至于乱，向使高祖之后即传武帝，汉室安得久存乎！"⑥唐太宗及其大臣们之所以对汉初的"文景之治"感兴趣，是为了成就唐初的"贞观之治"。

唐太宗深知他与大臣们的"以古为镜"是不难做到的，但继嗣之君和功臣后代，他们没有经历过动乱的年代，生长于富贵之乡，对民间疾苦缺少体察。因此，唐太宗认识到对后代进行历史知识、以史为鉴的教育，是关系到唐王朝能否实现长治久安的大问题。他有鉴于"历观前代拨乱创业之主，生长人间，皆识达情伪，罕至于败亡。逮乎继世守文之君，生而富贵，不知疾苦，动至夷灭"。⑦又鉴于"功臣子弟，多无才行，藉祖父资荫遂处大官，德义不修，奢纵是好。主既幼弱，臣又不才，颠而不扶，岂能无乱？"⑧为此，唐太宗于贞观七年（633年）对侍中魏征说："自古侯王能自保全者甚少，皆由生长富贵，好尚骄逸，多不解亲君子远小人故尔。朕所有子弟，欲使见前言往行，冀其以为规范。"⑨

为达此目的，唐太宗命魏征"录古来帝王子弟成败事"⑩，编纂《自古诸侯王善恶录》，用以赐予诸王阅读。书成后，魏征亲自撰写序言，序言中有"子孙继体，多属隆平。生自深宫之中，长居妇人之手，不以高危为忧惧，岂知稼穑之艰难？昵

---

① 《册府元龟·帝王部·诫励二》。

② 《旧唐书·高士廉传》。

③④⑤ 《旧唐书·太宗本纪》。

⑥ 《资治通鉴》卷一九五。

⑦⑨⑩ 《贞观政要·教戒太子诸王》。

⑧ 《贞观政要·君臣鉴戒》。

近小人，疏远君子……垂为明戒，可不惜乎？"①唐太宗在读过《自古诸侯王善恶录》后，称赞编得很好，令诸王"置于座右，用为立身之本"。②唐太宗晚年为太子所编写的《帝范》一书，亦强调要"以古为镜"，并在该书序言中告诫说：

> "自轩、昊以降，迄至周、隋，以经天纬地之君，纂业承基之主，兴亡治乱，其道焕焉。所以披镜前踪，博览史籍，聚其要言，以为近诚云耳。"

希图国君和功臣的后代，都能做到以古为镜，并为此采取相应的措施，体现了唐太宗的深谋远虑。从整体上看，他的"以古为镜"确实收到了良好的预期效果。然而，在个别问题上，唐太宗总结历史经验也有过失误。在朝廷大臣关于分封的争论中，他站在了萧瑀错误主张的立场之上，不顾魏征、李百药、长孙无忌等人的反对，企图分封诸侯，实行世袭刺史制，认为如此便可以实现国祚长久，避免像秦朝那样二世而亡。这同汉高祖错误地总结历史经验、"惩亡秦孤立之败"而大封同姓诸侯王，有着极为相似的情形。然而，历史早已证明：汉高祖分封同姓诸侯王，导致了吴楚"七国之乱"。唐太宗站在萧瑀一方，岂不是要重蹈历史的覆辙？

在是否实行分封的问题上，唐太宗困惑了十余年。直到贞观十一年（637年）诏令以长孙无忌、房玄龄等功臣为"世袭刺史"时，在长孙无忌等大臣的坚决反对下，唐太宗才收回成命，从而避免一次严重的失误。唐太宗之所以收回成命，除了是因为大臣们的坚决反对之外，另一个重要原因很可能是对汉初分封与七国之乱的历史教训已有所认识。重视总结汉初历史经验的唐太宗，对吴楚七国之乱的事实和教训，不会不知道，也不可能不有所思考。总之，世袭刺史制并没有付诸施行。

唐太宗在"以古为镜"、总结历史经验方面，虽然就是否实行分封的问题，在认识上有过困惑，但毕竟没有成为事实，而且也不是问题的主要方面。

同唐太宗重视以史为鉴相联系的，是贞观年间出现了前所未见的修史盛况，且成绩蔚然大观。历代的25部正史中，有8部正史成于贞观年间。除《南史》《北史》是由李延寿父子私家修撰外，其余六部即《北齐书》《周书》《梁书》《陈书》《隋书》《晋书》，都是由唐太宗诏令史馆纂修而成。

早在唐高祖武德五年（622年），秘书丞令狐德棻便向高祖建议修前代史书，理由是"近代已来，多无正史"③，文籍"至周、隋遭大业离乱，多有遗阙。当今耳目犹接，尚有可凭。如更十数年后，恐事迹湮没……如文史不存，何以贻鉴今

---

①② 《贞观政要·教戒太子诸王》。
③ 《旧唐书·令狐德棻传》。

古？"①唐高祖采纳了这一建议，下诏书命中书令萧瑀等人分工撰写六代史书，要求"务加详宛，博采旧闻，义在不刊，书法无隐。"②这项工作，直到玄武门事变发生时尚远未完成。

贞观三年（629 年），唐太宗重新下诏修六代史，因"《魏史》既有魏收、魏澹二家，已为详备，遂不复修"③。于是"令德棻与秘书郎岑文本修周史，中书舍人李百药修齐史，著作郎姚思谦（一作"廉"）修梁、陈史，秘书监魏征修隋史，与尚书左仆射房玄龄总监诸代史……德棻仍总知类会梁、陈、齐、隋诸史……寻有诏改撰《晋书》，房玄龄奏德棻令预修撰，当时同修一十八人，并推德棻为首，其体制多取决焉"。④这次诏令分工修史，房玄龄是名义上的总监，实际上的总监是魏征，他"总知其务，凡有赞论，征多预焉""《隋史》序论，皆征所作，《梁》、《陈》、《齐》各为总论"。⑤而在有关修史体制等诸多具体问题上，多取决于令狐德棻。

贞观三年（629 年）闰十二月，移史馆于禁中，在门下省北，由宰相监修国史。自是著作郎始罢史职。从此，这种由国家设馆修史、由宰相监修国史遂成为一种定制，历代相袭，直至清朝。

《梁书》与《陈书》的作者姚思谦（一作"廉"）所撰写二书实际上是在他父亲姚察（曾任陈朝吏部尚书，隋朝秘书丞）的旧稿基础上完成的，实际上是姚氏父子共同的著述。

《齐书》的作者李百药，其父李德林曾在北齐、北周、隋三朝任职，奉诏撰写《齐书》27 卷，增订齐史 38 篇。贞观年间，敕令李百药"仍其旧录，杂采他篇，演为五十卷"，包括东魏和北齐两朝历史。后人为区别于萧子显的《齐书》，称后者为《北齐书》。

《周书》的主编为令狐德棻，参编者有岑文本、崔仁师，史论部分多出自岑文本之手。

《隋书》的主编为魏征，参编人员有颜师古、孔颖达、许敬宗等人。

上述五代史的作者中，魏征长于史论；姚、李长于文史，且有家学传承；令狐德棻长于史例，各自发挥了自己的优长。五代史只有纪、传而无志。贞观十七年（643 年），唐太宗诏令褚遂良监修《五代史志》，直到高宗显庆元年（656 年）才得以成书，

---

① ② ③ ④ 《旧唐书·令狐德棻传》。
⑤ 《旧唐书·魏征传》。

参加撰写的人员有于志宁、李淳风、韦安仁、李延寿等通古今明天文地理之序的史学家。《五代史志》所取得的成就是多方面的，具有很高的学术价值，是正史中书志编纂的里程碑，为此后独立的典制体史书的问世准备了条件。

贞观二十年（646年），唐太宗下"修晋书诏"。这是因为从东晋到南北朝时期，修撰晋史者有20余家，唐初尚有18家，"制作虽多，未能尽善"①，被唐太宗认为是"虽存记注，而才非良史，事亏实录"。而重修《晋书》的目的是"发挥文字之本，导达书契之源。大矣哉！盖史籍之为用也"②。同时，太宗又说"若少学士，亦量事追取"，因而参加重修《晋书》的竟有21人之多，由太子太傅房玄龄、黄门侍郎褚遂良、中书侍郎许敬宗三人任监修，凡例由敬播负责，令狐德棻、李淳风、李义府、李延寿等18人参加修撰。《史通•正史》称《晋书》的修撰是"采正典与旧说数十余部，兼引伪史十六国书"，"正典"与"旧说"是其主要资料来源。《晋书》是唐史馆集体修撰的一部史书，由于唐太宗的重视和修撰人员较多，经过两年多的时间即成书，共130卷。由于唐太宗为晋宣帝、晋武帝、陆机、王羲之的纪传写了史论，因而《晋书》旧本题为"御撰"，"因房玄龄为监修官"也有旧题为"房玄龄撰"，实际上是集体修撰。

唐太宗除重视编纂前代历史外，又十分重视对当代历史的编撰。贞观年间的当代史主要有国史、实录、起居注三种体裁。

自贞观三年（629年），唐太宗在门下省北始置史馆，创议由宰相监修国史，对国史的修撰予以高度的重视，史官的地位与待遇也有所提高，首任监修官即是宰相房玄龄。房玄龄为人正直，史官李延寿、邓世隆、顾胤在当时亦有很好的声誉，因而由他们撰写的国史基本上能做到秉笔直书。只是到了许敬宗"掌知国史，记事阿曲"。③敬宗以个人恩怨为他人立传，又受人贿赂，因而为封德彝立传时，"盛加其罪恶""虚美隐恶"④的事例颇多。"高祖、太宗两朝实录，其敬播所修者，颇多详直，敬宗又辄以己爱憎曲事删改，论者尤之"。⑤正如《史通•正史》所评论的那样："所作纪传，或曲希时旨，或猥释私憾，凡有毁誉，多非实录"。贞观时期秉笔直书的传统，由于许敬宗的劣行而遭到破坏。

---

① （唐）刘知几撰：《史通•正史》。
② 《唐大诏令集•修晋书诏》。
③④⑤《旧唐书•许敬宗传》。

唐代的国史先后修撰了8次,第一次是在贞观初年,姚思谦(一作"廉")撰纪传体国史30卷。

同唐太宗重视当代史书撰写相联系的,是唐太宗还十分重视对起居注和实录的撰写。唐代史馆的任务,是修前朝和本朝的国史。史官包括专职或兼职两种,名称为修撰、直馆,专职史官较少。起居注是"录天子起居法度"[①]的编年体史书之一,以年时月日为序记事,"凡天地日月之详,山川封域之分,昭穆继代之序,礼乐师旅之事,诛赏废兴之政,皆本于起居注、时政记,以为实录"。[②]起居注这种史书体裁,始于汉代,汉武帝有《禁中起居注》,东汉明德马皇后撰有《明帝起居注》。后代沿袭,唐初有温大雅的《大唐创业起居注》三卷,流传至今。

唐初沿袭隋制,在中书省置起居舍人二员,另置起居郎二员。起居郎掌录皇帝起居法度,相当于古代的左史;起居舍人掌录皇帝制诰,相当于古代的右史,退而编录起居注。

唐太宗即位后,扩大了起居注官员,常常以他官兼任,称"知起居注""知起居事"。如给事中杜正伦、谏议大夫褚遂良等人,均曾"兼知起居事"。唐太宗对于起居注官员的秉笔直书是予以鼓励和表彰的。据《旧唐书·杜正伦传》记载,贞观二年(628年),杜正伦拜给事中,兼知起居注。太宗尝谓侍臣曰:"朕每日坐朝,欲出一言,即思此言于百姓有利益否,所以不能多言。"

"君举必书,言存左右史。臣职当修起居注,不敢不尽愚直。陛下若一言乖于道理,则千载累于圣德,非直当今损于百姓,愿陛下慎之。"[③]杜正伦进言答对。

对于杜正伦的答对,"太宗大悦,赐绢二百段"。[④]

总之,唐太宗的重视"以古为鉴"和唐代在撰写史书上所取得的成就,都是前人所不及的,尽管他曾有过索读本朝国史和起居注、实录的不妥之举,但从总体上看,他是秉笔直书原则的维护者。在贞观年间,秉笔直书原则作为唐太宗与史官们的共识,大体上被贯彻执行。

---

① 《旧唐书·职官志九》。
② 《旧唐书·百官志二》。
③④ 《旧唐书·杜正伦传》。

六　兴礼乐修族志

　　自西周初年周公旦的"制礼作乐"以来，历代王朝的统治者，在建国以后无不重修礼乐，唐王朝亦不例外。如果说周代所存的六代乐之一《大武》是表现周武王姬发克商的乐曲和舞蹈，那么《秦王破阵乐》则是表现唐太宗李世民平定天下武功的乐曲和舞蹈。据《隋唐嘉话》记载，《秦王破阵乐》产生于李世民平定刘武周，收复并、汾故地后，"河东士庶歌舞于道，军人相与为《秦王破阵乐》之曲"，庆祝李世民对刘武周作战的胜利。这一记载表明，《秦王破阵乐》亦含有乐曲和舞蹈两方面的内容。

　　唐王朝建国之初，首要任务是平定天下，来不及制定新的礼乐，因而在燕享时沿用隋朝的"九部乐"即：燕乐、清商、西凉乐、扶南乐、高句丽乐、龟兹乐、安国乐、疏勒乐、康国乐。唐高祖武德九年（626年），天下已经平定，正月己酉日，高祖"诏太常少卿祖孝孙等更定雅乐"，为大唐王朝制定新乐。

　　贞观元年（627年）春正月乙酉日，李世民改元"贞观"，于丁亥日设宴宴请群臣。当时，大唐雅乐尚在制定之中，宴会上奏《秦王破阵乐》。该乐曲歌颂秦王平定天下的武功，李世民听了当然十分高兴。然而，这毕竟是一曲"武乐"，而此种场合，应当奏"文乐"，但大唐雅乐又未制成。为此，唐太宗向群臣们解释说："朕昔受委专征，民间遂有此曲，虽非文德之雍容，然功业由兹而成，不敢忘本。"①

　　右仆射封德彝奉承唐太宗，说道："陛下以神武平海内，岂文德之足比。"②

　　封德彝这句奉承话，并未讨得唐太宗的欢心，因为这违背了"偃武修文"的治国方略，唐太宗不得不予以驳正，说道："戡乱以武，守成以文，文武之用，各随其时。卿谓文不及武，斯言过矣！"③

　　封德彝没有料到奉承皇上反而碰了一鼻子灰，不得不顿首认错。

　　太常少卿祖孝孙是当时著名的音乐大师，他受命制定《大唐雅乐》，所遵循的

---

①②③《资治通鉴》卷一九二。

原则是吸取古代音乐的精华，熔南朝与北朝的音乐于一炉，以适应大唐王朝统一天下后新形势的需要。唐太宗即位后，又诏令协律郎张文收与祖孝孙共同制定大唐雅乐，并于贞观二年（628年）六月制定完毕，这就是史书所记载的"太常少卿祖孝孙，以梁、陈之音多吴、楚，周、齐之音多胡、夷，于是斟酌南北，考以古声，作《唐雅乐》，凡八十四调、三十一曲、十二和。诏协律郎张文收与孝孙同修定。六月，乙酉，孝孙等奏新乐"。①

当祖孝孙将制定的《大唐雅乐》上奏后，唐太宗对大臣们说："礼乐者，盖圣人缘情以设教耳，治之隆替，岂由于此？"②

御史大夫杜淹颇有异议，说道："齐之将亡，作《伴吕曲》；陈之将亡，作《玉树后庭花》，其声哀思，行路闻之皆悲泣，何得言治之隆替不在乐也！"③

唐太宗不赞同杜淹的观点，说道："不然。夫乐能感人，故乐者闻之则喜，忧者闻之则悲，悲喜在人心，非由乐也。将亡之政，民必愁苦，故闻乐而悲耳。今二曲具存，朕为公奏之，公岂悲乎？"④

尚书右丞魏征发挥唐太宗的"缘情以设教"的观点，说道："古人称'礼云礼云，玉帛云乎哉！乐云乐云，钟鼓云乎哉！'乐诚在人和，不在声音也。"⑤

唐太宗对魏征的"乐在人和"的观点颇为欣赏。据《旧唐书·张文收传》记载，协律郎张文收曾向唐太宗建议"厘正太乐"，唐太宗没有同意，并且说道："乐本缘人，人和则乐和。至如隋炀帝末年，天下丧乱，纵令改张音律，知其终不和谐。若使四海无事，百姓安乐，音律自然调和，不藉更改。"

唐太宗的"乐本缘人，人和则乐和"以及"缘情以设教"等观点，表明他对乐的本质及其社会功用有着颇为深刻的认识。这种认识，也反映在他对《破阵乐》和《庆善乐》的制定和修订之上。

据载，贞观七年（633年）正月，"更名《破阵乐》曰《七德舞》"。⑥所谓"七德"见于《左传》宣公十二年（公元前597年）楚庄王语："武有七德。"即"禁暴、戢兵、保大、定功、安民、和众、丰财"。《通鉴》胡三省注引《新志》："《七德舞图》左圆右方，先偏后伍，交错屈伸，以象鱼丽鹅鹳。命吕才以图教乐工，百二十八人，被银甲执戟而舞。凡三变，每变为四阵，象击刺往来，歌者和，曰《秦王破阵乐》。"

---

① ② ③ ④ ⑤ 《资治通鉴》卷一九二。
⑥《资治通鉴》卷一九四。

可见，《破阵乐》有歌有舞，内容是颂扬唐太宗的武功。

贞观七年（633年）正月（癸巳日），唐太宗在玄武门宴请三品以上官员以及州牧、蛮夷酋长，"奏《七德》《九功》之舞"①，太宗颇为得意。见此情景，太常卿萧瑀上言说："《七德舞》形容圣功，有所未尽，请写刘武周、薛仁杲、窦建德、王世充等擒获之状。"

唐太宗没有采纳萧瑀的意见，因为刘、薛、窦、王当年的一些部下，如今已成了唐王朝的文臣武将。如果在乐舞中表演刘、薛、窦、王等人被擒拿时的状貌，势必会伤害这些人的感情，因而解释说："彼皆一时英雄，今朝廷之臣往往尝北面事之，若睹其故主屈辱之状，能不伤其心乎！"②

萧瑀闻听后，马上意识到自己的失言，说道："此非臣愚虑所及。"③

唐太宗的这番话表明，他确实遵守了乐在"人和"的原则，把乐舞的社会效果放在第一位。主张"偃武修文"的魏征，每当侍宴演奏《七德舞》时，他总是低下头来；而演奏《九功舞》时，他则高兴地抬头观看。这就是史书所记载的"魏征欲上偃武修文，每侍宴，见《七德舞》辄俯首不视，见《九功舞》则谛观之"。④

《九功舞》是唐代的"文舞"，创作于贞观六年（632年）。此时，唐太宗的"贞观之治"已大见成效，九月己酉日，李世民临幸庆善宫。庆善宫是唐高祖李渊在陕西武功的旧宅，太宗李世民的出生地。唐太宗效法汉高祖刘邦衣锦还乡，宴请并赏赐闾里故旧，见景生情，感怀颇多，赋诗十首（汉高祖刘邦当年在故乡所作的《大风歌》仅一首三句），命音乐大师、起居郎吕才为诗谱曲，"命曰《功成庆善乐》"⑤。唐太宗又效法刘邦命童子唱《大风歌》伴唱起舞的做法，使令64名童子（分为8列，每列8人），头戴"进德冠"，穿"紫袴褶"，"长袖，漆髻，屣履而舞"。这种舞蹈打扮文雅，"进蹈安徐"，舞步徐缓，乐曲悠扬，因其"以象文德"，故曰"文舞"。与手执干戚"击刺往来，发扬蹈厉，以象武功"的《七德舞》即所谓"武舞"截然不同。自此后，每当有大的宴会，唐太宗都使令乐工将《庆善乐》《九功舞》与《破阵乐》《七德舞》"偕奏于庭"⑥。

《庆善乐》与《破阵乐》作为唐朝初年的文舞、武舞，前者"广袖曳屣，以象文德"，后者"被甲持戟，以象战事"⑦，是唐太宗文治武功的象征。这两部乐舞的歌功颂德，不仅可以使唐太宗在精神上得到欣慰与满足，而且有助于巩固和

---

① ② ③ ④ ⑤ 《资治通鉴》卷一九四。

⑦（唐）刘餗撰：《隋唐嘉话》。

安定唐王朝的天下。

颁行《贞观新礼》，是唐太宗为巩固唐王朝而施行的又一重要措施。早在隋统一中国后，隋文帝便曾"命太常卿牛弘集南北仪注，定《五礼》一百三十篇"[1]。唐高祖于建国之初，有鉴于"礼典湮缺"，[2]而大丞相府司录参军窦威又"多识朝廷故事"[3]，因而命他"裁定制度"[4]，被高祖称为"今之叔孙通也"[5]。唐太宗即位后，偃武修文，于贞观二年（628年）诏中书令房玄龄兼任礼部尚书，令他召集礼官学士对隋朝所定的《五礼》130篇进行修订。第二年，魏征被任命为秘书监，也参与了这项工作。至贞观七年（633年），修订工作完成，所修订的《贞观新礼》篇目与《隋礼》大体相同，唐太宗下令颁行。

贞观七年（633年）后，围绕着"封禅"大典的争论，意见纷纭。有关封禅的典礼，自秦始皇"封禅"时便争论不休，由于涉及古礼，所以是一个说不清楚的问题。由于有封禅大典的争论，因此重新修订《五礼》（即《吉礼》《宾礼》《军礼》《凶礼》《嘉礼》）又被提到议事日程之上。唐太宗命房玄龄、魏征、王珪等主持修订《五礼》，并请著名的学者如颜师古、孔颖达、李百药、令狐德棻等参加这项工作。其中，学识渊博的孔颖达起了重要的作用："与朝贤修定《五礼》，所有疑滞，咸谘决之"。[6]贞观十一年（637年）三月，"房玄龄、魏征上所定《新礼》一百三十八篇。丙午，诏行之"。[7]唐太宗在将《新礼》诏颁天下的诏书中说："广命贤才，旁求遗逸，探六经之奥旨，采三代之英华，古典之废于今者，咸择善而修复，新声之乱于雅乐者，并随违而矫正。"[8]

《贞观新礼》"书成"后，唐太宗为褒奖孔颖达在修订工作中的突出贡献，给孔颖达"进爵为子，赐物三百段"[9]。唐太宗很看重《新礼》的修订和颁行，认为这是他有功于当代、堪为后世效法的一件大事，因而将其与周公的制礼作乐相提并论，说道："昔周公相成王，制礼作乐，久之乃成。逮朕即位，数年之间，成此二乐（指《破阵乐》《庆善乐》）、五礼，又复刊定，未知堪为后代法否？"[10]

---

① 《旧唐书·礼仪志》。

②③④⑤ 《新唐书·窦威传》。

⑥ 《旧唐书·孔颖达传》。

⑦ 《资治通鉴》卷一九四。

⑧ 《册府元龟》卷五六四。

⑨ 《旧唐书·孔颖达传》。

⑩ 《魏郑公谏录》卷四。

魏征当即说道："拨乱反正，功高百王，自开辟以来，未有如陛下者也。更创新乐，兼修大礼，自我作古，万代取法，岂止子孙而已。"①

魏征在唐太宗面前这一番话，并非阿谀奉承，也不是因为他是修订《新礼》的主持人之一，而是在强调礼乐对治国的作用，把礼乐视为他所提出的"偃武修文"的重要内容，意在使唐太宗坚定地执行偃武修文路线。而唐太宗的一番话，则表明他把制礼作乐视为实现天下大治的重要标志之一。

唐太宗重视"礼"的作用，除了修订《五礼》，颁行《贞观新礼》外，又很注重以礼约束君臣的言行，注重发挥礼制在国家政治生活中的作用。唐太宗盛赞魏征："魏征每言，必约我以礼也。"②皇帝能自觉地接受礼的约束，因而在贞观时期的君臣之间，以礼相约已成为了一种风气，事例不胜枚举。据《贞观政要·礼乐》所载，礼部尚书王珪之子敬直娶太宗女儿南平公主为妻，王珪"遂与其妻就位而坐，令公主亲执巾行盥馈之道，礼成而退，太宗闻而称善。是后公主下降有舅姑者，皆遣备行此礼。"《贞观政要》又载："礼部尚书王珪奏言：'准令三品已上遇亲王于路，不合下马。今皆违法申敬，有乖朝典。'"唐太宗却认为这是"卿辈欲自崇贵，卑我儿子耶！"经魏征谏诤，"太宗遂可王珪之奏"。又如，唐太宗的爱女长乐公主为长孙皇后所生，出嫁时"敕有司资送倍于永嘉长公主"③。永嘉长公主是高祖李渊的女儿，唐太宗下令主管官员，使长乐公主的嫁妆为永嘉长公主的一倍，被魏征认为不妥。在魏征的谏诤下，长孙皇后闻知以后明确表示赞赏魏征为"真社稷之臣"，唐太宗终于收回成命，赞赏魏征的"正直"④。至于唐太宗的以礼制律、刑礼相辅，本书下文还将论及。

唐太宗注重以礼来调整君臣之间的关系，把礼作为调整统治阶级内部关系的准则，这在贞观年间已形成一种风气，事例颇多，为贞观之治起到了重大的促进作用。此外，唐太宗还把礼仪作为移风易俗的准则。《贞观政要·礼乐》载："贞观五年，太宗谓侍臣曰：'佛道设教，本行善事，岂遣僧尼道士等妄自尊崇，坐受父母之拜，损害风俗，悖乱礼经？宜即禁断，仍令致拜于父母。'"

唐太宗注重发挥礼乐对治国的重要作用，把礼乐视为偃武修文的重要内容之一，

---

①《魏郑公谏录》卷四。
②《册府元龟》卷四。
③④《资治通鉴》卷一九四。

这不仅促成了贞观之治的出现，也推动了礼乐研究的繁荣。除《贞观新礼》外，研究《周礼》《仪礼》《礼记》的成果亦有很多，魏征的《类礼》20篇即是其一，并因此得到了唐太宗的赏赐。除《破阵乐》《庆善乐》外，音乐学家张文收的《新乐书》10余篇，亦是当时研究音律的名著之一。

同大兴礼乐、移风易俗有一定联系的，是唐太宗为破除旧有的门第观念，下令重新修订《氏族志》。

魏晋以来的门阀制度到南北朝末期已日趋败落，然而与此相关的门第观念，在社会上仍有很大影响。李渊父子作为关陇军事贵族的成员之一，在夺得国家政权之后，关陇世族地主的政治地位同山东、江南的世族地主相比，无疑要高得多。然而，昔日山东的世家大族如崔、卢得到了迅速的恢复和发展。贞观四年（630年），关中地区农业获得丰收，流散人口相继返乡务农，米斗不过三、四钱。贞观五、六、七年，关外山东广大地区，风调雨顺，"又频致丰稔，米斗三四钱。行旅自京师至于岭表，自山东至于沧海，皆不赍粮，取给于路。入山东村落，行客经过者，必厚加供待，或发时有赠遗，此皆古昔未有也"。①贞观八年（634年）、九年（635年），以及贞观十三年（639年）至十六年（642年），全国广大地区又是连年丰收，杜佑《通典》卷七说："自贞观以后，太宗励精为理。至八年、九年，频至丰稔，米斗四五钱，马牛布野，外户动则数月不闭，至十五年，米每斗值两钱。"

《新唐书·食货志》也有类似的记载："至四年，米斗四五钱，外户不闭者数月，马牛被野，人行数千里不赍粮，民物蕃息。"

上述记载表明，贞观初年农业生产的恢复与发展，米价下跌、牛羊遍野，应是不容否认的事实。

卢、李、郑、王等世家大族，在社会上仍有较大的名望。反映在婚姻的缔结上，唐初的一些公卿宰相，为抬高自己的社会地位，甘愿陪送大笔资财，与日趋衰微的山东世族联姻，而对与皇帝室室缔结婚姻往往采取消极的态度。唐高祖对此曾发出"关东人与崔、卢为婚，犹自矜伐"②的不满；唐太宗与大臣们"尝语及关中、山东人，意有同异"③。唐初进入上层统治集团的一些庶族地主，尽管有很高的政治地位，但由于没有门望，有时也难免受到出身旧世族的贵族的奚落。

---

① 《贞观政要·政体》。
② 《旧唐书·窦威传》。
③ 《资治通鉴》卷一九二。

李唐宗室、关陇贵族，以及新近进入上层统治集团的庶族地主同山东旧世族以及旧的门阀观念的这种矛盾表明，旧有的门阀观念同唐初的上层建筑是不相适应的。为提高皇室和新兴官僚地主的门望，唐太宗决定通过重修《氏族志》来解决这一问题。

据《贞观政要·礼乐》记载，贞观六年（632年），唐太宗对尚书左仆射房玄龄说："比有山东崔、卢、李、郑四姓，虽累叶陵迟，犹恃其旧地，好自矜大，称为士大夫。每嫁女他族，必广索聘财，以拿为贵，论数定约，同于市贾，甚损风俗，有紊礼经。既轻重失宜，理须改革。"于是，唐太宗诏令吏部尚书高士廉、御史大夫韦挺、中书侍郎岑文本、礼部侍郎令狐德棻"刊正姓氏，普责天下谱牒，兼据凭史传，剪其浮华，定其真伪，忠贤者褒进，悖逆者贬黜，撰为《氏族志》"。[①]

在高士廉等人编撰的《氏族志》中，黄门侍郎、山东崔民干被列为第一等，这使唐太宗大为恼火。他怒气冲冲地说：

"汉高祖与萧、曹、樊、灌皆起闾阎布衣，卿辈至今推仰，以为英贤，岂在世禄乎！高氏偏据山东，梁、陈僻在江南，虽有人物，盖何足言！况其子孙才行衰薄，官爵陵替，而犹印然以门地自负，贩鬻松槚，依托富贵，弃廉忘耻，不知世人何为贵之！今三品以上，或以德行，或以勋劳，或以文学，致位贵显。彼衰世旧门，诚何足慕！而求与为昏，虽多输金帛，犹为彼所偃蹇，我不知其解何也！今欲厘正讹谬，舍名取实，而卿曹犹以崔民干为第一，是轻我官爵而徇流俗之情也。"[②]

高士廉等人没有领会唐太宗下令重修《氏族志》的意图，没有遵照唐太宗的指示撰写，结果遭到了太宗的严词指责。唐太宗责令高士廉重新刊定，"专以今朝品秩为高下"[③]。在遵照这一原则重新撰写的《氏族志》中，高士廉等人将皇族定为第一等，外戚为第二等，崔民干则降为第三等，共293姓，1651家，把"官爵高下"作为划分氏族等级的主要标准，并获得了唐太宗的认可，颁于天下。

唐太宗修《氏族志》的目的，实际上是借此提高皇族、外戚、关陇世族以及庶族出身的功臣官僚的门阀地位，使他们的门望在社会上得到人们的承认。这是唐太宗在意识形态领域对旧有的门阀观念斗争的胜利，其实质是以关陇世族的门阀观念取代山东世族的门阀观念。这一切，在客观上有利于提高唐初统治集团的政治地位，对于巩固唐王朝的中央集权统治是有积极意义的。

---

① 《贞观政要·礼乐》。
②③ 《资治通鉴》卷一九五。

［卷三］
贞观之治（下）

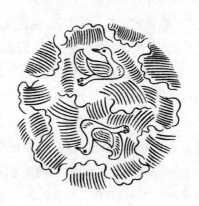

一　创立宰相制度

　　唐太宗即位后对中央政府的人事安排以及主要官员的人事调动，是与他对宰相制度的改革、确立三省六部制同步进行的。魏晋以来形成的三省制度，至隋唐时已经正式确立。李世民对三省制度所进行的适当改革，在于他对三省的职权及其相互制约关系做出了明确的规定，创立了崭新的宰相制度，既完善了国家权力机关的职能，又使君权得到了进一步的加强。

　　唐代的三省中，中书省是取旨制定政策的机要部门，中书令是中书省最高长官，下属中书舍人若干，负责进奉章表，草拟诏敕策命，即所谓"中书出诏令"①。门下省上管封驳审议，最高长官是侍中，其属官为给事中，负责对中书省所拟定的诏敕文书提出不同意见，涂窜奏还，即所谓"门下掌封驳"②。尚书省是执行政令的最高行政机关，在唐代正式确定下属吏、户、礼、兵、刑、工六部，最高长官是尚书令以及左右仆射。因李世民曾担任过尚书令一职，所以左右仆射便成为了尚书省的最高长官，属官为左右丞。三省之中，中书与门下相互制约，关系密切，被唐太宗称为"机要之司"。贞观元年（627年）十二月，唐太宗对黄门侍郎王珪说："国家本置中书、门下以相检察，中书诏敕或有差失，则门下当行驳正。人心所见，互有不同，苟论难往来，务求至当，舍己从人，亦复何伤！比来或护己之短，遂成怨隙，或苟避私怨，知非不正，顺一人之颜情，为兆民之深患，此乃亡国之政也。"③又实行对军国大事由中书舍人"各执所见，杂署其名"④的"五花判事"制度。这一切，目的在于发挥集体的智慧，减少决策上的失误，又可以防止个人专断、造成"兆民之深患"。

　　中书、门下、尚书三省的长官，均为宰相。后来为扩大议政人员以集思广益，参加议政的人数不断增多，御史大夫杜淹的"参预朝政"、秘书监魏征的参与朝政、

① （元）马端临撰：《文献通考·职官四》。
② 《文献通考·职官四》。
③ 《资治通鉴》卷一九二。
④ 《资治通鉴》卷一九三。

太子詹事李世勣的"同知政事，始谓同中书门下三品"，此外尚有"同中书门下平章事""参知机务"。在贞观年间，凡取得上述"参议得失""参知政事"等一系列职衔者，即或不是三省的长官，也都可以到政事堂参与议政，都是宰相。

这种新的宰相制度，实行了三省的讨论、封驳、执行相结合的原则，充分发挥集体的智慧，既可以减少决策上的失误，又比较理想地解决了君权与相权的矛盾，避免少数宰相的专权，是唐太宗在中央官制改革问题上的一大贡献，国家机关的职能因此而得到完善和加强。

在对三省六部制度进行改革的同时，唐太宗又对三省六部官员及时进行了调整。

贞观元年（627年）十二月，萧瑀与陈叔达在太宗面前大肆争吵，太宗便以此为借口将这两个不称心的大臣免除了宰相的职务。另一个不称心的宰相封德彝，则于贞观元年（627年）六月病死，由长孙无忌补为尚书右仆射。贞观元年（627年）九月，中书令宇文士及被罢为殿中监。贞观二年（628年）二月，长孙无忌自动辞去宰相职务。杜如晦检校侍中，李靖检校中书令。十二月，以王珪为守侍中。贞观三年（629年）二月，以房玄龄为左仆射，杜如晦为右仆射，李靖为兵部尚书，尚书右丞魏征守秘书监，参预朝政。贞观四年（630年）二月，以御史大夫温彦博为中书令，守侍中王珪为侍中，守户部尚书戴胄为户部尚书，参预朝政，太常少卿萧瑀为御史大夫，与宰臣参议朝政。五月，杜如晦卒，以李靖为右仆射，侯君集为兵部尚书，参预朝政。自房、杜于贞观三年（629年）分别担任左、右宰相以来，唐太宗的宰相集团可谓是人才济济。特别是房、杜二人，"玄龄善谋，如晦能断""二人深相得，同心徇国，故唐世称贤相者，推房、杜焉"。[①]

史书记载表明，追至贞观三、四年间，唐太宗对中央政府官制的改革已基本完成，三省六部制度已经正式确立，开始有效地发挥其国家政权中枢的职能。此时，唐太宗对他的宰相班子已完成了人员上的调整和充实，实现了新旧时期的过渡，一大批经过实践锻炼、考验和精心选拔的治国人才，进入了新的宰相班子，宰相中的人才之盛，实为历代所罕见。

贞观四年（630年）十二月的一次宴会上，众宰相侍宴于唐太宗的身旁。太宗面对他选拔上来的宰相们，心情十分高兴，便对身旁的侍中王珪说道："卿识鉴精通，复善谈论，玄龄以下，卿宜悉加品藻，且自谓与数子何如？"[②]

---

①②《资治通鉴》卷一九三。

只见王珪答对说:"孜孜奉国,知无不为,臣不如玄龄。才兼文武,出将入相,臣不如李靖。敷奏详明,出纳惟允,臣不如温彦博。处繁治剧,众务毕举,臣不如戴胄。耻君不及尧、舜,以谏争为己任,臣不如魏征。至于激浊扬清,嫉恶好善,臣于数子,亦有微长。"①

王珪对房玄龄、李靖、温彦博、戴胄、魏征,以及他本人各自长处的评论,可谓精当,因而众人听了他的评论,太宗"深以为然,众亦服其确论"。②

唐太宗正是凭借着他所确立的三省六部制度,依靠他所挑选的宰相班子,实行了一系列的社会改革,在治理国家方面取得了显著的成就,中国历史上著名的"贞观之治",便是同上述的实际联系在一起的。

唐太宗在确立三省六部制度的同时,为提高政府工作效率、节省财政开支,又进一步采取"并省官员"的精简机构措施,在地方政权上实行州、县二级制,收到了明显的成效。

据《贞观政要·择官》的记载,贞观元年(627 年),太宗对房玄龄等人说:"致理之本,惟在于审。量才授职,务省官员。故《书》称:'任官惟贤才。'又云:'官不必备,惟其人。'若得其善者,虽少亦足矣;其不善者纵多,亦奚为?古人亦以官不得其才,比于画地作饼,不可食也……当须更并省官员,使各当所任,则无为而理矣。卿宜详思此理,量定庶官员位。"房玄龄等人根据唐太宗"并省官员""量定庶官员位"的指示,"由是所置文武总六百四十员"③,责令自此以后,"不可超授官爵"④,并说:"吾以此待天下贤才,足矣。"⑤把中央政府的官员(不包括吏员)限定在六七百人之内,这对提高中央政府的工作效率是大有益处的。

将地方上的州、郡、县三级制改为州、县二级制,使地方上的行政机构和官员大为精简。东汉末年,全国只有郡国 105 个,魏晋以后郡的数目日益增多。至南北朝末年,北周有 508 个郡,南陈有 109 个郡,合计达 617 个郡。据《资治通鉴》卷一九二记载:"隋末丧乱,豪杰并起,拥众据地,自相雄长。唐兴,相帅来归,上皇为之割置州县以宠禄之,由是州县之数,倍于开皇、大业之间。"⑥针对州县数目的大增,民少而吏多的现象,唐太宗采取"大加并省"的措施,取消了郡一级的

①②《资治通鉴》卷一九三。
③《新唐书·百官志》作"七百三十员"。
④⑤《贞观政要·择官》。
⑥《资治通鉴》卷一九二。

行政机构，在地方上只设州、县二级。到贞观十四年（640年），全国共有州府360个，县共有1557个。地方行政机构和官员的大量精简，不仅减少了国家的行政开支、减轻了人民的负担，也有利于地方政府工作效率的提高。

为加强中央政府对地方政权的监督，贞观元年（627年）又根据"山川形便"，将全国"分为十道：一曰关内，二曰河南，三曰河东，四曰河北，五曰山南，六曰陇右，七曰淮南，八曰江南，九曰剑南，十曰岭南"。[①]10个监察区的设置，目的在于加强中央对地方政权的监督，不定时地派黜陟大使及巡察使、按察使、观察使到各地"巡省天下""观风俗之得失，察政刑之苛弊"[②]；考察地方官吏，根据地方官吏的优劣来确定官吏的升降任免，进行赏罚。中央政府对地方的控制，也因此得到进一步加强。

---

① 《资治通鉴》卷一九二。
② 《唐会要·贡举》。

二　修唐律建法制

（一）“宽仁慎刑”与“礼法合一”

隋炀帝的暴政包括繁法酷刑，导致了隋王朝短命而亡。唐高祖李渊早在晋阳起兵之时，为争取民众，“布宽大之令”[①]，攻取长安后，约法为12条，于武德元年（618年）命裴寂、刘文静参照隋《开皇律》，遵照“务在宽简，取便于时”[②]的原则“使人共解”“务使易知”[③]，制定了新格53条，于武德七年（624年）正式公布执行，是为《武德律》。唐高祖把“宽简”作为修订法律的原则，显然是吸取了隋王朝苛法酷刑导致国灭身死的教训。

《武德律》是在唐高祖平定天下期间修改而成的，在当时的历史条件下，这项工作不可能尽如人意。唐太宗即位后，为实现以文治国，令臣下讨论立法的基本原则及其与治理国家并从而导致天下大治的关系。当时，大臣中有两种对立的主张。尚书右仆射封伦主张“以威刑肃天下”[④]，魏征则根据唐太宗“王政本于仁恩”[⑤]的理论，认为封伦的主张不可施行。唐太宗欣然采纳魏征的主张，“遂以宽仁治天下，而于刑法尤慎。”[⑥]魏征对唐太宗的“宽仁”立法思想，曾解释说：“圣哲君临，移风易俗，不资严刑峻法，在仁义而已……仁义，理之本也；刑罚，理之末也……是以圣帝明王皆敦德化而薄威刑也……专尚仁义，当慎刑恤典。”[⑦]唐太宗在贞观三年（629年）《赐孝义高年粟帛诏》中所提到的“泣辜慎罚，前王所重”[⑧]，所强调的正是“宽仁慎刑”这一立法基本原则。

唐律立法的另一基本原则是“礼法合一”“依礼制刑”。自周公制礼作乐以来，历代统治阶级都在不同程度上把“礼”作为规范人们言行、调整人际关系的行为

---

①《旧唐书·刑法志》。

②③《旧唐书·刘文静传》。

④⑤⑥《新唐书·刑法志》。

⑦《贞观政要·公平》。

⑧（北宋）宋敏求撰：《唐大诏令集》卷八〇。

准则。在"礼不下庶人"的时代，"礼"主要是作为调整统治阶级内部关系的行为准则。自汉武帝尊崇儒术以来，引用儒家经典来决狱，在两汉时期遂成为一种风气。唐太宗鉴于"引经决狱"不便于统一适用，便把引用儒家经典断狱法典化，使其成为定罪量刑的根据，从而在法律条文上实现了"明经"和"善律"并重，实现了礼与法在法律条文上的统一。例如《周礼·秋官·小司寇》有"八辟"，唐律便有"八议"的法律规定；《大戴礼记·本命》有关于出妻的"七出""三不去"的论述，唐律便有"七出""三不去"的法律规定；《礼记·曲礼》有"悼耄不刑"，唐律便有关于"老小废疾"减刑的法律规定。上述事实表明，"礼"是唐律的理论基础，唐律的"礼法合一"便是以立法的形式使礼的原则法律化，从而为维护封建统治秩序服务。所谓"失礼之禁，著在刑书"[①]，即是将礼和律统一在一部封建法典之中，并成为唐律立法的基本原则之一。

（二）"断罪引律令"与"法令不可数变"

在"宽仁慎刑""礼法合一"的立法基本原则之下，唐太宗又强调法律条文的"划一"、重视法令的相对稳定性，讲求"用法务在宽简"，并使之分别成为修订唐律的立法原则之一，从而使唐律的修订工作取得了很大的成绩。

为保证法律条文在量刑上的准确性，唐太宗强调立法时法律条文的"划一"，防止执法官员利用"律文互出"的漏洞来舞文作弊。贞观十一年（637年），唐太宗对侍臣说："诏、令、格、式，若不常定，则人心多惑，奸诈益生。《周易》称：'涣，汗其大号'，言发号施令，若汗出于体，一出而不复也。《书》曰：'慎乃出令，令出惟行，弗以反。'且汉祖日不暇给，萧何起于小吏，制法之后，犹称'画一'。今宜详思此义，不可轻出，诏令必须审定，以为永式。"[②]汉初，萧何为汉高祖制定《汉律》九章，百姓用歌谣称颂说："萧何为法，较若画一。"唐太宗引用这一典故来勉励他的大臣，希望他们能像当年萧何那样，使修订后的唐律能像汉律九章那样"划一"，防止执法官员"若欲出罪即引轻条，若欲入罪即引重条"[③]，消除轻罪重判、重罪轻判的营私弊病。唐太宗告诫修定法律的大臣要做到"画一"，即是要求做到使法律条文"宜令审细，毋使互文"[④]。立法划一性的原则，是保证量刑准确性的前提之一。为此，《唐律·断狱》规定："诸断罪皆须具引律、令、

---

①②③④《贞观政要·赦令》。

格、式正文，违者笞三十。若数事共条，止引所犯罪者听。"可见，唐太宗所强调的立法划一性原则，其目的在于为"断罪引律令"提供法律条文上的准确根据。

唐太宗在主张"断罪引律令"的同时，又主张"法令不可数变"。贞观十年（636年），唐太宗对臣下说："法令不可数变，数变则烦，官长不能尽记，又前后差违，吏得以为奸。自今变法，皆宜详慎而行之。"①《贞观律》是在贞观十一年（637年）完成并颁布执行的，因而唐太宗在新律公布前夕所说的这番话，意在保持法律条文的相对稳定性，以免因律文多变，使人心多惑，无所适从，不法官吏从中为奸舞弊。正如《新唐书·刑法志》所言："自房玄龄等更定律、令、格、式，讫太宗世，用之无所变改。"②可见，"法令不可数变"的立法原则，在贞观年间确实被付诸施行。

所谓"法令不可数变"，其含义是不可随意更改法律。当客观实际发生变化并要求更改法律以维护新的社会关系时，唐太宗则主张对已有法律适时地做出适当的修改，即所谓"自今变法，皆宜详慎而行之"。即是说，修改法律要"详慎而行"，不可轻易更改。《唐律·户婚》有如下一段法律条文："诸称律、令、式，不便于事者，皆须申尚书省议定奏闻。若不申议，辄奏改行者，徒二年。"

据《唐律疏议》的解释，尚书省议定是指由尚书省召集七品以上的京官，集体讨论议定，然后上奏皇帝裁定。可见，修改法律需详审后上奏，经皇帝批准后，修改方能生效。不经讨论而上奏，将给予"徒二年"的处罚。

（三）"用法务在宽简"与"法者非朕一人之法"

贞观元年（627年），唐太宗在修改唐律之初，对侍臣们说："死者不可再生，用法务在宽简。古人云：'鬻棺者欲岁之疫，非疾于人，利于棺售故耳。'今法司核理一狱，必求深刻，欲成其考课，今作何法，得使平允？"③

贞观十一年（637年），唐太宗对侍臣说："国家法令，惟须简约，不可一罪作数种条。格、式既多，官人不能尽记，更生奸诈，若欲轻罪，即引轻条；若欲入罪，即引重条。数变法者，实不益道理。宜令审细，毋使互文。"④

---

① 《资治通鉴》卷一九四。

② 《新唐书·刑法志》。

③ 《贞观政要·刑法》。

④ 《贞观政要·赦令》。

唐太宗对侍臣所说的"用法务在宽简"，"宽"即指"宽仁慎刑"，这是针对隋法的"酷刑"而提出的立法原则；"简"是指"国家法令，惟须简约"，这是针对隋朝的"繁法"而提出的立法原则。隋法的苛酷导致了隋王朝短命而亡；而"繁法"即所谓"一罪作数种条"，不仅"官人不能尽记"，而且一些奸官会利用法律条文上的不一致来营私舞弊，为害百姓。而立法"务在宽简"的原则，主要目的在于以隋法的繁法酷刑为鉴，力求使新律体现"宽仁慎刑"的原则，使法官能够尽记、百姓易知，又可以使奸官无法利用"一罪作数种条"来作弊。

修订后的《唐律》，据《旧唐书·刑法志》的记载，比号称宽简的隋代《开皇律》，"减大辟者九十二条，减流入徒者七十一条""凡削繁去蠹，变重为轻者，不可胜纪"。《贞观格》十八卷又从武德以来发布的 3000 余件诏敕中，定留了 700 条。以死刑条目为例，"比古死刑，殆减其半"。贞观四年（630 年）十一月，唐太宗读《明堂针灸书》，见书上写道："五藏之系，咸附于背。"他认为笞背的刑法过于残忍。同月戊寅日，诏令"自今毋得笞囚背"[①]，废除了鞭背的酷刑。唐太宗"用法务在宽简"的立法原则，促成了唐律的条文简约，有利于司法的健全。

战国时期的秦国崇尚法家学说，商鞅学派提出了国君"不以私害法""治不听君，民不从官"[②]的"一断于法"的理论，主张即便国君也不得随意更改或损害法律。在秦国特定的历史条件下，商鞅学派的这一理论曾被秦国的某些国君有条件地接受并付诸实践。秦汉以来，随着封建专制制度的强化，再也没有哪一个学派的理论家敢于提出这一理论。

唐太宗作为一位开明君主，为有效地在唐王朝健全法律制度，实现太平盛世，在贞观元年（627 年）曾对大臣们说过："法者，非朕一人之法，乃天下之法。"[③]唐太宗这句话的含义是，即使是皇帝本人，也不得随意以个人的意志干预司法部门和法官依法办案。他承认司法部门和法官依法办案的权力，维护法律的尊严。这同商鞅学派所提出的"治不听君，民不从官"的"一断于法"的理论极为相似。

唐太宗"法者非朕一人之法"的这句名言，是同大理寺少卿戴胄依法办案、排除皇帝干预的故事联系在一起的。据《资治通鉴》卷一九二记载，贞观元年（627 年），

① 《资治通鉴》卷一九三。
② （先秦）商鞅等：《商君书·说民》。
③ 《贞观政要·公平》。

唐太宗提拔以"忠清公直"①著称的兵部郎中戴胄出任大理寺少卿。太宗因选人多有"诈冒资荫"②的行为，"敕令自首，不首者死"③。不久，果然发现了柳雄隐瞒伪造资历的行为，太宗想要将柳雄处死，而戴胄上奏说，依据法律应判处流刑。唐太宗见戴胄竟敢不遵从自己的旨意，大怒说："卿欲守法而使朕失信乎？"④

"敕者，出于一时之喜怒；法者，国家所以布大信于天下也。陛下忿选人之多诈，故欲杀之，而既知其不可，复断之以法，此乃忍小忿而存大信也。"⑤戴胄回答。

唐太宗见戴胄关于法是国家"大信"的议论讲得很对，十分高兴，不仅收回了敕令，而且称赞戴胄能依法办案，说道："卿能执法，朕复何忧！"⑥此后，戴胄"前后犯颜执法，言如泉涌，上皆从之，天下无冤狱"⑦。可见，唐太宗的"法者非朕一人之法"的理论和不以个人意志干预法官依法办案，为法官的执法在客观上排除了干扰，提供了有利的条件，并收到了"天下无冤狱"的良好效果。

（四）"死刑五覆奏"与"考满不承，取保放之"

唐太宗强调"宽仁慎刑"的立法原则，因而对死刑案件尤为审慎。从《北魏律》到《隋律》，皆有关于处决死囚三复奏的法律条文。隋炀帝破坏了这一法律，滥杀无辜，后果非常严重。贞观元年（627年），唐太宗对侍臣们强调"死者不可再生"，主张"用法务在宽简"。⑧据《大唐新语·持法》记载，一次，唐太宗到大理寺提审死囚人犯，其中有一名是被大理寺卿唐临判处死刑的人犯，"嘿而无言"，表示认罪伏法。而其余十几名死囚是唐临前任所判处的，个个"称冤不已"。太宗问这是怎么回事，死囚们回答："唐卿断臣，必无枉滥，所以绝意。"为此，唐太宗称赞唐临说："为狱固当若是。"至于死囚"五覆奏"，则与唐太宗错杀张蕴古一案有关。

据《贞观政要·刑法》记载，贞观五年（631年），大理丞张蕴古的同乡李好德因"言涉妖妄"⑨，诏令逮捕入狱，立案审理。蕴古上奏太宗，说李好德平时患有癫疯病，胡言乱语，依法不当论罪，太宗准予对李好德宽免。张蕴古私下将太宗的旨意密告李好德，"仍引与博戏"⑩。侍御史权万纪上奏弹劾张蕴古，唐太宗在盛怒之下，下令将张蕴古斩首于长安东市。行刑后，唐太宗发现张蕴古虽然犯法，但罪不至死，因此对自己怒杀张蕴古很是后悔，便对宰相房玄龄说："公等食人之禄，

---

①②③④⑤⑥⑦《资治通鉴》卷一九二。
⑧⑨⑩《贞观政要·刑法》。

须忧人之忧，事无巨细，咸当留意。今不问则不言，见事都不谏诤，何所辅弼？如蕴古，身为法官，与囚博戏，漏泄朕言，此亦罪状甚重。若据常律，未至极刑。朕当时盛怒，即令处置，公等竟无一言，所司又不覆奏，遂即决之，岂是道理？"①

因此，唐太宗下诏书说："凡有死刑，虽令即决，皆须五覆奏。"②从此，死囚五覆奏成为法律上的规定。诏书又说："守文定罪，或恐有冤，自今以后，门下省覆，有据法令合死而情可矜者，宜录奏闻。"③

张蕴古于武德九年（626 年）十二月，曾向唐太宗上《大宝箴》，以"圣人受命，拯溺亨屯……故以一人治天下，不以天下奉一人"进谏，深受唐太宗嘉奖，并提拔他担任大理丞。唐太宗从错判张蕴古死刑一案中吸取教训，做出了凡判处死罪必须五覆奏的法律决定。

据《资治通鉴》卷一九三记载，贞观五年（631 年）十二月，唐太宗对侍臣说："朕以死刑至重，故令三覆奏，盖欲思之详熟故也。而有司须臾之间，三覆已讫。又，古刑人君为之彻乐减膳。朕庭无常设之乐，然常为之不啖酒肉，但未有著令。又，百司断狱，唯据律文，虽情在可矜，而不敢违法，其间岂能尽无冤乎？"

为此，唐太宗于同月丁亥日下达制书，制书说："决死囚者，二日中五覆奏，下诸州者三覆奏；行刑之日，尚食勿进酒肉，内教坊及太常不举乐。皆令门下覆视。有据法当死而情可矜者，录状以闻。"④

制书下达并付诸实行后，"由是全活甚众，其五覆奏者，以决前一二日至决日又三覆奏；惟犯恶逆者一覆奏而已"。⑤

唐太宗为认真落实死囚五覆奏法律，一再告诫臣下要认真执行。据《贞观政要·刑法》记载，贞观五年（631 年），诏曰："在京诸司，比来奏决死囚，虽云五覆，一日即了。都未暇审思，五奏何益？纵有追悔，又无所及。及自今后，在京诸司奏决死囚，宜三日中五覆奏，天下诸州三覆奏。"⑥

唐太宗对司法部门和官员把五覆奏流于形式的做法很是不满，提出指责，并做出"三日中五覆奏"的法律规定，杜绝"虽云五覆，一日即了"现象的发生。唐太宗认为自己只是在时间上做出规定还不够，因而又"手诏敕曰：比来有司断狱，多据律文，虽情在可矜，而不敢违法，守文定罪，或恐有冤。自今门下省复，有据合死而情在可矜者，宜录状奏闻。"⑦

①②③⑥⑦《贞观政要·刑法》。
④⑤《资治通鉴》卷一九三。

《唐律疏议》对违犯死囚覆奏法律的司法官员，会根据不同情节做出予以徒刑或流刑的处分。这些法律规定，显然同从隋炀帝"不待奏闻，皆斩"等酷刑中吸取教训有关。而错杀张蕴古一案，亦是推动唐太宗做出上述法律决定的动因之一。这一切，无疑有助于减少冤错案件的发生。

唐太宗吸取前代严刑逼供、屈打成招、冤狱泛滥的教训，为健全刑讯制度，做出了自己的努力。贞观四年（630年）十一月，唐太宗下达了"自今毋得笞囚背"的诏令，见于本章第四节，不再赘述。唐律禁止任意刑讯，对刑讯有如下的规定："诸应讯囚者，必先以情审察辞理，反覆参验，犹未能决，事须讯问者，立案同判，然后拷讯。"①把刑讯限制在"反复参验，犹未能决"的范围之内，作为审讯的辅助手段之一。同时，《断狱》还对刑讯作了如下的规定，即拷讯不得超过3次，笞打不得超过200下。如果违反规定拷打罪犯而致死，承审官要处以杖刑或徒刑。"杖罪以下，不得过所犯之数，拷满不承，取保放之"。②上述规定，目的在于防止屈打成招，造成冤狱。严禁刑讯逼供，目的是"恐迫人致死"③。正如魏征在《理狱听谏疏》中所说："凡理狱之情，必本所犯之事以主，不敢讯，不旁求，不贵多端，以见聪明，故律正其举劾之法，参伍其辞，所以求实也，非所以饰实也。"④

在唐太宗、魏征的反对严刑逼供、倡导办案"求实"之下，出现了崔仁师于青州平理冤案的生动故事。据《旧唐书·崔仁师传》记载，贞观初年，崔仁师升任殿中侍御史。当时，在青州"逆谋"案件中，州、县的官员随意牵连、滥捕无辜，逮捕的人犯塞满了监狱。为此，唐太宗令崔仁师前往青州复查并处理此案。仁师到达青州后，将狱中的犯人去掉刑具，"仍与饮食汤沐以宽慰之"⑤，只对10余名"魁首"问罪，其他人犯一律释放回家。崔仁师处理此案后上报朝廷，诏令派使臣前往处理此案，大理寺少卿孙伏伽对崔仁师说："此狱徒侣极众，而足下雪免者多，人皆好生，谁肯让死？今既临命，恐未甘心，深为足下忧也。"⑥

"尝闻理狱之体，必务仁恕，故称杀人刖足，亦皆有礼。岂有求身之安，知枉不为申理？若以一介暗短，但易得十囚之命，亦所愿也。"⑦崔仁师回答说。

孙伏伽听了崔仁师一番回答，惭愧而退。待到朝廷派出的使者到达青州后，再次审讯，囚犯们都说："崔公仁恕，事无枉滥，请伏罪。"⑧事既如此，朝廷官

---

①②③（唐）长孙无忌纂：《唐律疏议·断狱》。
④《贞观政要·公平》。
⑤⑥⑦⑧《旧唐书·崔仁师传》。

员"皆无异辞"。

崔仁师平理青州"逆谋"一案的故事表明，唐太宗所倡导的反对刑讯逼供、求实办案、平理冤狱，确实在一定的范围之内并在一定程度上被付诸施行，对唐初的法制建设起到了一定的积极作用。

（五）"诬告谋反及大逆者斩"与"弹纠不避权贵"

"诬告反坐"虽源于秦汉刑律，但历代的诬告案件总是层出不穷，而且往往是统治阶级内部斗争中打击反对派、陷害对方的手段之一。所谓"诬告反坐"，即按原告诬陷被告的罪名对原告进行量刑，使诬告者自食恶果。《唐律》中的"诸诬告谋反及大逆者斩"的法律条文，即是犯有"谋反"与"大逆"罪者，依法当斩；而以"谋反""大逆"罪名诬告他人，一经查实确属诬告，诬告者当处以斩首的刑罚。《唐律》不只是一般地谈诬告反坐，而是明确地划定诬告反坐罪的量罪定刑范围，在法律条文上明确规定："诸拷囚限满而不首者，反拷告人。"①这就使惩治诬告反坐在法律条文上有所遵循，使诉讼程序被纳入正常轨道。

贞观三年（629年），发生了霍行斌诬告魏征的事件。此时，魏征已被唐太宗提拔为秘书监，参预朝政。霍行斌是长安人，他为达到不可告人的罪恶目的，诬告魏征参与"谋反"。魏征自玄武门事变后归附唐太宗，为国家利益而犯颜谏诤，深得太宗的赏识与信任，太宗根本不相信霍行斌的诬告。他说："此言大无由绪，不须鞫问，行斌宜附所司定罪。"②唐太宗不相信这一诬告，也没有立案调查魏征，而是把霍行斌"附所司定罪"。按照"诬告谋反及大逆者斩"的法律条文，行斌被处以死刑。

魏征得知此事后，向唐太宗顿首拜谢，太宗对魏征说："卿之累仁积行，朕所自知，愚人相谤，岂能由己，不须致谢也。"③遇到这样的明主，魏征此后更是为唐太宗尽忠竭力。

贞观九年（635年）八月，又发生了岷州都督高甑生诬告尚书右仆射、西海道行军大总管李靖的事件。当时，李靖统领兵部尚书侯君集、刑部尚书王道宗、凉州都督李大亮、右卫将军李道彦、利州刺史高甑生等总管征讨吐谷浑，高甑生因未能按期到达会合地点，受到李靖的责备，而对李靖怀恨在心。战争结束后，高甑生与

---

① 《唐律疏议·断狱》。
②③ 《魏郑公谏录》卷五。

广州都督府长史唐奉义联名诬告李靖"谋反"。唐太宗根本不相信李靖会谋反，但原告高、唐二人毕竟身为高官，是开国功臣，非霍行斌之辈，因此太宗决定按司法程序，派法官进行调查，结果查无实据，"甑生等竟以诬罔得罪"。^①按《唐律》，高甑生诬告反坐，依法应处死。唐太宗考虑到高是开国功臣，只给予"减死徙边"的处罚。据《贞观政要·刑法》记载，这时有人为高甑生求情，向唐太宗上言说："甑生旧秦府功臣，请宽其过。"唐太宗回答说："虽是藩邸旧劳，诚不可忘，然理国守法，事须划一，今若赦之，使开侥幸之路，且国家建义太原，元从及征战有功者甚众，若甑生获免，谁不觊觎？有功之人，皆须守法，我所以必不赦者，正为此也。"^②唐太宗这番话，表达了他维护诬告反坐乃至于唐代一切法律尊严的鲜明立场。

在封建专制时代，于朝廷大臣之间，凡诬陷他人的，多为奸邪之臣，他们往往用诬告来达到个人目的。而受害者，大多是忠臣贤才。此种事例，历朝历代屡见不鲜。魏征、李靖被人诬告，亦可以说明这一点。唐太宗强调诬告反坐法律，在客观上也是为他的用人唯贤路线服务的。早在贞观初年，唐太宗就曾对侍臣说："朕观前代谗佞之徒，皆国之蟊贼也。"^③太宗举出"有经国大才，为隋文帝赞成霸业，知国政者二十余载，天下赖以安宁"^④的高颎，后因隋文帝听信妇人之言，将高颎"摈斥"，后被隋炀帝所杀，"刑政由是衰坏"^⑤。唐太宗以高颎遭到排斥和杀害引以为教训，魏征亦趁此向太宗进言说："自古有国有家者，若曲受谗谮，妄害忠良，必宗庙丘墟，市朝霜露矣。愿陛下深慎之。"^⑥

唐太宗与魏征上述一段对话表明，他坚决执行诬告反坐法律的目的之一，确实是为着杜绝"谗佞之徒"，以除"国之蟊贼"，维护他唯才是举、用人唯贤的政策，而且在事实上确实收到了明显的效果。

唐太宗还重视对官吏贪赃行为的惩戒，据《贞观政要·贪鄙》记载，唐太宗曾多次为此告诫他的臣下。贞观初年，唐太宗对侍臣说："群臣若能备尽忠直，益国利人，则官爵立至。皆不能以此道求荣，遂妄受财物。赃贿既露，其身亦殒，实为可笑。"

贞观二年（628年），唐太宗对侍臣说："为主贪，必丧其国；为臣贪，必亡其身。"^⑦

---

① 《旧唐书·李靖传》。
② 《贞观政要·刑法》。
③④ 《贞观政要·杜谗邪》。
⑤⑦ 《贞观政要·贪鄙》。

贞观四年（630年），唐太宗对公卿说："若徇私贪浊，非止坏公法，损百姓，纵事未发闻，中心岂不常惧？恐惧既多，亦有因而致死。大丈夫岂得苟贪财物以害及身命，使子孙每怀愧耻耶！"①

　　据《魏郑公谏录》卷一记载，贞观三年（629年），濮州刺史庞相寿因贪赃而"追还解任"，受到退赔赃物、免除职务的处分。由于庞相寿是秦王府的故旧，便向唐太宗求情，希望能得到宽恕。唐太宗念相寿为秦王府故旧，果然派人转告他说："今取他物，只应为贫，赐尔绢百匹，即还向任，更莫作罪过。"②唐太宗不说相寿是"贪"，而称为"贫"，并送他绢百匹，令他复职，以此来使庞相寿内心感到惭愧，以后不再贪赃。

　　魏征得知此事后，认为唐太宗的这种做法有违法度，当即进谏，尖锐地指出这是"以故旧私情"③而枉法，不可能达到使相寿有愧于心、幡然改悔的效果。魏征认为，昔日秦王府人数甚多，倘若都"恃恩私足"，④怎能不令"善者"⑤惧怕？唐太宗认为魏征讲得有理，"欣然纳之"。⑥于是，太宗召见庞相寿，说明天子"不可偏于一府恩泽"，如果重新任用，"必使为善者皆不用心"。⑦相寿见皇帝如此诚恳地向他解释，只得"默然流涕而去"。⑧贞观年间，对于重大的贪污案件，均处以死刑。行刑时，令各地来京官员观刑，惩前毖后。唐太宗"深恶官吏贪浊，有枉法受财者，必无赦免"。⑨在唐太宗重惩贪官的法令下，当时的官吏"多自清谨"。

　　唐太宗在严惩官吏贪污的同时，又强调对敢于以身试法的"权贵"严惩不贷。在封建专制时代，能否做到"弹纠不避权贵"，是能否实现执法必严的关键所在。而这个问题的关键，又在于皇帝对敢于弹纠权贵的官员是否能给予坚决的支持。唐太宗决心借助法律来实现以法治国，因而贞观年间出现了一批敢于弹纠权贵的官员。贞观初年，监察御史高季辅，由于"多所弹纠，不避权要，累转中书舍人"。⑩据《魏郑公谏录》卷二记载，唐太宗的儿子李恪有个妃子的父亲名叫杨誉，此人在京城强夺官婢，触犯法律。刑部都官郎中薛仁方依法拘留审问杨誉，由于杨誉的儿子是唐太宗的侍卫官，便借职务之便在太宗面前诬陷薛仁方"横生枝节"。⑪太宗大怒，

---

① 《贞观政要·贪鄙》。
②③④⑤⑥⑦⑧ 《魏郑公谏录》卷一。
⑨ 《贞观政要·政体》。
⑩ 《旧唐书·高季辅传》。
⑪ 《魏郑公谏录》卷二。

下令对薛仁方杖打一百下，并撤销其职务。魏征得知此事后，出面为薛仁方辩护说："仁方既是职司，能为国家守法，岂可横加刑罚，以成外戚之私乎！"①在进谏中，魏征把那些敢于以身试法的贵戚斥之为危害国家的"城狐社鼠"，②指出对这些人如不严加制裁，必将带来"自毁堤防"的后患。魏征对利害的剖析，使唐太宗认识到自己的一时激怒几乎酿成大错，便撤销了处罚薛仁方的原议。

贞观十一年（637年），《唐律》颁行。为使司法官员能做到执法必严，便根据唐太宗对某些官员"不能按举不法，震肃权豪"③的指责，制定了一些约束、制裁权豪违法的刑律，如"因官人之威，挟持形势，及乡闾首望豪右之人，乞索财物者，累倍所乞之财，坐赃论减一等"④。

唐太宗打击犯法权贵，为司法官员的执法必严开辟了有利的局面。史称唐太宗主张执法必严，"深恶官吏贪浊"，对于犯法的权贵绝不姑息，"制驭王公、妃主之家，大姓豪猾之伍，皆畏威屏迹，无敢侵欺细人"⑤，这对于《贞观律》的推行，无疑具有重大的意义。

（六）经济与民事法规的建设

在唐太宗所主持的唐初法制建设中，有关经济方面的立法备受重视。在土地立法方面，为了恢复社会经济，有利于国家征收赋税和完善征兵制度，唐王朝于武德七年（624年）颁布《均田令》。为维护和贯彻均田法令，在唐太宗所修订的《贞观律》中，对于"占田过限""妄认公私田""盗卖或盗种公私田""卖口分田""里正授田不当"等诸多违犯法令的行为，分别明确地规定了笞、杖、徒等不同的处罚，使《均田令》被有效地付诸施行。这不仅有利于增加国家的财政收入，同时也保护了自耕农的利益，有利于唐初农业经济的恢复和发展，为唐代盛世的来临奠定了经济上的基础。

此外，唐初在经济立法（如"租庸调法"）、工商立法（包括对外贸易的立法）以及统一度量衡制方面，都做了许多法律上的规定。如《唐律疏议》卷二十八规定："斛、斗、秤、度不平，而在市执用者，笞五十；因有增减者，计所增减准盗论……

---

① ② 《魏郑公谏录》卷二。
③ 《贞观政要·贪鄙》。
④ 《唐律疏议·职制九》。
⑤ 《贞观政要·政体》。

虽平，而不经官司印者，笞四十。"唐初的经济立法对于唐王朝的经济发展和工商业的繁荣，都起到了极大的推动作用。

唐初的民事法规的立法吸取了前代民事法规已取得的成果，有很大的发展。在婚姻、家庭以及财产继承等方面，《唐律》的规范比前代更为细密。特别是在物权和债权方面的法律规范上，尤其如此，这也与唐初重视经济方面的立法有关，现举例说明如下。

在物权的法律规定方面，关于动产，《唐律疏议·贼盗》规定："诸盗公取窃取皆为盗。"并解释说："器物之属须移徙，阑圈系闭之属须绝离常处，放逸飞走之属须专制，乃成盗。"对于何种行为构成对动产的盗窃，《唐律》作出了明确的规定。关于不动产，《唐律》有"盗耕种公私田""妄认盗卖公私田""在官侵夺私田"等罪名，并对"盗"作出了定义："取非其财之谓盗。"《唐律》对"盗"罪的打击，在于维护公私财产的所有权。

关于"物权"的取得，除买卖及继承等通常的方式外，《唐律》还规定了关于无主物的占有、埋藏物的发现、孳息物的归属等方式。关于无主物的占有，《唐律疏议·杂律》规定："诸山野之物，已加功力（已进行人力加工），刈伐积聚，而辄取者，各以盗论。"即是说，山野所产之物，以先占有（"已加功力"）而取得所有权。关于埋藏物的发现，《唐律疏议·杂律》规定：在他人地内得到往昔所藏物品，应与地主均分，即"隐而不送者，计合还主之分，坐赃论减三等"，并解释说："若得古器形制异而不送官者，罪亦如之。"一般情况下，发现埋藏物，发现者可获得埋藏物的二分之一。关于孳息物的归属，《唐律疏议·名例》规定："生产蕃息者，谓婢产子，马生驹之类……生产蕃息，本据应产之类而有蕃息。若是兴生、出举而得利润，皆用后人之功，本无财主之力，既非孳生之物，不同蕃息之限，所得利物，合入后人。其有展转而得，知情者，蕃息物并还前主；不知情者亦入后人……知是赃婢，本来不合交关，违法故买，意在奸伪。赃婢所产，不合从良，止是生产蕃息，依律随母还主。"

在债权方面，《唐律》对买卖、借贷、赁庸、寄托等关系均有明确的法律规定。

关于买卖关系，《唐律》规定买卖土地、房产要订立契约。《杂律》规定："诸买奴婢、马、牛、驼、骡、驴已过价，不立市券，过三日笞三十，卖者减一等。"《户婚律》规定："依令，田无文牒，辄买卖者，财没不追。"

关于借贷关系，在《唐律》中，"借"是指非代替物的借用，其标的物有奴婢、牛马、车船、器玩、衣服、帷帐等，相当于现代民法中的"使用借贷"；而"贷"是指以代替物为标的物的借用，其标的物主要有银、钱、粮食、绸丝等。一般说来，前者系无偿借用，后者分不付息之贷（唐律称"负债"）与付息之贷（唐律称"出举"或"举息""举钱"）。

关于赁庸关系，在《唐律》中，"赁""租"指土地、房屋、邸店的租赁；"佃"指土地的租赁；"庸""雇"指人、畜及车的租赁。

关于寄托关系，《杂律》规定："诸受寄财物，而辄费用者，坐赃论，减一等；诈言死、失者，以诈欺取财物论，减一等""被强盗者，不偿""以理死者，不合备偿；非理死者，准《厩牧令》，合偿减价"。

此外，《唐律》还规定了"债务担保"的法律规范，即先以"财产负债"，次以"人身折酬"，如违约不偿，债主可以"牵掣"，告官者官府"强制履行"。

"财产负债"是债务人以特定的财产（动产或不动产）的所有权作为债务担保的抵押。

"人身折酬"是指债务人无力偿还债务，以其家男子用服劳役的形式偿还，即《杂令》所规定的"家资尽者，役身折酬，役通取户内男口"。

"牵掣"即债务人不偿还债务，债权人强制扣押债务人的财物。《杂律》规定："诸负债不告官司而强牵财物，过本契者，坐赃论。"《疏议》解释说："谓公私债负，违契不偿，应牵掣者，皆告官司听断。若不告官司而强牵掣财物，若奴婢、畜产，过本契者，坐赃论。"可见，债权人强牵掣财物，只要不超过债务额，官府则不予追究。

关于"强制履行"，是指官府以刑罚手段强迫债务人履行债务。《杂律》规定："诸负债违契不偿，一匹以上，违二十日笞二十，二十日加一等，罪止杖六十；三十匹，加二等；百匹，又加三等。各令备偿。"

《唐律》关于物权与债权的一系列法律规定表明，唐初在民事法规立法方面确实比前代前进了一大步。

（七）《贞观律》的历史地位

贞观元年（627年）正月，唐太宗命长孙无忌、房玄龄等人本着上述立法原则，参照隋《开皇律》，对《武德律》进行进一步修订、完善。历时十年，《唐律》即《贞观律》于贞观十一年（637年）正月在全国颁发执行。《贞观律》有12篇、502条。

此外，还编定《贞观令》30卷、《贞观式》20卷、《贞观格》18卷。

律、令、格、式是唐朝法规的四种基本形式。《新唐书·刑法志》解释说："令者，尊卑贵贱之等数，国家之制度也。格者，百官有司之所常行之事也。式者，其所常守之法也。"《唐六典》解释说："律以正刑定罪，令以设范立制，格以禁违止邪，式以轨物程事。"从大体上看，律是刑事法规，相当于近代的刑法典；令是关于国家体制和基本制度的法规；格是国家各部门机关处理公务时所应遵守的行政法规；式是指国家机关的公文程式。令、格、式带有行政法规的性质，而对于违犯令、格、式的，则按照《唐律》的有关条款予以处罚。例如，《均田令》《户令》对均田事宜有详细的规定，如果出现了授田不依田令、卖口分田、脱户漏口等行为，则按照《唐律·户婚》的有关条款予以处罚。再如，《职方式》对少设烽燧或遇警烽燧不举均有详细规定，如违犯则按照《唐律·卫禁》的有关规定予以处罚。总之，律、令、格、式相互配合与补充，构成了完备的唐朝法律体系。

《唐律》共有12篇，现存502条，主要有如下内容：

第1篇为《名例律》，共57条，是关于刑法的种类及其适用的一般规定，为《唐律》的总纲部分，相当于现代的刑法总则。其主要内容为关于"五刑""十恶""八议"的规定，还有关于划分公罪与私罪、自首减免刑罚、共犯区别首从、二罪俱发以重者论、累犯加重、同居相隐、比况类推、老少疾废减免刑罚、同罪异罚、区分故意与过失以及涉外案件处理，等等，均有原则上的规定。

第2篇为《卫禁律》，共33条，主要是关于宫廷警卫和守卫关津要塞的有关规定，确保皇帝的尊严及其人身安全，维护国家的主权是该篇立法的主旨。

第3篇为《职制律》，共有59条，主要是关于惩治官吏违法失职及驿传方面犯罪的有关规定，其主要内容有对不忠于职守、署置过限的处罚，严惩贪赃枉法官吏的具体规定，等等。

第4篇为《户婚律》，共46条，主要是关于户籍、田宅、赋役和婚姻家庭方面的规定，其主要内容有严格保护封建国有土地和私有土地的所有权，严禁脱户漏口、逃避赋役，维护封建的婚姻家庭关系等。

第5篇为《厩库律》，共28条，主要是关于牲畜、仓库管理方面的有关规定，目的是保护官有财物不受侵犯。

第6篇为《擅兴律》，共24条，主要是关于兵士征集、军队调动及兴造方面的有关规定，其主要内容为严禁擅发兵、严惩贻误与泄漏军机的行为，禁止随意兴造。

第 7 篇为《贼盗律》，共 54 条，主要关于保护统治阶级也包括平民百姓的生命、财产不受侵犯的法律规定，其主要内容包括对谋反、谋大逆、谋叛罪等危及国家政权和皇帝特权及人身安全等犯罪的严惩，对其他危害生命安全犯罪的严惩，对窃盗、强盗、监守自盗等盗窃行为的严惩，对买卖人口的严惩。

第 8 篇为《斗讼律》，共 60 条，主要是关于斗殴伤人和控告、申诉等方面的法律规定，其主要内容包括关于斗殴和诉讼方面的犯罪规定。

第 9 篇为《诈伪律》，共 27 条，主要是关于欺诈和伪造方面的法律规定。

第 10 篇为《杂律》，共 62 条，主要是关于不能编入其他篇的犯罪行为的法律规定，主要内容包括买卖、借贷、市场管理，以及男女奸情等方面的法律规定。

第 11 篇为《捕亡律》，共 18 条，主要是关于追捕逃犯、捕捉罪人和逃避兵役及徭役的兵员、役丁的法律规定。

第 12 篇为《断狱律》，共 34 条，主要是关于司法审判和监狱管理方面的法律规定。

《唐律》的 12 篇 502 条的内容表明，它以维护封建专制制度的等级制度和宗法制度为核心，维护封建统治阶级的政治、经济利益，以及人身安全，在刑法方面的刑罚适用原则的严整，关于犯罪种类的详尽与细密，这在封建法典中是无与伦比的。此外，《唐律》又注重经济立法，运用法律来调整经济关系；注重民事立法，运用法律来调整民事关系，如此等等。总之，《唐律》的内容表明，它是在"宽仁慎刑""礼法合一"的基本原则指导下所制定的"诸法合体、以刑为主"，律、令、格、式相互配合、补充，具有"规范详备、科条简要""中典治国、用刑持平"等诸多特点的一部体系完备的封建法典，是中国封建时代法典的典范。

唐太宗注重法制建设，主张"用法务在宽简"，强调君臣要带头遵守法律、严于执法，使唐初的社会治安有了明显的好转。据《资治通鉴》卷一九三记载，贞观四年（630 年），"是岁，天下大稔，流散者咸归乡里，米斗不过三、四钱，终岁断死刑才二十九人。东至于海，南及五岭，皆外户不闭……"所谓"外户不闭""几致刑措"，虽然有夸大成分，但毕竟在某种程度上说明贞观初年的社会秩序是颇为安定的。

三 发展经济举要

（一）静民务农

唐太宗即位之初，国家经过隋末以来的战乱，经济凋敝、民户凋残，与西汉初年的经济形势有着极为相似的情形。隋王朝的富庶与强盛，在隋末之乱中已化为乌有。当时，全国的户口仅有 300 余万，不及隋朝的五分之一。直到贞观十一年（637年），侍御史马周在上疏中还说：“今之户口不及隋之什一。”①黄河以北的广大地区“千里无烟”，江淮之间“鞠为茂草”，到处土地荒芜，一片荒凉景象。加之灾荒连年，人民困苦不堪。《通鉴》卷一九二记载，贞观元年（627年）六月，“山东大旱”。八月，关东、河南、陇右霜害秋稼。贞观二年（628年），“关内旱饥，民多卖子以接衣食”。贞观三年（629年），关内诸州旱，天下大水。

早在唐高祖武德年间，李渊便已提出了“新附之民，特蠲徭赋，欲其休息，更无烦扰，使获安静，自修产业”的“安人静俗”②方针。唐太宗即位后实行偃武修文政策，静民务农、恢复与发展经济，是他实行以文治国的重要内容之一。他对大臣们说：“我新即位，为国者要在安静。”（《新唐书·突厥传》）又说：“国家未安，百姓未富，且当静以抚之。”③所谓“静以抚之”即减轻人民的兵役、徭役负担，使人民得以休养生息。魏征曾为此多次向唐太宗进谏说，以往有些帝王得天下后，“志趣骄逸，百姓欲静而徭役不休，百姓凋残而侈务不息，国之衰弊，恒由此起”。④魏征总结隋亡的历史经验，得出了“静之则安，动之则乱”的结论。他说：“然隋氏以富强而丧败，动之也；我以贫穷而安宁，静之也。静之则安，动之则乱，人皆知之，非隐而难见也，非微而难察也……（隋氏）甲兵屡动，徭役不息，至于将受戮辱，竟未悟其灭亡之所由也，可不哀哉！”⑤

---

① 《资治通鉴》卷一九五。
② 《唐大诏令集》卷一百一十。
③ 《资治通鉴》卷一九一。
④ 《贞观政要·论君道》。
⑤ 《贞观政要·刑法》。

唐太宗抚民以静的治国方针，其核心内容便是在"国以人为本，人以衣食为本"的理论指导下，把"存百姓"，使农夫得以务农，恢复和发展农业生产，视为安定和治理国家的基础。贞观二年（628年），唐太宗对侍臣说：

　　　　"凡事皆须务本。国以人为本，人以衣食为本。凡营衣食，以不失时为本。夫不失时者，在人君简静乃可致耳。若兵戈屡动，土木不息，而欲不夺农时，其可得乎？"①

　　又说："夫安人宁国，惟在于君。君无为则人乐，君多欲则人苦。"②"国以民为本，人以食为命。若禾黍不登，则兆庶非国家所有。"③

　　唐太宗把使民得以务农视为"安人宁国"的中心内容。为此，他主张国君要做到"无为"，而反对"多欲"。所谓"君无为"，即"人君简静"。如此，便可以避免"兵戈屡动""土木不息"，做到"不夺农时"，使农业生产得到恢复和发展，人民的衣食问题得到解决，从而实现"安人宁国"。

（二）体恤百姓

　　唐太宗以文治国，其最终目的当然是为实现李氏王朝的长治久安。然而，唐王朝开国不久，李世民深知体恤民众疾苦、存活百姓是安定天下的根本。贞观初年，他对侍臣说：

　　　　"为君之道，必须先存百姓。若损百姓以奉其身，犹割股以啖腹，腹饱而身毙……所欲既多，所损亦大，既妨政事，又扰生人……离叛亦兴。"④

　　唐太宗在位期间，有关民为邦本、体恤百姓以安天下的言论，史书记载颇多，现摘引如下数条，以说明他对这一问题的关注。

　　贞观二年（628年），唐太宗对侍臣说："朕每日坐朝，欲出一言，即思此一言于百姓有利益否，所以不敢多言。"⑤

　　同年，关中干旱引发大饥荒。太宗对侍臣说："水旱不调，皆为人君失德。朕德之不修，天当责朕，百姓何罪，而多遭困穷，闻有鬻男女者，朕甚愍焉。"⑥

　　贞观二年（628年），唐太宗在慰劳刺史陈君宾时说："是以日昃忘食，未明

---

① ② ③ 《贞观政要·务农》。
④ 《贞观政要·君道》。
⑤ 《贞观政要·慎言语》。
⑥ 《贞观政要·仁恻》。

求衣，晓夜孜孜，惟以安养为虑。"①

贞观三年（629 年）四月，唐太宗在《赐孝义高年粟帛诏》中说道："自登九五，不许横役一人，惟冀遐迩休息，得相存养。"②

贞观四年（630 年），唐太宗对侍臣说："帝王所欲者，放逸；百姓所不欲者，劳弊……劳弊之事，诚不可施于百姓。"③

贞观四年（630 年），唐太宗对公卿说："朕终日孜孜，非但忧怜百姓，亦欲使卿等长守富贵……"④

贞观八年（634 年），唐太宗对侍臣说："隋时百姓纵有财物，岂得保此？自朕有天下已来，存心抚养，无有所科差，人人皆得营生，守其资财。"⑤

贞观九年（635 年），唐太宗对侍臣说："往昔初平京师……故夙夜孜孜，惟欲清净，使天下无事，遂得徭役不兴，年谷丰稔，百姓安乐。夫治国犹如栽树，本根不摇则枝叶茂荣。君能清净，百姓何得不安乐乎？"⑥

直到贞观十六年（642 年），唐太宗仍然忧心忡忡地对魏征说："观近古帝王，有传位十代者，有一代两代者，亦有身得身失者。朕所以常怀忧惧，或恐抚养生民不得其所，或恐心生骄逸，喜怒过度，然不自知，卿可为朕言之，当以为楷则。"⑦

唐太宗的以百姓之忧为忧，其典型事例莫过于吞食蝗虫。根据《贞观政要·务农》记载，贞观二年（628 年），京师长安大旱，蝗虫大起，遮天盖地。一日，唐太宗入苑视察禾苗受灾情况，随手捉住几枚正在蚕食禾苗的蝗虫，诅咒说："人以谷为命，而汝食之，是害于百姓。百姓有过，在予一人。尔其有灵，但当蚀我心，无害百姓。"太宗说着说着，将要吞食手中的蝗虫，左右急忙劝谏说："圣上不可如此，恐成疾病。"唐太宗回答说："朕所期望的，是移灾于朕的自身，谈什么避免疾病！"说着，立即将数枚蝗虫吞入腹中。作为一位帝王，为使百姓能免于蝗虫的灾害，竟然吞食蝗虫，这在中国封建时代是绝无仅有的奇闻。今日看来，唐太宗

---

① 《旧唐书·陈君宾传》。
② 《唐大诏令集》卷八〇。
③ 《贞观政要·俭约》。
④ 《贞观政要·贪鄙》。
⑤ 《贞观政要·政体》。
⑥ 《贞观政要·政体》。
⑦ 《贞观政要·慎终》。

的这一举动，当然不可能收到"自是蝗不复为灾"的神奇效果。然而，也不能因此说唐太宗愚蠢可笑。这只能说明：蝗虫为灾，使太宗忧心如焚，以至于吞食蝗虫，引灾于自身，为农夫祈福免灾。唐太宗此举，也不是要故意买人心。贞观十八年（644年），唐太宗告诉侍臣，自最近立太子李治以来，每当见太子乘舟，便对太子说：

"汝知舟乎？"

"不知。"太子李治回答。

"舟所以比人君，水所以比黎庶，水能载舟，亦能覆舟。尔方为人主，可不畏惧。"[①]

唐太宗既然把百姓比作既能载舟又能覆舟的水，那么他体恤百姓疾苦，乃至于吞食蝗虫，也就没有什么不可理解的了。

（三）劝课农桑

农业是封建时代社会经济的主要部门，农夫在士农工商四民的人口总数中占有最大的比重。因此，唐太宗的静以抚民、恢复和发展经济，主要体现在他对农民和农业生产的关注之上，劝课农桑成了唐太宗重视恢复和发展农业生产的一项根本性质的政策。为劝课农桑，唐太宗恢复了古代的"藉田"之礼。"藉田"之礼及其仪式，始见于《国语·周语上》，体现了西周统治阶级对于"民之大事在农"的重视，即所谓"王事唯农是务，无有求利于其官，以干农功"。春秋战国的几百年间，诸侯征战，藉田之礼遂废。西汉初年，汉文帝重视恢复发展农业，曾行藉田之礼，并造就了"文景之治"。汉末以后，国家分裂，藉田之礼亦被废弃达数百年之久。

贞观三年（629年）正月戊午日，唐太宗祀太庙。癸亥日，耕藉田于东郊。这一天，唐太宗带领有关官员，按照天子行藉田之礼的仪式"躬御耒耜，藉于千亩之甸"[②]。由于藉田之礼废弃已久，人们对于藉田之礼的仪式感到很新奇，"观者莫不骇跃"[③]。唐太宗行"藉田"礼，表明他对农业生产的重视，也预示着"贞观之治"的到来。

唐太宗还经常派使臣到各地巡行视察、劝课农桑，向使臣讲述劝农的意义，指出"国以人为本，人以食为命，若禾谷不登，恐由朕不躬亲所致也"。[④]他还要求

---

① 《贞观政要·教戒太子诸王》。

②③ 《旧唐书·礼仪志四》。

④ 杨守敬撰：《日本访书志》，清光绪二十三年（1897年）刻本。

劝农的使臣到达各州县时，"遣官人就田陇间劝励，不得令有送迎。若迎送往还，多废农业，若此劝农，不如不去"。①可见，唐太宗告诫劝农使臣，到州县后不要讲排场、走形式，要讲求实效，不许名为劝农，而实则增加农民的负担。

有的地方官员为贯彻唐太宗劝课农桑的方针，还采取了惩戒怠惰、务使游民归于农耕的措施。贞观二年（628 年），窦轨出任洛州都督，"洛阳因隋末丧乱，人多浮伪。轨并遣务农，各令属县有游手怠惰者皆按之。由是人吏慑惮，风化整肃"。②贞观十六年（642 年），唐太宗曾对侍臣说："今省徭赋，不夺其时，使比屋之人，恣其耕稼。"③表达了他劝课农桑的意愿。

为落实劝课农桑，唐太宗强调"不违农时"，认为"农时甚要，不可暂失"。据《贞观政要·务农》记载，有关官员上书说："皇太子将行冠礼，宜用二月为吉。"唐太宗认为二月正值春耕即将开始，担心此时为太子举行加冠典礼，"恐妨农事，今改用十月"。④太子少保萧瑀上奏说，按照阴阳学家的理论，太子的典礼"用二月为胜"，唐太宗驳斥说："阴阳拘忌，朕所不行。若动静必依阴阳，不顾理义，欲求福佑，其可得乎？若所行皆遵正道，自然常与吉会。且吉凶在人，岂假阴阳拘忌。农时甚要，不可暂失。"⑤

太子的加冠典礼，不能不说是大事，选择在吉时举行，亦是理所当然。然而，当典礼与农时发生冲突时，唐太宗以"恐妨农时"为由，将冠礼"改用十月"，足见他对"不违农时"的重视。唐太宗喜好狩猎，但他即位后的狩猎活动大都在 10 月至 12 月份进行，亦是在农闲时期，基本上没有违背周代的"三时务农而一时讲武"的古制。

唐太宗还用法律的手段来保证"不违农时"原则的落实。《唐律疏议·擅兴律》条文说："诸非法兴造及杂徭役，十庸以上坐赃论。"《疏议》解释说："非法兴造，谓法令无文。虽则有文，非时兴造亦是。若作池亭宾馆之属及杂徭役，谓非时科唤丁夫，驱使十庸以上，坐赃论。""非时兴造"即指在农忙季节大兴土木或征发徭役。《擅兴律》以法律法规的手段保障"不违农时"原则的落实，并规定如有地方官员敢在春、夏、秋农忙季节擅自征发徭役十庸（折绢 30 尺）以上者，按贪赃罪依法

①杨守敬撰：《日本访书志》，清光绪二十三年（1897 年）刻本。
②《旧唐书·窦轨传》。
③④⑤《贞观政要·务农》。

论处。对在农忙季节擅自征发徭役、强夺民时的官员依法论处，这在唐以前是前所未见的事，体现了唐太宗对"劝课农桑"与"不违农时"的重视。

（四）均田垦荒

均田制是北魏以来所推行的一种土地制度。这种制度是由政府分配给农夫一定数量的土地，并按照分配的土地数量多寡向农夫征收赋税。然而，在人多地少的地区，这种均田制度很难推行。由于大地主的兼并土地和实际上的人多地少，农夫不可能分得国家所规定的耕地数量。事实上，各地农夫所分得的耕地多少不一，甚至在有的地区则根本没有实行。

唐代初年，由于隋末战乱，人口流失、土地荒芜，使得国家直接控制了大片的无主荒地，为推行均田制在客观上提供了有利条件。唐高祖于武德七年（624年）三月，颁布均田法令。均田法令规定：凡丁男、中男（18岁以上者）授田1顷，其中80亩为口分田（又称露田），20亩为永业田（又称世业田）。口分田在受田人死后交还官府，由官府另行分配给他人；永业田可传给子孙，规定要种植桑、榆、枣等树木。农民所受耕地原则上不得买卖，但若是迁徙他乡或遇丧事及家贫等原因，可以出卖永业田；如果自狭乡（人多田少地区）迁徙宽乡（人少田多地区），可以出卖口分田。总之，永业田授而不还，可以继承或买卖，实际上已归农民所占有；口分田最终将归还官府，一般不许买卖，农民只有使用权。此外，均田法令还规定：因土地瘠薄而需要休耕的田地，授田量可增加一倍；老弱残疾者给田40亩；寡妇30亩，自立门户不再嫁人的再增加20亩，其中皆以20亩为永业田，其余为口分田。贵族官僚的授田数量，根据爵位和官阶的高低不同而不等，但数量远比农夫高，如职事官从三品授永业田20顷，正四品授田14顷。

唐高祖武德七年（624年）至九年（626年），由于皇室内部太子与秦王争权斗争激烈，均田制并未能认真贯彻执行。唐太宗即位后，着手认真推行均田制度。长孙皇后的族叔长孙顺德出任泽州（今山西晋城东北）刺史，"折节为政，号为明肃。先是，长吏多受百姓馈饷，顺德纠摘，一无所容，称为良牧。前刺史张长贵、赵士达并占境内膏腴之田数十顷，顺德并劾而追夺，分给贫户"。[①]贞观十一年（637年）七月癸未日，洛阳地区天降暴雨，谷、洛二河汛滥，洪水流入洛阳宫城，冲毁官寺、

---

① 《旧唐书·长孙顺德传》。

民居无数，溺死 6000 余人。唐太宗为此诏令"废明德宫及飞山宫之玄圃院，分给河南、洛阳遭水户"。①上述两条记载表明，唐太宗确实实行了向无地或少地农民实行分配土地的均田制度。

唐太宗推行的均田制度，实际上只能施之于"荒闲无主之田""非尽夺富者之田以予贫人也"②。因而在人多地少的狭乡，农民不可能得到均田法令所规定的田亩数量。贞观十二年（638 年），唐太宗临幸新丰县灵口镇，见"村落逼侧，问其授田，丁三十亩"。③太宗为此而忧虑农民未能得到法定田数，直到半夜时分才得以寝息。

为解决"狭乡"授田亩数不足的问题，唐太宗鼓励农民向地多人少的宽乡迁徙，落实授田亩数。据《新唐书·崔善为传》记载："贞观初，（崔善为）为陕州刺史。时议：户猥地狭者徙宽乡。善为奏：'畿内户众，而丁壮悉籍府兵，若听徙，皆在关东，虚近实远，非经通计。'诏可。"为避免造成关中地区军事力量空虚的现象，唐太宗经过考虑，没有在关中狭乡推行鼓励迁徙的政策。至于其他地区，则推行这一政策。据《新唐书·陈君宾传》记载，贞观初年陈君宾调任邓州刺史，治理有方，百姓"皆还自业"。次年，在邻州遭灾的情况下，"独君宾所治有年，储仓充羡，蒲、虞二州民就食其境"。④太宗下诏书表彰，"命有司录刺史以下功最"⑤"是岁，入为太府少卿"。⑥可见，陈君宾在邓州安置了由蒲、虞二州因饥饿而迁入的民户。

唐太宗还通过制定法律法规来落实均田垦荒法令。据《唐律疏议》卷十三解释："若占于宽闲之处不坐：谓计口受足以外，仍有剩田，务从垦辟，庶尽地利，故所占虽多，律不与罪。"这显然是鼓励在人少地多的宽乡，农户可以在规定受田亩数外自行垦荒，法律不予追究。至于由狭乡迁往宽乡的农户，国家予以免赋的优惠，即"去本居千里外，复三年。五百里外，复二年。三百里外，复一年"⑦，如此等等。如果地方官员不执行上述法令，则予以"徒二年"的刑罚。可见，唐太宗为落实均田法令，曾采取了相应的鼓励措施。对于不执行此项法令和政策的地方官员，则予以严厉的惩罚。史书记载，唐太宗推行均田法令，主要是鼓励农户到人少地多的宽

---

① 《旧唐书·五行志》。
② 《文献通考·田赋二》。
③ 《册府元龟》卷一〇五《惠民一》。
④⑤⑥ 《新唐书·陈君宾传》。
⑦ 《唐律疏议》卷一三。

乡去占田垦荒。均田法令的推行，对于唐代初年扩大耕地面积、增加粮食产量，即对农业的恢复与发展，起到了积极的作用。

（五）轻徭薄赋

在唐初，与均田制相适应的，是租庸调的赋役制度。这一制度初定于武德二年（619年），修订于武德七年（624年）。"租"是受田户，每年每丁要纳粟两石。"庸"是每个受田成年劳力要为国家服役二十日，如不服役可用绢代役，每日绢三尺，二十日共计六丈。"调"是每丁纳绢二丈，另加丝绵三两；或者纳麻布二丈五尺，另加麻三斤。如果在二十日外加服徭役十五日，则免交调；加服三十日徭役，则租调皆免，正役不得超过五十日。租庸调始行于隋文帝时期，唐代沿用此制并作了相应的改革，有所进步，如隋时奴婢受田并缴纳租赋，唐代则奴婢不受田亦不交租赋。隋时，民年五十免收"庸"，而唐代一切徭役均可"输庸代役"。

唐太宗对租庸调赋役制度没有进行重大的改革，但他在即位后确实实行了"轻徭薄赋"的政策，减轻了农民的负担，有利于安定秩序、恢复并发展农业生产。

据史书记载，武德九年（626年）八月，即在他登皇帝位之时，诏令"关内及蒲、芮、虞、泰、陕、鼎六州免二年租调，自余给复一年"。[①]

贞观元年（627年），"山东大旱，诏所在赈恤，无出今年租赋"。[②]

贞观四年（630年），"冬十月壬辰，幸陇州，曲赦陇、岐二州，给复一年"。[③]

贞观七年（633年）八月，"山东、河南三十州大水，遣使赈恤"。[④]

贞观年间，减某一州、县税的事例，见于史书记载的还有若干次，范围不广大，次数亦不多，不仅无法同西汉初年文帝、景帝大幅度减免天下租税相比，也比不上隋初减免徭役或租税的规模与次数。究其原因，一方面与唐初的财政收入较少、国库严重空虚有关。同时，也不能不看到唐太宗在社会经济有所恢复的情况下，开始对大兴土木感兴趣，又东征高句丽。在这种情况下，他怎么可能像汉代文帝、景帝那样减免天下的租税呢？在这个问题上，唐太宗是比不上汉代文景二帝的。

在所谓"轻徭薄赋"的问题上，如果说唐太宗并没有在"薄赋"问题上做出较多的贡献，那么在"轻徭"方面，贞观初年的唐太宗确实有值得称道的地方，这当

---

① 《资治通鉴》卷一九一。
② 《资治通鉴》卷一九二。
③④ 《旧唐书·太宗本纪》。

然也与他对唐初形势的认识和以隋亡为鉴有关。例如，贞观元年（627年），他对侍臣说："朕今欲造一殿，材木已具，远想秦皇之事，遂不复作也。"[1]又，"贞观二年，公卿奏曰：'依礼，季夏之月可以居台榭。今夏暑未退，秋霖方始，宫中卑湿，请营一阁以居之。'太宗曰：'朕有气疾，岂宜下湿。若遂来请，糜费良多。昔汉文帝起露台而惜十家之产，朕德不逮于汉帝而所费过之，岂为人父母之道也。'固请至于再三，竟不许"。[2]直到贞观四年（630年），唐太宗仍对侍臣们说："崇饰宫宇，游赏池台……劳弊之事，诚不可施于百姓。"[3]

唐太宗深知大兴土木、徭役过重给人民带来的灾害及其所产生的严重后果。他不仅本人以此来自我约束，而且通过制定法律来约束地方官员。本章"劝课农桑"节曾谈到《擅兴律》对在农忙季节擅自征发徭役的地方官员有严厉的惩罚规定，说明唐太宗在贞观初年对于贯彻"轻徭"是颇为认真的。总之，唐太宗的轻徭薄赋政策，对于唐初农业经济的恢复确实起到了保障的作用。

（六）增殖人口

隋末战乱的严重后果之一，便是全国户数的锐减，由隋朝极盛时期的近900万户减至唐初的不足300万户。劳动力的锐减，造成了大片土地的荒芜。为恢复和发展农业生产，唐太宗采取了增殖人口的政策，首先就是尽一切努力招回流人或被掠入边境少数民族地区的汉人。

隋末唐初，边境地区的一些汉人为躲避战乱而流入少数民族地区，这是很自然的事；而掠夺汉族人口，对居于边境的少数民族，亦是历来所常见的。所谓"隋末，中国人多没于突厥"[4]，即是协助李靖经略突厥的行军副总管张公谨对唐太宗所说的："华人在北者甚众，比闻屯聚，保据山险，王师之出，当有应者。"[5]说明当时流入突厥的汉族人口有相当多的数量。

武德九年（626年）九月，唐太宗刚刚即皇帝位，"突厥颉利献马三千匹、羊万口，上不受，但诏归所掠中国户口"[6]，以召回流入突厥的汉族人口为重。贞观三年（629年），"户部奏言：中国人自塞外来归及突厥前后内附、开四夷为州

①②③《贞观政要·俭约》。
④《资治通鉴》卷一九三。
⑤《新唐书·张公谨传》。
⑥《资治通鉴》卷一九二。

县者，男女一百二十余万口"。①贞观四年（630年）三月，唐大同道行军副总管"张宝相生擒颉利可汗，献于京师"。②贞观五年（631年）四月，唐"以金帛购中国人因隋乱没突厥者男女八万人，尽还其家属"。③这一年，"党项羌前后内属者三十万口"。④贞观二十一年（647年）六月丁丑日，诏书说："隋末丧乱，边民多为戎、狄所掠，今铁勒归化，宜遣使诣燕然等州，与都督相知，访求没落之人，赎以货财，给粮递还本贯。其室韦、乌罗护、靺鞨三部人为薛延陀所掠者，亦令赎还。"⑤唐太宗为召回、赎回流入突厥等边境外族地区的汉人所采取的一系列积极措施，收到了很大的成效，前后赎回外流人口近200万人，中原地区农业劳动力缺乏的状况因此得到缓解。

增殖人口的另一重要措施是奖励婚嫁。贞观元年（627年）二月丁巳日，唐太宗颁发《令有司劝勉民间嫁娶诏》，诏书说：

"其庶人男女无室家者，并仰州县官人以礼聘娶，皆任其同类相求，不得抑取。男年二十、女年十五已上，及妻丧达制之后，孀居服纪已除，并须申以婚媾，令其好合。若贫窭之徒，将迎匮乏，仰于亲近乡里富有之家，衰多益寡，使得资送……刺史、县令以下官人，若能婚姻及时，鳏寡数少，量准户口增多，以进考第；如导劝乖方，失于配偶，准户减少附殿。"⑥

唐太宗的《令有司劝勉民间嫁娶诏》，对男女的婚龄做了有利于增殖人口的规定，鼓励丧失配偶的成年男女再婚；对贫困者，乡里富人及亲戚应予以"资送"，并把落实诏书的情况作为考核刺史、县令政绩的重要内容之一。这一切，对于鼓励人口增殖无疑起到了积极的作用。为奖励增殖人口，贞观三年（629年），唐太宗曾下诏："妇人正月以来生男，赐粟一石。"⑦

唐太宗增殖人口的上述两大措施，在贞观年间收到了明显的成效。李世民死后的第三年（652年），据《唐会要·户口数》记载，天下户口总数已增加到380万之多，农业劳动力缺乏的状况已基本上得到解决，为唐初农业经济的恢复和发展提供了有利的条件。

---

①②③《旧唐书·太宗纪》。
④《旧唐书·太宗纪》。
⑤《资治通鉴》卷一九八。
⑥《唐会要·嫁娶》。
⑦《册府元龟·帝王部·仁慈》。

（七）释放宫女

据《新唐书·太宗纪》记载，李世民于武德九年（626年）八月甲子日即皇帝位，癸酉日，"放宫女三千人"。贞观二年（628年），唐太宗又派尚书左丞戴胄、给事中杜正伦于掖庭西简出宫女，"前后所出三千余人"①。唐太宗释放宫女的动机，据《资治通鉴》卷一九三记载，是由于"天少雨，中书舍人李百药上言：'往年虽出宫人，窃闻太上皇宫及掖庭宫人，无用者尚多，岂惟虚费衣食，且阴气郁积，亦足致旱。'上曰：'妇人幽闭深宫，诚为可愍。洒扫之余，亦何所用，宜皆出之，任求伉俪。'"《贞观政要·仁恻》在记载此事时，还谈到"此皆竭人财力，朕所不取"。

上述记载表明，唐太宗释放宫女的原因，并非只是"妇人幽闭深宫，诚为可愍"，也不只是"虚费衣食"，还有"任求伉俪"的用意，即《放宫女诏》中所说的"归其戚属，任从婚娶"。所谓"任求伉俪""任从婚娶"，即是释放宫女后令其嫁人，建立家庭，生儿育女，这同唐太宗奖励婚娶的政策显然是协调一致的。

（八）义仓备荒

储粮备荒是维护农业生产的一项重要措施，隋文帝创立社仓，储粮以备赈济灾民，至隋炀帝时遭到破坏。贞观二年（628年）春，尚书左丞戴胄向唐太宗提出这一问题，他说："今丧乱之后，户口凋残，每岁租米，不实仓廪。随即出给，才供当年，若遇凶灾，将何赈恤？"为解决这一问题，戴胄建议每年秋收后，按田亩抽取一定数量的粮食作为储备，以备荒年，即所谓"各纳所在，为立义仓。若年谷不登，百姓饥馑，当所州县，随便取给"（《通典》卷十二）。唐太宗认为戴胄设立义仓的建议，有利于民，于贞观二年（628年）四月"诏天下州县并置义仓"。（《旧唐书·太宗本纪》）诏书说：

> "亩税二升，粟、麦、粳、稻，随土地所宜。宽乡敛以所种，狭乡据青苗簿而督之，田耗十四者免其半，耗十七者皆免之。商贾无田者，以其户为九等，出粟自五石至于五斗为差。下下户及夷獠者不取焉。岁不登，则以赈民；或贷为种子，则至秋而偿。"②

义仓作为官府所办机构，按田亩或因贫富不等向农民和商贾征粮，是强制性的，因而实际上成为一种赋税。由于它有利于备荒救灾，而以储粮向农民贷借种子，

---

① 《贞观政要》卷六。

② 《新唐书·食货志》。

又具有扶贫性质，因而被唐太宗以诏书的形式颁行于天下。唐太宗称赞义仓的设立，他说："既为百姓，先作储贮；官为举掌，以备凶年，非朕所须，横生赋敛；利人之事，深是可嘉。"①自从实行这种取之于民、用之于民的义仓制度后，"每有饥馑则开仓赈给"②，收到了"仓储衍溢，亿兆赖焉"③的效果。后来，义仓成为官吏"横生赋敛"的途径，这既非唐太宗的本意，也与义仓制度本身无关。

在设置义仓备荒的同时，唐太宗还诏令设置常平仓来平抑粮价，用以保障人民的生活，维护农业生产。唐太宗即位的初始，于武德九年（626 年）九月，诏令置常平监官，以"均天下之货，市肆腾踊，则减价而出；田稼丰羡，则增籴而收"，其目的在于"使公私俱济，家给人足，抑止兼并，宣通拥滞"。④贞观十三年（639 年）十二月，唐太宗"诏于洛、相、幽、徐、齐、并、秦、蒲等州并置常平仓"⑤，把设置常平仓作为一项制度在全国推行。设置常平仓实为战国时期李悝为魏文侯行"平籴"法的继续和发展。其功用在于：国家在丰年粮价下跌时按平价购进农夫多余的粮食，储藏起来；在荒年粮价腾贵时仍按平价卖出所购进的粮食，用来防止"籴甚贵伤民，甚贱伤农"⑥。

贞观初年，自然灾害频频发生。唐太宗所推行的设置义仓、常平仓制度，对于帮助人民渡过灾荒、保障农业生产的恢复和发展，无疑起到了重大的作用。

（九）兴修水利

水利作为农业的命脉，理所当然地受到唐太宗的重视。贞观年间水旱灾害的连年发生，使治理河水成为最为迫切的任务。贞观十一年（637 年）七月，由于天降暴雨，谷、洛二水暴涨，洪水流入洛阳宫城，"坏官寺、民居，溺死者六千余人"。⑦面对这场大水灾，唐太宗下诏引咎自责，说道："暴雨为灾，大水泛溢，静思厥咎，朕甚惧焉。"⑧同年九月，黄河又泛滥成灾，唐太宗亲自到白马坂视察灾情。

---

①②《通典》卷十二。

③《册府元龟·邦计部·常平》。

④《唐大诏令集·置常平监官诏》。

⑤《旧唐书·太宗本纪》。

⑥（东汉）班固撰，（唐）颜师古注：《汉书·食货志》。

⑦《资治通鉴》卷一九五。

⑧《旧唐书·五行志》。

为治理河水，防止泛滥，唐太宗对治水机构加以整顿。为此，唐太宗在工部设水部郎中和员外郎，"掌天下川渎陂池之政令，以导达沟洫，堰决河渠，凡舟楫灌溉之利，咸总而举之"。①可见，水部官员的两大职责，一是防治水害，二是开发水利。注重法制的唐太宗还专门为水利与水运立法，即所谓《水部式》，用法律明文来维护堤防的修护和对水运的合理使用；对于违犯《水部式》的官员，严惩不贷。

贞观十八年（644年），唐太宗准备东征高句丽，敕令将作大监阎立德等人到洪、饶、江三州，"造船四百艘以载军粮""以太常卿韦挺为馈运使，以民部侍郎崔仁师副之""自河北诸州皆受挺节度"②。由于韦挺未事先视察河道，致使出现了运粮船只搁浅的严重事件。贞观十九年（645年）正月，"韦挺坐不先行视漕渠，运米六百余艘至卢思台侧，浅塞不能进，械送洛阳。丁酉，除名，以将作少监李道裕代之，崔仁师亦坐免官"。③

贞观年间兴修水利获得显著成效的地方官员，亦不乏其人。扬州大都督府长史李袭誉，为扭转江都地区好商贾、不事农业的风俗，大兴水利，为发展农业创造了有利条件。他率领当地百姓"引雷陂水，又筑勾城塘，溉田八百余顷，百姓获其利"。④据《新唐书·薛大鼎传》记载，薛大鼎调任沧州刺史后，因无棣渠淤塞日久，大鼎组织人力疏通河道，"浚治属之海，商贾流行"。当地人民为此编了一首歌谣，歌颂薛大鼎的业绩。歌谣说："新沟通，舟楫利。属沧海，鱼盐至。昔徒行，今骋驷，美哉薛公德滂被！"接着，他又疏通了长芦河、漳河、衡河等三渠，"泄污潦，水不为害"。当时，瀛州刺史贾敦颐、冀州刺史郑德本，俱有美政，连同薛大鼎三人，河北号"铛脚刺史"。据《新唐书·地理志》记载，贞观年间全国各地兴修的河渠、池塘有二三十处之多，足见唐太宗鼓励兴修水利的政策在当时收到了相当可观的成效，为唐初农业生产的恢复和发展提供了有利的条件。

（十）年丰谷贱

唐太宗为恢复和发展农业生产所施行的一系列方针政策，诸如静民务农、体恤百姓、劝课农桑、均田垦荒、轻徭薄赋、增殖人口、释放宫女、义仓备荒、兴修水利，等等，使农业生产得到了迅速的恢复和发展。贞观四年（630年），关中地区

---

① （唐）李林甫撰：《唐六典》卷七。
②③《资治通鉴》卷一九七。
④《唐会要》卷八九、《通典》卷二。

农业获得丰收，流散人口相继返乡务农，斗米不过三四钱。贞观五、六、七年（631至633年），关外山东广大地区风调雨顺，"又频致丰稔，米斗三四钱。行旅自京师至于岭表，自山东至于沧海，皆不赍粮，取给于路。入山东村落，行客经过者，必厚加供待，或发时有赠遗，此皆古昔未有也"①。贞观八、九年（634至635年）以及贞观十三年（639年），全国广大地区又是连年丰收。杜佑《通典》卷七说："自贞观以后，太宗励精为理，至八年、九年，频至丰稔，米斗四五钱，马牛布野，外户动则数月不闭，至十五年，米每斗值两钱。"

《新唐书·食货志》也有类似的记载："至四年，米斗四五钱，外户不闭者数月，马牛被野，人行数千里不赍粮，民物蕃息。"

上述记载，虽不免有些夸大其词，但农业生产在贞观年间的确得到了恢复和发展，应是不容否认的事实。

---

① 《贞观政要·政体》。

四　任贤纳谏新风

（一）"致安之本，惟在得人"

唐太宗在他的青年时代，便以善于笼络人才而著称。晋阳起兵的前前后后，李世民与刘文静、裴寂等人结为密友，共赞起兵大事。攻取长安与李渊称帝后，李世民又依靠房玄龄、杜如晦、长孙无忌、程知节、尉迟敬德、秦叔宝、段志宏等一大批文武贤才，在统一天下的战争中接连取得胜利；又在玄武门事件中杀死建成、元吉，登上了皇帝的宝座。早在武德四年（621 年），李世民擒窦建德、王世充，凯旋回京，被授为天策上将后，便开文学馆，置十八学士。这一事实表明，此时的秦王李世民虽然既非皇帝，也不是太子，但事实上却把以文治国引以为自己的"大任"。不然他开文学馆、网罗天下人才，意欲何为？

李世民深知他是受益于秦王府中智囊团的出谋划策和敬德等一班武将的赫赫武功，才当上了皇帝。即位后，他理所当然地把网罗天下人才作为安定天下、治理国家的前提条件。李世民于武德九年（626 年）八月即皇帝位，九月设置弘文馆，表明他对于为政得人是何等重视。

据《贞观政要·择官》记载，贞观元年（627 年），唐太宗对房玄龄等人说："致理之本，惟在于审，量才授职，务省官员。故《书》称'任官惟贤才'，又云'官不必备，惟其人'。"

同年，唐太宗对右仆射封德彝说："致安之本，惟在得人。比来命卿举贤，未尝有所推荐。天下事重，卿宜分朕忧劳。卿既不言，朕将安寄？"①

"臣愚，岂敢不尽情，但今未见有奇才异能。"②封德彝答对说。

"前代明王，使人如器，皆取士于当时，不借才于异代，岂得待梦傅说、逢吕尚，然后为政乎？且何代无贤，但患遗而不知耳。"③

唐太宗把"得人"视为"致安之本"，批驳了宰相封德彝不荐举人才的谬论，

---

①②③《贞观政要·择官》。

"德彝惭赧而退"。唐太宗对宰相房玄龄、封德彝有关求贤的指示，表达了其建国之初对人才问题的重视和思贤如渴的急切心情。

贞观二年（628年），唐太宗对房玄龄、杜如晦说："公为仆射，当助朕忧劳，广开耳目，求访贤哲。"①

也是在这年，唐太宗对侍臣说："朕居深宫之中，视听不能及远，所委者惟都督、刺史，此辈实理乱所系，尤须得人。"②这里唐太宗把"得人"视为关系国家"理"与"乱"的关键所在，他所说的"得人"，既指朝廷中的三公九卿等宰相、大臣，也包括地方上的都督、刺史。

贞观三年（629年），唐太宗对房玄龄、杜如晦说："公为仆射，当广求贤人，随才授任，此宰相之职也。"③

唐太宗把"得人"视为"致安之本"，其目的在于借此安定天下、益于百姓。正如贞观元年（627年）他对兵部员外郎杜正伦说："朕今令举行能之人，非朕独私于行能者，以其能益于百姓也。朕于宗亲及以勋旧无行能者，终不任之。以卿忠直，朕今举卿，卿宜勉称所举。"④

魏征对于唐太宗初年的"求贤如渴"，亦给予了充分的肯定："贞观之初，求贤如渴，善人所举，信而任之。"⑤唐太宗在位期间，对选任贤才问题一直十分重视。直到贞观十三年（639年），他还在对侍臣说："能安天下者，惟在用得贤才。公等既不知贤，朕又不可偏识，日复一日，无得人之理。"⑥

唐太宗的求贤若渴、网罗天下贤才以致天下太平，还表现在贞观年间，他先后五次下达求贤诏书。据《全唐文》所载，有《荐举贤能诏》（卷五）、《令河北、淮南诸州举人诏》《求访贤良限来年二月集泰山诏》（卷六）、《令州县举孝廉茂才诏》（卷七）、《令天下诸州举人手诏》（卷八）。这些诏书反映了唐太宗对任贤致治的认识和重视，既表达了他求贤如渴的急切心情，亦是他为招致天下贤才、致天下太平的措施之一。唐太宗对治书侍御史权万纪说："与其多得数百万缗，何如得一贤才！"⑦在《帝范·求贤》中，唐太宗说："黄金累千，岂如多士之隆，一贤之重。"又说："夫国之匡辅，必待忠良；任使得人，天下自治。"

---

① ② ⑥《贞观政要·择官》。

③《资治通鉴》卷一九三。

④《旧唐书》卷七十。

⑤《贞观政要·慎终》。

⑦《资治通鉴》卷一九四。

（二）"惟求其才"，"才行俱兼"

贞观六年（632年），唐太宗对魏征谈到"为官择人，不可造次即用""用人弥须慎择"时，魏征曾回答说："乱代惟求其才，不顾其行；太平之时，必须才行俱兼，始可任用。"①魏征的这段话，亦表述了唐太宗选任贤才原则的前后两个阶段。

从晋阳起兵到平定天下的岁月，即是魏征所说的"乱代"。这一期间，唐太宗为网罗文武人才，凡有所长可为己所用者，他不问其出身尊卑，也不顾是否出于敌对营垒，都重用不疑、委以重任。至于这些被任用者的德行如何，他也并未更多地过问。

为坚持"惟才是与"的用人原则，唐太宗主张要"舍短取长"。贞观元年（627年），唐太宗对封德彝说："君子用人如器，各取所长。"②直到贞观二十一年（647年），唐太宗在翠微殿仍对他的侍臣说："人之行能，不能兼备，朕常弃其所短，取其所长。"③正如他在《金镜》一书中所总结的那样，用人必须"舍短取长，然后为美"。唐太宗认为，正如一种器物不能兼备各种用途一样，用人也只能是用其所长，不能求全责备。

唐太宗的"舍短取长"用人原则，其实质即是尽量发挥他所任用的人才的长处，如房玄龄的能谋，杜如晦的善断，魏征、戴胄等人的耿直与敢于谏诤，如此等等。贞观年间的大臣与地方刺史，大多是个性鲜明、每人皆有长处与特点的人物，各有自己的政绩。

为贯彻"惟才是与""舍短取长"的原则，唐太宗用人不论人才的出身。除出身于世族地主的长孙无忌、高士廉、杜如晦外，他尤其注重从庶族地主中发现人才，如房玄龄、魏征、王珪、侯君集、韦挺、马周、张亮等人，无不为贞观之治做出了重要的贡献。

在从官员中选拔人才的同时，唐太宗又注意从民间选拔人才。贞观三年（629年）四月，他在《赐孝义高年粟帛诏》中说："白屋之内，闾阎之人，但有文武材能，灼然可取；或言行忠谨，堪理时务……亦录名状与官人同申。"④例如清河茌平人马周，"少孤贫好学，尤精《诗》《传》，落拓不为州里所敬"⑤。后来，马周

---

① 《贞观政要·择官》。
② 《资治通鉴》卷一九二。
③ 《资治通鉴》卷一九八。
④ 《唐大诏令集》卷八〇。
⑤ 《旧唐书·马周传》。

"至京师，舍于中郎将常何之家"。①贞观三年（629年），太宗令百僚上书言得失，常何请马周代笔"陈便宜二十余事"②，上奏后，论事皆合太宗旨意。太宗为常何一介武夫竟能写出如此奏章而感到奇怪，向常何询问。常何答对说："此非臣所能，家客马周具草也。每与臣言，未尝不以忠孝为意。"③唐太宗闻言后，当日便召见马周，催促再三。召见后，"与语甚悦，令直门下省。六年，授监察御史，奉使称旨"。④唐太宗发现并重用马周的事迹表明，他是留意于从布衣中间发现和选拔人才的。唐太宗所发布的《令州县举孝廉茂才诏》等几道求贤诏书，即是他为从民间选录人才而采取的措施。

唐太宗任用选拔官员，并不局限于心腹故旧，而是新故并用，"弃怨用才"。魏征原于太子建成府中任太子洗马，玄武门事件后却受到太宗的信任与重用，是个最为典型的事例。贞观初年，房玄龄上奏说，原秦王府中的一些故旧并未委任官职，而齐王府中却有人先被录用，因此颇有怨言。唐太宗晓喻说："今所以择贤才者，盖为求安百姓也。用人但问堪否，岂以新故异情……才若不堪，亦岂以旧人而先用？今不论其能不能，而直言其嗟怨，岂是至公之道耶？"⑤

为贯彻"惟才是与"的用人原则，唐太宗确实做到了古人所说的"内举不避亲，外举不避仇"。他重用布衣出身的马周，委昔日仇人魏征以重任，已如上述。对于亲戚，唐太宗亦坚持"惟才是与"的原则，不避嫌疑，不为闲言碎语所动。例如，长孙皇后的哥哥长孙无忌，身为国舅，"该博文史，性通悟，有筹略""常从太宗征讨"⑥，在玄武门事件中亦有功劳，贞观元年（627年）被拜为尚书右仆射。贞观七年（633年），唐太宗册拜长孙无忌为司空，无忌再三辞谢，他坚持说："臣忝预外戚，恐天下谓陛下为私。"⑦唐太宗不予允许，说道："吾为官择人，惟才是与。苟或不才，虽亲不用，襄邑王神符是也。如其有才，虽仇不弃，魏征等是也。今日之举，非私亲也。"⑧

唐太宗的内举不避亲，表明他确实是在实践中坚持了"惟才是与"的用人原则。

正如魏征所说的那样，在晋阳起兵、夺取并平定天下的岁月里，唐太宗的用人原则是"惟求其才"；而平定天下后，为使天下太平，他所强调的用人原则，则是"才行俱兼"。

---

①②③④《旧唐书·马周传》。
⑤《贞观政要·公平》。
⑥《旧唐书·长孙无忌传》。
⑦⑧《资治通鉴》卷一九四。

贞观三年（629年），唐太宗对吏部尚书杜如晦说：

"比见吏部择人，惟取其言词刀笔，不悉其景行。数年之后，恶迹始彰，虽加刑戮，而百姓已受其弊，如何可获善人？"①

"两汉取人，皆行著乡闾，州郡贡之，然后入用，故当时号为多士。今每年选集，向数千人，厚貌饰词，不可知悉，选司但配其阶品而已，铨简之理，实所未精，所以不能得才。"②杜如晦答对说。

君臣的上述对话表明，唐太宗指出吏部选官只重言词刀笔而不了解其品德操行作法的弊病，责令吏部尚书提出解决办法来。杜如晦主张按汉代从乡闾州郡选官、重其品德操行的办法从地方选拔官吏。唐太宗认为杜如晦的意见可取。由于当时他正在考虑分封功臣，因此未能立即按汉代的办法从地方上"辟召"官员。

贞观六年（632年），唐太宗对魏征说："为官择人，不可造次。用一君子，则君子皆至；用一小人，则小人竞进矣。③"

魏征答曰："然。天下未定，则专取其才，不考其行；丧乱既平，则非才行兼备不可用也。"④魏征的答对，是对唐太宗用人原则的升华。贞观以来，唐太宗在用人问题上确实坚持了"才行俱兼"的"用人弥须慎择"原则。直到贞观二十一年（647年），唐太宗在长安翠微殿提拔司农卿李纬为户部尚书。当时，宰相房玄龄留守京师，时逢宰相府有人前来翠微宫，太宗向来人问道："授李纬户部尚书，玄龄何言？"来人答对说："玄龄闻李纬拜尚书，但云李纬美髭鬓。"⑤太宗从房玄龄的话语中，得知李纬的"才行"不足以担任尚书一职，立即改派李纬为洛州刺史。

为坚持选才的德行标准，唐太宗在贞观十一年（637年）的《求访贤良限来年二月集泰山诏》中强调说："或识达公方，学综今古，廉洁正直，可以经国佐时；或孝悌淳笃，节义昭显，始终不移，可以敦风励俗；或儒术通明，学堪师范；或文章秀异，才足著述。并宜荐举，具以名闻。"⑥这道求贤诏书谈到，被荐举的人必须才行俱兼，并强调应具有"廉洁正直""孝悌淳笃""节义昭显"等"可以敦风励俗"的德行。为此，唐太宗令有关部门制定"考课之法"，用"四善""二十七最"来考核官员，作为官员升降、任免的依据。所谓"四善"，是指"一曰德义有闻，

---

① ②《贞观政要·择官》。
③ ④《资治通鉴》卷一九四。
⑤《资治通鉴》卷一九八。
⑥《全唐文》卷六。

二曰清慎明著，三曰公平可称，四曰恪勤匪懈"。所谓"二十七最"，是指国家政权机构官员办事称职的准则。可见，"考课之法"所坚持的亦是"才行俱兼"的原则。

唐太宗采纳侍御史马周的建议，重视对地方上刺史官员的选择和考核。贞观二年（628年），他对侍臣说："朕每夜恒思百姓间事，或至夜半不寐，惟恐都督、刺史堪养百姓以否，故于屏风上录其姓名，坐卧恒看，在官如有善事，亦具列于名下。"①

为恪守"才行俱兼"原则，唐太宗始终不重用许敬宗。许敬宗善于文章，武德年间"召补秦府学士"②。然而，许敬宗"垂三十年，位不过列曹尹，而马周、刘洎起羁旅徒步，六七年间，皆登宰执。考其行实，则高阳（许敬宗的祖先为高阳人）之文学宏奥，周、洎无以过之，然而太宗任遇相殊者，良以高阳才优而行薄故也"。③观许敬宗本传，他确实是一个才优而德行有亏的官员，因而终生没有受到太宗的重用，尽管太宗东征高句丽，他于驻跸山大捷时，"立于马前受旨草诏书，词彩甚丽，深见嗟赏"。④

（三）知人善任，人才辈出

唐太宗坚持"才行俱兼"的用人原则，对他所委任的官员了如指掌。他不仅明于知人、用其所长，而且善于任用人才，对他所任用的人才予以充分的信任，从不听信谗言；又善于分任以事、委任责成，从不束缚官员的手脚；对于开国功臣，他总是尽力予以保全。这一切，使得臣下们感激主上的知遇之恩，无不效死图报、忠于职守，各自在自己的岗位上鞠躬尽瘁，为贞观之治做出了自己的贡献。

唐太宗吸取隋炀帝用人多疑的教训，主张用人不疑。贞观五年（631年），他对侍臣说："既义均一体，宜协力同心，事有不安，可极言无隐。傥君臣相疑，不能备尽肝膈，实为国之大害也。"⑤早在武德年间，刘武周部下的大将尉迟敬德兵败后向李世民投降。不久，敬德的部将叛逃，"诸将疑敬德必叛，囚于军中"。屈突通、殷开山劝李世民杀敬德免除后患，李世民却下令释放敬德，"引入卧内，赐以金宝"，并说"寡人终不听谗言以害忠良"⑥后来，敬德果然为李世民屡立奇功，功冠诸将。

---

① 《贞观政要·择官》。
②③④ 《旧唐书·许敬宗传》。
⑤ 《贞观政要·政体》。
⑥ 《旧唐书·尉迟敬德传》。

唐太宗对臣下的信任不疑，还体现在他从不听信小人陷害忠良的谗言，对以谗言诽谤、诬陷他人者"以谗人之罪罪之"。①太宗对谗佞之徒，深恶痛绝。贞观初年，他对侍臣说："朕观前代谗佞之徒，皆国之蟊贼也。"②又说："古人云'世乱则谗胜'，诚非妄言。朕每防微杜渐，用绝谗构之端，犹恐心力所不至，或不能觉悟。前史云：'猛兽处山林，藜藿为之不采；直臣立朝廷，奸邪为之寝谋。'此实朕所望于群公也。"③历史事实表明，唐太宗确实履行了他向群臣们所宣示的这一原则。

贞观二年（628年），监察御史陈师合上《拔士论》，言"人之思虑有限，一人不可总知数职"，实际是对房玄龄、杜如晦职权过重提出非难。为此，唐太宗对尚书左丞戴胄说：

> "朕以至公理天下，今任玄龄、如晦，非为勋旧，以其有才行也。此人妄事毁谤，止欲离间我君臣……朕今任如晦等，亦复如法。"④

于是，唐太宗便将陈师合流放于岭外。

贞观年间，魏征任秘书监，有人上告魏征谋反。唐太宗以他对魏征的了解，不予相信，说道："魏征昔吾之仇，只以忠于所事，吾遂拔而用之，何乃妄生谗构！"⑤对于这一诬告，唐太宗根本不予查问审理，而是按照诬告反坐的法律，将诬告者处以死刑。

由于唐太宗对于进谗言、诬告他人的奸佞依法严惩，因此贞观年间的谗害忠良只能是个别事件，未能形成风气。

唐太宗采纳张玄素的建议："谨择群臣而分任以事，高拱穆清而考其成败，以施刑赏，何忧不治。"⑥即是说，君主对官员履行公务不要干预，只是督察是否称职即可，以免官员无所适从，不能发挥其自主性和积极性。

贞观四年（630年）七月初一日，唐太宗与房玄龄、萧瑀评论隋文帝，房、萧以隋文帝为"励精之主"。而唐太宗却认为隋文帝"性至察而心不明……谓群下不可信任，事皆自决，虽劳神苦形，未能尽合于理……朕意不然，以天下之广，岂可独断一人之虑？朕方选天下之才，为天下之务，委任责成，各尽其用，庶几于理也"。⑦因而诏令有司："诏敕不便于时，即宜执奏，不得顺旨施行。"⑧唐太宗的

---

① ② ③ ④ ⑤ 《贞观政要·杜谗邪》。
⑥ 《资治通鉴》卷一九二。
⑦ ⑧ 《旧唐书·太宗本纪》。

"委任责成"，确实有助于各级官员的"各尽其用"，可以收到庶几使国家达到治理的效果。

保全功臣是唐太宗用人路线的重要内容。这些开国功臣，特别是其中的一大批武将，在天下平定、偃武修文的新的历史时期，已很少有机会像昔日那样驰骋战场、为国立功；以文治国，对于他们之中的大多数人来说，并不是他们的特长，难以尽在朝廷上委以要职。因此这些昔日有功于国的武将，有些人居功自傲，时有怨言，是难以避免的。唐太宗吸取历史上的教训，既坚持"才行兼备"的用人路线，又尽力保全功臣，实现了二者的统一。在对待尉迟敬德的态度上，体现了唐太宗对开国功臣的良苦用心。

开国功臣尉迟敬德于贞观元年（627年）赐爵吴国公，拜右武侯大将军。他以功高自负，经常与长孙无忌、房玄龄、杜如晦等人"面折廷辩，由是与执政不平"。贞观三年（629年），敬德出任襄州都督。贞观八年（634年），累迁同州刺史。一次，唐太宗在庆善宫设宴，有人坐在敬德的上首，敬德怒道："汝有何功，合坐我上？"[1]坐在敬德以下的任城王李道宗对其进行劝解，敬德反而勃然大怒，大打出手，致使道宗眼睛被击伤，太宗所赐酒宴不欢而罢。客人走后，唐太宗对敬德说：

> "朕览汉史，见高祖功臣获全者少，意常尤之。及居大位以来，常欲保全功臣，令子孙无绝。然卿居官辄犯宪法，方知韩、彭夷戮，非汉祖之愆。国家大事，唯赏与罚，非分之恩，不可数行，勉自修饬，无贻后悔也。"[2]

尉迟敬德不仅是开国功臣，而且在战场上对唐太宗屡有救命之恩，多有保驾之功，太宗没有因此而处罚敬德，而是开诚布公、语重心长地对敬德进行劝诫。可见，唐太宗的保全功臣，并非一味姑息，而是以劝诫为主。敬德也因此深受感动，此后不再居功自傲、举止放肆。敬德都已如此，其他功臣也自行收敛。

另外，太宗还实行了门荫（亦称恩荫）制度，为贵族子弟担任高级官职提供特权。这种因父祖官位而得官的门荫制度，其内容是三品以上官员可荫及曾孙，五品以上官员荫及孙，被荫之孙品阶降荫子一等。门荫制度与科举制度并举，调整了统治阶级内部各个阶层的权力地位和矛盾，而科举制度的完备化，则为庶族地主、中下层知识分子参与政权提供了途径。

---

①②《旧唐书·尉迟敬德传》。

（四）广开言路，鼓励直谏

唐太宗任用贤才的目的，是辅佐他治理天下，同时也为广泛听取臣下对国君的意见，以确保治国路线和方针上的正确，为此他不厌其烦地一再鼓励臣下们"正词直谏"，要敢于"犯颜忤旨"。贞观元年（627年），唐太宗对侍臣说："朕虽不明，幸诸君相匡，冀凭直言鲠议，致天下太平。"①这句话道出了唐太宗鼓励臣下"正词直谏"的目的。正是基于上述这种认识和目的，唐太宗的鼓励直谏是自觉的、真诚的，也是感人的。在这个问题上，中国封建时代的任何一位皇帝，都远不能同他相比。唐太宗即位后，曾多次向臣下阐述正言直谏的道理和意义，鼓励臣下们犯颜直谏。

贞观初年，唐太宗对公卿说："人欲自照，必须明镜；主欲知过，必藉忠臣。"②

贞观二年（628年），唐太宗对侍臣说："人君必须忠良辅弼，乃得身安国宁。炀帝岂不以下无忠臣，身不闻过，恶积祸盈，灭亡斯及。若人主所行不当，臣下又无匡谏，苟在阿顺，事皆称美，则君为暗主，臣为谀臣。君暗臣谀，危亡不远。朕今志在君臣上下各尽至公，共相切磋，以成理道。公等各宜务尽忠说，匡救朕恶，终不以直言忤意辄相责怒。"③

贞观五年（631年），唐太宗对房玄龄等人说："恒欲公等尽情极谏，公等亦须受人谏语，岂得以人言不同己意，便即护短不纳。若不能受谏，安能谏人？"④

贞观六年（632年），唐太宗因御史大夫韦挺、中书侍郎杜正伦、秘书少监虞世南、著作郎姚思廉等"上封事"进谏"称旨"。太宗设宴招待他们，在宴会上对韦挺等人说："朕历观自古人臣立忠之事，若值明主便宜尽诚规谏。至如龙逄、比干，不免孥戮，为君不易，为臣极难。朕又闻'龙可扰而驯，然喉下有逆鳞'。卿等遂不避犯触，各进封事，常能如此，朕岂虑宗社之倾败。每思卿等此意，不能暂忘，故设宴为乐。"并赐绢奖励⑤

战国时代的韩非曾经说过："故谏说谈论之士，不可不察爱憎之主而后说焉。夫龙之为虫也，柔可狎而骑也，然其喉下有逆鳞径尺，若人有婴之者，则必杀人。人主亦有逆鳞，说者能无婴人主之逆鳞，则几矣。"⑥韩非的话并非危言耸听，封

---

① 《贞观政要·求谏》。
②③④⑤ 《贞观政要·求谏》。
⑥ （先秦）韩非撰：《韩非子·说难》。

建时代的君主，大多如此。唐太宗为消除臣下的顾虑，而谈到"逆鳞"的事，并赞赏韦挺等人"不避犯触"的精神，意在使臣下们不要从韩非的言论中吸取消极教训，不敢犯颜直谏。

贞观八年（634 年），唐太宗对侍臣说："朕每闲居静坐，则自内省，恒恐上不称天心，下为百姓所怨，但思正人匡谏，欲令耳目外通，下无怨滞。又比见人来奏事者，多有怖慑，言语致失次第。寻常奏事，情犹如此，况欲谏诤必当畏犯逆鳞，所以每有谏者，纵不合朕心，亦不以为忤；若即嗔责，深恐人怀战惧，岂肯更言。"①

贞观十年（636 年），唐太宗对群臣说："朕开直言之路，以利国也，而比来上封事者多讦人细事，自今复有为是者，朕当以谗人罪之。"②

贞观十一年（637 年），唐太宗手诏答魏征说："曾（晋武帝时任太傅）位极台司，名器崇重，当直词正谏，论道佐时，今乃退有后言，进无廷诤，以为明智，不亦谬乎！"③

贞观十五年（641 年），唐太宗以守天下难易问侍臣，侍中魏征答说："甚难。"唐太宗说："任贤能、受谏即可，何谓为难？"魏征答道："观自古帝王，在于忧危之间，则任贤受谏，及至安乐……"④

同年，唐太宗问魏征："比来朝臣都不论事，何也？"魏征回答说："陛下虚心采纳，诚宜有言……"唐太宗说："诚如卿言。朕每思之，臣欲进谏，辄惧死亡之祸，与夫赴鼎镬、冒白刃亦何异哉！故忠贞之臣非不欲竭诚，乃是极难，所以禹拜昌言，岂不谓此也。朕今开怀抱纳谏诤，卿等无劳怖畏，遂不极言。"⑤

贞观十六年（642 年），唐太宗对房玄龄等人说："人君须得匡谏之臣，举其愆过。一日万机，一人听断，虽复忧劳，安能尽善？"⑥

贞观十七年（643 年），唐太宗对褚遂良说："朕所为事，若有不当，或在其渐，或已将终，皆宜进谏。比见前史，或有人臣谏事，遂答云'业已为之'，或道'业已许之'，竟不为停改，此则危亡之祸，可反手而待也。"⑦

唐太宗有关求谏的言论，有以下 10 个要点。

1. 守天下、治国家在于任贤受谏。即所谓"任贤能、受谏诤即可，何谓为难？"

2. 正词直谏，裨益政教。见于唐太宗于贞观六年（632 年）对侍臣所言。

①⑤⑥⑦《贞观政要·求谏》。

②《资治通鉴》卷一九四。

③④《贞观政要·君道》。

3. 求谏的最终目的，在于致天下太平。即所谓"冀凭直言鲠议，致天下太平"。

4. 人主日理万机，过失难免。即所谓"一日万机，一人听断，虽复忧劳，安能尽善"。

5. 人主藉忠臣进谏而知过失。即所谓"人欲自照，必须明镜；主欲知过，必藉忠臣"。

6. 求谏亦有助于人主了解下情。即所谓"但思正人匡谏，令耳目外通，下无怨滞"。

7. 为开直言之路，上封事者不得"讦人细事"，否则"朕当以谗人罪之"。

8. 鼓励犯颜直谏是区分真假纳谏的试金石，这可以从"欲谏诤必当畏犯逆鳞"中得到说明。

9. 纳谏时不得以任何借口而拒绝立即改正，即所谓"业已为之""业已许之""此则危亡之祸"。

10．开怀抱纳谏诤是明君应有的雅量。即所谓"每有谏者，纵不合朕心，朕亦不以为忤；若即嗔责，深恐人怀战惧，岂肯更言""终不以犯颜忤旨，妄有诛责""朕今开怀抱纳谏诤，卿等无劳怖畏，遂不极言"。①

唐太宗鼓励臣下正词直谏，对臣下的上书进谏很是重视。贞观初年，他对司空裴寂说："比有上书奏事，条数甚多，朕总粘之屋壁，出入观省。所以孜孜不倦者，欲尽臣下之情。每一思治，或二更方寝。亦望卿辈用心不倦，以副朕之心也。"②

为鼓励臣下直谏，唐太宗采取奖赏的办法，对直谏者多所赐予，其事例不胜枚举，本章下节将一并谈及。

（五）兼听则明，从谏如流

贞观二年（628年）正月，唐太宗问魏征："人主何为而明，何为而暗？"魏征答对说："兼听则明，偏听则暗……是故人君兼听纳下，则贵臣不得拥蔽，而下情必得上通也。"③唐太宗闻言称"善"。唐太宗为做到兼听则明，他接受臣下的进谏，远远超出了以"豁达大度，从谏如流"而著称的汉高祖刘邦。史书中的大量记载给人这样一种印象：唐太宗治理国家、贞观之治，似乎无不是同他采纳臣下的进谏联系在一起的。这里，仅列举魏征以外的其他十人的十次进谏，以见一斑。

---

①② 《贞观政要·求谏》。
③ 《资治通鉴》卷一九二。

贞观初年，太宗宴请黄门侍郎王珪，言谈间有一美人在旁侍奉，此人本是庐江王李瑗之姬，瑗谋反被处死后没入官府。太宗手指美人对王珪说：

　　"庐江不道，贼杀其夫而纳其室，暴虐之甚，何有不亡者乎？"①

　　"陛下以庐江取之为是邪？为非邪？"②王珪离开座位请问道。

　　"安有杀人而取其妻，卿乃问朕是非何也？"③太宗感到王珪的发问别有用意，便问王珪为什么要问是非。

　　"臣闻于管子曰，齐桓公之郭国，问其父老曰：'郭何故亡？'父老曰：'以其善善而恶恶也。'桓公曰：'若子之言，乃贤君也，何至于亡？'父老曰：'不然。郭君善善不能用，恶恶而不能去，所以亡。'今陛下知庐江之亡，其姬尚在，臣窃以为圣心是之；陛下若以为非，所谓知恶而不去也。"④

　　太宗闻听王珪谈古说今、婉转进谏，心已知错，十分高兴，称赞王珪讲得在理，便立即把美人遣还给她的亲族。

　　贞观元年（627年），戴胄迁大理少卿。吏部尚书长孙无忌被太宗召见时，未解佩刀而入东上阁，尚书右仆射封德彝认为监门校尉没有发觉，罪当处死；无忌误将佩刀带入，罚铜20斤。太宗听从了封德彝的议论。戴胄反驳说："校尉不觉与无忌带入，同为误耳。臣子之于尊极，不得称误，准律云：'供御汤药、饮食、舟船，误不如法者，死。'陛下若录其功，非宪司所决；若当据法，罚铜未为得衷。"⑤

　　"法者，非朕一人之法，乃天下之法也，何得以无忌国之亲戚，便欲阿之？"⑥唐太宗表态后，令重新议定二人之罪，封德彝仍是坚持当初的议论，太宗将要听从德彝的议定，戴胄又说：

　　"校尉缘无忌以致死，于法当轻。若论其误，则为情一也。而生死顿殊，敢以固请。"⑦

　　戴胄依据法律在宰相、皇帝面前力争，受到太宗的嘉赏，终于免去监门校尉的死罪。

　　同一年，孙伏伽转任大理少卿，因唐太宗经常骑马射猎，伏伽上书进谏："臣又闻天子之居也，则禁卫九重；其动也，则出警入跸。此非极尊其居处，乃为社稷生灵之大计耳。故古人云：'一人有庆，兆人赖之。'臣窃闻陛下犹自走马射帖，娱悦近臣，此乃无禁乘危，窃为陛下有所不取也……陛下虽欲自轻，其奈社稷天下

---

①②③④《贞观政要·纳谏》。
⑤⑥⑦《旧唐书·戴胄传》。

108

何！如臣愚见，窃谓不可。"①孙伏伽的这道上书进谏，"太宗览之大悦"。②

贞观元年（627年），李大亮转任交州都督。不久，拜太府卿，出任凉州都督，"以惠政闻"。有来自京城的使者到达凉州，见这里出产名鹰，便暗示大亮献给皇上。为此，大亮向太宗进密表请示说：

"陛下久绝畋猎，而使者求鹰。若是陛下之意，深乖昔旨；如其自擅，便是使非其人。"③

太宗见大亮直谏，甚为欣慰，立即下书给大亮，以寄深情。书曰：

"以卿兼资文武，志怀贞确，故委藩牧，当兹重寄。比在州镇，声绩远彰，念此忠勤，无忘寤寐。使遣献鹰，遂不曲顺，论今引古，远献直言。披露腹心，非常恳到，览用嘉叹，不能便已。有臣若此，朕复何忧！宜守此诚，终始若一。古人称一言之重，侔于千金，卿之此言，深足贵矣。今赐卿胡瓶一枚，虽无千镒之重，是朕自用之物。"④

同时，太宗又赐给大亮一部荀悦所撰的《汉纪》，亦下书以寄深情。从唐太宗给李大亮的下书中，可见太宗对向他进谏的贤臣竟怀有何等深厚的感情。

贞观四年（630年），唐太宗下诏发卒修洛阳宫乾阳殿，以备巡幸。给事中张玄素上书劝谏，在上书中引秦始皇、隋炀帝大修宫室为鉴戒。唐太宗看过上书后，对张玄素说："卿谓我不如炀帝，何如桀、纣？"⑤张玄素则如此回应：

"若此殿卒兴，所谓同归于乱。且陛下初平东都，太上皇敕大殿高门并宜焚毁，陛下以瓦木可用，不宜焚灼，请赐与贫人。事虽不行，然天下翕然，讴歌至德。今若遵旧制，即是隋役复兴。五六年间，趋舍顿异，何以昭示子孙，光敷四海？"⑥

唐太宗看过上书，感叹地说："我不思量，遂至于此。"⑦同时，太宗又对宰相房玄龄说："今玄素上表，实亦可依，后必事理须行，露坐亦复何苦，所有作役，宜即停之。然以卑干尊，古来不易，非其忠直，安能若此？可赐彩二百匹。"⑧侍中魏征闻知此事，感叹地说："张公论事，遂有回天之力，可谓仁人之言，其利博哉！"⑨

早在太宗即位之始，便以官吏多有接受贿赂为患，秘密派左右试探着行贿，果然有一司门令史接受一匹绢的贿赂，太宗想要处死这个司门令史。民部尚书裴矩谏

---

① ② 《旧唐书·孙伏伽传》。
③ ④ 《旧唐书·李大亮传》。
⑤ ⑥ ⑦ ⑧ ⑨ 《旧唐书·张玄素传》。

曰："为吏受赂，罪诚当死，但陛下使人遗之而受，乃陷人于法也，恐非所谓'道之以德，齐之以礼'。"①太宗闻谏高兴地召集五品以上官员，对他们说："裴矩能当官力争，不为面从，倘每事皆然，何忧不治！"②

贞观初年，唐太宗在谈到他的臣下时，往往说某某山东人、某某关东人，言下之意，关陇集团出身的人与山东籍人毕竟有不同。当时，殿中侍御史张行成正在侍宴，认为皇上这种说法不利于笼络山东籍官员共同建设国家，便当场跪下进奏说："臣闻天子以四海为家，不当以东西为限；若如是，则示人以益陋。"③唐太宗闻听后，立即意识到自己出言不慎，觉得张行成讲得很对，便赐给行成名马一匹，钱十万，衣一袭。"自是每有大政，常预议焉。累迁给事中"。④

唐太宗曾临轩对侍臣说："朕所以不能恣情欲，取乐当年，而励节苦心，卑宫菲食者，正为苍生耳。我为人主，兼行将相之事，岂不是夺公等名？昔高祖得萧、曹、韩、彭，天下宁宴；舜、禹、汤、武有稷、契、伊、吕，四海乂安。此事朕并兼之。"⑤

唐太宗即位后勤于政务，确实在某种程度上"兼行将相之事"，与汉高祖委军政于萧、曹、韩、彭确实有所不同。然而，太宗以此为得意，不可能没有负面作用，张行成"退而上书谏曰"：

"有隋失道，天下沸腾，陛下拨乱反正，拯生人于涂炭，何周、汉君臣所能拟？陛下圣德含光，规模弘远，虽文武之烈实兼将相，何用临朝对众与其较量，以万乘至尊，共臣下争功哉？臣闻'天何言哉，四时行焉'；又闻'汝惟不矜，天下莫与汝争能'。臣备员枢近，非敢知献替之事，辄陈狂直，伏待菹醢。"⑥

唐太宗"深纳之"，行成转任刑部侍郎、太子少詹事。贞观二十三年（649年），迁侍中，兼刑部尚书。

贞观十七年（643年），散骑常侍刘洎见唐太宗每每与公卿辩论古人治国之道，"善持论""必诘难往复"，认为如此不妥，便上书进谏说："帝王之与凡庶，圣哲之与庸愚，上下相悬，拟伦斯绝。是知以至愚而对至圣，以极卑而对至尊，徒思自强，不可得也。陛下降恩旨，假慈颜，凝旒以听其言，虚襟以纳其说，犹恐群下未敢对扬。况动神机，纵天辩，饰辞以折其理，援古以排其议，欲令凡庶何阶应答……窃以今日升平，皆陛下力行所至，欲其长久，匪由辩博……至如秦政强辩，失人心于自矜；魏文宏才，亏众望于虚说，此才辩之累，较然可知矣。伏愿略

①②《资治通鉴》卷一九二。
③④⑤⑥《旧唐书·张行成传》。

兹雄辩，浩然养气，简彼缃图，淡焉自怡，固万寿于南岳，齐百姓于东户，则天下幸甚，皇恩斯毕。"[1]

刘洎劝谏太宗应少与臣下"雄辩"，句句在理，唐太宗表示虚心接受，降手诏回答说：

"非虑无以临下，非言无以述虑。比有谈论，遂致烦多。轻物骄人，恐由兹道。形神心气，非此为劳。今闻谠言，虚怀以改。"[2]

贞观年间，中书侍郎、加散骑常侍、行太子左庶子于志宁，对太宗多所进谏。当时正在议论立皇祖庙，多数主张立七庙，以凉武昭王为始祖，房玄龄等人皆以为然。独有于志宁建议以为武昭远祖，非王业所因，不可为始祖。太宗又以功臣为代袭刺史，"志宁以今古事殊，恐非久安之道，上疏争之"。[3]于志宁的这些建议，都被唐太宗所采纳。

贞观十七年（643年），唐太宗问褚遂良："舜造漆器，禹雕其俎，当时谏舜、禹者十余人。食器之间，苦谏何也？"褚遂良回答说："雕琢害农事，纂组伤女工。首创奢淫，危亡之渐。漆器不已，必金为之；金器不已，必玉为之。所以诤臣必谏其渐，及其满盈，无所复谏。"太宗认为遂良讲得很对，因而说道："夫为人君，不忧万姓而事奢淫，危亡之机可反掌而待也。"[4]

贞观年间，唐太宗任贤纳谏，臣下们正词直言，其事例不胜枚举。其中，最敢于犯颜直谏，对唐太宗制定政策、治理国家影响最大的，莫过于魏征。因此魏征死时，唐太宗悲痛地说："魏征没，朕亡一镜矣！"[5]有关魏征犯颜直谏的诸多生动事例，这里不再逐一列举。

（六）健全封驳，尊重谏官。

唐太宗为使广泛听取臣下进谏有制度上的保证，健全了封驳制度。在中书省和门下省之间的关系上，中书省制敕诏命草成后，由中书侍郎、中书令审查，然后交门下省（给事中、黄门侍郎）封驳，议论其得失，然后由宰相做出决断，决断交皇帝裁决，裁决后交付尚书省执行。然而这一制度上的规定，往往不被有关部门及其

---

①②《旧唐书·刘洎传》。
③《旧唐书·于志宁传》。
④《旧唐书·褚遂良传》。
⑤《旧唐书·魏征传》。

官员认真地付诸执行。贞观三年（629年），唐太宗对一些大臣"阿旨顺情，唯唯苟过，遂无一言谏诤"①的状况甚为不满，再次强调"中书、门下，机要之司。擢才而居，委任实重。诏敕如有不稳便，皆须执论。比来惟觉阿旨顺情，唯唯苟过，遂无一言谏诤者，岂是道理？若惟署诏敕行文书而已，人谁不堪，何烦简择，以相委付？自今诏敕疑有不稳便，必须执言，无得妄有畏惧，知而寝默"。②

在健全封驳制度的同时，唐太宗又重视发挥谏官的作用，注意谏官的选择。玄武门事变后，李世民当即起用原东宫府中的王珪、韦挺、魏征为谏议大夫。规定"中书、门下三品以上入阁议事，皆命谏官随之，有失辄谏"。③唐初的谏官包括左右散骑常侍4人（掌规讽过失，侍从顾问），左右谏议大夫8人（掌谏谕得失，侍从赞相），左右补阙12人（掌供奉讽谏，大事廷议，小事上封事），左右拾遗12人（掌同补阙）。例如王珪、魏征，均由谏议大夫最后被提拔担任侍中职务，掌管对中书省起草的诏令进行议论封驳。贞观后期崭露头角的褚遂良，亦是最初任谏议大夫，经黄门侍郎而最终被任命为中书令，负责掌管诏令的起草，是继魏征、王珪之后又一位以直谏著名又握有重要权力的大臣。

在鼓励臣下直谏的政策下，有人在进谏时难免有夸大其词的地方。贞观八年（634年），中牟县县丞皇甫德参在上书中说："修洛阳宫，劳人；收地租，厚敛；俗好高髻，盖宫中所化。"④太宗阅后大怒，对房玄龄等人说："德参欲国家不役一人，不收斗租，宫人皆无发，乃可其意邪！"⑤想要对皇甫德参以"谤讪"论罪。魏征闻知后，进谏说："贾谊当汉文帝时上书，云'可为痛哭者一，可为流涕者二'，自古上书不激切，不能动人主之心，所谓狂夫之言，圣人择焉，唯陛下裁察。"太宗闻谏后，也意识到："朕罪斯人，则谁敢复言！"⑥于是，赐绢20匹。至于乘广开言路之机诬陷他人者，如本书前引陈师合诬陷杜如晦，结果被流放到岭外；有人诬告魏征谋反，结果诬告者依照诬告反坐法律被处以死刑。可见，唐太宗鼓励直谏的同时，也注意划清言词"激切"与有意"讪谤"的界限；对于诬陷他人以及以直谏为名"讦人细事"，则依法论罪。这一切，都是为广开言路，以利于国。

唐太宗鼓励臣下犯颜直谏，然而当臣下犯颜直谏时，太宗有时却认为臣下的直谏有损于他在群臣面前的形象。其中最令他有时大为恼怒的，当然是经常犯颜直谏

---

①②《贞观政要·政体》。
③《资治通鉴》卷一九二。
④⑤⑥《资治通鉴》卷一九四。

的魏征。此外，其他官员因直谏而引起唐太宗恼怒的事例，亦不在少数。在这种场合，往往需要由魏征等敢于直谏的大臣提醒他遵守自己所宣示过的原则。唐太宗毕竟是封建时代的帝王，他有时表现出的"纳谏有难"，是可以理解的。唐太宗在纳谏问题上所做到的一切，对于封建帝王来说，已是难能可贵了。

（七）贞观人才之盛

唐太宗的任贤纳谏，使得贞观年间涌现出一大批具有治国才能的杰出人才。唐太宗正是依靠这批人才，尽心竭力，从而成就了"贞观之治"。贞观十七年（643年），唐太宗命阎立本图画24位功臣相貌于凌烟阁，这24位功臣依次是赵公长孙无忌、赵郡元王李孝恭、莱国公杜如晦、郑文贞公魏征、梁公房玄龄、申公高士廉、鄂公尉迟敬德、卫公李靖、宋公萧瑀、襄忠壮公段志宏、夔公刘弘基、蒋忠公屈突通、郧节公殷开山、谯襄公柴绍、邳襄公长孙顺德、郧公张亮、潞国公侯君集、郯襄公张公谨、卢公程知节、永兴文懿公虞世南、渝襄公刘政会、莒公唐俭、英公李世勣、胡国公秦叔宝等。上述24位功臣中，凡书爵书谥者，其人在画像时已死。胡三省《通鉴注》引程大昌曰："阁中凡设三隔，内一层画功高宰辅，外一层写功高侯王，又外一层次第功臣。此三隔者虽分内外，其所画功臣象貌皆面北。"

凌烟阁24位功臣，皆为开国元勋。除此之外，贞观年间为唐太宗治理国家做出贡献的功臣尚有许多，这里不再一一列举。

唐太宗对他臣下的长短了如指掌。贞观十八年（644年）八月，唐太宗对长孙无忌等人说："长孙无忌善避嫌疑，应物敏速，决断事理，古人不过；而总兵攻战，非其所长。高士廉涉猎古今，心术明达，临难不改节，当官无朋党；所乏者骨鲠规谏耳。唐俭言辞辩捷，善和解人；事朕三十年，遂无言及于献替。杨师道性行纯和，自无愆违；而情实怯懦，缓急不可得力。岑文本性质敦厚，文章华赡；而持论恒据经远，自当不负于物。刘洎性最坚贞，有利益，然其意尚然诺，私于朋友。马周见事敏速，性甚贞正，论量人物，直道而言，朕比任使，多能称意。褚遂良学问稍长，性亦坚正，每写忠诚，亲附于朕，譬如飞鸟依人，人自怜之。"[1]

上述八人除长孙无忌、高士廉、唐俭名列凌烟阁外，杨师道、岑文本、刘洎、马周、褚遂良等人，亦是唐太宗所欣赏和倚重的大臣。所谓贞观之治，显然是同贞观年间的人才济济联系在一起的。

---

[1]《资治通鉴》卷一九七。

五　开疆宇大一统

（一）绥服东突厥

突厥是我国古代北方的一个强大的游牧民族。隋文帝开皇四年（584年），佗钵可汗死，突厥贵族上层集团为争夺可汗的继承权，发生分裂，分裂成东西两个汗国。西突厥占有阿尔泰山以西的地区，东突厥占有阿尔泰山以东的广大地区，首领是继承佗钵可汗的伊利可汗。东突厥至隋炀帝时，其首领始毕可汗使突厥再度强盛起来，而隋王朝此时却因各地农民起义的此起彼伏，处于风雨飘摇之中。中原的战乱，为始毕可汗扩充自己的势力提供了机会：他招集从内地逃来的避难百姓，发兵征服东方的契丹、室韦，西方的吐谷浑、高昌等国亦归属东突厥，此时始毕可汗的骑兵已有百万之众。东突厥凭借着强大的骑兵，对隋朝北部边境地区大肆掠夺，一些割据势力的首领和农民起义的领袖如窦建德、刘黑闼等人，都曾向东突厥借兵；东突厥也借此收取贿赂，扩充势力。李渊在太原起兵时，也曾向始毕可汗纳贡，许诺攻克长安后，金银玉帛归突厥，土地归李渊。始毕可汗因此答应派特勤康鞘利带兵马助李渊攻取关中。

唐建国后，突厥贵族贪得无厌，支持各地的割据势力。薛举、刘武周、梁师都、李轨、高开道、王世充等人，都曾从东突厥那里在兵马方面得到不同的支持，有时东突厥甚至出兵配合上述一些割据势力的军事行动。

武德七年（624年）八月，突厥颉利可汗、突利可汗分率两支军队，"举国入寇"，深入唐朝原州（今宁夏固原），唐高祖派秦王李世民和齐王李元吉率兵抵御。时逢关中久雨不停，粮运阻绝，士卒疲于征役，加之兵备器械顿弊，朝廷官员及军中将士都深为忧虑。两军相遇于幽州，各自勒兵将战。己卯日，颉利可汗率万余名骑兵进至城西，布阵于五陇阪，唐军将士震恐。面对来势汹汹的突厥骑兵，李世民对元吉说：

"今虏骑凭陵，不可示之以怯，当与之一战，汝能与我俱乎？"[1]

"虏形势如此，奈何轻出，万一失利，悔可及乎！"[2]元吉恐惧地回答。

"汝不敢出，吾当独往，汝留此观之。"[3]

---

[1][2][3]《资治通鉴》卷一九一。

李世民说完便率骑兵急驰突厥军阵前，面对突厥军阵高声说道：

"国家与可汗和亲，何为负约，深入我地！我秦王也，可汗能斗，独出与我斗；若以众来，我直以此百骑相当耳。"①

颉利可汗见李世民只率百名骑兵来至阵前，据理而谈，毫无畏惧之色，一时弄不清唐军虚实，恐有伏兵四面合击，"笑而不应"②。见此情景，李世民又派骑兵告诉突利可汗：

"尔往与我盟，有急相救；今乃引兵相攻，何无香火之情也！"③

李世民故意提到香火盟誓，以此引起颉利可汗的疑心；突利可汗又担心颉利可汗对他有所怀疑，也不敢回答李世民。

这时，李世民又率兵进前，将要渡过沟水。颉利可汗见李世民敢于轻兵出击，又闻听他与突利可汗谈及香火盟誓，"疑突利与世民有谋"④，便派人告诉世民停止渡水，对世民说道："王不须度，我无他意，更欲与王申固盟约耳。"⑤

颉利可汗言罢，"引兵稍却"⑥。此后"霖雨益甚"⑦，李世民对部下诸将领说："虏所恃者弓矢耳，今积雨弥时，筋胶俱解，弓不可用，彼如飞鸟之折翼；吾屋居火食，刀槊犀利，以逸制劳，此而不乘，将复何待！"⑧于是，李世民"潜师夜出，冒雨而进，突厥大惊"⑨。世民又乘机向突利可汗晓以利害，突利高兴地表示愿意听命。颉利可汗想要同唐军交战，突利不从。颉利可汗派突利与阿史那思摩（颉利可汗的从叔）来见世民，"请和亲，世民许之"⑩。突利可汗因此"自托于世民，请结为兄弟；世民亦以恩意抚之，与盟而去"⑪。

唐军的实力远不能抵御突厥的骑兵，但由于李世民对形势的正确分析，临敌不惧，指挥得当，又利用和制造了颉利可汗与突利可汗之间的疑虑和矛盾，终于避免一次严重的危机，显示出了李世民卓越的军事胆略和才能。

武德九年（626年）八月甲子日，李世民即天子位。此时，颉利可汗乘玄武门事变后唐王朝政局不稳的时机，亲自率20万骑兵长驱直入，想要袭击长安。八月己卯日，突厥骑兵进至长安东北70里的高陵。八月辛巳日，尉迟敬德与突厥骑兵交战于长安北70里的泾阳，大破敌兵，斩首千余级。八月癸未日，颉利可汗率大军进至渭水便桥北，逼近长安郊外。颉利派心腹执失思力为使者，入长安以观虚实。执失思力对唐太宗说："颉利与突利二可汗将兵百万，今至矣。"⑫太宗谴责道："吾

———————————————

①②③④⑤⑥⑦⑧⑨⑩⑪⑫《资治通鉴》卷一九一。

115

与汝可汗面结和亲，赠遗金帛，前后无算。汝可汗自负盟约，引兵深入，于我无愧！汝虽戎狄，亦有人心，何得全忘大恩，自夸强盛！我今先斩汝矣！"①思力恐惧而请求免死，尚书左右仆射萧瑀、封德彝请以礼遣还思力，太宗说："我今遣还，虏谓我畏之，愈肆凭陵。"②于是，唐太宗将执失思力囚于门下省。

危急关头，唐太宗以其惊人的胆略，出玄武门，与高士廉、房玄龄等六骑径直来到渭水之上，与颉利可汗隔渭水而语，指责颉利违背盟约。颉利见唐太宗与宰相一行六骑来到渭水之上，"责以负约"，大为惊讶，"皆下马罗拜"。一会儿，唐军相继而至，"旌甲蔽野"。"颉利见执失思力不返，而上挺身轻出，军容甚盛，有惧色"。③太宗指挥诸军退却布阵，独自一人留下与颉利可汗对话。萧瑀见太宗如此轻敌，很是危险，因而"叩马固谏"。唐太宗对萧瑀说："吾筹之已熟，非卿所知。突厥所以敢倾国而来、直抵郊甸者，以我国内有难，朕新即位，谓我不能抗御故也。我若示之以弱，闭门拒守，虏必放兵大掠，不可复制。故朕轻骑独出，示若轻之；又震曜军容，使之必战；出虏不意，使之失图。虏入我地既深，必有惧心，故与战则克，与和则固矣。制服突厥，在此一举，卿第观之！"④

果然不出太宗所料。这一天，颉利前来请和，太宗诏令许之。太宗即日还宫。乙酉日，太宗临幸城西，斩白马与颉利盟于便桥之上。盟毕，突厥引兵退还。

突厥退走后，唐太宗在回答萧瑀的疑问时说，唐军本可以乘突厥退军时"覆之如反掌""所以不战者，吾即位日浅，国家未安，百姓未富，且当静以抚之。一与虏战，所损甚多；虏结怨既深，惧而修备，则吾未可以得志矣"。⑤

贞观元年（627年），突厥"会大雪，深数尺，杂畜多死，连年饥馑，民皆冻馁"，⑥萧瑀主张乘机出兵，长孙无忌认为"虏不犯塞而弃信劳民，非王者之师也"。⑦太宗采纳了无忌的意见。贞观二年(628年)，鸿胪卿郑元琦出使突厥而还，以为突厥"民饥畜瘦，此将亡之兆也"。⑧群臣劝太宗乘机进击突厥，太宗说："新与人盟而背之，不信；利人之灾，不仁；乘人之危以取胜，不武……必待有罪，然后讨之。"⑨

贞观三年（629年）八月，代州都督张公谨上言突厥可取，并列举六条有利条件。唐太宗认为时机已经成熟，并以"颉利可汗既请和亲，复援梁师都"⑩为出兵理由，

---

①②③④⑤《资治通鉴》卷一九一。
⑥⑦⑧⑨《资治通鉴》卷一九二。
⑩《资治通鉴》卷一九三。

决定兴师征讨。八月丁亥日，太宗命兵部尚书李靖为行军总管，张公谨为副总管，准备出师。十一月庚申日，唐太宗以并州都督李世勣为通汉道行军总管，兵部尚书李靖为定襄道行军总管，华州刺史柴绍为金河道行军总管，灵州大都督薛万彻为畅武道行军总管，4路大军共10余万人，"皆受世勣节度，分道出击突厥"。[①]

十一月乙丑日，任城王李道宗击突厥于灵州，破之。

十二月戊辰日，突利可汗入朝。

贞观四年（630年）正月，李靖率骁骑三千自马邑进屯恶阳岭，夜袭定襄（今山西祁县南），大破敌军。颉利可汗没有料想到唐军会如此迅速地突然而至，大惊说："唐不倾国而来，靖何敢孤军至此！"[②]颉利的部众"一日数惊"，便把牙帐（统帅部）迁徙到碛口。李世勣出兵云中（今山西大同），与突厥战于白道（今内蒙古自治区呼和浩特北），大破敌军。

二月，颉利兵败后逃窜于铁山（在阴山北），尚有余众数万，派执失思力入朝谢罪，"请举国内附，身自入朝"。[③]太宗派鸿胪卿唐俭等人前往"慰抚"，又诏令李靖将兵迎颉利入朝。李靖与李世勣会合于白道，相与谋划说："颉利虽败，其众犹盛，若走度碛北，保依九姓，道阻且远，追之难及。今诏使至彼，虏必自宽，若选精骑一万，赍二十日粮往袭之，不战可擒矣。"[④]于是，李靖勒兵夜间出发，李世勣后继，大军行至阴山，遇突厥千余帐，全部俘虏随军。颉利可汗不知李靖的行动，见唐使到来后很喜悦，心中自安。李靖派苏定方率二百骑为前锋，乘大雾行军，距颉利牙帐七里时，颉利始发觉，乘千里马逃走。李靖大军到达后，突厥骑兵溃散，唐俭脱身得归，李靖斩首万余级，俘男女十余万，获杂畜数十万。颉利率万余人想要通过碛口，因有李世勣率兵驻守，不得通过。突厥大酋长部率众投降，李世勣虏五万余口而还，阴山以北至大漠皆被唐军控制。

三月，四夷君长都至阙下，请求上唐太宗"天可汗"的尊号。唐太宗说："我为大唐天子，又下行可汗事乎！"[⑤]群臣及四夷君长都高呼万岁。"是后以玺书赐西北君长，皆称天可汗"。[⑥]唐太宗接受了"天可汗"的尊号，此后发往西北各族首领的公文信件，皆称"天可汗"。接着，唐太宗采纳温彦博的建议，"全其部落，顺其土俗""分立酋长，领其部落"[⑦]，西起灵州、东至幽州设置若干个都督府，将其全部置于唐王朝的直接管辖之下。从此，北方及西北地区边境人民得以安宁，

---

①②③④⑤⑥⑦《资治通鉴》卷一九三。

这一地区的农业生产也得以恢复和发展。

（二）扬威薛延陀

北魏时期，薛延陀是回纥（又称敕勒、铁勒）中最为强悍的部落，其祖先为汉代时的匈奴，习俗与突厥相近。隋末唐初，薛延陀与铁勒其他部落曾先后分别依附于东、西突厥。后来，薛延陀的势力逐渐强大起来。贞观初年，依附于颉利可汗的薛延陀首领夷男，乘颉利可汗衰落时发动反叛，自立为汗国。初始，薛延陀与唐王朝并无冲突发生。贞观三年（629年），夷男接受了唐太宗所封的真珠毗伽可汗的封号，双方建立了友好的关系。自东突厥汗国灭亡后，大漠以北空虚，夷男可汗率部进入原东突厥所占有的故土，建牙帐于都尉犍山之北，得到原铁勒各部落及其他各族的支持，室韦、靺鞨等族也归附夷男可汗，薛延陀的势力日益强大，拥有精兵20余万，开始南下骚扰唐王朝北部边境。

唐太宗鉴于薛延陀日渐强盛，担心日后难制，于贞观十二年（638年）九月癸亥日，拜薛延陀真珠可汗"二子皆为小可汗，各赐鼓纛，外示优崇，实分其势"。[①]贞观十三年（639年）七月庚戌日，唐太宗为遏止薛延陀势力南下，诏令右武侯大将军、化州都督、怀化郡王、突厥贵族阿史那思摩（即李思摩）为乙弥泥孰俟利苾可汗，突厥及胡人在诸州安置者，并令渡河，还其旧地，"俾世作藩屏，长保边塞"[②]。唐太宗想以李思摩汗国作为抵御薛延陀汗国的屏障，然而突厥各部都畏惧薛延陀，因此不敢回归故地。为此，唐太宗派司农卿郭嗣本赐给薛延陀玺书。玺书说：

> "颉利既败，其部落咸来归化，我略其旧过，嘉其后善，待其达官皆如吾百寮、部落皆如吾百姓。中国贵尚礼义，不灭人国，前破突厥，止为颉利一人为百姓害，实不贪其土地，利其人畜，恒欲更立可汗，故置所降部落于河南，任其畜牧。今户口蕃滋，吾心甚喜。既许立之，不可失信。秋中将遣突厥度河，复其故国。尔薛延陀受册在前，突厥受册在后，后者为小，前者为大。尔在碛北，突厥在碛南，各守土疆，镇抚部落。其逾分故相抄掠，我则发兵，各问其罪。"[③]

薛延陀奉诏，退至碛北，于是太宗派李思摩率所部渡过黄河，建牙帐于碛南。太宗在齐政殿为李思摩设宴饯行，思摩涕泣，奉觞上寿，发誓"愿万世子孙恒事陛下"[④]。太宗又以阿史那忠为左贤王，左武卫将军阿史那泥熟为右贤王。二人出塞

---

①②③④《资治通鉴》卷一九五。

回归故土，"怀慕中国，见使者必泣涕请入侍，诏许之"。①

贞观十五年（641 年）正月，突厥俟利苾可汗（即李思摩）率部渡河，建牙帐于故定襄城，有户三万、兵四万、马九万匹，上奏太宗说："臣非分蒙恩，为部落之长，愿子子孙孙为国家一犬，守吠北门。若薛延陀侵逼，请徙家属入长城。"②

同年十一月，薛延陀真珠可汗闻知唐太宗将要东去泰山行封禅祭礼，以为有机可乘，对部下说："天子封泰山，士马皆从，边境必虚，我以此时取思摩，如拉朽耳。"③于是，便命令他的儿子大度设发同罗等部族共 20 万兵马，穿过漠南，进击突厥。俟利苾可汗不能抵御，率部落退入长城，驻守朔州（今山西朔县），派使者向朝廷告急。同月癸酉日，太宗命令营州都督张俭率所部骑兵及奚、霫、契丹逼迫薛延陀的东境；命兵部尚书李世勣为朔州道行军总管，率兵六万、骑兵一千二百名，驻扎羽方；命右卫大将军李大亮为灵州道行军总管，将兵四万、骑五千，驻扎灵武（今宁夏灵武西南）；命右屯卫大将军张士贵率一万七千名士兵，为庆州道行军总管，出兵云中；命凉州都督李袭誉为凉州道行军总管，出兵于薛延陀的西境。

各路将领受命后向太宗辞别，太宗告诫他们说："薛延陀负其强盛，蹂漠而南，行数千里，马已疲瘦。凡用兵之道，见利速进，不利速退。薛延陀不能掩思摩不备急击之，思摩入长城，又不速退。吾已敕思摩烧薙秋草，彼粮糒日尽，野无所获。顷侦者来，云其马啮林木枝皮略尽。卿等但与思摩共为犄角，不须速战，俟其将退，一时奋击，破之必矣。"④

同年十二月，李世勣率精锐骑兵大败薛延陀于诺真水，斩首三千余级，俘虏五万余人，大度设脱身逃走。薛延陀部众退至漠北，又遇上大风雪，人畜冻死者十有八九。真珠可汗派使者至长安求和，使者告辞时，太宗对使者说："吾约汝与突厥以大漠为界，有相侵者，我则讨之。汝自恃其强，蹂漠攻突厥。李世勣所将才数千骑耳，汝已狼狈如此！归语可汗：凡举措利害，可善择其宜。"⑤

贞观十六年（642 年）九月，薛延陀真珠可汗派叔父来朝廷向皇室求婚，献马三千匹、貂皮三万八千张、马脑镜一枚。唐太宗起初听从房玄龄的建议，答应了真珠的请求。贞观十七年（643 年），闰六月，真珠可汗派侄儿向朝廷献马五万匹、牛及橐驼万头、羊十万口。契苾何力上言太宗："薛延陀不可与婚。"⑥太宗听从何

① 《资治通鉴》卷一九五。
②③④⑤ 《资治通鉴》卷一九六。
⑥ 《资治通鉴》卷一九七。

力的计策，以真珠可汗亲迎失期不至为理由，"下诏绝其婚姻"①。当时，群臣中很多人都说："国家既许其婚，受其聘币，不可失信戎狄，更生边患。"②为此，唐太宗向群臣阐述了拒绝其婚姻的理由。他说：

> "卿曹皆知古而不知今。昔汉初匈奴强、中国弱，故饰子女，捐金絮以饵之，得事之宜。今中国强、戎狄弱，以我徒兵一千，可击胡骑数万。薛延陀所以匍匐稽颡，惟我所欲，不敢骄慢者，以新为君长，杂姓非其种族，欲假中国之势以威服之耳。彼同罗、仆骨、回纥等十余部，兵各数万，并力攻之，立可破灭，所以不敢发者，畏中国所立故也。今以女妻之，彼自恃大国之婿，杂姓谁敢不服！戎狄人面兽心，一旦微不得意，必反噬为害，今吾绝其婚、杀其礼，杂姓知我弃之，不日将瓜剖之矣，卿曹第志之！"③

唐太宗对形势的分析，无疑是正确的。和亲一事从表面上看，是婚嫁皇室一女以及是否失信于四夷，但背后却与是否有利于遏制薛延陀扩张势力的重大问题相关联，不可不慎重对待。

唐太宗东征高句丽时，派右领军大将军执失思力统领突厥族士兵驻扎夏州之北，以防备薛延陀南侵。贞观十九年（645年），真珠可汗死后，多弥可汗继立，乘太宗东征未还之机，率兵渡河，进入朔方（今陕西靖边县）。太宗派左武侯中郎将田仁会与思力合兵迎击。思力诱敌深入，大败薛延陀，追奔六百余里，耀威于碛北而还。不久，多弥可汗又率兵至塞下，"知有备，不敢进"。④

贞观二十年（646年），唐太宗为消除薛延陀的后患，乘多弥可汗继立后国内不安，于六月诏令以江夏王李道宗、左卫大将军阿史那社尔为瀚海安抚大使，令执失思力、契苾何力、薛万彻、张俭等各率所部兵马，分道并进，攻击薛延陀。薛延陀国中大乱，余众西走，共立真珠可汗兄子咄摩支为伊特勿失可汗，归其故地，去可汗之号，遣使奉表，请居郁都军山（今杭爱山）之北。太宗派李世勣与敕勒九姓酋长共图薛延陀余部咄摩支，并手诏曰："薛延陀破灭，其敕勒诸部，或来降附，或未归服，今不乘机，恐贻后悔，朕当自诣灵州招抚。其去岁征辽东兵，皆不调发。"⑤

李世勣率军至郁都军山，薛延陀咄摩支南逃荒谷，世勣派萧嗣业前往招喻，咄摩支投降，其部落犹豫不定，世勣纵兵追击，前后斩首五千余级，虏男女三万余人。

---

①②③《资治通鉴》卷一九七。
④⑤《资治通鉴》卷一九八。

秋七月，咄摩支至京师，拜右武卫大将军。

回纥、拔野古、同罗、仆骨等 11 姓遣使入贡，请求内附，太宗赐其酋长玺书。贞观二十一年（647 年）正月丙申日，诏令以回纥部为瀚海府，仆骨为金微府，多滥葛为燕然府，拔野古为幽陵府，同罗为龟林府，思结为卢山府，浑为皋兰州，斛薛为高阙州，奚结为鸡鹿州，阿跌为鸡田州，契苾为榆溪州，思结别部为蹛林州，白霫为寘颜州，各以其酋长为都督、刺史。同时允许诸酋长的请求，在回纥以南、突厥以北开辟一条驿道，称"参天可汗道"，设置 68 个驿站，"于是北荒悉平"①。六都督府、七州的设立，标志着唐王朝的统治势力已达到漠北的广大地区，我国北方边境地区因此得到了相对的安定。

（三）平定吐谷浑

吐谷浑原是鲜卑族的一支，西迁至青海一带后，建都于伏俟城（故址在今青海西岸布哈河河口附近），有地方数千里，势力发展得很快。隋末，慕容伏允在位，曾被隋炀帝打败，逃依于党项族，其子慕容顺入为隋朝的人质。隋大业末年，伏允乘中原大乱而收复放弃的故地。伏允的儿子慕容顺，在唐初被李渊遣送回国。

当时，赞普松赞干布在西藏高原所建立的吐蕃王朝，势力强大。因地理位置上的关系，吐谷浑居于唐朝与吐蕃二者之间，因而成为双方争取的对象。在吐谷浑的上层统治集团中，大多倾向于吐蕃，唯慕容顺因曾为质于长安，又是唐王朝把他送回国内，加之伏允立慕容顺的弟弟为太子，因此慕容顺具有亲唐的倾向，显得与众不同。

贞观初年，吐谷浑可汗伏允一方面派使臣入贡，在使臣尚未返还时，又"大掠鄯州（今青海乐都）而去"②。太宗派使臣谴责伏允，征召伏允入朝，他又"称疾不至"。③伏允为儿子尊王求婚，太宗许之，"令其亲迎"④，尊王又不至，并且绝婚。伏允又派兵入寇兰（今甘肃兰州市）、廓（今青海化隆西黄河北岸）二州。伏允年老，听信大臣天柱王之谋屡屡犯边，又拘执唐朝使者赵德楷。太宗多次派使者并亲自向来使"谕以祸福"，但是"伏允终无悛心"⑤。

贞观八年（634 年）六月，太宗派左骁卫大将军段志宏为西海道行军总管、左

---

① 《资治通鉴》卷一九八。
②③④⑤ 《资治通鉴》卷一九四。

骁卫将军樊兴为赤水道行军总管，统率边境士兵及契苾、党项族士兵进击吐谷浑。七月辛丑日，段志宏所统率的将士大败吐谷浑的军队，"追奔八百余里，去青海（指青海湖）三十余里，吐谷浑驱牧马而遁"。①

十一月丁亥日，吐谷浑入寇凉州（今甘肃永昌以东一带）。乙丑日，太宗下诏大举讨伐吐谷浑。在选择统兵大将时，太宗本想以李靖为将，但考虑到他已年老，不想劳他大驾。李靖闻知后，坚决请求前往，太宗大悦。十二月辛丑日，太宗以李靖为西海道行军大总管，统率大军。以兵部尚书侯君集为积石道行军总管、刑部尚书李道宗为鄯善道行军总管、凉州都督李大亮为且末道行军总管、岷州都督李道彦为赤永道行军总管、利州刺史高甑生为盐泽道行军总管，总共六路大军以及突厥、契苾族士兵，分道合击吐谷浑。

贞观九年（635年）闰四月癸酉日，任城王李道宗败吐谷浑于库山。吐谷浑可汗伏允悉烧野草，轻兵入碛，唐军诸将领以为"马无草，疲瘦，未可深入"。②侯君集认为伏允尚有实力，应乘机追击，否则"后必悔之"。③李靖听从侯君集的意见，中分唐军为二道。李靖与薛万均、李大亮由北道出击，侯君集与李道宗由南道出击。李靖先后大败吐谷浑于曼头山、牛心堆、赤水源。侯君集、李道宗引兵行无人之境2000余里，盛夏降霜，其地无水，人饮冰、马啖雪。五月，于乌海追击伏允，大败敌军。薛万均、薛万彻又败天柱王于赤海。在赤水之战中，万均、万彻轻骑先进，被吐谷浑包围，二人均中枪伤、失马步斗，从骑死者十有六七。左领军将军契苾何力率数百骑相救，竭力奋击，所向披靡，万均、万彻因此而免于死难。李大亮败吐谷浑于蜀浑山，执失思力败吐谷浑于居茹川。李靖督率大军向吐谷浑西境穷追，闻知伏允在突伦川，将逃往于阗，契苾何力想要追袭，薛万彻鉴于此前的战败，一再说不可追袭。何力说："虏非有城郭，随水草迁徙，若不因其聚居袭取之，一朝云散，岂得复倾其巢穴邪！"④于是，契苾何力自选骁骑千余，直取突伦川，薛万均引兵从之。碛中缺水，将士杀马饮血食肉，袭破伏允牙帐，斩首数千级，获杂畜20余万头，伏允只身逃走，妻子被俘。侯君集越过星宿川，到达柏海，回师与李靖大军会合。

同年五月，李靖击破吐谷浑汗国，国人穷蹙，怨恨天柱王。慕容顺于是顺应民心，斩天柱王，"举国请降"。⑤伏允率千余骑逃至碛中，十余日，部众稍尽，伏允被左右所杀。吐谷浑国人立慕容顺为可汗。五月壬子日，李靖上奏平定吐谷浑。

---

①②③④⑤《资治通鉴》卷一九四。

乙卯日，诏令吐谷浑复国，以慕容顺为西平郡王、趒故吕乌甘豆可汗。太宗考虑慕容顺尚未能服众，"仍命李大亮将精兵数千为其声援"[1]。

同年十一月，甘豆可汗因"国人不附，竟为其下所杀。子燕王诺曷钵立。诺曷钵幼，大臣争权，国中大乱"。[2]十二月，诏令兵部尚书侯君集将兵救援。

贞观十年（636年）三月丁酉日，诺曷钵派使者至长安，请颁历、行年号、派遣子弟入侍，太宗一并听从。丁未日，以诺曷钵为河源郡王、乌地也拔勤豆可汗。贞观十三年（639年）十二月乙丑日，吐谷浑王诺曷钵入朝，太宗"以宗女为弘化公主，妻之"。[3]贞观十四年（640年），太宗派淮阳王李道明送公主入吐谷浑。不久，吐谷浑丞相宣王反对诺曷钵，发动内乱，唐鄯州刺史杜凤举协助诺曷钵平定内乱。太宗派唐俭前往抚慰，并在吐谷浑培植亲唐政权。

（四）与吐蕃和亲

吐蕃是藏族在西藏高原所建立的王朝，其在唐初已建立了奴隶制国家。赞普松赞干布作为藏族历史上的杰出人物，统一了整个西藏高原，定都于逻些（今拉萨市），为藏族社会历史的发展做出了重大的贡献。吐蕃的祖先是羌族，居于今青海省，与汉族早就有密切的往来。松赞干布与唐太宗彼此早就相互有所了解。当松赞干布统一西藏、局面基本上安定下来后，于贞观八年（634年）派使者入贡唐朝，求与唐宗室女结为婚姻。史载："吐蕃在吐谷浑西南，近世浸强，蚕食他国，土宇广大，胜兵数十万，然未尝通中国。其王称赞普，俗不言姓，王族皆曰论，宦族皆曰尚。"[4]唐太宗为争取在征讨吐谷浑时能得到吐蕃的支持、或者严守中立，因而当吐蕃的友好使者来到长安后，便予以隆重接待，并立即派使者冯德遐携带国书与礼物，随同吐蕃前来的使者一道前往吐蕃答聘。

松赞干布隆重而热情地接待了唐使冯德遐，表示对唐朝甚为羡慕，便第二次派使者携带礼物随冯德遐一道来长安，并正式向唐皇室"奉表求婚"[5]。当时，向唐皇室求婚的还有吐谷浑王诺曷钵、突厥王子阿史那社尔。唐太宗只准许以衡阳长公主嫁给阿史那社尔，以弘化公主嫁给诺曷钵，但对松赞干布的请婚却婉言拒绝了。吐蕃的使者没有完成自己的使命，担心归国后受到责备，便捏造事实，把责任推到

---

①②④《资治通鉴》卷一九四。
③⑤《资治通鉴》卷一九五。

吐谷浑王诺曷钵的身上。使者向松赞干布说："臣初至唐，唐待我甚厚，许尚公主。会吐谷浑王入朝，相离间，唐礼遂衰，亦不许婚。"①

贞观十二年（638年），松赞干布在使者的捏造和挑拨下，调大军进攻吐谷浑，诺曷钵逃至青海湖以北。松赞干布率众20余万驻扎松州（今四川松潘）西境。一方面派使者向唐朝贡金帛，前来迎接公主，一方面却进攻松州。唐松州都督韩威进行抵御，被吐蕃军队击败。唐太宗得知韩威战败后，立即以吏部尚书侯君集为当弥道行军大总管，以右领军大将军执失思力为白兰道行军总管、左武卫将军牛进达为阔水道行军总管、左领军将军刘兰为洮河道行军总管，统率5万步骑兵进击吐蕃。

吐蕃军队进攻松州城十余日，未能攻下。唐军先头部队牛进达到松州后，于夜间乘敌不备，在松州城下大败吐蕃军队，斩首千余级。松赞干布为此而恐惧，引兵撤退，并派使者向唐朝谢罪。贞观十四年（640年），吐蕃使者向唐朝献黄金5000两及其他珍宝，再次向唐皇室求婚，唐太宗答应将文成公主嫁给松赞干布。

贞观十五年（641年）正月丁丑日，唐太宗命礼部尚书、江夏王李道宗（唐太宗族弟）持节护送文成公主进入吐蕃与松赞干布成婚。李道宗是一位智勇双全的名将，曾多次立有战功。唐太宗为安排文成公主入藏，在吐谷浑边境建筑行馆，让公主及随从人员在行馆休整了一段时间，以适应高原地区的气候和生活习惯。同时，唐太宗还为文成公主备置了丰盛的陪嫁。除了金银、绸帛、珍宝外，文成公主进藏时还带去蔬菜种子、蚕种、农业技术、手工业制品、药物，以及很多书籍，又带去了大批工匠和乐队。总之，随着文成公主的入藏成婚，汉民族的农耕、纺织、酿酒、制陶、冶金、建筑、造纸、制笔、制墨等技术逐渐在西藏传播开来，对西藏地区经济文化的发展起了很大的推动作用。

松赞干布非常隆重地到河源（今青海兴海东南）迎接文成公主，"见道宗，尽子婿礼，慕中国衣服、仪卫之美，为公主别筑城郭宫室而处之，自服纨绮以见公主。其国人皆以赭涂面，公主恶之，赞普下令禁之；亦渐革其猜暴之性，遣子弟入国学，受《诗》《书》"。②上述记载表明，文成公主入藏成婚对促进藏、汉民族的文化交流，促进两民族之间的友好关系，确实起到了重大的作用。今日拉萨大昭寺里，仍保存着文成公主的塑像。

---

① 《资治通鉴》卷一九五。
② 《资治通鉴》卷一九六。

（五）收复西域诸国

隋末唐初，西域诸国处于西突厥势力控制之下。西突厥射匮可汗在位期间，征服了准噶尔盆地的薛延陀族，在龟兹北方的三弥山（今新疆库车北）建立牙帐，占据着东北至金山（今阿尔泰山），西至海（今哈萨克斯坦与乌兹别克斯坦境内的咸海），东至玉门关的广大地区，西域各国均在西突厥控制之下。射匮可汗死，叶护可汗继立，势力仍然强大，拥有数十万军队。

西突厥汗国控制着西域诸国，经常掠夺西亚各国来唐朝经商的商人货物，"丝绸之路"严重受阻，愿意同唐朝往来的伊吾等国，在西突厥的威胁下，也不敢同唐王朝进行交往。由于西突厥的强大和沙漠地带作战困难，唐太宗在对待西突厥和西域诸国的问题上，采取了远交近攻、逐步推进的蚕食战略。为此，唐太宗首先出兵平定了臣服于西突厥的吐谷浑汗国，使吐谷浑成为防御西突厥和吐蕃的屏障，对此本书前文已有提及，不再赘述。

贞观四年（630 年），东突厥被唐朝灭亡，唐太宗采纳凉州都督、西北道安抚大使李大亮的建议，对伊吾（今新疆哈密）采取"羁縻"政策，"使居塞外，为中国藩蔽"。①同年九月，伊吾城主入朝，"举其属七城来降，因以其地置西伊州"。②西伊州[贞观六年（632 年）改曰"伊州"]是西域的门户，对唐王朝至关重要。伊吾归附后，唐朝的下一个军事目标便是征服高昌。

高昌是西域诸国中最为强盛的国家，拥兵数万，统辖 21 城，都城在高昌（今新疆吐鲁番）。国王麹文泰是汉族人，他曾于贞观四年（630 年）入朝，李世民对他"赐遗甚厚"③，赐其妻宇文氏姓李，封常乐公主，对高昌采取"羁縻"政策。贞观六年（632 年），焉耆王龙突骑支派使臣向唐朝贡献方物，"复请开大碛路，以便行李"④。这条商路的开辟，使原来经过高昌商路上的过境贸易大受损失，麹文泰为此而"大怒，遂与焉耆结怨"⑤，发兵掠夺焉耆。此时，西突厥分裂为东西两部，高昌与同唐朝对立的乙毗咄陆可汗结盟，抢劫西亚前往唐朝的商人和使者，"凡西域朝贡道其国，咸见雍掠"⑥。唐太宗派使臣前往谴责，麹文泰反唇相讥，不予理睬。他曾前往长安入朝，沿途见秦陇地区经济萧条，长安与高昌路途遥远，

①②《资治通鉴》卷一九三。
④《旧唐书·焉耆传》。
③⑤《旧唐书·西戎传》。
⑥《新唐书·西域传》。

又与乙毗咄陆可汗结盟，因而有恃无恐，对形势做出了错误的估计。

贞观十三年（639年）十一月，唐太宗仍希望高昌王文泰能够悔过，"复下玺书，示以祸福，征之入朝，文泰竟称疾不至"。①同年十二月壬申日，唐太宗派交河行军大总管、吏部尚书侯君集，副总管兼左屯卫大将军薛万均等人率兵进击高昌。

贞观十四年（640年）五月，高昌王麴文泰闻知唐朝发兵来攻，满不在乎地对国人说："唐去我七千里，沙碛居其二千里，地无水草，寒风如刀，热风如烧，安能致大军乎！往吾入朝，见秦、陇之北，城邑萧条，非复有隋之比。今来伐我，发兵多则粮运不给；三万已下，吾力能制之。当以逸待劳，坐收其弊。若顿兵城下，不过二十日，食尽必走，然后从而虏之，何足忧也！"②

然而，唐朝大军突然"兵临碛口"③，使文泰大出意外，"忧惧不知所为，发疾卒，子智盛立"。④

同年八月，唐军到达柳谷，谍报人员说文泰即将下葬，国人咸集于彼，诸将请发兵袭击。行军大总管侯君集说："不可。天子以高昌无礼，故使吾讨之。今袭人于墟墓之间，非问罪之师也。"⑤于是，唐军进至田城（即田地城，今新疆鄯善西南鲁克沁），谕而不降。第二天清晨，唐军用撞车、抛车攻城，中午攻克，俘虏男女7000余口。大军乘胜前进，直抵高昌城下。

高昌新王智盛拒不出城投降，侯君集下令"填堑攻之，飞石雨下，城中人皆室处。又为巢车，高十丈，俯瞰城中，有行人及飞石所中，皆唱言之"⑥，城中惊恐万分。此前，麴文泰曾与西突厥可汗约定"有急相助"⑦，可汗派叶护驻扎浮图城，以为声援。当侯君集大军到来后，"可汗惧而西走千余里"⑧，叶护以浮图城降唐，"智盛穷蹙，癸酉，开门出降"。⑨侯君集分派将士四出略地，攻下22城，8046户，人口17700，土地东西长800里，南北500里。同年九月，唐太宗以高昌地为西州，以浮图城为庭州，各置属县。乙卯日，置安西都护府于交河城（今乌鲁木齐市东北），留兵镇守。

高昌灭亡后，西突厥乙毗咄陆可汗击败亲唐朝的咥利失可汗，占有其地，势力增强，于贞观十六年（642年）"拘留唐使者，侵暴西域，遣兵寇伊州"⑩，又破坏焉耆与唐朝的友好关系，于是唐太宗命安西都护郭孝恪出兵进攻西突厥。

---

①②③④⑤⑥⑦⑧⑨《资治通鉴》卷一九五。

⑩《资治通鉴》卷一九六。

同年九月，唐太宗遣使臣册立乙毗射匮可汗，在西突厥内部建立亲唐政权。贞观十八年（644 年），唐太宗诏令安西都护郭孝恪为西州道行军总管，率步骑 3000 攻克焉耆王城，在焉耆建立亲唐政权。

在击败高昌、焉耆后，龟兹成了唐王朝的下一个军事目标。为占有龟兹这座通往中亚的重要商业城市，彻底控制今新疆一带，唐太宗于贞观二十一年（647 年）十二月委任右武卫大将军、原突厥人阿史那社尔（西突厥处罗可汗的儿子）为昆丘道行军大总管，右骁卫大将军契苾何力为副总管，与安西都护郭孝恪等人率 10 万大军进攻龟兹。阿史那社尔与契苾何力都熟悉西域情况，二人又都能谋善战，阿史那社尔又与太宗的妹妹衡阳公主（一作南阳公主）结为夫妇，忠于唐朝。可见，太宗所选的征讨龟兹的正副统帅是十分正确的。

阿史那社尔与契苾何力采取分兵夹击的方法，首先切断了龟兹与西突厥的联系，而不去直接进攻龟兹王城。当唐军一路从天山北麓开往龟兹东北境时，西突厥叶护贺鲁迫于乙毗射匮可汗的追击，愿归附唐朝，并且愿充当进攻龟兹的向导。开入天山北麓的另一支唐军降伏西突厥的处密、处月等部，并俘虏逃至龟兹的焉耆王阿那支。唐军大败龟兹军队，攻克龟兹王城。

唐军对龟兹作战的胜利，最终打通了唐王朝通往西亚的交通要道，葱岭以东各国如于阗（今新疆和田）等纷纷摆脱西突厥的控制，同唐王朝遣使通好，唐王朝控制了西域诸国。龟兹平定后，安西都护府迁至龟兹王城，统领于阗、碎叶、疏勒（今喀什地区），连同龟兹在内，称为"安西四镇"。唐王朝同西域以及西亚的交通和经济、文化交流因此得到保障。安西都护府除都护由唐王朝委派外，都督府以下的官吏大多由少数民族首领担任，唐王朝同西域各国的联系进一步加强，这对促进我国统一的多民族国家的进一步繁荣昌盛，无疑具有重大的积极意义。

（六）开明民族政策

贞观二十一年（647 年），唐太宗回顾贞观以来的文治武功，在翠微宫的正殿问他的侍臣：

"自古帝王虽平定中夏，不能服戎狄。朕才不逮古人而成功过之，自不谕其故，诸公各率意以实言之。"①

---

① 《资治通鉴》卷一九八。

群臣回答说："陛下功德如天地，万物不得而名言。"①

唐太宗对大臣们的回答不以为然。他认为："朕所以能及此者，止由五事耳。"②其中，最后的一条是："自古皆贵中华，贱夷、狄。朕独爱之如一，故其种落皆依朕如父母。"③

唐太宗认为，自古帝王都是贵中华而贱夷狄。他对历代统治阶级的民族政策和正统观念的这一概括，不仅符合实际，而且也表明他对此持否定的态度。他所说的"朕独爱之如一"，表明他的民族观念和民族政策主张一视同仁。唐太宗所说的"人主之体""非威德无以致远，非慈厚无以怀人。抚九族以仁……此乃君之体也"。④他又说："《传》云：'己所不欲，勿施于人。'朕今每事繇己，诚能自节，岂独百姓不欲而必顺其情，但四夷不欲亦能从其意耳。"⑤贞观年间唐朝对周边民族政策表明，唐太宗对华夏百姓与四夷部落，大体上做到了"爱之如一"。他对华夏族与其他少数民族的一视同仁，表明他的民族政策中已含有各民族一律平等的因素。

在对四夷的关系上，无论是东突厥、薛延陀、吐谷浑、吐蕃或是西域各族，凡属被征服的或主动归属的少数民族部落，唐太宗都一律尊重他们的生活方式和风俗习惯，并大多以原来酋长担任都督等各级官职，同各民族建立友好的政治、经济、文化关系，其中包括将皇室的女儿嫁给其他民族的首领。

贞观四年（630年），东突厥战败，颉利可汗被俘，在如何安置突厥族居民的问题上，朝廷中的大臣们看法不一。多数人主张"宜悉徙之河南兖、豫之间，分其种落，散居州县，教之耕织，可以化胡虏为农民，永空塞北之地"。⑥中书侍郎颜师古主张"请皆置之河北，分立酋长，领其部落"。⑦夏州都督窦静则主张"分其土地，析其部落，使其权弱势分，易为羁制"。而温彦博主张"请准汉建武故事，置降匈奴于塞下，全其部落，顺其土俗，以实空虚之地"。⑧唐太宗采纳了温彦博的意见，在西起灵州东至幽州一带，分突利可汗故地，置顺、祐、化、长四州都督府；又分颉利可汗故地为六州，置定襄、云中二都督府，"以统其众"⑨。

原突厥族的首领，很多人不仅被任命为都督，还有很多人被任命为唐朝军队的

①②③《资治通鉴》卷一九八。

④（唐）李世民撰：《帝范·君体》。

⑤《册府元龟·帝王部·帝德九》。

⑥⑦⑧⑨《资治通鉴》卷一九三。

高级将领，在长安任职。且不说被俘的颉利可汗，还被赐予右卫大将军的头衔，为唐王朝多次统率大军征战四方。战功卓著的高级将领，如右卫大将军阿史那思摩（即李思摩）、左骁卫大将军阿史那社尔、右骁卫大将军契苾何力，以及左屯卫将军阿史那忠、右武卫将军阿史那泥熟、俟利苾咄摩支等皆成为唐王朝的军事统帅。东突厥的首领被任命为将军、中郎将而留任京师的有五百余人，被委任为五品以上的高级官员有百余人，甚至"殆与朝士相半"[①]。唐太宗对这些少数民族的官员和将领予以充分的信任，让他们在皇宫中担任禁军、宿卫职务，确实做到了"待其达官（指东突厥族首领）皆如吾百寮"[②]，一视同仁。李思摩、阿史那社尔、契苾何力、执失思力都是忠于唐王朝的、智勇双全的杰出军事统帅。在平定龟兹的作战中，阿史那社尔、契苾何力被任命为昆兵道行军大总管和副总管，统率10万大军并取得作战胜利，足以说明唐太宗对少数民族出身的将领是何等重用！唐太宗逝世时，阿史那社尔、契苾何力悲痛万分，请求"杀身以殉"[③]，足见唐太宗重用少数民族首领的政策，确实团结了少数民族的上层统治集团，因而有助于汉民族与其他少数民族的团结。

唐太宗死后，根据他的遗嘱，将颉利等各部落酋长共14人，皆琢石为其像，刻铭列于北司马门内。清人林侗撰《唐昭陵石迹考略》曾谈到，14位石刻像中，有突厥首领四尊，其他还有吐蕃赞普、高昌王麴智勇、焉耆王龙突骑支、薛延陀真珠毗伽可汗、吐谷浑河源郡王慕容诺曷钵、于阗王尉迟信、新罗王金真德、林邑王范头黎、婆罗门王阿那顺等。昭陵中14位少数民族首领的刻石像，无疑是唐太宗开明民族政策的一座丰碑，它标志着这一开明的民族政策深得中华及四夷各族人民的拥护。史载唐太宗驾崩时，"四夷之人入仕于朝及来朝贡者数百人，闻丧皆恸哭，翦发、劐面、割耳、流血洒地"。[④]可见唐太宗的民族政策，是何等深得少数民族之心。

唐太宗在归服或征服的少数民族地区所设置的在中央政权管辖下的所谓"羁縻"府州，在贞观年间共有856个。其管辖办法是以各少数民族"首领为都督、刺史，皆得世袭。虽贡赋版籍，多不上户部"。[⑤]在这种带有民族自治色彩的政策之下，唐王朝对少数民族聚居的府州，财政上采取松散管理方针。这既有利于少数民族地

---

① 《通典·边防·突厥上》。
② 《资治通鉴》卷一九五。
③④ 《资治通鉴》卷一九九。
⑤ 《新唐书·地理志》。

区的经济发展，又保证了各民族区域正式纳入唐王朝的版图，有助于统一的多民族国家的巩固和发展。

唐太宗的开明民族政策不仅加强了中原与各少数民族的政治、经济、文化联系，也有助于加强同邻国及欧亚其他国家的友好往来和经济、文化交流。当时同唐朝有交往关系的国家如波斯（伊朗）、大食（阿拉伯）、尼婆罗（尼泊尔）、天竺（印度）、吐火罗（阿富汗）、真腊（柬埔寨）、林邑（越南）、高句丽、百济、新罗、日本，等等，多有商人、学者、僧侣的往来。唐王朝同各国在经济文化方面的交往，促进了中国及欧亚国家的共同进步和发展：中国吸取了其他亚洲以及欧洲的某些先进文化，也使中国的某些先进文化传播到了亚洲乃至于欧洲的其他国家，为人类的文明和发展做出了自己的贡献。唐王朝因此在当时的国际社会上获得了很高的声誉。直到今天，某些西方国家的语言中，还留有以"唐人"称呼中国人的习惯。

唐太宗毕竟是封建时代的帝王，他所制定和执行的民族政策，已做到他所处的那个时代所能做到的一切，因而十分难能可贵。他对中华百姓和四夷部落基本上做到了"爱之如一"，一视同仁，但这绝不意味着他在处理少数民族问题上都能履行他所宣示的原则。贞观十四年（640年），侯君集平定高昌之后，唐太宗"欲以其地为州县"[①]，魏征、褚遂良为此先后进谏，陈述利害，唐太宗都不予采纳，而是在高昌设置了西州与安西都护府。直到贞观十六年（642年），"西突厥遣兵寇西州"[②]，唐太宗才意识到自己在两年前的决定是错误的。

---

①② 《贞观政要·安边》。

六 贞观晚年流弊

（一）马周上疏陈时弊

贞观九年（635年），唐太宗对公卿们说："朕端拱无为，四夷咸服，岂朕一人之所致，实赖诸公之力耳，当思善始令终，永固鸿业……"①这里，唐太宗向公卿们提出了"善始令终"的问题，而宰相房玄龄却趁此机会说出了他对唐太宗的一句忠言："惟愿陛下有始有卒，则天下永赖。"②房玄龄的这一祝愿，实际上是对唐太宗已不如贞观初年那样居安思危的状态而提出的进谏，然而唐太宗却接着说：

> "朕观古先拨乱之主，皆年踰四十，惟光武年三十三。但朕年十八便举兵，年二十四定天下，年二十九升为天子，此则武胜于古也。少从戎旅，不暇读书，贞观以来，手不释卷，知风化之本，见政理之源，行之数年，天下大理，而风移俗变，子孝臣忠，此又文过于古也。昔周、秦已降，戎狄内侵，今戎狄稽颡，皆为臣妾，此又怀远胜古也。此三者，朕何德以堪之，既有此功业，何得不善始慎终耶！"③

唐太宗在这段议论的末尾虽然提出了"何得不善始慎终"的高论，但从他的"武胜于古""文过于古""怀远胜古"的言论中，可知他早已陶醉于已取得的功绩中了。正如《贞观政要》戈直集论所评论的那样："太宗矜功伐善，意出于中心；而善始慎终之语，不过虚言也。"

唐太宗"矜功伐善"，在他的辅佐大臣中间，已有多人认识到了这一点。贞观十一年（637年）八月，侍御史马周上疏说：

> "三代及汉，历年多者八百，少者不减四百，良以恩结人心，人不能忘故也。自是以降，多者六十，少者才二十余年，皆无恩于人，本根不固故也。陛下当隆禹、汤、文、武之业，为子孙立万代之基，岂得但持当年而已！今之户口，不及隋之什一，而给役者兄去弟还，道路相继。陛下虽加恩诏，使之裁损，然营缮不休，民安得息……陛下必欲为久长之谋，不必远求上古，但如贞观之初，

---

① ② ③ 《贞观政要·慎终》。

131

则天下幸甚。陛下宠遇诸王，颇有过厚者，万代之后，不可不深思也……又百姓所以治安，唯在刺史、县令。苟选用得人，则陛下可以端拱无为。今朝廷唯重内官而轻州县之选，刺史多用武人，或京官不称职始补外任，边远之处，用人更轻，所以百姓未安，殆由于此。"①

在上疏中，马周尖锐地指出，当今的户口远不及隋的十分之一，根本谈不上什么"文过于古"，指出"营缮不休，民安得息""乘舆器用及诸王、妃、主服饰，议者皆不以为俭""唯重内官而轻州县之选"，等等，都是急需解决的问题。特别是上疏中的"但如贞观之初，则天下幸甚"一语表明，马周是说唐太宗已在很大程度上背离了贞观初年的治国路线和方针政策。

（二）魏征上"渐不克终"疏

侍御史马周的上疏，虽然指出了贞观中期不如贞观初年的种种表现，但他毕竟是由于为中郎将常何代写上疏而受到唐太宗的赏识并被委以重任的。中书侍郎岑文本称马周论事善于"援引事类，扬榷古今"②，使人"听之靡靡，令人亡倦"③。唐太宗也常说："我于马周，暂不见则便思之。"④可见，马周论事与进谏，是颇为讲究表达方式和方法的。他在上疏中的"但如贞观之初，则天下幸甚"，即是对唐太宗的"渐不克终"的一种婉转的、使人易于接受的表述方式和说法。然而，这种表述方式和说法，并不能使唐太宗从陶醉功绩中猛醒过来。在这个重大问题上，是以敢于犯颜直谏而著称的魏征，从正面严肃地提出了自己的《十渐不克终疏》。

贞观十二年（638 年）三月，唐太宗因喜生皇孙，在东宫宴请五品以上官员，并对群臣说："贞观之前，从朕经营天下，玄龄之功也。贞观以来，绳愆纠缪，魏征之功也。皆赐之佩刀。"⑤接着太宗问魏征：

"朕政事何如往年？"⑥

"威德所加，比贞观之初则远矣；人悦服则不逮也。"⑦魏征答对。

"远方畏威慕德，故来服；若其不逮，何以致之？"⑧太宗反问。

"陛下往以未治为忧，故德义日新；今以既治为安，故不逮。"⑨魏征答对。

"今所为，犹往年也，何以异？"⑩太宗问。

---

①⑤⑥⑦⑧⑨⑩《资治通鉴》卷一九五。
②③④《旧唐书·马周传》。

"陛下贞观之初，恐人不谏，常导之使言，中间悦而从之。今则不然，虽勉从之，犹有难色。"①魏征答对。

"其事可闻欤？"②太宗又问。

魏征举贞观初年孙伏伽进谏，陛下赐以兰陵公主园；近年皇甫德参谏修洛阳宫，陛下恚之，勉强从谏。太宗闻谏后承认"人苦不自知耳"。③

贞观十三年（639 年），"魏征恐太宗不能克终俭约，近岁颇好奢纵"④，经再三考虑，郑重地向唐太宗上《十渐不克终疏》进谏。这道长篇上疏的原文，载于《贞观政要·慎终》。现摘要如下，上疏开头部分，谈到古代帝王的初俭终奢，又称赞太宗："论功则汤、武不足方；语德则尧、舜未为远。"然后，笔锋一转，点出正题：

"而顷年已来，稍乖曩志，敦朴之理，渐不克终。谨以所闻，列之如左：

"陛下贞观之初，无为无欲，清静之化，远被遐荒。考之于今，其风渐坠。听言则远超于上圣，论事则未逾于中主。何以言之？汉文（即汉文帝）、晋武（即晋武帝），俱非上哲，汉文辞千里之马，晋武焚雉头之裘。今则求骏马于万里，市珍奇于域外，取怪于道路，见轻于戎狄，此其渐不克终一也。

"昔子贡问理人于孔子，孔子曰：'懔乎若朽索之驭六马。'子贡曰：'何其畏哉？'子曰：'不以道遵之，则吾雠也，若何其无畏！'故《书》曰：'民惟邦本，本固邦宁。为人上者，奈何不敬？'陛下贞观之始，视人如伤，恤其勤劳，爱民犹子。每存简约，无所营为。顷年以来，意在奢纵，忽忘卑俭，轻用人力，乃云'百姓无事则骄逸，劳役则易使。'自古以来，未有由百姓逸乐而致倾败者也，何有逆畏其骄逸而故欲劳役者哉？恐非兴邦之至言，岂安人之长算？此其渐不克终二也。

"陛下贞观之初，损己以利物，至于今日，纵欲以劳人。卑俭之迹岁改，骄侈之情日异。虽忧人之言不绝于口，而乐身之事实切于心。或时欲有所营，虑人致谏，乃云：'若不为此，不便我身。'人臣之情，何可复争？此直意在杜谏者之口，岂曰择善而行者乎？此其渐不克终三也。

"立身成败，在于所染，兰芷鲍鱼，与之俱化。慎乎所习，不可不思。陛下贞观之初，砥砺名节，不私于物，唯善是与，亲爱君子，疏斥小人。今则不然，轻亵小人，礼重君子。重君子也，敬而远之；轻小人也，狎而近之。近之则不

①②③《资治通鉴》卷一九五。
④《贞观政要·慎终》。

见其非，远之则莫知其是；莫知其是则不间而自疏；不见其非则有时而自昵。昵近小人，非致理之道；疏远君子，岂兴邦之义？此渐不克终四也。

"《书》曰：'不作无益害有益，功乃成；不贵异物贱用物，人乃足。犬马非其土性不畜，珍禽奇兽弗育于国。'陛下贞观之初，动遵尧、舜，捐金抵璧，反朴还淳。顷年已来，好尚奇异，难得之货，无远不臻；珍玩之作，无时能止。上好奢靡而望下敦朴，未之有也。末作滋兴，而求丰实，其不可得亦已明矣。此其渐不克终五也。

"贞观之初，求贤如渴。善人所举，信而任之，取其所长，恒恐不及。近岁已来，由心好恶，或众善举而用之，或一人毁而弃之；或积年任而用之，或一朝疑而远之。夫行有素履，事有成迹，所毁之人，未必可信于所举；积年之行，不应顿失于一朝。君子之怀，蹈仁义而弘大德；小人之性，好谗佞以为身谋。陛下不审察其根源，而轻为之臧否，是使守道者日疏，干求者日进。所以人思苟免，莫能尽力。此其渐不克终六也。

"陛下初登大位，高居深视，事惟清静，心无嗜欲。内除毕弋之物，外绝畋猎之源。数载之后，不能固志，虽无十旬之逸，或过三驱之礼。遂使盘游之娱见讥于百姓，鹰犬之贡远及于四夷。或时教习之处，道路遥远，侵晨而出，入夜方还，以驰骋为欢，莫虑不虞之变，事之不测，其可救乎？此其渐不克终七也。

"孔子曰：'君使臣以礼，臣事君以忠。'然则君之待臣，义不可薄。陛下初践大位，敬以接下，君恩下流，臣情上达，咸思竭力，心无所隐。顷年已来，多所忽略。或外官充使，奏事入朝，思睹阙庭，将陈所见，欲言则颜色不接，欲请又恩礼不加，间因所短，诘其细过，虽有聪辩之略，莫能申其忠款，而望上下同心，君臣交泰，不亦难乎？此其渐不克终八也。

"傲不可长，欲不可纵，乐不可极，志不可满。四者，前王所以致福，通贤以为深戒。陛下贞观之初，孜孜不怠，屈己从人，恒若不足。顷年已来，微有矜放，恃功业之大，意蔑前王，负圣智之明，心轻当代，此傲之长也。欲有所为，皆取遂意，纵或抑情从谏，终是不能忘怀，此欲之纵也。志在嬉游，情无厌倦，虽未全妨政事，不复专心治道，此乐将极也。率土乂安，四夷款服，仍远劳士马，问罪遐裔，此志将满也。亲狎者阿旨而不肯言，疏远者畏威而莫敢谏，积而不已，将亏圣德。此其渐不克终九也。

"昔陶唐、成汤之时，非无灾患，而称其圣德者，以其有始有终，无为无欲，遇灾则极其忧勤，时安则不骄不逸故也。贞观之初，频年霜旱，畿内户口并就关外，携负老幼，来往数千，曾无一户逃亡、一人怨苦，此诚由识陛下矜育之怀，所以至死无携贰。顷年以来，疲于徭役，关中之人，劳弊尤甚。杂匠之徒，下日悉留和雇；正兵之辈，上番多别驱使；和市之物不绝于乡间，递送之夫相继于道路。既有所弊，易为惊扰，脱因水旱，谷麦不收，恐百姓之心，不如前日之宁帖。此其渐不克终十也。

……

"社稷安危，国家理乱，在于一人而已。当今太平之基，既崇极天之峻；九仞之积，犹亏一篑之功。千载休期，时难再得，明主可为而不为，微臣所以郁结而长叹者也。

"臣诚愚鄙，不达事机，略举所见十条，辄以上闻圣听。伏愿陛下采臣狂瞽之言，参以刍荛之议，冀千虑一得，衮职有补，则死日生年，甘从斧钺。"

魏征的《十渐不克终疏》，所列十条，均采用对比的手法，既肯定了贞观初年的政绩，又将唐太宗近年以来的志满意骄、纵欲奢侈、营作屡兴、徭役不止、亲昵小人、疏远君子、畋猎嬉游、纳谏有难、轻用民力、人民怨苦、百姓不宁等诸多问题，和盘托出。《疏》中谈古论今、剖析事理，所言既属事实，所论令人惊惧，一片忠君忧国之情，跃然纸上，感人肺腑。

魏征的这篇上疏，全面地回顾与总结了贞观以来唐太宗在为政方面的得与失，其重点在于指出近年以来所出现的种种"渐不克终"的表现，认为这是"恃功业之大，意蔑前王，负圣智之明，心轻当代，此傲之长也"。

唐太宗在读过魏征的《十渐不克终疏》后，显然是被感动了，因而对魏征说：

"人臣事主，顺旨甚易，忤情尤难。公作朕耳目股肱，常论思献纳。朕今闻过能改，庶几克终善事。若违此言，更何颜与公相见？复欲何方以理天下？自得公疏，反复研寻，深觉词强理直，遂列为屏障，朝夕瞻仰。又录付史司，冀千载之下，识君臣之义。"①

为此，唐太宗赐魏征黄金10斤、厩马2匹。

唐太宗确实是诚心诚意地接受了魏征的直谏。他所说的"若违此言，更何颜与

---

① 《贞观政要·慎终》。

公相见？复欲何方以理天下”，在魏征面前信誓旦旦，着实令人感动。而“列为屏障，朝夕瞻仰，又录付史司”，表明唐太宗确实决心用《十渐不克终疏》来规范自己的言行，并使之传之后世，昭示子孙后代。

然而，此后的唐太宗是否扭转了“渐不克终”的趋势呢？没有。在功业面前，唐太宗的骄傲情绪一直伴随着他。除了他个人的品德修养之外，客观环境的变化亦是重要的因素之一。贞观初年，百废待兴，隋王朝二世而亡的教训时时在他的头脑中萦绕，使他不得不励精图治、克勤克俭、导人使言、虚心纳谏。当国家安定富强后，在功业面前，他的骄傲之情自然而生，难免陶醉。他是封建帝王，权力至高无上，又拥有至高无上的权威，在歌功颂德声中，逐渐地听不进逆耳忠言，也是不难理解的。对于封建专制制度下的君主，我们不能要求他去做那些超越时代的事。贞观前期的唐太宗，其言行是一致的，他所说的，也是他所做的，一般都能做到言行如一。贞观后期的唐太宗，言与行时常有脱离的现象。直到他逝世前，他仍在鼓励臣下进谏，虽然纳谏有难，但一般还是能在口头上接受进谏，只是在行动上总是不能像贞观初年那样言行如一了。这一切，主要原因仍在于客观条件和形势的变化及封建专制制度本身。事实上，在封建帝王中，唐太宗已是很难能可贵了。直到逝世之前，“渐不克终”并没有使他走向反面。

唐太宗的“渐不克终”，除了纳谏有难以及上述的一些内容外，还表现在他的营建宫室、意欲封禅，以及他不顾大臣们的反对，执意要东征高句丽等诸多问题之上。

（三）劳民修建宫殿

贞观初年，在年饥谷贵的情况下，唐太宗强调“不夺农时”，也没有大规模的土木兴建。贞观四年（630年）六月，当年丰谷贱刚刚到来的时候，唐太宗却为了“以备巡幸”，在农事季节“发卒修洛阳宫”[①]。给事中张玄素上书直谏，谈古论今，指出“陛下初平洛阳，凡隋氏宫室之宏侈者皆令毁之，曾未十年，复加营缮，何前日恶之而今日效之也！且以今日财力，何如隋世？陛下役疮痍之人，袭亡隋之弊，恐又甚于炀帝矣！”[②]唐太宗问玄素：“卿谓我不如炀帝，何如桀、纣？”[③]玄素答对说：“若此役不息，亦同归于乱耳！”[④]在张玄素的谏诤下，唐太宗仍对宰相房玄龄述说修建洛阳宫的初衷是什么“朕以洛阳土中，朝贡道均，意欲便民，故使营之”，[⑤]为自己辩护。但太宗又不得不对玄龄说：“今玄素所言诚有理，宜即为之罢役。”[⑥]

①②③④⑤⑥《资治通鉴》卷一九三。

贞观六年（632年）正月，监察御史马周上疏说："东宫在宫城之中，而大安宫乃在宫城之西，制度比于宸居，尚为卑小，于四方观听有所不足。宜增修高大，以称中外之望。"①唐太宗采纳马周上疏，动工扩建大安宫。

同年（632年）十二月，唐太宗与侍臣"论安危之本"②，唐太宗在中书令温彦博发言后问道："朕比来怠于为政乎？"③魏征答对说："贞观之初，陛下志在节俭，求谏不倦。比来营缮微多，谏者颇有忤旨，此其所以异耳！"④唐太宗闻谏后拊掌大笑说："诚有是事。"⑤魏征所进谏的"营缮微多"，即是指修建宫殿有所增加。

贞观八年（634年）十月，在禁苑东南营建大明宫。

同年十二月，中牟县县丞皇甫德参上书说："修洛阳宫，劳人⑥……"，唐太宗闻言大怒说："德参欲国家不役一人⑦……"，想要治德参"谤讪"之罪⑧。后经魏征劝谏，太宗方更加优赐，拜监察御史。

贞观九年（635年）七月，唐太宗诏令：唐高祖"山陵依汉长陵（汉高祖陵）故事，务存隆厚"⑨。然而"期限既促，功不能及"。⑩秘书监虞世南为此上疏，主张"为三仞之坟，器物制度，率皆节损"⑪。上奏后，唐太宗不予答复。虞世南再次上疏说："今以数月之间为数十年之功，恐于人力有所不逮。"⑫太宗将虞世南上疏交有关大臣讨论，宰相顺从唐太宗旨意，以为"长陵高九丈，原陵（汉光武帝陵）高六丈，今九丈则太崇，三仞则太卑，请依原陵之制"⑬。唐太宗听从房玄龄的建议，虞世南的建议被否决，因此在农事季节征发大批徭役为唐高祖营建陵墓。

贞观二十一年（647年）四月，唐太宗在骊山修造翠微宫；同年七月，在宜春凤凰谷重修玉华宫。

魏征在《十渐不克终疏》中所言"顷年已来，疲于徭役"，即是指营建宫殿、山陵而大量征发徭役，致使民人疲敝。

（四）几度意欲封禅

封禅是古代帝王在泰山所举行的一种祭天地的典礼。在泰山顶上筑土为坛而祭天，称"封"；在泰山下梁父山上辟场祭地，称"禅"。秦汉以来，历代封建王朝都把封禅作为国家大典，秦始皇、汉武帝都曾到泰山封禅。

贞观五年（631年）正月癸未日，朝集使赵郡王李孝恭等人上表，以四夷咸服

---

①②③④⑤⑥⑦⑧⑨⑩⑪⑫⑬《资治通鉴》卷一九四。

为由请求封禅，唐太宗"手诏不许"①。

同年十二月己亥日，朝集使利州都督武士彟等人又上表请封禅，唐太宗"不许"②。

贞观六年（632年），文武官员又请封禅，唐太宗说："卿辈皆以封禅为帝王盛事，朕意不然。若天下乂安，家给人足，虽不封禅，庸何伤乎！昔秦始皇封禅，而汉文帝不封禅，后世岂以文帝之贤不及始皇邪！且事天扫地而祭，何必登泰山之巅，封数尺之土，然后可以展其诚敬乎！"③然而，群臣还是请求封禅不止，唐太宗想要听从群臣的意见，独有魏征以为不可。唐太宗一连以是否因为"功未高""德未厚""中国未安""四夷未服""年谷未丰""符瑞未至"等六个问题提出质问，魏征一一否定，而且另外谈了一番大道理。由于这时河南、河北数州发生大水，封禅事才被搁置。从唐太宗所提出的六个问题来看，他确实有封禅之意。

同年十二月，公卿以下请封禅者相继不断，唐太宗告谕公卿说："旧有气疾，恐登高增剧，公等勿复言。"④

贞观十四年（640年）十月甲戌日，荆王李元景等又上表请封禅，唐太宗"不许"⑤。

同年十一月，百官又上表请封禅，"诏许之。更命诸儒详定仪注；以太常卿韦挺等为封禅使"⑥。

贞观二十年（646年）十二月己丑日，群臣接连多次请封禅，太宗听从群臣的请求，诏令"造羽卫送洛阳宫"⑦。

贞观二十一年（647年）八月壬戌日，唐太宗"以薛延陀新降，土功屡兴，加以河北水灾，停明年封禅"⑧。

自贞观六年（632年）以来，唐太宗对于是否封禅一直犹豫不决。但从任命韦挺等为"封禅使""造羽卫送洛阳"等事来看，他已为封禅做了准备，只是由于对西域和薛延陀用兵，又东征高句丽，且身患疾病等诸多原因，封禅才没有举行。而贞观二十一年（647年）诏令所说的"土功屡兴，加以河北水灾"，并非唐太宗没有实现封禅的主要原因。意欲封禅，亦是唐太宗渐不克终的表现之一。如果封禅成行，势必会给唐王朝百姓增加颇重的负担。

①②《资治通鉴》卷一九三。
③④《资治通鉴》卷一九四。
⑤⑥《资治通鉴》卷一九五。
⑦⑧《资治通鉴》卷一九八。

（五）东征高句丽无功

隋唐之际，朝鲜半岛上有三个国家，北部为高句丽，南部偏东为新罗，偏西为百济。其中，新罗具有亲唐倾向，高句丽则与百济联合对抗新罗。

贞观十五年（641 年），职方郎中陈大德出使高句丽归来，对唐太宗说："其国闻高昌亡，大惧，馆候之勤，加于常数。"①唐太宗说："高丽本四郡地耳，吾发卒数万攻辽东，彼必倾国救之，别遣舟师出东莱，自海道趋平壤，水陆合势，取之不难。但山东州县凋瘵未复，吾不欲劳之耳！"②唐太宗此时不准备对高句丽用兵是正确的，但他认为"发卒数万""水陆合势，取之不难"，则是对形势的错误估计。正是由于这种错误估计，才导致了唐太宗后来对高句丽的用兵和失利。

贞观十六年（642 年），营州都督张俭上奏：高句丽东部大人泉盖苏文弑高句丽王武，诛杀大臣，立王弟子藏为王，自任莫离支（相当于中国的吏部兼兵部尚书），专横残暴，"国人皆苦之"。③与此同时，亳州刺史裴行庄请伐高句丽。唐太宗说："高丽王武职贡不绝，为贼臣所弑，朕哀之甚深，固不忘也。但因丧乘乱而取之，虽得之不贵。且山东凋弊，吾未忍言用兵也。"④

贞观十七年（643 年）六月，太常丞邓素出使高句丽归还，请于怀远镇增派驻军以逼迫高句丽，唐太宗说："'远人不服，则修文德以来之'，未闻一二百戍兵能威绝域者也！"⑤

在这一年，唐太宗在谈到出兵高句丽的问题时说："盖苏文弑其君而专国政，诚不可忍，以今日兵力，取之不难，但不欲劳百姓，吾欲且使契丹、靺鞨扰之，何如？"⑥长孙无忌认为时机尚不成熟，太宗表示赞同。

同年九月，新罗派使臣向唐王朝说，百济攻取新罗国四十余城，又与高句丽联兵，谋划断绝新罗入朝唐朝的通道，请求唐朝出兵救援。唐太宗命司农丞相里玄奖持玺书告知高句丽："新罗委质国家，朝贡不乏，尔与百济各宜戢兵；若更攻之，明年发兵击尔国矣！"⑦

贞观十八年（644 年）正月，相里玄奖到达平壤。这时，泉盖苏文已率兵攻击新罗，攻破两城。高句丽王派使臣召还盖苏文。玄奖晓谕高句丽，不要进攻新罗，盖苏文说："昔隋人入寇，新罗乘衅侵我地五百里，自非归我侵地，恐兵未能已。"⑧玄奖说："既往之事，焉可追论！至于辽东诸城，本皆中国郡县，中国尚且不言，

---

① ② ③ ④《资治通鉴》卷一九六。
⑤ ⑥ ⑦ ⑧《资治通鉴》卷一九七。

高丽岂得必求故地。"①盖苏文不从。

同年二月，玄奖归长安，上言唐太宗，说高句丽"侵暴邻国，不可不讨"。②谏议大夫褚遂良反对说："今乃渡海远征小夷，若指期克捷，犹可也。万一蹉跌，伤威损望，更兴忿兵，则安危难测矣。"③这时，李世勣表示同意征讨高句丽。

唐太宗决定亲自征讨高句丽，褚遂良上疏说：

> "天下譬犹一身：两京，心腹也；州县，四支也；四夷，身外物也。高丽罪大，诚当致讨，位命二、三猛将将四五万众，仗陛下威灵，取之如反掌耳。今太子新立，年尚幼稚，自余藩屏，陛下所知，一旦弃金汤之全，踰辽海之险，以天下之君，轻行远举，皆愚臣之所甚忧也。"④

唐太宗对褚遂良的劝谏听不进去。当时，群臣大多劝谏太宗，不宜发兵征讨高句丽。太宗对群臣说："夫天有其时，人有其功。盖苏文陵上虐下，民延颈待救，此正高丽可亡之时也，议者纷纷，但不见此耳。"⑤

唐太宗既已决心征伐高句丽，便于同年三月，以左卫将军薛万彻守右卫大将军，并对侍臣说："于今名将，惟世勣、道宗、万彻三人而已。世勣、道宗不能大胜，亦不大败；万彻非大胜则大败。"⑥

为征讨高句丽做好准备，唐太宗于同年七月敕令造船大匠阎立德等到洪（今江西南昌市）、饶（今江西鄱阳）、江（今江西九江市）三州，督造400艘船以载运军粮。又下诏派营州都督张俭等率幽、营二都督兵以及契丹、奚、靺鞨族士兵首先袭击辽东以观察高句丽形势。以太常卿韦挺为馈运使、民部侍郎崔仁师为副使。又命太仆少卿萧锐运河南诸州粮入海道。

同年十一月，唐太宗到达洛阳，得知已退休的前宜州刺史郑元璹，曾在隋末随从隋炀帝征伐高句丽，便把他召来询问有关情况，郑元璹答对说："辽东道远，粮运艰阻，东夷善守城，攻之不可猝下。"⑦唐太宗向知情者了解情况是对的，然而当他人提供的情况和看法与自己的意见不合时，唐太宗却听不进去，且不予采纳。他说："今日非隋之比，公但听之。"⑧

唐太宗闻知洛州刺史程名振善于用兵，召见他并问以作战方略，称赞他"有将相器"⑨，将有所委任。名振闻言不拜谢，太宗故意发怒，谴责名振无礼，名振回答说："疏野之臣，未尝亲奉圣问，适方心思所对，故忘拜耳。"⑩谈话间，名振"举止自若，

---

①②③④⑤⑥⑦⑧⑨⑩《资治通鉴》卷一九七。

应对愈明辩"①，太宗当日拜程名振为右骁卫将军。

同年十一月甲午日，唐太宗以刑部尚书张亮为平壤道行军大总管，率江、淮、岭、峡兵4万，长安、洛阳募士3000人，战舰500艘，自莱州（今山东掖县）渡海直趋平壤；又以太子詹事、左卫率李世勣为辽东道行军大总管，率步骑兵6万以及兰（今甘肃兰州）、河（今甘肃和政西北）二州归降的少数民族士兵，直趋辽东（今辽宁辽阳市），水陆二支大军"合势并进"②。出师前，唐太宗以亲笔诏书晓谕天下，声讨高句丽盖苏文"弑主虐民"③的罪行，并且"今略言必胜之道有五：一曰以大击小，二曰以顺讨逆，三曰以治乘乱，四曰以逸敌劳，五曰以悦当怨，何忧不克！布告元元，勿为疑惧！"④

贞观十九年（645年）正月，唐太宗亲自统率大军从洛阳出发，前往定州（今河北定县），以房玄龄为京师长安留守，特进萧瑀为洛阳留守，皇太子于定州监国。当时，尉迟敬德上言："陛下亲征辽东，太子在定州，长安、洛阳心腹空虚，恐有玄感之变。"⑤太宗不听，以敬德为左一马军总管，使令他随从东征。同月，李世勣大军到达幽州（今北京、天津一带）。三月，太宗到达定州。

太宗自定州出发前，命高士廉摄太子太傅，与刘洎、马周、张行成、高季辅"同掌机务，辅太子"⑥。长孙无忌、岑文本与吏部尚书杨师道随太宗同行。

自贞观十九年（645年）四月，李世勣与江夏王李道宗攻克高句丽盖牟城（今辽宁盖平县），张亮率舟师渡海后袭击并占领卑沙城（今辽宁海城县），水军耀兵于鸭绿江上。五月，李世勣率大军进攻辽东（今辽宁辽阳市），高句丽步骑4万救辽东。唐太宗率数百名骑兵至辽东城下督战。经过10余日的苦战，唐军攻克辽东城，杀敌万余，得胜兵万余，男女4万余口。六月，唐军攻克白岩城（今辽阳市东太子河北岸）。在攻克白岩城的战斗中，右卫大将军李思摩中弩失，"上亲为之吮血"⑦；将军契苾何力身中槊伤，"上自为敷药"⑧。

攻克白岩城后，唐太宗率大军进攻安市城（今盖平东北），高句丽北部耨萨延寿、惠真率高句丽、靺鞨兵15万救安市，交战大败，延寿、惠真率其众36800人请降。交战中，龙门人薛仁贵"著奇服，大呼陷陈，所向无敌"⑨，被唐太宗召拜游击将军。

唐太宗率大军进攻安市，"六旬不能克"⑩。时至秋末冬初，太宗"以辽左早寒，草枯水冻，士马难久留，且粮食将尽"⑪，于是下令班师，命李世勣、江夏王李道宗将步骑4万殿后。

---

①②③④⑤⑥⑦⑧《资治通鉴》卷一九七。

⑨⑪《资治通鉴》卷一九八。

⑩《册府元龟·帝王部·亲征二》。

这次征伐高句丽的战争，从唐太宗三月自定州出发，至十月从辽东撤军，历时半年有余。虽然攻克玄菟、横山、盖牟、磨米、辽东、白岩、卑沙、麦谷、银山、后黄十城，徙辽、盖、岩三州户口入中国者7万人，在新城、建安、驻骅三大战役中斩首4万余级，但唐军战士死者近2000人，战马死者十有七八。撤军途中，遇暴风雨，"士卒沾湿多死者"。①

唐太宗此次东征高句丽，没有实现预计的军事目标，唐太宗"以不能成功，深悔之，叹曰：'魏征若在，不使我有是行也！'"②

事实上，唐太宗并没有从这次战争中认真地总结教训，贞观二十一年（647年）二月，唐太宗想再次征伐高句丽，朝廷议论认为："高丽依山为城，攻之不可猝拔。前大驾亲征，国人不得耕种，所克之城，悉收其谷，继以旱灾，民大半乏食。今若数遣偏师，更迭扰其疆场……鸭绿之北，可不战而取矣。"③太宗采纳了这一建议。三月，以左武卫大将军牛进达为青丘道行军大总管，右武侯将军李海岸副之，发兵万余人，乘楼船自莱州泛海而入。又以太子詹事李世勣为辽东道行军大总管，右武卫将军孙贰朗等副之，将兵3000人，因营州都督兵自新城道入，两军都挑选习水善战的士卒配合作战。李世勣、牛进达奉命出战，都取得了一些小规模的胜利。

贞观二十二年（648年）六月，唐太宗以为高句丽困弊，决定在明年发30万大军，一举灭亡高句丽，并下令剑南道修造大型舟舰，以备运粮。然而，唐太宗第二年便病逝了，第二次征伐辽东因此未能成为事实。

唐太宗东征高句丽一事，朝廷大臣中多有人持反对意见，褚遂良、张亮等人上疏，"群臣多谏征高丽者"④，太宗概不采纳。李大亮临终前，"遗表请罢高丽之师"⑤；房玄龄临终前上表请罢东征，以免"坐烦中国"⑥，太宗亦不听从，一意孤行，对形势做出了错误的估计。曾随从隋炀帝东征高句丽的老臣郑元璹告诫唐太宗："东夷善守城，攻之不可猝下。"⑦太宗不以为然，结果是久攻安市城而不下，不得不撤军而还。重视以隋亡为鉴的李世民，却不愿吸取隋炀帝当年以百万大军东征高句丽而失败的教训，竟想以10万军队灭亡高句丽，同样未能取得成功，甚至至死还准备第二次东征，对于东征劳民伤财的严重后果，全然不顾。

在东征高句丽的问题上，唐太宗固执己见、拒不纳谏、一意孤行，不顾这场错误的战争给国家和人民带来的严重后果，因而成了贞观后期唐太宗"渐不克终"的主要表现之一，是唐太宗在位期间施政方针上最严重的一大失误。

---

①②③《资治通鉴》卷一九八。
④⑤⑦《资治通鉴》卷一九七。
⑥《资治通鉴》卷一九九。

［卷四］

武后临朝

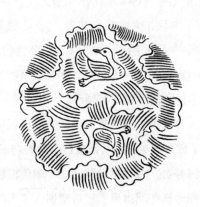

一 贞观遗风尚存 ～

贞观二十三年（649年）五月，唐太宗李世民去世，太子李治即位，年号永徽，是为唐高宗，在位34年。唐高宗在位前期，特别是永徽年间，上承"贞观之治"的全盛局面，又有太宗时期成长起来的长孙无忌、褚遂良、李勣、契苾何力、苏定方、任雅相、薛仁贵、刘仁轨等一大批文臣武将的辅佐。社会安定、谷贱刑省、平定高句丽、设安西都护府，国力强盛，在文治与武功方面均取得了一些发展，大有贞观之治的遗风，现从四个方面分述如下。

（一）均田劝农

唐高宗李治于贞观十七年（643年）被立为太子。从此，"太宗每视朝，常令在侧，观决庶政，或令参议，太宗数称其善"。[①]自贞观十八年（644年）唐太宗伐高句丽、命太子李治"留镇定州"[②]以来，太宗时而身体不佳，"诏军国机务并委皇太子处决"[③]"听政于东宫"[④]。可见，在唐太宗的晚年，太子李治已参与处理军国要务，并对唐太宗的治国方针颇有领会。

唐高宗即位后，在一班文武大臣的辅佐下，秉承贞观年间的治国方略，在轻徭薄赋、体恤百姓方面做了许多实事。唐高宗推行既定的均田法令，禁止买卖口分田、永业田，留意开荒，劝民务农，行"藉田"之礼，减免租税与徭役，因灾害而多次"减膳"，体恤百姓，在永徽年间出现了户口增加、"米斗五钱"的升平景象。现依《旧唐书·高宗本纪》所载，列举如下。

唐高宗即皇帝位（649年）时诏令天下，"诸年八十以上赉以粟帛，雍州及诸州比年供军劳役尤甚之处，并给复一年"。

同年八月，晋州遭地震灾害，"压死者五千余人"。唐高宗"诏遣使存问，给复二年，压死者赐绢三匹"。

---

① 《旧唐书·高宗本纪》。
②③④ 《资治通鉴》卷一九八。

144

永徽二年（651年）春正月戊戌，下"罪己"诏书，诏曰："去岁关辅之地，颇弊蝗螟，天下诸州，或遭水旱，百姓之间，致有罄乏。此由朕之不德，兆庶何辜？矜物罪己，载深忧惕。今献岁肇春，东作方始，粮廪或空，事资赈给。其遭虫水处有贫乏者，得以正、义仓赈贷。雍、同二州，各遣郎中一人充使存问，务尽哀矜之旨，副朕乃眷之心。"

永徽三年（652年）春正月，丁亥日，"籍田于千亩"。

永徽四年（653年）夏四月，壬寅日，"以旱，避正殿，减膳"。

永徽六年（655年）八月，"大雨，道路不通，京师米价暴贵，出仓粟粜之，京师东西二市置常平仓"。

此后，唐高宗为遭受天灾而"减膳"、恤灾以及行"藉田"之礼，亦有多次。例如乾封二年（667年）正月，"上耕藉田，有司进耒耜，加以雕饰。上曰：'耒耜农夫所执，岂宜如此之丽！'命易之。既而耕之，九推乃止"。[①]

唐高宗的均田劝农、体恤百姓，使农业生产得到了恢复和发展，户口大增。永徽三年（652年），户口已由贞观年间的不足300万户增至380万户。史载麟德初年，"时比岁丰稔，米斗至五钱，麦、豆不列于市"[②]，国家一派升平景象。

（二）颁行《永徽律疏》

唐高宗奉行贞观年间的"宽刑"政策，曾多次亲自"录囚徒"，宽赦罪犯，平反冤狱。据《旧唐书·高宗本纪》记载。

永徽元年（650年）秋七月丙寅，"以旱，亲录京城囚徒"。

永徽三年（652年）正月癸亥，"以去秋至于是月不雨，上避正殿，降天下死罪及流罪递减一等，徒以下咸宥之"。

永徽四年（653年）夏四月壬寅，"亲录系囚，遣使分省天下冤狱，诏文武官极言得失"。

永徽五年（654年）三月，"戊午，幸万年宫。辛未，曲赦所经州县系囚"。

显庆三年（658年）二月壬午，"亲录囚徒，多所原宥"。

此后，唐高宗还曾多次"亲录囚徒"，兹不一一列举。

唐高宗永徽年间法制建设上的重大成就，主要表现在《永徽律疏》的制定与颁行。

---

①② 《资治通鉴》卷二〇一。

唐高宗即位伊始，便任命太尉长孙无忌、司空李勣、左仆射于志宁等人在《贞观律》的基础上，制定新的律、令、格、式，并于永徽二年（651年）"颁新定律、令、格、式于天下"（《旧唐书·高宗本纪》），是为《永徽律》（12卷）、《永徽令》（30卷）、《永徽留本司行格》（18卷）、《永徽散颁天下格》（7卷）、《永徽式》（14卷）、《式本》9卷。《唐律疏议》就是在《永徽律疏》《开元律疏》的基础上编纂而成。

《永徽律疏》是在贞观律、令、格、式的基础上删改而成。这一修改工作，史书上仅有"旧制不便者，皆随删改""参撰律疏"①的简略记载，难言其详。据《旧唐书·刑法志》记载，永徽三年（652年）唐高宗下诏："律学未有定疏，每年所举明法，遂无凭准。宜广召解律人，条义疏奏闻，仍使中书门下监定""自是断狱者皆引疏分析之"。上述记载表明，永徽四年（653年）的"颁新律疏于天下"，即是说《永徽律疏》是在永徽四年制定完成并颁行天下的。可见，《永徽律疏》是由长孙无忌、李勣、于志宁等人编定而成，"以律文为经，按照律十二篇的顺序，对五百条律文逐条逐句进行诠解和疏释，并设置问答，辨异析疑，发挥其微义，补充其未周未备"。②有唐一代，唐律的律、令、格、式的修改工作曾多次进行。因此，对于《永徽律疏》与《唐律疏议》的关系，蒲坚认为，今传《唐律疏议》，其疏议即是上述永徽疏③，其律条基本上是《贞观律》，而律疏的部分内容与文字又是永徽以后直至开元年间多次修改的产物。因此，把《唐律疏议》看作《永徽律疏》，或看作《开元律疏》，都是不符合历史事实的；《唐律疏议》并非永徽或开元一朝之典，而是有唐一代之典。

《永徽律疏》的特点与意义，不仅在于为科举中的"明法"科提供统一的"凭准"，更重要的是疏文与律文合为一体，在法律上具有同等的法律效力，是定罪判刑的法律依据，即所谓"自是断狱者皆引疏分析之"④。由于《永徽律疏》对唐律"从立法角度上作出了统一解释，从而在司法执行上也有了统一的标准"⑤，因此《律疏》的制定，不仅对唐代官吏统一地运用法律起了重要作用，而且通过对律的注疏，阐明了中国古代法律的理论原则，大大推动了中华法系理论化的进展。可以说，正因为有了注疏，才使唐律完整地得以保存下来，使唐律的影响惠及后世，远播中外。

---

①④ 《旧唐书·刑法志》。
②③ 蒲坚：《中国法制史》，北京：光明日报出版社，1987年，第140页。
⑤ 中华文化通志编委会编：《中华文化通志58·第六典学术·法学志》，上海：上海人民出版社，2010年，第395页。

（三）选用寒门庶族

唐初的官员中，高级官员大多是开国功臣或贵族出身；中下级官员也大多是通过门荫和杂色入仕的，经科举入仕的在官员所占的比重很小。唐高宗重视通过科举选拔官员，特别是高级官员。唐高宗在位期间，宰相中属于明经、进士和制科等科举出身的约占三分之一。唐高宗命长孙无忌等人为唐律做义疏，其目的之一便是为"明法"科的科举考试提供统一的"凭准"。唐高宗还开创了皇帝亲临考场、亲自策问的先河。显庆四年（659年）春二月乙亥日，"上亲策试举人，凡九百人，惟郭待封、张九龄五人居上第，令待诏弘文馆，随仗供奉"。[①]

唐高宗重视通过科举选拔官员，使得一批出身寒门庶族的人得以担任国家要职，以"同中书门下平章事"的头衔担任宰相职务。据《新唐书·郭正一传》记载："郭正一，定州鼓城人。贞观时，由进士署第，历中书舍人、弘文馆学士。永隆中，迁秘书少监，检校中书侍郎，诏与郭待举、岑长倩、魏玄同并同中书门下承受进止平章事。平章事自正一等始。永淳中，迁中书侍郎。执政久，明习故事，文辞诏敕多出其手。"

进士出身的郭正一，以"检校中书侍郎"的身份，同郭待举、岑长倩、魏玄同"并同中书门下承受进止平章事"[②]。从此，"同中书门下平章事"便成为一种头衔，使得四品以下的官员得以凭借皇帝所赐予的这一头衔而成为宰相。岑、魏二人，岑长倩以兵部侍郎同中书门下平章事；进士出身的魏玄同，以吏部侍郎受诏与中书门下同承受进止平章事。据《资治通鉴》卷二〇三记载：

永淳元年（682年）四月，"丁亥，以黄门侍郎颍川郭待举、兵部侍郎岑长倩、秘书员外少监、检校中书侍郎鼓城郭正一、吏部侍郎鼓城魏玄同，并与中书门下同承受进止平章事。上欲用待举等，谓韦知温曰：'待举等资任尚浅，且令预闻政事，未可与卿等同名。'自是，外司四品已下知政事者，始以平章事为名"。

唐高宗重视科举选官，使官品较低、资历尚浅的官员，得以凭"同中书门下平章事"头衔入朝为宰相。选用寒门庶族对于唐王朝国家政权的建设，具有积极意义。

同提高庶族地位相联系的，是唐高宗在武则天的主使下，于显庆四年（659年）六月，"诏改《氏族志》为《姓氏录》"[③]。据《资治通鉴》卷二百记载：

---

① 《旧唐书·高祖本纪》。
② 《新唐书·郭正一传》。
③ 《资治通鉴》卷二百。

"初，太宗命高士廉等修《氏族志》，升降去取，时称允当。至是，许敬宗等以其书不叙武氏本望，奏请改之，乃命礼部郎中孔志约等，比类升降，以后族为第一等。其余悉以仕唐官品高下为准，凡九等。于是，士卒以军功致位五品者，豫士流，时人谓之'勋格'。"

由于仕唐"得五品官者，皆升士流"，[1]因而"兵卒以军功致五品者，尽入书限"。[2]

《姓氏录》颁行后，必然要遭到士族和贵族的轻视，因而被称为"勋格"。然而，由于它打破了门阀与庶族的界限，有助于提高出身低微官员的社会地位，所以受到庶族的拥护，具有积极意义。

（四）平定高句丽归一统

唐高宗即位后奉行静民劝农、轻徭薄赋、体恤百姓的政策，农业生产有了进一步的恢复与发展，国力比贞观末年有所增强。同时，唐太宗为高宗所留下的大批能征惯战的统帅，从老将李勣到后起之秀薛仁贵，都具有杰出的军事指挥才能。唐高宗正是凭借着更为强盛的国力和这批军事统帅，才得以在对边疆地区的作战中，取得了比贞观时期更为显赫的武功。这里，仅就高宗时期对高句丽和西域的军事行动作简要的介绍。

贞观十九年（645年），唐太宗不顾大臣们的谏诤，执意亲征高句丽，结果遭到高句丽的顽强抵抗。秋冬之际，唐太宗因"辽东仓储无几，士卒寒冻，乃诏班师"，[3]唐军损失惨重。这次东征，唐军事实上是以失败而告终的。唐太宗还曾为第二次东征高句丽而做准备，但不久便病死了。

唐高宗吸取隋炀帝、唐太宗东征高句丽失败的教训，认识到孤军深入、粮草匮乏是军事失利的主要原因。为扭转这一局面，唐军必须在朝鲜半岛上寻求据点，作为根据地。朝鲜半岛上的高句丽、新罗、百济三国，以新罗与唐朝关系密切，且时常受到高句丽和百济的包围，百济位于朝鲜半岛西南，唐军可渡海直达。由于百济时常切断新罗与唐朝交往的通路，唐出师百济可找到发兵的理由。这就是大将刘仁轨所说的"欲吞灭高丽，先诛百济，留兵镇守，制其心腹"[4]的作战方案。

---

[1][2]《旧唐书·许敬宗传》。

[3]《旧唐书·高句丽传》。

[4]《旧唐书·刘仁轨传》。

显庆五年（660年）八月，唐高宗命苏定方率大军渡海攻占百济。据《资治通鉴》卷二百记载：“苏定方引兵自成山济海，百济据熊津江口以拒之。定方进击破之，百济死者数千人，余皆溃走。定方水陆齐进，直趋其都城。未至二十余里，百济倾国来战，大破之，杀万余人。追奔，入其郭。百济王义慈及太子隆逃于北境，定方进围其城。义慈次子泰自立为王，帅众固守。”[①]后来，泰与义慈、隆等城主先后降唐。“百济故有五部，分统三十七郡、二百城、七十六万户。诏以其地置熊津五都督府，以其酋长为都督、刺史。”[②]占有百济后，唐王朝开始在百济“渐营屯田，积粮抚士，以经略高丽”[③]，为夹击高句丽在战略上做准备。

乾封元年（666年）五月，高句丽泉盖苏文死，长子男生代为莫离支，与弟弟男产、男建争权相攻，男生不胜。男生派儿子献诚向唐求救。六月壬寅，唐朝趁此机会派契苾何力为辽东道安抚大使，将兵救之；以献诚为右武卫将军，使为向导。又以右金吾卫将军庞同善、营州都督高侃为行军总管，同讨高句丽。

九月，庞同善大破高句丽兵，泉男生率部众与同善会合。诏令以男生为特进、辽东大都督兼平壤道安抚大使，封玄菟郡公。

十二月乙酉，唐高宗以李勣为辽东道行军大总管，庞同善、契苾何力为辽东道行军副大总管兼安抚大使如故。水陆诸军总管并运粮使窦义积、独孤卿云、郭待封等，都受李勣调遣，河北诸州租赋全部调供辽东前线供给军用。

乾封二年（667年）九月，李勣攻克高句丽新城，命契苾何力守城。薛仁贵大破高句丽兵，斩首5万余级。

总章元年（668年）二月壬午，李勣等三克高句丽扶余城。泉男建又派兵5万救援扶余城，被李勣大败，斩获3万余人，攻克大行城。九月癸巳日，李勣攻克高句丽都城平壤。高句丽王藏派泉男产率首领98人降唐，泉男建闭兵拒守，兵败被俘，高句丽全境被平定。

唐王朝把高句丽的5部、176城、69万户居民，划分为9个都督府、42州、100县，设置安东都护府统辖这一地区，提拔有功的原高句丽“酋帅”担任都督、刺史、县令，与派去的“华人”共同治理政事。任命右威卫大将军薛仁贵为检校安东都护，统领2万名唐朝士兵镇守这一地区。

贞观二十年（646年）十二月，由于龟兹侵犯邻国，唐太宗大怒，曾派左骁卫

①②《资治通鉴》卷二百。
③《旧唐书·刘仁轨传》。

大将军阿史那社尔、右骁卫大将军契苾何力、安西都护郭孝恪统率大军进击。次年四月，俘虏龟兹王诃黎布失毕。龟兹既破，西域大震，当地各族首领摆脱西突厥的统治，归属唐朝。贞观二十三年（649年）二月丙戌日，唐设置瑶池都督府，隶属于安西都护府。戊子日，任命左卫将军阿史那贺鲁为瑶池都督。至此，唐王朝已统一西域诸国。同年五月，唐太宗病死。

阿史那贺鲁原是乙毗咄陆可汗的部下，被任命为瑶池都督后，利用唐朝的声威向四周扩展势力。永徽二年（651年），阿史那贺鲁击破乙毗射匮可汗，夺取其领地，自号沙钵罗可汗，西域诸国多归服，拥兵十万，成为西突厥的最高统治者。同年七月，沙钵罗可汗进攻庭州，威胁西州（今新疆吐鲁番东南）。唐派梁建方、契苾何力率军进讨。自永徽四年（653年）起，唐朝曾连续派兵征讨阿史那贺鲁。显庆二年（657年）唐朝命左屯卫将军苏定方率任雅相、萧嗣业所部回纥兵从北道征讨沙钵罗可汗；命右卫大将军阿史那弥射、左屯卫大将军步真从南道出兵，与北道唐军两路夹击，俘获阿史那贺鲁父子。西突厥诸部纷纷降唐，西突厥汗国灭亡。

西突厥既亡，唐分西突厥地置濛池、昆陵二都护府。唐任命阿史那弥射为左卫大将军、昆陵都护、兴昔亡可汗，押五咄陆部落；任命阿史那步真为右卫大将军、濛池都护、继往绝可汗，押五弩失毕部落。此二人既是西突厥的可汗，又是唐王朝的地方行政长官。原属于西突厥的葛逻禄、处月、处密、姑苏等别部，唐也设置了州府。唐王朝在西突厥故地所设置的州府，都归北庭都护府管辖。设置在天山北路的北庭都护府，下辖2州、2都护府和23个都督府。

龙朔元年（661年）六月癸未，"以吐火罗、哒、罽宾、波斯等十六国置都督府八，州七十六，县一百一十，军府一百二十六，并隶安西都护府"[1]。

唐王朝于天山北南二路所设北庭都护府、安西都护府，下置府、州、县行政机构，使唐王朝中央政府的制度和政令得以在这一地区有效地实行。这就加强了西域与中原地区经济文化的交流，不仅促进了西域地区经济文化的发展，对唐王朝经济文化的发展与繁荣也起到了很大的推动作用。

---

① 《资治通鉴》卷二百。

二 武则天主朝政

武则天这位中国历史上唯一的女皇帝，虽说论出身属于寒门新贵，但毕竟经历了由太宗才人到感业寺尼姑的遭遇。试看她由尼姑庵入宫受宠、由昭仪而皇后、位皇后而诛大臣、直至宫中并称"二圣"的历程，可知她称帝后的作为，完全是她前半生政治生涯合乎逻辑的发展。

（一）身世浮沉

武则天生于武德七年（624年）正月二十三日，父亲武士彟时任工部尚书，正三品。士彟随从李渊于晋阳起兵，时任行军司铠，是唐王朝的开国元勋之一。母亲杨氏是武士彟的继室，婚后生有三女，武则天排行第二。武则天在贵族之家度过了她的童年时代。由于母亲笃信佛教，她从小经常随母出入佛寺。贞观九年（635年），武士彟于荆州都督任上死去。前妻所生的两个儿子和他们的叔伯兄弟对杨氏刻薄无礼，武则天母女四人处境不佳。

贞观十年（636年），长孙皇后去世。次年，唐太宗闻听武则天"美容止，召入宫，立为才人"①，时年14岁。直到唐太宗死去，武则天以才人的身份在宫中生活了13年。关于唐太宗与武则天之间，史书只留下这样一条记载："太宗有骏马曰'师子骢'，极猛悍，太宗亲控驭之，不能驯。则天时侍侧，曰：'惟妾能制之。'太宗问其术，对曰：'妾有三物，始则捶以铁鞭，不服则击以铁挝，又不服则以匕首断其喉尔。'"②这番话披露了武则天刚烈的个性。才人在嫔妃中地位最低，从武则天在宫中13年无生儿育女这一事实来看，她并没有得到唐太宗的宠幸。

唐太宗死后，武则天同宫中没有生育儿女的嫔妃们一道，被送进长安郊外的感业寺，剃度落发为尼，开始了尼姑的生活。

---

① 《旧唐书·则天皇后本纪》。
② （南宋）罗大经：《鹤林玉露》卷十二。

（二）昭位受宠

武则天一生命运的转机，在于她当年与太子李治的一段情缘。贞观二十二年（648年），太宗卧病，太子李治入侍，有机会见到比他年长4岁的武则天，彼此间产生了爱慕之情。这便是史书上所说的"上之为太子也，入侍太宗，见才人武氏而悦之"。[①]唐高宗在永徽六年（655年）立武氏为皇后的诏书中，对于这段情缘亦不隐讳："朕昔在储贰，特荷先慈，常得侍从，弗离朝夕……圣情鉴悉，每垂赏叹，遂以武氏赐朕，事同政君。"[②]

永徽元年（650年）五月，唐高宗在太宗周年忌日，以行香为名去感业寺，与尼姑武则天会面时，"武氏泣，上亦泣"[③]。当时，萧淑妃正得高宗宠幸，王皇后为离间二人关系，闻知此事后便令武则天蓄发，等待召入宫中。武则天28岁时再度受召入宫，"卑辞屈体以事后，后爱之，数称其美于上，未几大幸，拜为昭仪"[④]。王皇后与萧淑妃见武昭仪大受宠幸，便又一道诋毁武氏，无奈唐高宗不予理睬，一心宠幸武昭仪。武昭仪怀孕后，王皇后的娘舅中书令柳奭与长孙无忌、韩瑗、于志宁三位宰相一道出面，"固请立忠为储后，高宗许之"[⑤]。李忠被立为太子半年后，武则天生下长子李弘。此后，唐高宗的六个儿女即四男二女，均系武氏所生，可见其独受高宗宠幸。

（三）立为皇后

柳奭与长孙无忌、韩瑗、于志宁坚持立皇子李忠为太子的目的，矛头是对着武昭仪的，武氏对此十分清楚。她曾多次想方设法取得长孙无忌的支持，但都没有奏效。在朝廷中，卫尉卿许敬宗、御史大夫崔义玄、御史中丞袁公瑜，以及中书侍郎李义府，成了为武氏谋取皇后地位的腹心人物。

永徽六年（655年）八月，长安令裴行俭闻知将要立武昭仪为皇后，认为"国家之祸必由此始，与长孙无忌、褚遂良私议其事"[⑥]。袁公瑜闻知此事后告诉武昭仪的母亲杨氏，行俭被贬为西州都督府长史。

同年九月的一天，唐高宗退朝后召长孙无忌、李勣、于志宁、褚遂良入内殿。褚遂良说：

---

①③④⑥《资治通鉴》卷一九九。

②《资治通鉴》卷二百。

⑤《旧唐书·燕王忠传》。

"今日之召，多为中宫。上意既决，逆之必死。太尉元舅，司空功臣，不可使上有杀元舅及功臣之名。遂良起于草茅，无汗马之劳，致位至此，且受顾托，不以死争之，何以下见先帝！"①

李勣见此情景，借口身体不适没有一同入内殿。

长孙无忌等三人进入内殿，唐高宗对长孙无忌说：

"皇后无子，武昭仪有子，今欲立昭仪为后，何如？"②

褚遂良答对说："皇后名家，先帝为陛下所娶。先帝临崩，执陛下手谓臣曰：'朕佳儿佳妇，今以付卿。'此陛下所闻，言犹在耳。皇后未闻有过，岂可轻废！臣不敢曲从陛下，上违先帝之命！"③

唐高宗不悦而罢。第二天，又向长孙无忌等人言及此事，褚遂良答对说：

"陛下必欲易皇后，伏请妙择天下令族，何必武氏。武后经事先帝，众所共知。天下耳目，安可蔽也。万代以后，谓陛下为如何！愿留三思！臣今忤陛下，罪当死。"④

褚遂良言罢，置笏于殿阶，解巾叩头流血，说道："还陛下笏，乞放归田里。"⑤

唐高宗大怒，命令将遂良带出殿中。当时，武昭仪在帘中大声喊道：

"何不扑杀此獠！"⑥

在场的长孙无忌随即说道："遂良受先朝顾命，有罪不可加刑。"⑦当时在场的还有于志宁，他见气氛如此紧张，没有敢再说什么。

韩瑗也先后为此事"涕泣极谏""明日又谏，悲不自胜"⑧，唐高宗都不予采纳。此后，韩瑗与来济先后上疏，谈古论今，进行劝谏，唐高宗仍不予采纳。

不久，李勣入见，唐高宗问道：

"朕欲立武昭仪为后，遂良固执以为不可。遂良既顾命大臣，事当且已乎？"⑨

"此陛下家事，何必更问外人！"⑩李勣答对道。

当唐高宗在立武昭仪为皇后的态度上因褚遂良等人谏诤而有所动摇时，是李勣的一句话，使唐高宗又回到了原来的立场上，做出了立武昭仪为皇后的决断，贬褚遂良为潭州都督。

永徽六年（655 年）十月乙酉日，下诏书称："王皇后、萧淑妃谋行鸩毒，废为庶人，母及兄弟，并除名，流岭南。"⑪

---

①②③④⑤⑥⑦⑧⑨⑩《资治通鉴》卷一九九。
⑪《资治通鉴》卷二百。

乙卯日，诏书立武昭仪为皇后。

同年十一月丁卯日，司空李勣主持了"册皇后武氏"①的仪式。

（四）贬逐宰相

武则天被册为皇后之初，摆出了宽厚的姿态，上表称反对立自己为皇后的韩瑗、来济"深情为国，乞加褒赏"。②显庆元年（656年），韩瑗上疏请求宽恕褚遂良，唐高宗不予采纳，他便请求解职归田。次年七月，许敬宗、李义府秉承武后旨意，诬奏韩瑗、来济与褚遂良图谋不轨。同年八月，韩瑗被贬为振州（今海南岛崖县西）刺史，来济被贬为台州（今浙江临海）刺史，"终身不听朝觐"③。次年，褚遂良死于流放地爱州（今越南清化）。

褚遂良、韩瑗、来济被贬官到边远地区后，武后便把打击矛头指向了唐高宗的舅父、开国元勋长孙无忌。显庆四年（659年），武则天指使许敬宗借审讯韦季方一案诬陷长孙无忌，唐高宗"下诏削无忌太尉及封邑，以为扬州都督，于黔州（今四川彭水）安置"④，派使发兵遣送黔州。接着，许敬宗又奏："无忌谋逆，由褚遂良、柳奭、韩瑗构扇而成。奭仍潜通宫掖，谋行鸩毒，于志宁亦党附无忌。"⑤长孙无忌的儿子、秘书监、驸马都尉长孙冲等皆除名，流放到岭南。褚遂良的儿子彦甫、彦冲被流放到爱州，于途中被杀害。韩瑗的内侄、凉州刺史赵持满，长孙无忌的族弟长孙铨在许敬宗的诬陷下，前者在下狱后被诛杀，后者到流放地点后被县令"希旨杖杀"⑥。

显庆四年（659年）七月，派御史分别前往高州、象州、振州追捕长孙恩、柳奭、韩瑗，枷锁送京师，命所在州县薄录其家。同月壬寅日，命李勣、许敬宗等人再次审查长孙无忌一案，敬宗派中书舍人袁公瑜等人诣黔州，逼令长孙无忌自杀，诏令杀柳奭于象州；韩瑗已死，开棺验尸而还，籍没长孙、柳、韩三家，近亲皆流放岭南为奴婢。常州刺史长孙祥以与长孙无忌通信的罪名被处以绞刑，长孙恩被流放到檀州，长孙氏、柳氏被贬官13人。于志宁被贬为荣州刺史，于氏被贬官9人。长孙无忌、柳奭、韩瑗，以及于志宁等人的被杀或贬官，标志着国家权力已落入以武后为首的"中宫"手中。

---

①②③④⑤⑥《资治通鉴》卷二百。

（五）宫中二圣

武后攫取国家大权的过程，一方面是贬逐或杀害宰相及朝廷大臣，同时也是对皇帝权力的侵夺和步步紧逼。这就是史书上所说的武后"及得志，专作威福，上欲有所为，动为后所制，上不胜其忿"。①麟德元年（664年），宦官王伏胜检举武后引方士出入禁中，行巫术。高宗听了大怒，密召西台侍郎、同东西台三品上官仪议论此事，上官仪说："皇后专恣，海内失望，宜废之以顺人心。"②于是唐高宗命上官仪起草废皇后的诏书。

高宗身边的武后亲信奔走向武后传讯，武后立即慌忙赶来，诏书尚在高宗那里。高宗见武后赶来，"羞缩不忍，复待之如初。犹恐后怨怒，因绐之曰：'我初无此心，皆上官仪教我'"。③于是，武后指使许敬宗诬奏上官仪、伏胜与废太子李忠谋反。同年十二月丙戌日，上官仪被下狱，其子上官庭芝、王伏胜皆死，籍没其家。同月戊子日，李忠在被流放的黔州被赐死。朝廷官吏因此案被贬官、流放的很多。

从此，"上每视事，则后垂帘于后，政无大小，皆与闻之。天下大权，悉归中宫，黜陟杀生，决于其口，天子拱手而已，中外谓之'二圣'"。④

武后诛杀、贬逐朝中的反对派，参预朝政，同天子一道被称为"二圣"。她之所以能够攫取国家权力，除了她诛杀大臣外，也与唐高宗的健康状况不佳和武后的治国才能有关。这就是史书上所说的"上初苦风眩头重，目不能视，百司奏事，上或使皇后决之。后性明敏，涉猎文史，处事皆称旨。由是始委以政事，权与人主侔矣"。⑤

《旧唐书·则天皇后本纪》亦记载："永徽六年，废王皇后而立武宸妃为皇后。高宗称天皇，武后亦称天后。后素多智计，兼涉文史。帝自显庆已后，多苦风疾，百司表奏，皆委天后详决。自此内辅国政数十年，威势与帝无异，当时称为'二圣'。"

（六）君临天下

弘道元年（683年）十二月丁巳日，唐高宗驾崩，"皇太子显即位，尊天后为

---

①③④《资治通鉴》卷二〇一。

②《新唐书·上官仪传》。

⑤《资治通鉴》卷二百。

皇太后。既将篡夺，是日自临朝称制"。①

《资治通鉴》卷二〇三记载："上崩于贞观殿，遗诏太子枢前即位，军国大事有不决者，兼取天后进止……中宗即位，尊天后为皇太后，政事咸取决焉。"

《旧唐书·高宗本纪》记载："宣遗诏：'七日而殡，皇太子即位于枢前。园陵制度，务从节俭。军国大事有不决者，取天后处分。'"

《新唐书·则天皇后本纪》记载："高宗崩，遗诏皇太子即皇帝位。军国大务不决者，兼取天后进止。甲子，皇太子即皇帝位，尊后为皇太后，临朝称制。"

上述记载表明，唐高宗一死，武则天便以皇太后的身份"临朝称制"，掌握了国家的最高权力。

为把国家最高权力牢固地掌握在自己手中，武则天在高宗死后又接连策划了如下一系列政治活动。

光宅元年（684 年）二月戊午日，中书令裴炎与武则天密谋后，"勒兵入宫，宣太后令，废中宗为庐陵王，扶下殿……乃幽于别所"。②己未日，立中宗的四弟雍王李旦为皇帝，是为唐睿宗，"政事决于太后，居睿宗于别殿，不得有所预"。③唐睿宗居于别殿、不得参预政事表明，武则天已掌握了国家的全部大权，皇帝成了傀儡。从此，唐王朝进入了武则天"圣衷独断"的"则天朝"。

武则天临朝不久，徐敬业于扬州起兵讨武，不久被朝廷大军讨平。垂拱四年（688 年）五月乙亥日，武则天加尊号为"圣母神皇"。永昌元年（689 年）十一月庚辰日，"太后享万象神宫，赦天下，始用周正……乙未，司刑少卿周兴奏除唐亲属籍"。④武则天自名曌，改诏曰制，成为了中国历史上唯一一位女皇帝。

---

① 《旧唐书·则天皇后本纪》。
②③ 《资治通鉴》卷二〇三。
④ 《资治通鉴》卷二〇四。

三　武氏治国有方 ☁

（一）再造政治新格局

武则天自册为皇后，诛杀长孙无忌、柳奭，以及韩瑗等一班宰相以来，所诛杀、贬逐的大臣还有宗室贵族，可谓数不胜数。自唐高宗死后，武则天临朝称制。光宅元年（684年），中书令裴炎被斩杀。十二月，郭待举被贬为岳州刺史；左武卫大将军程务挺于军中被斩杀。因裴炎一案被贬逐、诛杀的文武大臣和高级官员多人。已经发生和后来发生的一系列政治事件，使统治集团内部的政治力量对比随之发生重大变化，形成了与前期截然不同的政治格局。

史载："太后自徐敬业之反，疑天下人多图己，又自以久专国事，且内行不正，知宗室大臣怨望，心不服，欲大诛杀以威之。乃盛开告密之门，有告密者，臣下不得问，皆给驿马，供五品食，使诣行在。虽农夫樵人，皆得召见，廪于客馆，所言或称旨，则不次除官，无实者不问。于是四方告密者蜂起，人皆重足屏息。"①

于是，索元礼、周兴、来俊臣等一班酷吏掌握司法大权，"相与私畜无赖数百人，专以告密为事。欲陷一人，辄令数处俱告，事状如一……太后得告密者，辄令元礼等推之，竞为讯囚酷法"。②索、周、来等人用各种酷刑制造冤狱，"太后以为忠，益宠任之。中外畏此数人，甚于虎狼"。③

武则天加尊号"圣母神皇"，唐王朝的李姓诸王见"太后潜谋革命，稍除宗室"，"内不自安，密有匡复之志"。④

首谋起兵的是唐高祖第十一子韩王李元嘉。垂拱四年（688年），韩王与儿子通州刺史、黄公李譔谋"举兵唱天下，迎还中宗"⑤。越王李贞的儿子，博州刺史、琅邪王李冲伪造皇帝诏书称"神皇欲移李氏社稷以授武氏"⑥，于八月壬寅日命博州长史萧德琮召募士卒，"分告韩、霍、鲁、越及贝州刺史纪王慎，各令起兵共趣神都"。⑦

---

①②《资治通鉴》卷二〇二。
③《资治通鉴》卷二〇三。
④⑥⑦《资治通鉴》卷二〇四。
⑤《新唐书·则天武皇后传》。

由于越王叔伯兄弟、鲁王之子范阳王李蔼的告密，李冲不得不匆忙发难，而其他诸王因准备不及不敢行动，起兵很快被朝廷所派大军镇压下去。于是，收捕韩王元嘉、鲁王灵夔、黄公譔、常乐公主，于东都迫令自杀，"亲党皆诛"[①]。被诛杀的还有虢王李凤的第五子申州刺史东莞公李融。霍王李元轨死于流放途中，江都王李绪被戮于市。次年四月，杀蒋王恽、道王元庆、徐王元礼、曹王明、泽王上金、许王素节、豫章王亶、舒王元名，又杀辰州别驾汝南王李炜、连州别驾鄱阳公李谨等宗室十二人，徙其家属于巂州。

事实表明，武则天诛杀大臣与宗室，其目的是为专断国家大权，这在事实上也确实给唐王朝的关陇贵族集团势力以毁灭性的打击，唐高祖、唐太宗、唐高宗三朝皇子，除武氏所生的李显、李旦外，几乎被杀殆尽。这种后果，不仅为武则天登基做皇帝准备了条件，在客观上也为武则天大批起用寒门庶族、破格选用人才扫清了政治障碍，实际上已经造成了一个政治新局面。

（二）任人唯贤与纳谏

武则天虽然任用过酷吏，但那毕竟是临朝时期的政治手段。从她参预朝政、被称为"二圣"以来，直到她退位死去，一生中任人唯贤、破格用人的事例不胜枚举。为发展科举制度，武则天废除防止考官作弊的糊名制度，主张信任考官、从宽取士。天授元年（690年），武则天于洛城殿亲自策问贡士，开创了贡士殿试制度。武则天还开创"自举"制度，即自我荐举、申请做官。她又创立招收武官的"武举"制度，设射长垛、骑射、马枪、步射、才貌、言语、举重等七种，考试合格者可送往兵部，以供选用。天授元年（690年），武则天还曾派存抚使10人分巡十道，专门选拔人才，以供录用。进士科的考试，年年举行，大量扩大科举取士的名额。

武则天还重视由官员荐举贤才的制度，废除只有三品以上官员才有荐官权利的旧制，改为京官五品以上和郎官御史、诸州刺史皆可推荐一人的制度。永隆元年（680年），又诏令：县令、刺史、御史、员外郎、太子舍人、司仪郎、左右文武五品以上，清要、近侍及宿卫之官，可以举荐所知一人，以供录用。后来，又扩大到京官六品以上，可向朝廷荐举人才。例如，正谏大夫朱敬则荐举了裴怀古、魏知古；裴行俭推荐了黑齿常之、李多祚；娄师德推荐了狄仁杰，而狄仁杰又推荐了张柬之、姚崇、桓彦范、

---

① 《资治通鉴》卷二○四。

敬晖等人。上述诸人的政绩表明，他们都不愧为一代名臣。从唐高宗驾崩到唐中宗复位，武则天在这二十二年间所任用的宰相有70余人，其中大多都可称之为名臣，而姚崇、宋璟，直到开元时期，仍以一代名相为开元盛世的到来做出了贡献。

武则天虽曾大量诛杀朝廷大臣，但受重用者也大有人在，被她称为"国老"的狄仁杰便是其中著名人物。狄仁杰比武则天年长17岁，生于隋朝大业三年（607年），武则天临朝前曾任大理丞、侍御史、宁州和豫州刺史等职。天授二年（691年），"以地官侍郎同凤阁鸾台平章事"。后来，来俊臣陷害狄仁杰，将他逮捕入狱。来俊臣、武承嗣、霍献可等人多次请求诛杀狄仁杰，武则天不予允许，狄仁杰被贬为彭泽县令。神功元年（697年）诛来俊臣，狄仁杰再度被起用为宰相，为武则天荐举人才，为治国献计献策，多所进谏，深受武则天的器重、尊敬和优待，以"国老"相称。史称"仁杰又尝荐夏官侍郎姚元崇、监察御史曲阿桓彦范、太州刺史敬晖等数十人，率为名臣。或谓仁杰曰：'天下桃李，悉在公门矣。'仁杰曰：'荐贤为国，非为私也。'"①狄仁杰死，武则天悲痛万分。

武则天还十分重视地方官员刺史、县令的选用，派韦嗣立等20余人到地方上出任刺史。后来，常州刺史薛谦光、徐州刺史司马镇都在任上做出了突出的业绩。

武则天任人唯贤的同时，又善于纳谏，在位期间接受群臣劝谏的事例不胜枚举。例如贞观年间的老臣刘仁轨，一向敢于直谏，武则天看过他的上疏后，派武承嗣带着玺书专程前往长安慰谕。仁轨死，武则天废朝三日，命京官依次前往吊唁。天册万岁元年（695年），获嘉主簿（九品官）刘知几上书，武则天认为言之有理，切中时弊，颇为嘉许。圣历二年（699年），将刘知几调入长安，历任著作佐郎、左史、著作郎、秘书少监，参预修撰国史，后来写成了著名的《史通》一书。

在大臣向武则天谏诤的无数事例中，以徐有功敢于犯颜谏诤的事迹最为生动。徐有功于武后临朝时，任司刑丞一职。当时，武则天"畏大臣谋己"，②大兴告密之风，周兴、来俊臣等人制造大量冤狱，"吏争以周内穷诋相高，后辄劝以官赏，于是以急变相告，言者无虚日。朝野震恐，莫敢正言。独有功数犯颜争枉直，后厉语折抑，有功争益牢"。③在审理颜余庆一案时，侍御史魏元忠主张"请诛死，籍其家""诏可"。④徐有功引用永昌赦令："魁首已伏诛，支党未发者原之。"⑤主张"赦而复罪，

①《资治通鉴》卷二〇七。
②③④⑤《新唐书·徐有功传》。

不如勿赦；生而复杀，不如勿生。窃谓朝廷不当尔"。①武则天闻听大怒，质问道：

"何谓魁首？"②

"魁者，大帅；首者，元谋。"③有功答。

"余庆安得不为魁首？"④则天问。

"若魁首者，虺贞是已。既已伏诛，余庆今方论罪，非支党何？"⑤有功答。

盛怒中的武则天，闻听徐有功的回答，"意解"⑥，说道："公更思之。"⑦于是，免颜余庆一死。"当此时，左右及卫仗在廷陛者数百人，皆缩项不敢息，而有功气定言详，巀然不桡"。⑧在武则天重用酷吏、大兴告密冤狱之风时，徐有功敢于犯颜廷争；而武则天在群臣面前，于盛怒中尚能唯理是从，这说明武则天是位颇能虚心纳谏的君主。

武则天临朝和君临天下期间所取得的诸多政绩，同她的任人唯贤和虚心纳谏有着密切联系。唐人陆贽称赞武则天破格选拔人才，"故当世称知人之明，累朝赖多士之用"。⑨

（三）社会经济的发展

据《新唐书·后妃传上》记载："上元元年，进号天后，建言十二事：一、劝农桑，薄赋徭；二、给复三辅地；三、息兵，以道德化天下；四、南北中尚禁浮巧；五、省功费力役；六、广言路；七、杜谗口；八、王公以降皆习《老子》；九、父在为母服齐衰三年；十、上元前勋官已给告身者无追核；十一、京官八品以上益禀入；十二、百官任事久，材高位下者得进阶申滞。帝皆下诏略施行之。"

武则天的"建言十二事"，其中的第一至第七各条，所言皆属于治国方略方面的大事。这12条，反映了她作为一位政治家的眼光与见识。而"帝皆下诏略施行之"表明，武则天的"建言"在高宗在位期间曾不同程度地被付诸施行，对治理国家曾起到过积极作用。

唐王朝的均田制和租庸调制，在唐初对农业生产的恢复和发展曾起到积极作用。然而，待到武则天临朝时，土地问题已相当严重。第一，到唐初实行均田制时，在一些人多地少的地区，农民得不到法定的土地数额；第二，均田制允许永业田和

---

① ② ③ ④ ⑤ ⑥ ⑦ ⑧《新唐书·徐有功传》。
⑨《新唐书·陆贽传》。

口分田在一定条件下可以买卖，这就为豪强兼并土地大开了方便之门。豪强大量兼并土地的后果，使得自耕农的土地成为官僚地主的田庄，大批失去土地的农民成为流民，有的甚至啸聚山林。这不仅使社会矛盾激化，而且国家的赋税收入也受到了严重影响。

为解决土地兼并、维护均田制，武则天明令禁止豪强贵族多占土地，永业田与口分田一律不许买卖，违者严惩。对于豪强贵族已经兼并的土地，也明令进行清查，情况严重的予以没收，煞住了兼并土地的风气。与此同时，武则天还采取各种办法，使逃亡农民回到原籍从事农业生产，又允许逃亡农民留在客居地，但要登记户口，农业生产因此而得到恢复和发展。武则天还曾多次下令解放奴婢，这也有利于更多的人回归乡间从事农业生产。

武则天把"劝农桑""薄赋徭"作为恢复和发展农业生产的基本国策和地方官员的主要职责，不夺农时，把农业生产的好坏作为考核和奖惩地方官吏的主要标准和依据。与此同时，还在各地兴修了许多农田水利工程，灌溉面积进一步扩大，很多荒地也在这一期间被开垦起来。

荒地的开垦和农业生产的恢复与发展，使户口数字大增。唐高宗永徽三年（652年），户口总数由唐初的300万户增加到380万户。而待到武则天执政末年即705年，全国户数已达615万，比永徽三年（652年）增加了一倍，人口达3714万。

（四）初唐文坛的人杰

武则天自参预朝政以来，便注意广召文辞之士进入禁中，参预朝政，著书立说。据《新唐书·元万顷传》所载："武后讽帝召诸儒论譔禁中，万顷与周王府户曹参军范履冰、苗神客、太子舍人周思茂、右史胡楚宾与选，凡撰《列女传》《臣轨》《百僚新戒》《乐书》等九千余篇。至朝廷疑议表疏皆密使参处，以分宰相权，故时谓'北门学士'。"

在武则天参政、临朝以来的文坛上，首先应该提到的是被称为"文章四友"的李峤、苏味道、崔融和杜审言。李峤（644—713年）是麟德元年（664年）的进士，高宗时期曾任监察御史、给事中，武后时期历任凤阁舍人、鸾台侍郎，知政事，封赵国公。当时朝廷的重要文书，很多是由他草拟的。他也曾多次上疏言事，多被武则天采纳。他的律诗有160余首，多为咏物诗。他的七言古诗《汾阴行》中有"山川满目泪沾衣，富贵荣华能几时！不见只今汾水上，唯有年年秋雁飞"句，后来曾受到唐玄宗的赞赏。苏味道（？—707年）年少中进士，历任凤阁侍郎、同凤阁鸾台三品，在相位居官数年。崔融也是因科举入仕，历任东宫侍读、著作郎、凤阁舍人。他文笔典丽，曾撰写《洛出宝图颂》《则天哀册文》。他曾上表谏关市税事，被武则天所采纳。杜审言（645—708年）是咸亨年间的进士，曾任修文馆直学士，是盛唐大诗人杜甫的祖父。他所写的诗在"四友"中成就最高。

在初唐的诗坛上，首先应该提到的是卢照邻、骆宾王、王勃、杨炯"初唐四杰"。他们以其作品的成就，上承梁陈，下启沈宋，在初唐的诗坛上占有重要的地位。四人中，卢、骆擅长于七言歌行，而王、杨则擅长于五言律诗。

卢照邻是幽州范阳（今北京附近）人，生于630年前后，死于唐高宗末年。他曾做过益州新都尉一类小官，因病隐居太白山。武后时期屡聘贤士而不应召入仕，后因病痛折磨自投颍水而死，今存诗96首。卢诗以七言歌行最好，其中《长安古意》作为一首宫体诗，诗中有对爱情的热烈追求："得成比目何辞死，愿作鸳鸯不羡仙！"也有对贵族的讽刺："自言歌舞长千载，自谓骄奢凌五公。节物风光不相待，桑田碧海须臾改。昔时金阶白玉堂，即今惟见青松在。"诗中还有对寒士读书生活的欣慰："寂寂寥寥扬子居，年年岁岁一床书。独有南山桂花发，飞来飞去袭人裾。"

骆宾王是婺州义乌（今浙江义乌）人，生卒年代不详。曾历任武功、长安主簿，后升任侍御史，因罪入狱，贬官临海（今浙江天台）丞。因不得志，弃官而去。徐敬业起兵讨武后，骆宾王为府属作《讨武氏檄》。敬业兵败后，骆宾王的下落不明。同卢照邻一样，骆宾王也擅长七言歌行，他的《帝京篇》在当时便被誉为绝唱。此外，他的五言律诗与五言绝句，亦有名篇传世。现将《在狱咏蝉》摘录如下：

> 西陆蝉声唱，南冠客思侵。
>
> 那堪玄鬓影，来对白头吟。
>
> 露重飞难进，风多响易沉。
>
> 无人信高洁，谁为表予心。

骆宾王的五言绝句《于易水送人》，更是千载传诵不绝的名作：

> 此地别燕丹，壮士发冲冠。
>
> 昔时人已没，今日水犹寒。

至于传诵至今的《讨武氏檄》，史载武则天读此文时，先是"但嘻笑"[①]；读至

---

① 《新唐书·骆宾王传》。

"一抔之土未干,六尺之孤何托"时,问此文是何人所作,左右答对道:"骆宾王。"武则天随即说:"宰相安得失此人!"[1]对骆宾王的才华颇为欣赏。

王勃是绛州龙门(今山西稷山县)人,生于649年,卒于676年。《新唐书·王勃传》称王勃"六岁善文辞""年未及冠,授朝散郎,数献颂阙下",28岁时英年早逝。王勃擅长五言律诗与五言绝句,传世名篇甚多,这里摘录他的《送杜少府之任蜀州》以及《滕王阁序》末尾的《滕王阁诗》以供玩味:

> 城阙辅三秦,风烟望五津。
>
> 与君离别意,同是宦游人。
>
> 海内存知己,天涯若比邻。
>
> 无为在歧路,儿女共沾巾。
>
> 滕王高阁临江渚,佩玉鸣鸾罢歌舞。
>
> 画栋朝飞南浦云,珠帘暮卷西山雨。
>
> 闲云潭影日悠悠,物换星移几度秋。
>
> 阁中帝子今何在?槛外长江空自流。

杨炯是弘农华阴(今陕西华阴)人,生于650年,卒于693年以后。《新唐书·杨炯传》称杨炯"举神童,授校书郎"、待制弘文馆。后来历任秘书省校书郎、崇文馆学士,又被贬为梓州司法参军,出任盈州(今浙江衢州)县令,死于任上。杨炯擅长五言律诗,名篇有《骢马》以及边塞诗《从军行(烽火照西京)》:

> 烽火照西京,心中自不平。
>
> 牙璋辞凤阙,铁骑绕龙城。
>
> 雪暗凋旗画,风多杂鼓声。
>
> 宁为百夫长,胜作一书生。

唐初"四杰"以其在诗文上的成就,摆脱了齐梁宫体诗的狭小范围,扩大了诗歌的体裁,使得诗歌由宫廷走向市井,代表了当时文学革新的方向。特别是五言律诗到王、杨时得以定型,二人均是五言律诗的奠基人。

初唐以降,对"四杰"在文学上的成就,多有中肯的评价:

杜甫《戏为六绝句》二称:"王杨卢骆当时体,轻薄为文哂未休。尔曹身与名俱灭,不废江河万古流。"

---

[1] 《新唐书·骆宾王传》。

王世贞《全唐诗说》称："卢骆王杨，号称四杰。词旨华靡，固沿陈隋之遗；骨气翩翩，意象老境，超然胜之。五言遂为律家正始。"

胡应麟《诗薮》称："歌行兆自《大风》《垓下》《四愁》《燕歌》，而后六代寥寥。至唐大畅，王杨四子，婉转流丽。"①

比"四杰"稍晚的著名诗人沈佺期与宋之问，其贡献在于他们的作品使律诗定型化，因而在中国诗歌史上享有重要地位。

初唐时期，对诗风革新做出贡献的重要人物是陈子昂。

陈子昂是梓州射洪（今四川射洪）人，生于 659 年，卒于 702 年，出身于富豪家庭。24 岁中进士，被武则天"召见金华殿，擢为麟台正字"，②因此在词人学士中名声颇大。他曾多次上疏言事，因"言多直切"③而不被采纳。曾先后随军出征西北和契丹，35 岁时曾一度被擢为右拾遗。他痛感自己的政治主张无法实现，在 40 岁时辞官回家。42 岁时，在武三思的指使下被诬害而死。陈子昂才华横溢，胸有大志，关心国家的前途命运与民间疾苦，然而他的屡次上疏大多不被采纳。理想与现实的矛盾，激发了他在文学上的创作热情与追求，这是贯穿于他的诗歌创作中的主题，对他的文学主张亦颇有影响。

陈子昂关于诗歌创作的主张，集中反映在《修竹篇序》中。他反对齐梁时期"彩丽竞繁而兴寄都绝"的诗风，主张并提倡"汉魏风骨"和"风雅兴寄"。陈子昂以复古为革新的主张，是唐诗革新的宣言，吹响了一代诗风的号角。他的《修竹篇》，上承屈原的《橘颂》，下启张九龄的《感遇·江南有丹橘》《感遇·兰叶春葳蕤》，与李白的《古风·松柏本孤直》《古风·倚剑登高台》，是一脉相承的。陈子昂上承建安传统，下开盛唐诗风，因而被卢藏用称誉为"卓立千古，横制颓波，天下翕然，质文一变"。④大诗人杜甫也称誉陈子昂"有才继骚雅……名与日月悬"。⑤

陈子昂诗作今存 120 余首，其中《感遇》38 首是他的代表作。这些有感于政事而写作的诗篇，抒发了他的理想与现实的矛盾。他 26 岁时所写的《感遇》（其三十五）：

---

① 唐初四杰的文学成就，可参见袁行霈：《中国文学史纲要（魏晋南北朝隋唐五代文学）》，北京：北京大学出版社，1986 年，第 107—115 页。

②③《新唐书·陈子昂传》。

④（唐）陈子昂撰：《陈伯玉集》，成都：巴蜀书社，2019 年。

⑤（唐）杜甫著，郝润华整理：《杜甫诗集》，上海：上海古籍出版社，2021 年。

本为贵公子，平生实爱才。

感时思报国，拔剑起蒿莱。

西驰丁零塞，北上单于台。

登山见千里，怀古心悠哉!

谁言未忘祸，磨灭成尘埃。

他的《感遇》（其二），感叹美好的理想不能实现，写道：

兰若生春夏，芊蔚何青青。

幽独空林色，朱蕤冒紫茎。

迟迟白日晚，袅袅秋风生。

岁华尽摇落，芳意竟何成!

陈子昂在武攸宜军中所作的《蓟丘览》七首，其中的《燕昭王》表达了他对举贤授能的开明政治的向往：

南登碣石坂，遥望黄金台。

丘陵尽乔木，昭王安在哉?

霸图怅已矣，驱马复归来。

《登幽州台歌》作为一首脍炙人口的作品，虽然有作者的感伤，但风格却刚健质朴：

前不见古人，后不见来者。

念天地之悠悠，独怆然而涕下。

在散文方面，陈子昂反对六朝讲究排偶、辞藻、音律和典故的骈体文，主张不拘形式的散文文体。他本人写了不少不拘形式的散文，开启了唐代散文领域古文运动的先河。

武则天在位期间，除了文坛上的上述成就外，在史学领域的杰出建树，则是刘知几的《史通》。这是我国史学史上第一部体系宏大的史学理论专著，在中国史学史上享有崇高的地位。

武则天重视书籍的编纂，这一时期她所召集的文词之士所撰写的书籍有《玄览》100卷、《古今内范》100卷、《青宫纪要》30卷、《少阳政范》30卷。此外，还有《列女传》《孝子经》《维城典训》《凤楼新诫》各20卷，《乐书要录》《内轨要略》各10卷，《百僚新诫》《兆人本业》各5卷，《垂拱格》4卷。

武则天时期类书编纂颇为兴旺，对后世类书的编纂具有深远的影响。所成就的类书有《东殿新书》300卷和"博采古今文集，摘其英词丽句，以类相从"的《瑶山玉彩》500卷。特别是在武则天的主持下，由李峤、张说、宋之问、沈佺期等26人所编纂的《三教珠英》共1300卷，可视为这一时期文化史上的重要贡献之一。

（五）巩固边疆的成就

武则天临朝后的西部边疆颇不安定。唐高宗在位期间，于661年在天山南北二路设安西都护府和北庭都护府，在行政上对这一地区实行直接管辖。然而，663年，吐蕃的大相禄东赞出兵击败已经臣服唐朝的吐谷浑，要求唐王朝承认已占有的吐谷浑土地。唐高宗不许，派左武卫大将军苏定方为安集大使，"节度诸军，为吐谷浑之援"。[①]667年，禄东赞其子尊业多布继任大相。670年4月，吐蕃攻陷西域18州，又与于阗袭击并攻陷龟兹拨换城，唐王朝不得不"罢龟兹、于阗、焉耆、疏勒四镇"。[②]

唐高宗以薛仁贵为逻娑道行军大总管，阿史那道真、郭待封为副大总管，发兵10万征讨。郭待封对薛仁贵被任命为大总管不服，"耻居其下""不用仁贵策，将辎重徐进"。[③]结果，遇吐蕃20余万大军，"待封军大败，还走，悉弃辎重。仁贵退屯大非川，吐蕃相论钦陵将兵四十余万就击之，唐兵大败，死伤略尽。仁贵、待封与阿史那道真并脱身免，与钦陵约和而还"。[④]薛仁贵等三人被械送京师，免死除名。安西四镇的大部分土地被吐蕃夺得，甘肃一带时常受吐蕃侵扰。此后，唐高宗曾多次对吐蕃用兵，也时有胜利，但未能收复安西四镇。

武则天君临天下后，于长寿元年（692年）任命王孝杰为武威军总管，与武卫大将军阿史那忠节率兵出击吐蕃。王孝杰是新丰人，曾随刘审礼击吐蕃，兵败被俘，吐蕃赞普对他以礼相待。孝杰后来得以回归唐朝，累迁右鹰扬卫将军。由于在吐蕃生活时间久，王孝杰颇知吐蕃虚实。长寿元年（692年）冬十月丙戌日，王孝杰大败吐蕃军队，收复安西四镇。则天女皇为这一胜利而十分喜悦，决定在四镇之一的龟兹（今新疆库车）设立安西都护府，派3万军队镇守四镇。

收复安西四镇后，唐与吐蕃之间的战争仍然接连不断。延载元年（694年）二月，武威道总管王孝杰于冷泉和大岭击破吐蕃及突厥各3万人，碎叶镇守使韩思忠破泥熟俟斤等万余人。万岁通天元年（696年）三月壬寅日，王孝杰与娄师德率

---

①②③④《资治通鉴》卷二〇一。

军与吐蕃将领论钦陵赞婆交战于素罗汗山。唐兵大败,王孝杰被免为庶人,娄师德被贬为原州员外司马。

同年九月,吐蕃在大败唐军后却派使者向唐朝请求通婚和亲。武则天感到事情有些蹊跷,派右武卫胄曹参军郭元振前往探察虚实。郭元振到达吐蕃后,吐蕃大相论钦陵果然向唐朝使者提出"罢安西四镇戍兵,并求分十姓突厥之地"[1]的要求。郭元振当即回答说:"四镇、十姓与吐蕃种类本殊,今请罢唐兵,岂非有兼并之志乎?"[2]论钦陵解释说:"吐蕃苟贪土地,欲为边患,则东侵甘、凉,岂肯规利于万里之外邪!"[3]于是,吐蕃派使者随郭元振来唐朝求婚。

朝廷对此事"犹疑未决",郭元振向女皇上书指出,论钦陵请求罢兵割地,是利害之机,不可轻易有所举措。如果直接回绝,势必造成边患日深的严重后果。应当用计谋稳住吐蕃,不断绝他们请求和亲的愿望。向论钦陵说明派兵镇抚西域,是为防止吐蕃东侵唐朝,如果吐蕃果然没有东侵的想法,应当归还吐谷浑诸部和青海故地,将五俟斤部归还吐蕃。四镇、十姓,不可割给吐蕃。郭元振又上书说:

> "吐蕃百姓疲于徭戍,早愿和亲。钦陵利于统兵专制,独不欲归款。若国家岁发和亲使,而钦陵常不从命,则彼国之人怨钦陵日深,望国恩日甚,设欲大举其徒,固亦难矣。斯亦离间之渐,可使其上下猜阻,祸乱内兴矣。"[4]

武则天采纳了郭元振的建议。

圣历二年(699年),吐蕃内部果然发生事变。吐蕃赞普器弩悉弄(弃都松)为削弱论钦陵兄弟的势力,趁钦陵外出时集结兵力,杀死钦陵亲党2000余人,率兵讨伐,钦陵兵败自杀。同年四月,吐蕃赞婆率所部千余人降唐,武则天命郭元振率骑兵迎接,封赞婆为特进、归德王。同时,钦陵的儿子弓仁,也率所统辖的吐谷浑七千帐降唐,武则天以弓仁为左玉钤卫将军、酒泉郡公。

久视元年(700年)七月,吐蕃大将麹莽布支率兵入侵凉州(今甘肃武威),围攻昌松。武则天派陇右诸军大使唐休璟率兵迎战,于洪源谷对阵。唐休璟"被甲先陷阵,六战皆捷,吐蕃大奔,斩首二千五百级,获二裨将而还"。[5]

洪源谷大捷后,武则天以郭元振为凉州都督、陇右诸军大使。长安二年(702年)九月,吐蕃派大臣论弥萨来唐求和,武则天于麟德殿宴请论弥萨。当时,凉州都督

---

①②③④《资治通鉴》卷二〇五。
⑤《资治通鉴》卷二〇七。

唐休璟入朝，也参加了此次宴会。席间，论弥萨不时窥视唐休璟，武则天问其缘故，论弥萨回答说："洪源之战，此将军猛厉无敌，故欲识之。"[1]武则天听论弥萨如此回答，便提拔唐休璟为右武威、金吾二卫大将军。"休璟练习边事，自碣石以西踰四镇，绵亘万里，山川要害，皆能记之"。[2]

同年十月戊申日，吐蕃赞普率万余人入寇茂州（今四川茂汶），武则天派都督陈大慈迎击，四战四捷，斩首千余级。

同年十二月戊申日，武则天于庭州（今新疆吉木萨尔）设置北庭都护府，西突厥十姓部落的领地正式列入唐王朝的版图。北庭都护府与安西都护府（今新疆库车）分别管辖天山南北及巴尔喀什湖以东、以南的地区，有助于唐王朝西部边境的巩固与统一。

武则天自临朝后，继续实行府兵制度，重视对军事将领的选拔。她多次下诏求贤，总是注意招揽"武可以定边疆"的人才。她曾要求三品以上的武官每年要推荐一名有将帅才能的人，还创立"武举"，如此等等。武则天在位期间，唐王朝涌现了一批才兼文武、威震边疆的名将，如狄仁杰、程务挺、唐休璟、王孝杰、郭元振、黑齿常之等人。

为巩固边疆，武则天不仅重视将帅的选拔，还注意并提倡边疆地区的士兵屯田。例如，在唐高宗在位期间，殿中侍御史兼河源军司马娄师德便在屯田方面做出过成绩。据《新唐书·娄师德传》记载，天授初年（690年），娄师德"为左金吾将军，检校丰州都督。衣皮袴、率士屯田，积谷数百万，兵以饶给，无转饷和籴之费，武后降书劳之。长寿元年，召授夏官侍郎，判尚书事，进同凤阁鸾台平章事。后尝谓师德：'师在边，必待营田，公不可以勌劳惮也。'乃复以为河源、积石、怀远军及河、兰、鄯、廓州检校营田大使"。可见，娄师德在边疆营田所取得的业绩，与武则天的指示与勉励是分不开的。后来，娄师德入朝为秋官尚书，改左肃政御史大夫，并知政事。又因兵败于吐蕃被贬为原州员外司马，后又被任命为陇右诸军大使，"复领屯田"。[3]

郭元振被武则天任命为凉州都督、陇右诸军大使后，"令甘州刺史李汉通开置屯田，尽水陆之利。旧凉州粟麦斛至数千，及汉通收率之后，一缣籴数十斛，积军粮支数十年。元振善于抚御，在凉州五年，夷、夏畏慕，令行禁止，牛羊被野，路不拾遗"。[4]

黑齿常之是在屯田中做出优异成绩的又一名边将。由于同吐蕃作战有功，他由

①②④《资治通鉴》卷二〇七。
③《旧唐书·娄师德传》。

河源军副使"拜河源道经略大使。因建言河源当贼冲，宜增兵镇守，而运饷须广。乃斥地置烽七十所，垦田五千顷，岁收粟斛百余万。由是食衍士精，戍逻有备。永隆二年，赞婆营青海，常之驰掩其屯，破之，悉烧粮庋，获羊、马、甲首不赀。诏书劳赐。凡莅军七年，吐蕃憺畏，不敢盗边。封燕国公"。[1]

上述事实表明，武则天自临朝后，确实为安定边境、统一边疆作出了许多英明而果断的决策，为唐王朝的边疆建设做出了重要的贡献。

（六）"僭于上而治于下"

武则天是中国历史上唯一的女皇帝，历代对其评论不一，本书不拟一一征引。其中，欧阳修《新唐书·后妃传上》"赞"中有"僭于上而治于下"一语。"僭于上"是指武则天由临朝而称帝，按照封建史家的观点，称为"僭"；而"治于下"则是指她"不假借群臣"而实现了对国家的有效统治。

事实上，在唐王朝的贞观之治与开元盛世之间，还有一个高宗、武后在位的时期。在这一时期，武则天以她杰出的政治才能和业绩，起到了承上启下的历史作用。所谓承上，是说唐高宗特别是武则天，上承唐太宗所开创的基业，在贞观之治的基础之上，坚持偃武修文、静民劝农、宽法慎刑、发展经济的基本国策。她重视并提倡科举，破格任用贤才，使政局获得了稳定。她维护均田制，抑制土地兼并，使社会经济有了新的发展，户口数字大增。她重视安定边疆，提倡屯田，为维护边疆地区的安定与统一做出了重要的贡献。她注意广召文词之士，令他们参预朝政，著书立说，编纂了许多"类书"，诗坛上出现了"初唐四杰"，史学上有刘知几的《史通》问世。《永徽律疏》的成就，更是应当予以充分的肯定。至于武则天诛杀宗室和朝廷大臣、任用酷吏并制造了不少的冤狱，这是无法否认的历史事实。关于这个问题，且不说她的主观意图在于维护自己的统治地位，就诛杀宗室大臣的客观后果之一来看，那便是关陇贵族势力受到了严重的打击，在客观上为武则天选用寒门庶族创造了有利的条件。这不仅有利于巩固武则天的统治地位，而且对于开元盛世的到来，也是个有利的客观条件。

武则天在位期间的诸多业绩表明，她在君临天下时期的作为，确实为开元盛世的到来准备了有利的历史条件。

---

[1] 《新唐书·黑齿常之传》。

[卷五]

开元新政

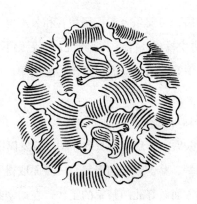

一 开元初年形势

705 年正月，张柬之、桓彦范、敬晖、崔玄韦、袁恕己趁武则天病重，发动宫廷政变，杀张昌宗、张易之，逼武则天退位，中宗李显复皇帝位。二月，李显恢复唐朝国号。张柬之多次劝唐中宗诛杀诸武，中宗不予听取，与武三思议政。武三思与韦皇后、上官婕妤、安乐公主结党，武氏势力再度重振。五月，张、桓、敬、崔、袁被封为王，史称"五王"，但被罢知政事。次年闰正月，"五王"被陆续贬为外州刺史，国家大权已落入武三思、韦后手中。

景龙元年（707 年）七月，太子李重俊率羽林军杀死武三思、武崇训父子。唐中宗、韦后在玄武门楼上敕令右羽林大将军刘景仁领兵抵抗，太子李重俊逃出长安城外被杀。

韦后消灭太子重俊后，与安乐公主、宗楚客和公主舅父韦温密谋，于景云元年（710 年）五月，在馅饼中投毒，将唐中宗毒死。韦后秘不发丧，把持朝政。次日，韦后令上官昭容伪造唐中宗遗诏，立温王重茂为皇太子，韦后知政事，相王李旦参谋政事。

甲申日，韦后召集百官发丧，皇后临朝摄政。丁亥日，重茂即皇帝位，时年 16 岁，是为少帝，尊皇后为皇太后。韦后垂帘听政，朝政愈发腐败。

相王的第三子李隆基，鉴于当时的形势，一方面取得了颇具实力和影响的太平公主的同情与支持，一方面做好北门禁军的工作，在周密的策划与准备之下，于景龙四年（710 年）六月庚子日发动政变，杀死韦后、上官昭容、安乐公主，韦武集团顷刻覆灭，迎相王李旦入辅少帝。

诛灭韦后的第三天，李隆基、太平公主将少帝拉下御座，拥相王李旦复皇帝位，是为唐睿宗。由于李隆基诛灭韦武集团有功，握有军政大权，唐睿宗李旦决定立第三子李隆基为皇太子，并于六月丙午日颁发立平王李隆基为皇太子的制书。

诛灭韦武集团有功的另一人物、皇太子的姑母太平公主，自睿宗复位后权势大增，"上常与之图议大政……每宰相奏事，上辄问：'尝与太平议否？'又问：'与三郎议否？'然后可之。三郎，谓太子也。公主所欲，上无不听。自宰相以下，进退系其一言，其余荐士骤历清显者不可胜数。权倾人主，趋附其门者如市"。①

围绕着国家最高权力，皇太子与太平公主之间的矛盾与明争暗斗日趋激烈。

712 年 8 月，唐睿宗制书传位皇太子。同月庚子日，李隆基即皇帝位，是为唐玄宗。玄宗尊睿宗为太上皇，"三品以上除授及大刑政决于上皇，余皆决于皇帝"。②是年，唐玄宗 28 岁。

唐玄宗即位后，太平公主同皇帝之间的矛盾和斗争更加尖锐。是时，"太平公主依上皇之势，擅权用事，与上有隙。宰相七人，五出其门。文武之臣，大半附之"。③

开元元年（713 年）七月，侍中魏知古密告"公主欲以是月四日作乱"。唐玄宗与岐王范、薛王业、郭元振以及龙武将军王毛仲、殿中少监姜皎、太仆少卿李令问、尚乘奉御王守一、内给事高力士、果毅李守德等人，定计诛杀太平公主及其同党。同月甲子日，唐玄宗取闲厩马及兵 300 余人，自武德殿入虔化门，召左羽林大将军常元楷、知右羽林将军事李慈，先将二人斩杀。于朝堂擒宰相萧至忠、岑羲，亦斩杀。宰相窦怀贞自缢而死。

太上皇李旦闻知事变，登承天楼。郭元振奏称："皇帝前奉诰诛窦怀贞等。"④一会儿，唐玄宗李隆基来到承天门楼。太上皇见此情景，不得不"下诰罪状怀贞等"。⑤

第二天，上皇诰曰："自今军国政刑，一皆取皇帝处分。"⑥唐玄宗从此掌握了国家的全部最高权力。太平公主逃入山寺，三日乃出，赐死于家，公主诸子及党羽死者数十人。

唐玄宗自诛灭太平公主势力、掌握了全部国家军政大权后，便把目光和精力投入到了治理大唐帝国上。这一年，他 29 岁。

唐太宗贞观年间为唐王朝所开创的基业，从制度建设到年丰谷贱、宽法省刑、设馆修史，以及"夷狄一家"，并没有因为他晚年的"渐不克终"而发生逆转。从总体上看，唐高宗、武则天在位期间，在贞观之治的基础上为治理国家做出了许多积极的努力。唐王朝的国势，在高宗、武后在位期间呈现稳定而略有发展的势头，年丰谷贱与户口大增便是其中的表现之一，且没有出现衰败的趋势。

高宗、武后在位期间，困扰唐王朝的主要问题在于最高统治集团的内部。武后

---

① 《资治通鉴》卷二〇九。
②③④⑤⑥ 《资治通鉴》卷二一〇。

临朝后的扶植武氏势力、诛杀朝廷大臣和宗室贵族，以及关陇贵族集团势力的严重削弱和寒门庶族势力的兴起，导致政局颇不稳定。特别是在武则天退位后的八九年间，先是太平公主与李隆基同武韦集团的较量和武韦集团的覆灭；后是太平公主与皇太子李隆基之间的较量和太平公主集团的覆灭。唐王朝最高统治集团内部对立派别之间斗争的白热化所造成的政局不稳，加之贞观末年"渐不克终"所暴露的诸多社会问题，如连年边疆用兵给百姓带来的沉重负担、吏治上的败坏、法制上的废弛、土地兼并的加重，如此等等，在阶级矛盾和民族矛盾方面都呈现尖锐化的苗头。政局不稳和社会矛盾尖锐的苗头，使得唐玄宗在粉碎太平公主集团、总揽国家大权后所面临的形势是颇为严峻的。

关于这一严峻形势的某些表现，可见于《新唐书·姚崇传》所记载的姚崇同唐玄宗的一段对话，即所谓《十事要疏》，现逐一摘录并评说如下。

一是"垂拱以来，以峻法绳下"，指的是武则天以来任用酷吏、用峻法治理天下造成了严重后果。二是"朝廷覆师青海，未有牵复之悔"，指的是用兵于青海而惨遭失败，又不肯总结教训，停止边境用兵。三是"比来壬佞冒触宪网，皆得以宠自解"，指的是对皇帝宠信的近臣犯罪不绳之以法的问题。四是"后氏临朝，喉舌之任出阉人之口"，指的是宦官干政的问题。五是"戚里贡献以自媚于上，公卿方镇寖亦为之"，指的是朝廷大臣、地方长官，以及豪强、亲戚以民脂民膏争相向皇帝贡献、献媚取宠的问题。六是"外戚贵主更相用事，班序荒杂"，指的是外戚担任台省要职干政的问题。七是"先朝褎狎大臣，亏君臣之严"，指的是不尊重朝廷大臣的问题。八是"燕钦融、韦月将以忠被罪，自是诤臣沮折"，指的是皇帝拒不纳谏、直言有罪、谏官不愿谏诤的问题。九是"武后造福先寺，上皇造金仙、玉真二观，费钜百万"，指的是大建寺观，耗资巨大而加重百姓负担的问题。十是"汉以禄、莽、阎、梁乱天下，国家为甚"，指的外戚专权篡国的问题。

姚崇《十事要疏》诸条的前半句，揭露了武则天临朝以来施政方针上的诸多弊端及其所造成的危害，可归纳为以下五端：一是以苛法治天下而对亲幸之人犯罪又不绳之以法，君子遭殃，小人侥幸；二是边境战争、大建寺观、贡献谄媚，加重了百姓的徭役和赋税负担；三是皇帝拒不纳谏，谏臣不敢直言，不尊重朝廷大臣；四是任人唯亲，宦臣干政；五是外戚专权篡国。

显然，唐玄宗在总揽国家大权后，纠正前朝的施政弊端无疑是他在制定施政方针时不能不加以考虑的问题之一。

二 稳定政局措施 ～

在武则天退位后八年多的时间里，政变迭起，政局动荡不宁。因而唐玄宗粉碎太平公主集团后，首要任务便是加强皇权，巩固自己的统治地位，使政治局势迅速地安定下来。为此，他采取了如下四条重要措施。

（一）扬威皇权

先后粉碎武韦集团、太平公主集团的斗争，使唐玄宗深深地懂得树立皇权的绝对权威，是威慑动乱势力、安定政局的重要保障之一。为此，他在粉碎太平公主集团后不久的一次大规模军事演习中，便以整肃军纪为名，行"始欲立威"之实。

据《资治通鉴》卷二一〇记载：开元元年（713 年）十月，即粉碎太平公主集团的三个月过后，唐玄宗临幸新丰（今陕西临潼东北），"讲武于骊山之下，征兵二十万，旌旗连亘五十余里"。①他以"军容不整"②为理由，将兵部尚书郭元振于纛下问罪，"将斩之"。③宰相刘幽求、张说跪在玄宗马前劝谏说："元振有大功于社稷，不可杀。"④于是将郭元振流放到新州，以"制军礼不肃"⑤的罪名将给事中、知礼仪事唐绍斩首。其实，唐玄宗并不真想杀郭、唐二人，只是想要借此树立自己的威势，即所谓"上始欲立威，亦无杀绍之意"。⑥可是，在场的金吾卫将军李邈"遽宣敕斩之"。⑦事后，唐玄宗将李邈罢官，"废弃终身"。⑧事实上，唐绍、郭元振以及李邈等人，都成了唐玄宗"始欲立威"的牺牲品。在问罪郭元振、唐绍的同时，唐玄宗又"叹美"左军节度薛讷、朔方道大总管解琬二军的军容严整有威，"慰勉之"。⑨在骊山的军事演习中，唐玄宗问罪二人、慰勉二人，这在他的臣下中震动很大，表现出了他"始欲立威"、加强皇权的强烈愿望。

（二）姚崇为相

唐玄宗深知，为加强皇权、巩固自己的地位，他需要一名既有治国才能又十分

---

①②③④⑤⑥⑦⑧⑨《资治通鉴》卷二一〇。

忠诚可靠的宰相来辅佐他成就大业。他身边的宰相刘幽求、张说、魏知古，都是"六月政变"（粉碎武韦集团）、"七月事件"（粉碎太平公主集团）的主要策划者之一，立有大功。然而，唐玄宗似乎并不希望功勋显赫的人继续留在他的身边担任宰相。他想寻求一位智谋与才能与刘、张、魏相同，尚未建立勋业而又能忠诚于自己的贤才，来辅佐他治理天下。或者说，发动政变与夺取权力的时候，唐玄宗急需刘、张一类的功臣；而治理天下的时候，他更渴望"有忠臣之操"的贤相。按此原则，唐玄宗决定起用姚崇重新出任宰相。

姚崇原名元崇，陕州硖石（今河南陕县）人。武则天在位时，他由于才能出众已被提拔为宰相，改名为元之。他参与张柬之等五人所发动的政变，诛杀"二张"、逼迫武则天退位。然而，当"中宗率百官起居，王公更相庆"[①]时，姚崇却独自流涕。张柬之见此情景，善意地劝说道："今岂涕泣时邪？恐公祸由此始。"[②]姚崇回答说："比与讨逆，不足以语功。然事天后久，违旧主而泣，人臣终节也。由此获罪，甘心焉。"[③]

姚崇在"五王"所发动的政变中，"遂参计议"[④]；而政变成功后，他却独自流涕借以表白对武则天的"人臣终节"[⑤]，是维护皇权的忠诚卫士。其实，姚崇并非愚忠，而是多智。张柬之担心姚崇"祸由此始"，姚崇也确实因此而贬为亳州刺史。可是，时过不久，受封为王的张柬之等五人，却遭到武韦集团的迫害而致死，"而崇独免"。[⑥]唐睿宗复位后，召拜姚崇为兵部尚书、同中书门下三品，进中书令。

唐玄宗做太子时，太平公主干政，姚崇与宋璟为维护皇权，站在太子李隆基一边出谋划策。太平公主得知这种情况，十分恼怒，姚崇被贬为申州刺史，又"移徐、潞二州，迁扬州长史"[⑦]。

粉碎太平公主集团后，唐玄宗为巩固自己的地位，很自然地想起了姚崇这位维护皇权的忠诚卫士。玄宗讲武于新丰时，密召姚崇前来行在。十月癸卯日，讲武于骊山，罢免郭元振的兵部尚书职务。十月甲辰日，唐玄宗猎于渭川，姚崇到达行在，立即受到召见。玄宗与姚崇很高兴地一道狩猎，"与俱驰逐，缓速如旨，帝欢甚。既罢，乃咨天下事，衮衮不知倦"。[⑧]唐玄宗向姚崇说："卿宜遂相朕。"[⑨]姚崇因而跪奏："臣愿以十事闻，陛下度不可行，臣敢辞。"[⑩]接着，姚崇便提出了本书上文所援引的《十事要疏》。于是，唐玄宗于第二天（十月乙巳日）拜姚崇为兵部

①②③④⑤⑥⑦⑧⑨⑩《新唐书·姚崇传》。

尚书、同中书门下三品，封梁国公。不久，迁紫微令（即中书令）。十月癸卯日，免去郭元振兵部尚书职务，两天后任命姚崇为兵部尚书、同中书门下三品。可见，唐玄宗以姚崇为相，是经过深思熟虑和有意安排的。

（三）功臣外刺

为唐玄宗总揽国家大权而建立功勋的大臣大多善于谋划，可谓是奇才，而且是"不用其奇则厌然不满"[①]。因此，他不想让这些人继续留在身边担任宰相。唐玄宗自任命姚崇为相之日起，事事访于姚崇，"专委任之"[②]，开始将功臣逐一贬到外地担任刺史职务。

最先被罢官的功臣郭元振，问罪后又起用为饶州司马，途中病卒。

献计诛灭太平公主的张说，曾是唐玄宗做太子时的侍读，七月事件后，因功拜中书令，位列宰相，封燕国公。玄宗在讲武新丰之前想要以姚崇出任宰相，张说表示反对，并指使御史大夫赵彦昭弹劾，玄宗不听；又指使殿中监姜皎上言唐玄宗，以姚崇为河东总管，玄宗当即指出"此张说之意也"[③]。同年十月，唐玄宗以姚崇为兵部尚书、同中书门下三品。十二月，以姚崇为中书令，并罢免了张说的中书令职务。11天后，贬张说为相州刺史。

位列宰相的刘幽求是六月政变和七月事件的主要谋划者，功勋甚高，于七月事件后被任命为左仆射、同中书门下三品。唐玄宗罢免张说的当天，以刘幽求为太子少保，免去他的尚书左丞相、同中书门下三品的职务。开元二年（714年）闰二月贬为睦州刺史，又迁杭州刺史。开元三年（715年）十一月，徙郴州刺史，途中愤患而死。

位列宰相的魏知古，因告发太平公主阴谋叛乱有功，官至黄门监，于开元二年（714年）五月被罢知政事，任工部尚书。

钟绍京因参与六月政变有功，升任户部尚书。唐玄宗即位后迁太子詹事。他与太子少保刘幽求"发言怨望"[④]，同刘幽求一起被贬为蜀州刺史，后又贬为绵州刺史。

崔日用在六月政变和七月事件中因献策有功，官至吏部尚书。后来"坐兄累，

---

② 《新唐书·姚崇传》。

③ 《资治通鉴》卷二一〇。

④ 《新唐书·钟绍京传》。

出为常州刺史"。①

王琚于七月事件有功，官至户部尚书，封赵国公，唐玄宗对王琚"眷委特异，豫大政事，时号'内宰相'"。②当时有人向唐玄宗进言："王琚、麻嗣宗皆谲诡纵横，可与履危，不可与共安。方天下已定，宜益求纯朴经术士以自辅。"③唐玄宗闻言省悟，"稍疏之"④。王琚于开元二年（714年）闰二月，与刘幽求、钟绍京一起被贬，为泽州刺史。

唐玄宗在任命姚崇为相后的半年之中，张说、刘幽求、魏知古、钟绍京、崔日用、王琚等一批重臣，或被罢相，或被解除重要职务，大多被贬为外州刺史或降职使用。究其原因，是因为这些人"谲诡纵横，可与履危，不可与共安"⑤。在"天下已定"⑥的形势下，唐玄宗当然对"益求纯朴经术士以自辅"⑦的建言更感兴趣。为了巩固皇权和以"经术"治天下，是唐玄宗将功臣贬为外州刺史的动机所在。

从唐玄宗的功臣外刺的动机来看，他是以一个政治家的眼光，出于巩固皇权和治理天下的考虑，而做出了这一举措，并非枉杀或迫害功臣。就个人的感情而言，他心中始终没有忘记这些人当年的功劳和昔日的深厚感情。为"始欲立威"⑧，他确曾下令斩杀唐绍，但事后即甚为"追悔"⑨；他将郭元振免职流放，又在同年十一月的大赦制书中称："郭元振往立大功，保护于朕""可饶州司马员外置同正员"⑩。刘幽求被贬官到外地后过世，唐玄宗在开元六年（718年）六月的制书中称："故左丞相、太子少保、郴州刺史刘幽求配飨睿宗庙庭。"⑪钟绍京被贬为蜀州刺史后，又被贬为怀恩尉，迁温州别驾。开元十五年（727年）入朝，见帝泣曰："陛下忘畴日事邪，忍使弃死草莽！且同时立功者，今骨已朽，而独臣在，陛下不垂愍乎？"⑫唐玄宗闻言"恻然"⑬，当日授钟绍京太子右谕德，后来升任少詹事，八十余岁时卒于官职。王琚被贬为泽州刺史后，曾历任诸州刺史，"每徙官，车马数里不绝。从宾客女伎驰弋，凡四十年"。⑭

① 《新唐书·崔日用传》。
②③④⑤⑥⑦⑭ 《新唐书·王琚传》。
⑧ 《资治通鉴》卷二一〇。
⑨ （清）赵翼撰：《廿二史札记》卷一六。
⑩ 《唐大诏令集》卷四。
⑪ 《旧唐书·玄宗本纪上》。
⑫⑬ 《新唐书·钟绍京传》。

唐玄宗的功臣外刺，行于开元初年。当唐玄宗的皇权已日益稳固时，他对昔日被贬官的功臣更多地表示怀念之情，予以优容宽待，这不仅无害，而且从另一个方面是有利于政局安定的。

（四）诸王外刺

封建时代，因皇室内部争斗而导致政局动荡不安的事，是屡见不鲜的。李隆基以唐睿宗第三子的身份被册立为皇太子，旋即又登上皇帝宝座，因而对兄长宋王成器、申王成义不能不有所戒备和防范。李隆基为太子时，姚崇、宋璟便以"太平公主阴有异图"①为由，主张成器、成义出任外州刺史，"以绝谋者之心"②。由于姚崇、宋璟当时被贬逐，这一动议未被付诸实行。史载："宋王成器，申王成义，于上兄也；岐王范，薛王业，上之弟也；豳王守礼，上之从兄也。上素友爱，近世帝王莫能及。初即位，为长枕大被，与兄弟同寝……上听朝罢，多从诸王游，在禁中拜跪如家人礼，饮食起居，相与同之。于殿中设五幄，与诸王更处其中。"③姚崇认为不妥，"群臣以成器等地逼，请循故事出刺外州"。④于是，开元二年（714年）丁巳日，"以宋王成器兼岐州刺史，申王成义兼豳州刺史，豳王守礼兼虢州刺史，令到官但领大纲，自余州务，皆委上佐主之。是后诸王为都护、都督、刺史者并准此"。⑤

唐玄宗与兄弟诸王之间是那样地情深意笃，然而群臣的一句进谏，他立即令诸王兼领外州刺史，而且是"但领大纲"，州务由长史、司马主持。这显然是出于加强皇权、防止出现皇室内争的考虑。封建时代，打着某某皇室成员的旗帜号召起兵造反是常有的事，因而唐玄宗在功臣外刺后又实行了诸王外刺。

开元九年（721年），"诸王为都督、刺史者，悉召还京师"。⑥此后，唐玄宗一方面"伺察诸王""禁约诸王，不使与群臣交结"⑦；一方面大谈兄友弟恭，确实收到了"终保皇枝"⑧的效果。

唐玄宗通过始欲立威、以姚崇为相、功臣外刺、诸王外刺等一系列措施，使政局很快地安定了下来。与此同时，他的治国方针也在大体上确定了。

---

①②⑧《旧唐书·睿宗诸子传》。
③④⑤《资治通鉴》卷二一一。
⑥⑦《资治通鉴》卷二一二。

三　确定治国方针

　　贞观之治，是唐太宗为他的后继者们留下的一笔宝贵的物质财富与精神财富。自武则天退位、唐中宗复位，有识之士便提出了"依贞观故事"①治理国家。由于同武韦集团和太平公主集团的斗争，直到开元初年，如何治理国家才被迫切地提到议事日程上来。唐玄宗怀着极为迫切的心情，在猎于渭川时召见姚崇，对他说："卿宜遂相朕。"②姚崇进《十事要疏》，针对武则天临朝以来施政的弊端，提出了"政先仁恕""不幸边功""法行自近""宦竖不与政""租赋外一绝之""戚属不任台省""接之以礼""群臣皆得批逆鳞、犯忌讳""绝道佛营造"，以及对汉代的外戚专权篡国"推此鉴戒为万代法"③等。

　　姚崇《十事要疏》所提出的十项主张，是对"依贞观故事"原则的具体化，唐玄宗听罢后，答曰："朕能行之。"④上述十项主张，事实上成了开元初年的治国方针，在姚崇以及宋璟的辅佐下被付诸施行。

　　姚崇的《十事要疏》，可以概括为在一项总则之下的四项基本内容。所谓"政先仁恕"，是针对武则天临朝以来"以峻法绳下"⑤弊端提出来。然而，"仁恕"毕竟是儒家学说中的重要理论之一，"政先仁恕"同孔子所主张的"为政以德"，实际上是一脉相承的。同贞观初年唐太宗把儒家学说奉为治国的基本理论一样，姚崇的"政先仁恕"也是把儒家学说奉为治国理论的首要内容，是《十事要疏》的总纲。

　　《十事要疏》中的"不幸边功""租赋外一绝之""绝道佛营造"，实际上是主张坚持贞观初年所奉行轻徭薄赋、体恤百姓的减轻百姓徭役和赋税负担的治国方针，即儒家学派创始人孔子以及孟子所一再强调的"省刑罚""薄税敛""使民以时""不夺农时"。

　　《十事要疏》中的皇帝对大臣"接之以礼""愿群臣皆得批逆鳞、犯忌讳"，实际上是主张皇帝要像贞观初年那样重用贤才、礼待大臣、虚心纳谏，把任人唯贤、

---

① 《资治通鉴》卷二〇八。
②③④⑤ 《新唐书·姚崇传》。

虚心纳谏置于治国方针的高度，予以贯彻执行。

《十事要疏》中的"法行自近"，实际上是主张像贞观年间那样，君臣要带头守法、法不阿贵，把打击犯法权贵作为能否贯彻有法必依、执法必严、违法必究原则的关键问题，而不是"以峻法绳下"。

《十事要疏》中的"愿推此鉴戒为万代法"，是以汉代以来包括武氏临朝在内的宦官、外戚专权篡国为鉴，防止宦官、外戚专权篡国以致政局动荡不安、政治腐败、祸国殃民。

姚崇被任命为宰相后，据《新唐书·姚崇传》记载，唐玄宗"朝夕询逮""唯独崇佐裁决""凡大政事，帝必令源乾曜就咨焉"。这一事实表明，姚崇在《十事要疏》中所提出的十项原则，确实被唐玄宗在开元初年奉为治理国家的指导方针。

四 任用天下贤能

开元元年（713 年）十月，唐玄宗"猎于渭川"时对姚崇说："卿宜遂相朕。"①
姚崇当即提出所谓《十事要疏》，逐条以"可乎？"②相问，唐玄宗答曰："朕能行之。"③
第二天，姚崇便被任命为宰相。唐玄宗以姚崇为相，明确表示将执行姚崇所提出的
以《十事要疏》为基本内容的治国方针，这标志着唐玄宗的开元新政开始施行。

正如以《十事要疏》为基本内容的治国方针可以概括为几个方面内容那样，唐
玄宗的开元新政亦包含多方面的内容。从总体上看，是唐玄宗的开元新政导致了开
元盛世的出现。为此，本书将在以下诸章结合开元盛世的诸多表现，一并阐述开元
新政的诸多内容；而本章所要谈到的任贤能与求直谏、抑奢侈与易风俗，既可以视
为开元新政的内容之一，又是牵动开元新政全局的重大问题，因而在本章首先予以
阐述。

《十事要疏》与开元新政究竟能在怎样的程度上被付诸实行、收到怎样的成效，
这与执行怎样的用人路线无疑有着重要的关系。事实表明，唐玄宗执行的是一条任
人唯贤的路线。

其中，宰相班子的人选，无疑是十分重要的大事。开元年间，先后有三对搭配
得当的宰相，颇受当时和后世的称道，现依次介绍如下。

开元年间首任名相姚崇，任职于武则天、中宗、睿宗、玄宗四朝，先后三次拜相，
曾参加张柬之诛灭"二张"的密谋，对武则天以来的时弊有深刻的了解，对安定局势、
治理国家有深思熟虑的思索，能提出一套切实可行的治国方案。因此，他被任命为
宰相后，理所当然地受到唐玄宗的器重与任用。唐玄宗"朝夕询逮，它宰相畏帝
威决，皆谦悒，唯独崇佐裁决，故得专任"。④史称"崇尤长吏道，处决无淹思……
时承权戚干政之后，纲纪大坏……崇常先有司罢冗职，修制度，择百官各当其材，
请无广释、道，无数移吏。由是天子责成于下，而权归于上矣"。⑤姚崇为相 3 年
有余，为安定局势、推行开元新政做出了重大贡献，被称为"救时之相"。他在辞

---

①②③④⑤《新唐书·姚崇传》。

任前夕患病，唐玄宗"遣使问饮食起居状，日数十辈"①。黄门侍郎、同平章事源乾曜奏事，"或称旨，上辄曰：'此必姚崇之谋也。'或不称旨，辄曰：'何不与姚崇议之！'"②可见，唐玄宗是何等信任与赏识姚崇。

姚崇的两个儿子，姚彝任光禄少卿、姚异任宗正少卿。二人"广通宾客，颇受馈遗，为时所讥"。③姚崇的亲信赵诲"受胡人赂，事觉，上亲鞫问，下狱当死，崇复营救，上由是不悦"。④"崇由是忧惧，数请避相位，荐广州都督宋璟自代"。⑤

姚崇为相期间，与他一道共事的副宰相是卢怀慎。史称"怀慎自以才不及崇，故事皆推而不专，时讥为'伴食宰相'"。⑥事实上，卢怀慎在协助姚崇执政期间，曾建议量才授官、妥善安置功臣、对犯法贵戚予以严惩，基本上履行了副相的职责，绝非庸碌无有作为的"伴食宰相"。他对姚崇的尊重，是出于他甘愿作为一名副相的雅量。正如司马光所评论的那样："崇，唐之贤相，怀慎与之同心勠力，以济明皇太平之政。"⑦可谓公允。卢怀慎以清廉节俭著称，不治产业，"服器无金玉文绮之饰，虽贵而妻子犹寒饥""赴东都掌选，奉身之具，止一布囊""及治丧，家亡留储"⑧。值得称道的是，卢怀慎临终前"遗言荐宋璟、李杰、李朝隐、卢从愿"⑨，有荐举人才之功。总之，"救时之相"姚崇与"伴食宰相"卢怀慎在开元初年同心辅佐唐玄宗治国，业绩卓著。

继姚崇、卢怀慎之后的两位宰相是宋璟与苏颋。宋璟于武则天在位时曾任御史中丞，唐中宗时曾任吏部侍郎，唐睿宗时以吏部尚书同中书门下三品，位列宰相。因反对太平公主更换太子而被排斥到外地做官。开元初年，任京兆尹，进御史大夫，因受谗降为睦州刺史，徙广州都督。开元四年（716 年）年末，姚崇辞相，宋璟继姚崇为相。宋璟为相后，继续推行姚崇为唐玄宗所制定的治国方针，史称"璟风度凝远，人莫涯其量……璟为宰相，务清政刑，使官人皆任职。"⑩欧阳修曾评论说：

"姚崇以十事要说天子而后辅政，顾不伟哉，而旧史不传。观开元初皆已施行，信不诬已。宋璟刚正又过于崇，玄宗素所尊惮，常屈意听纳。故唐史臣称崇善应变以成天下之务，璟善守文以持天下之正。二人道不同，同归于治，此天所以佐唐使中兴也。呜呼！崇劝天子不求边功，璟不肯赏边臣，而天宝之乱，

<hr />

① ② ③ ④ ⑤ ⑦《资治通鉴》卷二一一。
⑥ ⑧ ⑨《新唐书·卢怀慎传》。
⑩《新唐书·宋璟传》。

辛蹈其害，可谓先见矣。然唐三百年，辅弼者不为少，独前称房、杜，后称姚、宋，何哉？君臣之遇合，盖难矣夫！"①

欧阳修的一段评论，对姚崇、宋璟的历史功绩给予了充分的肯定。与宋璟共事的副宰相苏颋是唐睿宗时宰相苏瓌的儿子。宋璟与苏颋二人配合默契，史称"璟刚正，多所裁决，颋能推其长。在帝前敷奏，璟有未及，或少屈，颋辄助成之，有不会意，颋更申璟所执，故帝未尝不从，二人相得欢甚。璟尝曰：'吾与苏氏父子同为宰相，仆射（苏瓌）长厚，自是国器；若献可替否，事至即断，尽公不顾私，则今丞相（苏颋）为过之。'"②可见苏颋以副相的身份，在配合宋璟辅政的岁月中，充分展现了他的才能，为盛世到来起到了重要的积极作用。

开元八年（720年）宋璟因处理江、淮一带所出现的严重"恶钱"问题，引起了朝野的攻击，唐玄宗于正月罢免宋璟宰相职务，以张嘉贞、源乾曜为宰相。同年五月，以源乾曜为侍中，张嘉贞为中书令。与源、张同时担任宰相职务的还有张说。张嘉贞为相三年，史称张嘉贞"善傅奏，敏于裁遣。然强躁，论者恨其不裕"。③张嘉贞为官清廉，不立田园，一生过着清贫俭朴的生活。

源乾曜在张嘉贞为相期间担任副相，与张嘉贞以及后继宰相张说、李元纮、杜暹等人配合甚好。史称"乾曜性谨重，其始仕已四十余，历官皆以清慎恪敏得名。为相十年，与张嘉贞、张说、李元纮、杜暹同秉政，居中未尝廷议可否事，晚节唯唯联署，务为宽平惇大，故鲜咎悔"。④欧阳修对张嘉贞、源乾曜同掌相权有如下一段评论："开元之盛，所置辅佐，皆得贤才，不者若张、源等，犹惓惓事职，其建明有足称道。朝多君子，信太平基欤！"⑤可见，张嘉贞、源乾曜这一对宰相，其才能与业绩虽然比不上姚崇与卢怀慎、宋璟与苏颋在位期间，但张、源二人配合甚好，"其建明有足称道"，则是不容否认的事实。

开元元年至开元十年（713—722年），姚卢、宋苏、张源三对贤相的相继辅政，为推行开元新政立下了不可磨灭的功勋。开元年间，张嘉贞以后的历任宰相，如张说、李元纮、杜暹等人，亦能坚持开元初年所制定的治国方针，其业绩多有可称道者。开元新政的推行与成功以及开元盛世的出现，是与开元年间一批批贤相的辅政联系在一起的。

---

① 《新唐书·宋璟传》。
② 《新唐书·苏颋传》。
③ 《新唐书·张嘉贞》。
④⑤ 《新唐书·源乾曜传》。

开元前期一批批贤相的选择、搭配和更替，都是唐玄宗精心考虑、策划的结果。他选拔的诸多宰相，大多兼有任职于朝廷与地方的经历，从政经验丰富，通晓上下情形，有治国的卓越才能。特别是在正副宰相的搭配上，颇得刚柔相济之妙，深受后人称道。开元初年的三对宰相，任职都在三四年之间，更替稍频，但在推行既定治国方针上保持了连续性，可谓是一条成功的历史经验。唐玄宗不仅善于识别贤才，而且对选用的宰相充分信任，以礼相待。对于已罢免的宰相，如姚崇、宋璟等人，唐玄宗仍予以种种优待，有时亦就国家政事向他们征询意见。特别是宋璟被罢相后，唐玄宗仍时而命宋璟为京都留守，奉命处理政务。开元十二年（724 年），唐玄宗东巡泰山，再次以宋璟为留守。行前，唐玄宗对宋璟说："卿，国元老，别方历时，宜有嘉谋以遗朕。"①宋璟奉命进言，玄宗以亲笔制书回答说："所进当书之坐右，出入观省，以诫终身。"②不久，宋璟进兼吏部尚书，于开元十七年（729 年）以宋璟为尚书右丞相，张说为左丞相，源乾曜为太子少傅，三人同日拜相，唐玄宗诏令太官设宴，"帝赋《三杰诗》，自写以赐"③，可谓尊宠之至。

唐玄宗的任人唯贤，还体现在他重视对地方州县官员的选拔、任用、培养、考核、升降与奖惩上。早在贞观年间，唐太宗便十分重视地方州县官员的选用，把地方上的吏治视为治国的重要内容之一。唐太宗曾说过："治人之本，莫如刺史最重。"④又说："县令甚是亲民要职。"⑤唐玄宗效法贞观吏治，指出"诸刺史、县令，与朕共治，情寄尤切"。⑥他规定兼管数州军事的都督和州刺史在赴任前，都要向皇帝"面辞"，面授治国方略。开元元年（713 年）十二月，唐玄宗在敕令中规定："都督、刺史、都护将之官，皆引面辞毕，侧门取进止。"⑦都督、刺史赴任前向皇帝面辞，遂成为一项制度。

值得提出的是，唐玄宗为扭转"重内官，轻外职"的倾向，采取地方官与京官相互交流的措施，并使其成为一种制度。开元二年（714 年）正月壬申日，发布制书："选京官有才识者除都督、刺史，都督、刺史有政迹者除京官，使出入常均，永为恒式。"⑧从此，都督、刺史与京官的相互调任交流，遂成为一种制度。

为克服重内官轻外职的积习，唐玄宗在开元初年不止一次地发布制书、敕令，

---

① ② ③《新唐书·宋璟传》。
④ ⑤ ⑥《唐会要·刺史上》。
⑦《资治通鉴》卷二一〇。
⑧《资治通鉴》卷二一一。

强调京官与都督、刺史相互交流的必要。开元六年（718年），唐玄宗发布敕令："刺史兼于京官中简择，历任有善政者补署。"①两年后又发布敕令："自今已后，诸司清望官阙，先于牧守内精择。都督、刺史等要人，兼向京官简授。其台郎下除改，亦于上佐、县令中通取。即宜铨择，以副朕怀。"②开元十二年（724年）六月，由于山东发生旱灾，唐玄宗"命选台阁名臣以补刺史；壬午，以黄门侍郎王丘，中书侍郎长安崔沔，礼部侍郎、知制诰韩休等五人出为刺史"。③与此同时，唐玄宗在《重牧宰资望敕》中强调："朕欲妙择牧宰，以崇风化；亦欲重其资望，以励衣冠。自今已后，三省侍郎有阙，先求曾任刺史者；郎官阙，先求曾任县令者。"④

唐玄宗曾多次发布京官与都督、刺史相互调任的制书与敕令，既有扭转重内轻外积习的历史背景，又表达了他为使这一举措成为一项制度的用意和决心。与此相关的，是开元前期大批京官与地方官相互调任的、不胜枚举的事例。名相姚崇、宋璟，都曾历任过诸州刺史，至于因政绩突出由刺史调任三省侍郎、御史大夫等中央政府官员的，更是数不胜数；由京官调任刺史而在地方上政绩突出的，亦大有人在。其中，有不少人经历了地方——中央——地方或中央——地方——中央的多次调转的历程，在地方或中央均有突出业绩。例如，倪若水在开元初年任中书舍人、尚书右丞。后来出任汴州刺史，"政清净，增修孔子庙兴州县学庐，劝生徒，身为教诲，风化兴行"。⑤后来，因政绩突出"入为户部侍郎，复拜右丞"。⑥再如王丘，在开元初年曾任考功员外郎，政绩突出，升任吏部侍郎、黄门侍郎。后来，山东发生旱灾，王丘调任怀州刺史，政绩颇佳，"入知吏部选，改尚书左丞"⑦。后来又历任右散骑常侍、御史大夫、礼部尚书等职。中书侍郎崔沔调任魏州刺史后，因政绩突出被"召还，分掌吏部十铨，以左散骑常侍为集贤修撰，历秘书监、太子宾客"⑧。

唐玄宗所制定和推行的京官与地方官相互调任的制度，不仅有利于地方建设，使地方上的吏治大为改善和加强；而且调任地方官员入京或京官到地方任职后再调回京城任职，这就使中央政府的官员更能了解下情、体察民情，使中央政权机关的辅政职

---

①② 《唐会要·刺史上》。
③ 《资治通鉴》卷二一二。
④ 《全唐文》卷三五。
⑤⑥ 《新唐书·倪若水传》。
⑦ 《新唐书·王丘传》。
⑧ 《新唐书·崔沔传》。

能在面貌上大为改观。总之，京官与地方官相互调任的制度及其施行，为开元前期中央与地方吏治的改善，起到了很大的推动和保证作用，促进了开元盛世的到来。

京官与地方官的相互调任，这在封建时代是常有的事。然而，把这种相互调任视为改善吏治、治理国家的契机，作为一种制度在国内全面推行，其波及范围之大、涉及人员之多、成效之显著，实为中国封建时代所仅见，是唐玄宗开元新政的一大特色，可谓开元新政中成功的历史经验之一。

开元八年（720年）五月，源乾曜进位侍中，位列宰相。他上言说："形要之家多任京官，使俊乂之士沈废于外。臣三子皆在京，请出其二人。"①唐玄宗立即采纳这一建议，下诏书称赞源乾曜出于公心，"令文武官父子昆弟三人在京司者，分任于外"②，于是"公卿子弟皆出补"③。在源乾曜的儿子源弼、源絜分别由河南参军、太祝出任绛州司功、郑县县尉后，唐玄宗"命文武官效之，于是出者百余人"。④唐玄宗诏书命公卿子弟由京官出任地方官，这不仅有助于扭转重内职轻外任的观念，实际上也成为京官与地方官相互调任制度的内容之一。

唐玄宗在重视"简择"刺史的同时，又十分重视对县令的选择与考核，把改善县级吏治视为实现社会安定的基础条件。

唐玄宗刚刚执掌国家的全部权力不久，于开元元年（713年）十月辛卯日，即新丰讲武、骊山阅兵的前8天，"引见京畿县令，戒以岁饥惠养黎元之意"。⑤所谓"京畿"，包含长安、万年等6个"京县"和京兆、河南、太原所管辖的诸县，即西京长安和东京洛阳周围的诸县。由于京畿诸县的安定与否直接关系到国家政权的安危，唐玄宗粉碎太平公主集团后不久便召见京畿县令，告诫他们年成不好时，一定要"惠养"黎民百姓，可见唐玄宗对县级吏治的重视。

由于县级的数目过千，唐玄宗无法直接一一过问全国县级长官的选择与任用，只得令五品以上的京官荐举县令。开元初年，县令中不称职者颇多。开元四年（716年），有人向唐玄宗上言："今岁吏部选叙大滥，县令非才。"⑥玄宗得知这一情况后，十分重视，在新授县令入殿拜谒的当天，于宣政殿庭主持考试，"试以理人策"⑦。考试结果，只有鄄城县令韦济"词理第一"⑧，被提升为醴泉县令。其他200余人"不

①④《资治通鉴》卷二一二。

②③《新唐书·源乾曜传》。

⑤《资治通鉴》卷二一〇。

⑥⑦⑧《资治通鉴》卷二一一。

人第，且令之官"①，45 人"放归学问"②。唐玄宗追究"选叙大滥"③的责任，吏部侍郎卢从愿以"拟选失实，下迁豫州刺史"④；吏部侍郎李朝隐"以策县令有下第，降滑州刺史，徙同州"。⑤

　　唐玄宗"悉召县令策于廷，考下第者罢之"⑥，同时对主管这项工作的吏部侍郎卢从愿、李朝隐予以降职外调的处分。这件事在朝廷内外震动很大，对此后的县令选拔、考核工作和整顿县级的吏治，起了很大的作用。为使县令的推举制度化，唐玄宗于开元九年（721 年）下达敕令："京官五品以上，外官刺史、四府（京兆府、河南府、河中府、太原府）上佐，各举县令一人，视其政善恶，为举者赏罚。"⑦敕令中考核县令从政的"善恶"，对推举人实行"赏罚"的规定，对县令的推举和县级吏治的整顿，从制度上做出了保障。至于县令因政绩突出而受到提拔重用的，其典型人物莫过于李元纮。李元纮于开元初年任万年县县令，因"赋役称平"⑧被提拔为京兆少尹；又因兴办水利，"民赖其恩""三迁吏部侍郎"⑨；后来，又任户部侍郎，直至"拜中书侍郎、同中书门下平章事"⑩，位列宰相。

　　唐玄宗认真选拔、考核中央与地方官吏的无数事实表明，他执行的是一条"任贤用能"的组织路线。任用天下贤才，是开元新政的重要内容之一，为开元盛世的到来从组织路线上提供了保证。

---

①②③《资治通鉴》卷二一一。
④⑥《新唐书·卢从愿传》。
⑤《新唐书·李朝隐传》。
⑦《资治通鉴》卷二一二。
⑧⑨⑩《新唐书·李元纮传》。

五　纳谏与谏议制

　　姚崇出任宰相前夕所提出的《十事要疏》，其中之一便是"臣愿群臣皆得批逆鳞，犯忌讳，可乎？"[①]唐玄宗以"朕能行之"[②]相答。所谓"批逆鳞"，出于《韩非子·说难》的一条典故，意指臣下直言进谏时触犯皇帝的"龙颜"。唐玄宗在同武韦集团、太平公主集团的斗争中，深知听取不同意见的必要。他采纳姚崇建议，把"求直谏"作为治国指导方针之一，于开元二年（714年）正月"制求直谏昌言、弘益政理者"[③]，颁布《求言诏》：

　　　　"朕以薄德，祗膺睿图。曾不能虚己淳源，励精至道。将致俗于仁寿，思纳人于轨训……犹恐人或未安，政有不惬。令外司置匦，侧门进状。封章论事，靡所不达……自今已后，制敕有不便于时，及除授有不称于职，或内怀奸慝，外损公私，并听进状，具陈得失。五品已上官，乃许其廷争。"[④]

　　于是，开元前期百官乃至于平民百姓上书言事形成风气，唐玄宗虚心纳谏的事例亦不胜枚举。

　　开元二年（714年）六月，唐玄宗决定在生母的靖陵建立纪念碑，已下达敕令征工征料。汝州刺史韦凑"以自古园陵无建碑之礼，又时正旱俭，不可兴功，飞表极谏"[⑤]。唐玄宗采纳谏言，"工役乃止"。[⑥]

　　开元四年（716年）正月，皇后的妹夫尚衣奉御长孙昕因小事与御史大夫李杰不合，与妹夫杨仙玉在里巷殴打李杰，李杰上表自述说："发肤见毁，虽则痛心；冠冕被陵，诚为辱国。"[⑦]唐玄宗见表大怒，"命于朝堂杖杀"[⑧]长孙昕、杨仙玉，以敕书慰问李杰，勉励他"宜以刚肠疾（一作"嫉"）恶，勿以凶人介意"。[⑨]

---

①②《新唐书·姚崇传》。
③《旧唐书·玄宗本纪》。
④《全唐文》卷二七。
⑤⑥《旧唐书·韦凑传》。
⑦⑧⑨《资治通鉴》卷二一一。

开元四年（716年）二月，唐玄宗派宦官到江南捕捉水禽，欲置于苑中玩赏。使者所到之处，颇多烦扰。途经汴州时，汴州刺史倪若水为此上书说："今农桑方急，而罗捕禽鸟以供园池之玩，远自江岭，水陆传送，食以粱肉。道路观者，岂不以陛下贱人而贵鸟乎！"唐玄宗采纳进谏，"手敕谢若水，赐帛四十段，纵散其鸟"。①

同年五月，唐玄宗听某胡人上言，命监察御史杨范臣与胡人同往师子国，"求灵药及善医之妪，置之宫掖"。②杨范臣上奏谏诤说："此特胡人眩惑求媚，无益圣德，窃恐非陛下之意，愿熟思之。"③唐玄宗采纳进谏，"遽自引咎，慰谕而罢之"。④

开元七年（719年）四月，王皇后的父亲、开府仪同三司王仁皎逝世，他的儿子请求依窦孝谌的先例，"筑坟高五丈二尺"⑤，唐玄宗批准。宰相宋璟、苏颋为此力争，在进谏中以坟高五丈二尺不合于礼制，用韦皇后"崇其父坟""自速其祸"⑥相警戒，指出"况今日所为，当传无穷，永以为法，可不慎乎！"⑦唐玄宗闻谏后高兴地说："朕每欲正身率下，况于妻子，何敢私之！然此乃人所难言，卿能固守典礼，以成朕美，垂法将来，诚所望也。"⑧同时，唐玄宗赐给宋璟、苏颋帛400匹，予以表彰。

开元十年（722年）十二月，唐玄宗的女儿永穆公主将要出嫁，敕令有司优厚发遣，"资送如太平公主故事"⑨。僧一行进谏说："武后惟太平一女，故资送特厚，卒以骄败，奈何为法！"⑩唐玄宗闻谏后立即"追敕不行，但依常礼"。⑪

以上事实表明，唐玄宗在开元前期大体上做到了虚心纳谏。与此同时，唐玄宗还采纳宋璟的建议，恢复了贞观年间的谏议制度。

据《资治通鉴》卷二一一记载："贞观之制，中书、门下及三品官入奏事，必使谏官、史官随之，有失则匡正，美恶必记之；诸司皆于正牙奏事，御史弹百官，服豸冠，对仗读弹文，故大臣不得专君而小臣不得为谗慝。"这一制度在武则天时期遭到破坏，"及宋璟为相，欲复贞观之政。戊申，制：'自今事非的须秘密者，皆令对仗奏闻，史官自依故事。'"⑫

唐玄宗的戊申制书表明，贞观年间的谏议制度在开元五年（717年）已正式恢复。开元六年（718年）七月，唐玄宗又重申这一制度："有司及奏事，皆合对状公言。

---

①②③④⑫《资治通鉴》卷二一一。

⑤⑥⑦⑧⑨⑩《资治通鉴》卷二一二。

⑪《旧唐书·僧一行传》。

比日已来，多仗下独奏，宜申明旧式……及有秘密不合对仗奏者，听仗下奏。"①

关于唐代的谏官建置，始于唐高祖武德年间，其官员有谏议大夫。武则天时期增置左右补阙、左右拾遗。唐玄宗时期，"开元定制，左右补阙、拾遗各二员，复有内供奉各一员，凡十二人。左属门下，右属中书"。②可见，唐玄宗时期的谏官有隶属于门下省的谏议大夫（正五品上，掌侍从赞相、规谏讽谕）4人，左补阙（从七品上）2人，左拾遗（从八品上）2人；属于中书省的有右补阙（从七品上）2人，右拾遗（从八品上）2人。"补阙、拾遗之职，掌供奉讽谏，扈从乘舆。凡发令举事，有不便于时，不合于道，大则廷议，小则上封。若贤良之遗滞于下，忠孝之不闻于上，则条其事状而荐言之"。③此外，左右补阙、左右拾遗各有内供奉1人，共计4人。

谏官参与"廷议"的制度，对于皇帝纳谏和监督百官，提供了制度上的保障。唐玄宗还效法唐太宗，鼓励百官书面陈述政事得失，即所谓"上封事"。开元十二年（724年）四月敕令："自今以后，谏官所献封事，不限旦晚，任封状进来，所由门司不得有停滞。如须侧门论事，亦任随状面奏，即便令引对。如有除拜不称于职，诏令不便于时，法禁乖宜，刑赏未当，征求无节，冤抑在人，并极论失，无所回避，以称朕意。其常诏六品以上，亦宜准此。"④

唐玄宗效法唐太宗，鼓励臣下直言进谏，恢复谏议制度，为贯彻治国方针、推行开元新政起到了很大的积极作用。

---

①②《册府元龟》卷五二三《谏诤部》总序。

③《旧唐书·职官二》。

④《唐会要》卷五五。

六　完善立法制度

（一）立法"以宽仁为理本"

姚崇《十事要疏》的第一条，便是"垂拱以来，以峻法绳下；臣愿政先仁恕，可乎？"①所谓"政先仁恕"，是为纠正武则天时期的"以峻法绳下"②，恢复唐太宗贞观年间"宽仁慎刑"的立法原则。为此，唐玄宗废除了武则天时期周兴、来俊臣等酷吏所实行的酷刑。早在先天二年（713年），唐玄宗便下令："凡有刑人，国家常法……自今已后，辄有屠割刑人骨肉者，依法科残害罪。"③开元十二年（724年）四月，唐玄宗发布敕令："比来犯盗，先决一百，虽非死刑，大半殒毙。言念于此，良用恻然。今后抵罪人，合杖敕杖，并从宽。"④敕令的宗旨仍在于废除酷刑，体现"宽仁慎刑"原则。为完善死刑的审批程序，唐玄宗在《恤刑制》中规定："自今有犯死刑，除十恶罪，宜令中书、门下与法官详所犯轻重，具状奏闻。"⑤这就是所谓"开元中，玄宗修道德，以宽仁为理本"⑥的立法原则。

姚崇的《十事要疏》，第三条便是"比来壬佞冒触宪网，皆得以宠自解，臣愿法行自近，可乎？"⑦所谓"法行自近"，即是在治国方针上把打击犯法权贵的原则引入立法与司法之中，即"夫为令者自近而及远，行罚者先亲而后疏"⑧。本书上文所引皇亲长孙昕与妹夫杨仙玉殴打御史大夫李杰，被唐玄宗处以"杖杀"的极刑，便是贯彻"法行自近"的一个典型事例。

（二）删辑律令格式

唐代法律的主要形式是律、令、格、式，即"凡文法之名有四：一曰律，二曰令，

---

① ② ⑦《新唐书·姚崇传》。
③《册府元龟》卷六一二《刑法部·定律令四》。
④《唐会要》卷四〇《君上慎恤》。
⑤《全唐文》卷二三《恤刑制》。
⑥《旧唐书·杨炎传》。
⑧《旧唐书·李杰传》。

三曰格，四曰式"。①其他如敕、典、例，则是唐律的补充形式。作为唐律的主要形式，律令格式又被称为"天下通规"（《旧唐书·刑法志》）和"为政之本"②。

律是唐代主要的法律形式。狭义上的"唐律"，即是律令格式中的"律"。律是最为稳定的，地位最高，具有法典的性质。唐律共计12篇502条，实际上是一部刑律，或曰刑法典。

令是规定国家制度的行政管理条例，即所谓"令者，尊卑贵贱之等数，国家之制度也"。③作为规定国家制度的行政管理条例，唐代的令涉及范围相当广泛。《唐六典·尚书刑部》所载唐令共有27篇，分30卷1546条之多，其作用在于"设范立制"。

格是本朝或前朝皇帝所颁布的对违法、违令行为进行法律惩治或行政处罚的制敕，经有关部门分类汇编成单行法规，具有刑事特别法或行政特别法的性质，其效力有时大于唐律条文。其中，留本司行用的，称"留司格"；颁行州县行用的，称"散颁格"。以"格"来定罪量刑，在唐代司法中相当普遍。格的作用在于"禁违止邪"。

式是中央政府各部门所发布的行政法规，是百官、有司"其所常守之法也"④，涉及范围十分广泛，其作用在于"轨物程式"。例如《开元式》33篇，"亦以尚书省列曹及秘书、太常、司农、光禄、太仆、太府、少府及监门、宿卫、计帐名其篇目"⑤，相当于今日国家行政部门所颁布的有关行政的"实施细则"。

敕即"诏敕"或"制敕"，是以皇帝名义发布的行政命令，大多是因具体的事或人而发布，一般不具有永久的法律效力，其内容亦十分庞杂，只有在敕文中写明"永为常式"者，才可以作为法规引用。

典是关于官制的法规。所谓《唐六典》即是关于唐代中央与地方官制的法规大全。

例作为法律形式之一，是由国家肯定的、具有法律效力的办案成例。在没有具体法律明文规定的情况下，例可以作为处理有关案件的比照依据。

律、令、格、式、敕、典、例诸种法律形式，一般来说，律是刑事法典，格是对律的补充或修订，令、式、典基本上是行政法规。上述诸多法律形式的共同参用，

---

① 《唐六典·尚书刑部》。
② 《唐会要·定格令》。
③④⑤ 《旧唐书·刑法志》。

使唐律既具有相对稳定性，又具有一定的灵活性，在司法实践上起到了积极的作用。

唐代的律令格式，在唐高祖武德年间、唐太宗贞观年间、唐高宗永徽年间，曾有过多次的修改和补充，本书前文已有所述。

据《旧唐书·刑法志》的记载，唐玄宗开元年间，对唐律曾进行过五次较大的修改。

第一次在开元二年（714年），唐玄宗敕令黄门监卢怀慎、紫微侍郎兼刑部尚书李乂、紫微侍郎苏颋、紫微舍人吕延祚、给事中魏奉古、大理评事高智静等人，"删定格式令，至三年三月奏上，名为《开元格》"①。

第二次在开元六年（718年），唐玄宗敕令吏部侍郎兼侍中宋璟、中书侍郎苏颋、尚书左丞卢从愿、吏部侍郎裴漼、慕容珣，户部侍郎杨滔，礼部侍郎王丘，中书舍人刘令植、源光裕，大理司直高智静，幽州司功参军侯郢琎等人，"删定律令格式，至七年三月奏上，律令式仍旧名，格曰《开元后格》"②。

第三次是开元十年（722年）修撰《唐六典》，详见下文专述。

第四次是开元十九年（731年）删撰《格后长行敕》，由侍中裴光庭和中书令萧嵩"以格后制敕行用之后，颇与格文相违，于事非便，奏令所司删撰《格后长行敕》六卷，颁于天下"③。这一记载表明，《格后长行敕》的删撰，目的在于解决《开元后格》颁行后制敕与格文的相互矛盾，以便于行政事宜。

第五次是开元二十二年（734年）编修《开元新格》和《格式律令事类》。中书令李林甫与侍中牛仙客、御史中丞王敬从等人，"共加删缉旧格式律令及敕，总七千二十六条。其一千三百二十四条于事非要，并删之。二千一百八十条随文损益，三千五百九十四条仍旧不改，总成十一卷，《律疏》三十卷，《令》三十卷，《式》二十卷，《开元新格》十卷。又撰《格式律令事类》四十卷，以类相从，便于省览。二十五年九月奏上，敕于尚书都省写五十本，发使散于天下"④。

唐玄宗多次"删缉"格式律令，得以完善法制，使律令格式更适于社会历史的发展和现实的需要，对开元盛世的出现起到了积极的作用。

（三）编纂《唐六典》

《唐六典》是我国现存最早的一部行政法典。所谓"六典"，源于《周礼·太宰》的"太宰之职，掌建邦之六典"，即治典、教典、礼典、政典、刑典、事典。由于

①②③④《旧唐书·刑法志》。

194

避唐高宗李治之讳，遂改"治典"为"理典"。

关于《唐六典》的编纂，据陈振孙《直斋书录解题》卷六《唐六典》条所引韦述《集贤记注》所载："开元十年，起居舍人陆坚被旨修《六典》，上（唐玄宗）手写白麻纸凡六条，曰理、教、礼、政、刑、事典，令以类相从，撰录以进。"《资治通鉴》卷二一二记载，徐坚与贺知章等人在丽正书院"或修书，或侍讲，以张说为修书使以总之。有司供给优厚，中书舍人洛阳陆坚（即徐坚）以为此属无益于国，徒为糜费，欲悉奏罢之。张说曰：'自古帝王于国家无事之时，莫不崇宫室，广声色。今天子独延礼文儒，发挥典籍，所益者大，所损者微。陆子之言，何不达也！'上闻之，重说而薄坚"。

开元十七年、十八年（729—730年），徐坚、张说相继病卒，由中书令兼集贤殿学士、知院事萧嵩继续编纂《唐六典》。开元二十二年（734年），张九龄为中书令，负责编纂《唐六典》。后来，李林甫代张九龄继续编纂。开元二十六年（738年），《唐六典》编成奏上。由于是唐玄宗下令编纂，由李林甫奏上，故旧题"唐玄宗明皇帝御撰，李林甫奉敕注"。

《唐六典》共30卷，正文谈中央到地方的行政机构建置与各级官吏的任用制度，注文讲述历史沿革，其内容为"以三公三师三省九寺五监十二卫等，列其职司官佐，叙其品秩，以拟《周礼》"。[①]所谓三师是指太师、太傅、太保，三公是指太尉、司徒、司空。三师、三公是掌"训导""论道"的中央最高顾问，多以德高望重者居其位。三省是指尚书省、门下省、中书省，是中央最高决策机关。尚书六部吏、户、礼、兵、刑、工是中央行政管理机关，每部之下设四个司。九寺五监是中央政府的办事机构，与六部有一定的承属关系，并非与六部完全平行。九寺是太常寺、光禄寺、卫尉寺、宗正寺、太仆寺、大理寺、鸿胪寺、司农寺、太府寺。五监是国子监、少府监、将作监、军器监、都水监。御史台是中央最高监察机关。此外，还有秘书省、殿中省、内侍省、十二卫、诸卫府、太子东宫、诸王府、公主邑司。地方上的行政机构有都护府、府、州、县等。

《唐六典》作为唐代行政法典，内容详备，展现了唐王朝的政权组织形式，是唐代编制行政法典的综合性成果，是开元盛世封建政治体制完备化的标志，在中国法制史上具有重要意义，《四库全书总目》称《唐六典》"一代典章，厘然具备"。

[①]（南宋）晁公武撰：《郡斋读书志》卷七。

七　抑制奢靡

　　唐玄宗在推行开元新政的同时，又注重改变社会风气，移风易俗、抑制奢靡、厉行节俭。先天二年（713年）三月，晋陵尉杨相如在上书中就提出了"隋氏纵欲而亡，太宗抑欲而昌"①的问题。开元元年（713年）十月，中书令张说提出了禁止北周时从波斯传入中国的"泼寒胡戏"。他在进谏中说："泼寒胡未闻典故，裸体跳足，盛德何观；挥水投泥，失容斯甚。法殊鲁礼，亵比齐优。"②同年十二月，唐玄宗敕令："腊月乞寒，外蕃所出，渐浸成俗，因循已久。自今已后，无问蕃汉，即宜禁断。"③开元二年（714年）八月，唐玄宗又敕令"禁断"某些"事切骄淫，伤风害政"的"技艺"④。以上敕令，是唐玄宗在开元初年移风易俗的开始之举。

　　自唐中宗、睿宗以来，宗室和贵族中奢靡成风、竞相浮华。姚崇于开元元年（713年）为相后，"屡以奢靡为谏"⑤。为贯彻已经制定的治国方针，唐玄宗采纳姚崇的进谏，于开元二年（714年）七月乙未日，下达制书："乘舆服御，金银器玩，宜令有司销毁，以供军国之用。其珠玉、锦绣，焚于殿前。后妃以下，皆毋得服珠玉锦绣。"⑥同月戊戌日，唐玄宗又发布敕令："百官所服带及酒器、马衔、镫，三品以上，听饰以玉，四品以金，五品以银，自余皆禁之。妇人服饰，从其夫子。其旧成锦绣，听染为皂。自今天下更毋得采珠玉，织锦绣等物，违者杖一百，工人减一等。"⑦同时，"罢两京织锦坊"。⑧

　　从唐玄宗制书、敕令的内容来看，他的禁令是难以贯彻执行的。然而，他在殿廷前焚烧锦绣、珠玉，以及为此发布制书、敕令，亦是不容否认的历史事实。他的上述举动，确如司马光所评论那样，是出于"始欲为治"的需要，是他贯彻

---

①《册府元龟》卷五三三《谏诤部·规谏十》。

②《旧唐书·张说传》。

③《唐会要》卷三四《杂录》。

④《唐会要》卷三四《论乐》。

⑤《旧唐书·五行志》。

⑥⑦⑧《资治通鉴》卷二一一。

治国方针、推行开元新政的题中应有之义，故"能自刻厉节俭如此"①。因此，无论焚烧锦绣珠玉的禁令能在何种程度上被付诸实行，都不能把上述行为称为宣传举动。他在七月乙未敕令中谴责"互相夸尚，浸成风俗"的奢侈之风，主张"返朴还淳，家给人足"②。表明唐玄宗烧锦绣珠玉、发布制书敕令，确实是为着改变风气、移风易俗，为实现"家给人足"而在社会风气方面提供必要的条件、避免重蹈"隋氏纵欲而亡"的覆辙。

发布焚烧锦绣珠玉敕令的两个月后，唐玄宗又颁发制书，"以厚葬为诫"③。制书指出："近代以来，共行奢靡，递相仿效，浸成风俗，既竭家产，多至凋弊……且墓为贞宅，自便有房，今乃别造田园，名为下帐，又冥器等物，皆竞骄侈。"④为禁止厚葬，敕令还对随葬物品的色数、规模做出了限制，禁止园宅下葬，坟墓务遵简俭，不得以金银为送终之具。对于违犯禁令者，杖一百；州县长官如不举察，则贬授远官。

与此同时，唐玄宗还发布《禁断奢侈敕》，指出："雕文刻镂伤农事，锦绣纂组害女红。粟帛之本或亏，饥寒之患斯及。朕故编诸格令，且列刑章，冀以还淳，庶皆知禁。"⑤

唐玄宗提倡节俭，当他经过以节俭著称的已故宰相卢怀慎墓地时，见"碑表未立，停跸临视，泫然流涕，诏官为立碑"⑥。唐玄宗当即令中书侍郎苏颋为卢怀慎起草碑文，由他亲笔书写，刻于墓碑之上。

同焚烧锦绣珠玉的禁令一样，禁止厚葬的敕令也难以全面付诸施行，他本人也未能做到这一点，他曾一度批准为王皇后的父亲修筑高坟，便是其中一例。然而，唐玄宗在开元初年所发布的一系列禁止奢靡、移风易俗的制书、敕令，是必须予以充分肯定的。他认识到抑奢侈、移风易俗，是推行开元新政必不可少的一项重要内容。为此，他采取"编诸格令，且列刑章"的立法与司法手段来加以贯彻执行。这样做不只是防止重蹈"隋氏纵欲而亡"的覆辙，更主要的是为防止奢靡风气"伤农事""害女红"，想通过"返朴还淳"来达到"家给人足"的目的。可见，在唐

---

① 《资治通鉴》卷二一一。
② 《册府元龟》卷五六《帝王部·节俭》。
③④ 《旧唐书·玄宗本纪》。
⑤ 《全唐文》卷三五玄宗《禁断奢侈敕》。
⑥ 《新唐书·卢怀慎传》。

玄宗的认识上，已经把抑奢侈、移风易俗同实现家给人足、发展生产、治理国家联系在一起了。总之，抑奢侈、移风易俗作为开元新政的重要内容之一，事实上为开元盛世的到来，从改进社会风气方面准备了必要的条件。

［卷六］
开元盛世：经济繁荣

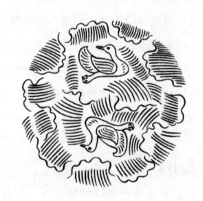

一　农业迅速发展 〜

历史事实雄辩地说明，所谓文景之治、汉武盛世、贞观之治乃至于开元盛世，无一不是建立在农业生产的恢复和发展的基础之上的。农业生产的发展与成就，构成了中国封建时代所谓"升平之世"与"太平盛世"的基础与首要内容。

（一）静民劝农
如果说唐太宗的贞观之治是从静民劝农开始的话，那么唐玄宗为恢复和发展经济、安定社会，也把静民劝农放到了治理国家的首要地位。

自武则天执政以来，土地兼并和农民脱离土地的问题一直未能解决。中宗、睿宗时期的政治动荡，使这一问题日趋尖锐。为解决逃户即流民问题，唐玄宗把土地兼并同吏治不善、赋役弊病等造成农民脱离土地的诸多因素综合考虑，从安抚流民入手，减轻农民负担、进行综合治理，采取了许多相应的措施。

整饬县级吏治，是唐玄宗解决流民问题的首要措施。他清楚地知道，农民逃亡往往与县级吏治有着直接的关系。据《资治通鉴》卷二一〇和《旧唐书•玄宗本纪》记载：

先天元年（712 年）三月辛巳日，"皇后亲蚕"。①

同年五月庚寅日，在大明宫修建未毕的情况下，"敕以农务方勤，罢之以待闲月"。②

同年七月甲子日，粉碎太平公主集团，唐玄宗掌握国家全部权力。

开元元年（713 年）十月辛卯日，"引见京畿县令，戒以岁饥惠养黎元之意"。③

开元二年（714 年）春正月，"关中自去秋至于是月不雨，人多饥乏，遣使赈给"。④

---

① ④ 《旧唐书•玄宗本纪》。
② ③ 《资治通鉴》卷二一〇。

开元二年（714年）七月，唐玄宗敕诫州县："且一夫一女，不耕不织，则天下有受其饥寒者。"①令州县官吏督察农桑，使田畴力垦，"待至秋收"再"课其贮积"②。

开元三年（715年）三月，唐玄宗敕令："顷虽临遣使臣，未能澄正此弊，或刻以害物，或扰以妨农，或背公向私，或全身养望，至使钱谷不入，杼柚其空，捐瘠相仍，流庸莫返。"③

开元三年（715年）六月，"山东诸州大蝗""紫微令姚崇奏请差御史下诸道，促官吏遣人驱扑焚差瘗，以救秋稼，从之。是岁，田收有获，人不甚饥"④。

开元五年（717年）二月，"河南百姓给复一年，河南、河北遭涝及蝗虫处，无出今年地租"。⑤

开元五年（717年）七月，唐玄宗敕令："至于敬耆老，恤茕弱，止奸盗，伏豪强，人不忍欺，吏不敢犯。田畴开垦，狱圄空虚，徭赋必平，逋逃自复……若是者，仍闻举职，思可以力致。"⑥

开元八年（720年）七月，唐玄宗告诫京畿县令，要勤政恤民、勿夺农时、宽简刑狱，"徭役须平，豪强勿恣"⑦。并以此作为考核县令吏治标准。

上述制书、敕令表明，唐玄宗确实把静民劝农、减轻农民徭役赋税负担、宽法慎刑、恤民救灾、劝课农桑、勿夺农时、抑制豪强作为流民返乡、恢复和发展农业生产的必要条件，竭力解决"流庸未返"的问题。

唐玄宗尤其重视减轻农民的赋税和徭役负担，多次下令减免灾区租税和徭役。开元二年（714年）五月，唐玄宗"以岁饥，悉罢员外、试、检校官"⑧，在江东道"颇致饥乏"时，下令"不急之务，一切除减，观察疾苦，量宜处置"。⑨

待到开元八年（720年），当唐玄宗的"静民劝农"大见成效、"五谷丰植，万物阜安"⑩时，他想到的仍是"淳流未还"⑪，田里有"愁叹之声"⑫，于是派使者四出解决流民返乡问题，劝课农桑。

---

①②《唐大诏令集》卷一〇八《禁断锦绣珠玉敕》。
③《唐大诏令集》卷一〇三《处分朝集使敕八道之一》。
④⑤《旧唐书·玄宗本纪》。
⑥《唐大诏令集》卷一百《诫励诸州刺史敕》。
⑦《唐大诏令集》卷一〇四《诫励京畿县令敕》。
⑧《资治通鉴》卷二一一。
⑨《唐大诏令集》卷一一五《遣杨虚受江东道安抚敕》。
⑩⑪⑫《唐大诏令集》卷一〇三《处分朝集使敕八道之六》。

为解决谷贱伤农问题和抗御天灾，唐玄宗极力主张恢复常平仓、义仓制度。开元二年（714年）九月，唐玄宗敕令："以岁稔伤农，令诸州修常平仓法。江、岭、淮、浙、剑南地下湿，不堪贮积，不在此例。"①常平仓的作用在于平抑粮价，防止丰年谷贱伤农和荒年谷贵伤民。而义仓的设置，主要在于荒年救灾和青黄不接时向农民免息贷种。为此，唐玄宗曾发布《发诸州义仓制》的制书，并在《赈恤河南北诏》中指出："凡立义仓，用为岁备。今旧谷向没，新谷未登，蚕月务殷，田家作苦，不有惠恤，其何以安？宜开彼仓储，时令贷给。"②在《南郊推恩制》中，唐玄宗指出："诸郡义仓，本防水旱，如闻多有费损，妄作破除。自今已后，每郡差一上佐专知，除赈给百姓之外，更不得辄将杂用。"③可见，唐玄宗不仅主张恢复义仓，阐述义仓的性质和作用，还对以往义仓所存在的弊病，明令予以纠正，制止破坏义仓制度的现象发生，为整顿和建设义仓制度做出了贡献。

开元初年，山东蝗虫灾害严重。在捕灭蝗灾的问题上，朝廷大臣中意见分歧甚大。宰相姚崇力主驱捕焚埋，而副宰相卢怀慎等人却重弹汉儒"天人感应"的老调，认为"杀虫太多，有伤和气"④，主张听之任之。姚崇力排众议，改善灭虫措施，成绩可观。在事实面前，唐玄宗支持姚崇，下达制书与敕令，捕灭蝗虫，终于使捕灭蝗虫的斗争取得了胜利。

唐玄宗于开元初年为静民劝农所采取的上述诸多措施，大体上获得了成功，为恢复和发展农业生产奠定了初步的基础。

（二）括户举措

唐玄宗静民劝农的诸多举措，对于解决逃户返乡的问题，虽然从不同的方面、在不同的程度上起到了积极的作用。但是像这样一个关系土地制度、涉及方方面面的社会难题，不采取有效措施专门解决，是不可能收到明显成效的。这里，有必要对宇文融的括户举措作略为详尽的介绍。

宇文融的括户举措始于开元九年（721年）初，止于开元十二年（724年）底，大体上可分为两个阶段。所谓"括户"，即"检括户口"。早在北魏时期，国家为

---

① 《资治通鉴》卷二一一。
② 《全唐文》卷二七。
③ 《全唐文》卷二五。
④ 《旧唐书·卢怀慎传》。

同地方上的割据势力和豪强争夺劳动力、增加税收，制定了"检括户口"的法律。隋唐的法律中，对逃避赋税、徭役者有明文规定的刑罚。武则天时期，凤阁舍人李峤为解决逃户及其所引起的赋税收入减少的问题，曾提出过"设禁令""垂恩德""施权衡""为限制"等措施。

"设禁令"是借鉴隋朝括户采用的乡里连坐、开相纠之科的做法。"垂恩德"是为返乡逃户解决一些实际困难，招诱逃户返乡。"施权衡"是在逃户的返乡或就地附籍的问题上，听任逃户自行选择。"为限制"是规定逃户必须在百日期限内报到，算作"自首"，既往不咎，听任其返乡或就地附籍。限期内不"自首"者则"迁之边州"，实际上是变相流放。李峤的上述措施，曾被武则天部分采纳并在部分地区实行。

开元八年（720年）以前，唐玄宗的静民劝农举措并没有解决逃户返乡的问题，事实上逃户仍是有增无减，这就不能不使唐玄宗感到问题的严重，认为李峤宽与严结合的括户举措有助于问题的解决。于是，开元八年（720年）八月下达制书曰："政宽而慢，法弊则穷。弛而张之，其可致理。"①制书又曰："苟厘不作，人斯无怨；宽猛相济，政是以和。"②唐玄宗所说的"宽猛相济"，即是在这一治国方针下，"作一招携、捉搦法闻奏"③。"招携"，是以安抚手法招诱逃户，从宽附籍；"捉搦"，是对限期内不"自首"的逃户，捕捉惩处。可见，唐玄宗已决心用李峤宽严相济的括户举措来解决日趋严重的逃户问题了。

正式向唐玄宗上言解决逃户问题的，是宇文融。宇文融是京兆万年（今陕西西安）人，开元初年曾任富平县主簿，因受到京兆尹源乾曜赏识而调任监察御史。宇文融鉴于当时"天下户版刓隐，人多去本籍，浮食闾里，诡脱徭赋，豪弱相并，州县莫能制"④这一严重问题，向唐玄宗上言："天下户口逃移，巧伪甚众，请加检括。"⑤宰相源乾曜对宇文融的建议亦表示赞成。10天过后，唐玄宗于二月乙酉日，"敕有司议招集流移、按诘巧伪之法以闻"。⑥

唐玄宗敕令有关部门就宇文融的上言，讨论有关检括户口的问题，要求将议论

---

① ② 《唐大诏令集》卷一〇四《遣御史大夫王晙等巡按诸道制》。

③ 《册府元龟》卷六三《帝王部·发号令二》。

④ 《新唐书·宇文融传》。

⑤ ⑥ 《资治通鉴》卷二一二。

结果向他汇报。于是，二月丁亥日（即乙酉日敕令下达后的第二天），唐玄宗正式发布制书："州县逃亡户口，听百日自首，或于所在附籍，或牒归故乡，各从所欲。过期不首，即加检括，谪徙边州。公私敢容庇者，抵罪。"①

从宇文融上言检括户口，中间经过有关部门议论，到正式发布制书施行，前后不过12天，可见唐玄宗为解决这一问题的急切心情。诚然，这个问题他已在心中酝酿已久，是经过深思熟虑的。

从制书的内容来看，有以下四个要点：

一是限逃亡户口在百日内自首，对限期内自首者当然是既往不咎；

二是对自首者或就地附籍，或返回乡里，采取听其自便的原则；

三是过期不自首者，加以检括，予以谪徙边州的惩罚；

四是对敢于包容庇护逃户的官员或个人则依法问罪。

同李峤的四项措施相比较，唐玄宗制书虽有宽严相济的内容，但不见有"垂恩德"措施中解决返乡户生活困难的诸多具体规定，如供应返乡途中食粮、返归后缺粮者予以赈济、田地荒芜者助其修营、勿征积欠徭赋等，更多地体现着"严"的一面。

制书发布后，唐玄宗以宇文融为覆田劝农使，"括逃移户口及籍外田，所获巧伪甚众"。②《新唐书·宇文融传》称"钩检帐符，得伪勋亡丁甚众"。可见这次检括户口，主要是根据簿籍钩检逃丁、逃户，而且所获"甚众"，在一定程度上达到了"收匿户羡田佐用度"③的预期目的。为此，宇文融由监察御史（正八品上）被提拔为兵部员外郎（从六品上），兼侍御史。

开元九年（721年）正月至开元十一年（723年）七月的检括户，除返回乡里与就地附籍由逃户自己选择外，其余皆为强制性措施和法令，主要体现的是"严"，因此给百姓带来了"烦扰"。唐玄宗总结前一阶段括户的教训，于开元十一年（723年）八月癸卯日发布新的敕令：

> "前令检括逃人，虑成烦扰。天下大同，宜各从所乐，令所在州县安集，遂其生业。"④

这道敕令总结了前一阶段括户中以严纠宽的教训，在指导思想上转变到以宽济

---

①②④《资治通鉴》卷二一二。
③《新唐书·宇文融传》。

严，更多地体现了李峤的"垂恩德"原则，"各从所乐"，"安集"逃户，"遂其生业"。开元十二年（724年）六月壬辰日，唐玄宗将上述原则具体化，发布了新的括户诏令，"听逃户自首，辟所在闲田，随宜收税，毋得差科征役，租庸一皆蠲免。仍以兵部员外郎兼侍御史宇文融为劝农使，巡行州县，与吏民议定赋役"。①

六月壬辰诏令的要点有三：一是摈弃单纯括户的做法，把括户与括田结合起来，令自首逃户"辟所在闲田"；二是只收自首逃户随土所产的实物税，免征正赋，即所谓"随宜收税，毋得差科征役，租庸一皆蠲免"；三是对不便于自首逃户的赋役，劝农使有权与吏民重新议定，即所谓"巡行州县，与吏民议定赋役"。

这一诏令的三个要点表明，这次检括户口是把括户与括田以及赋税改革结合起来，较好地体现了宽严相济的原则，以安抚为主，因而在实践中能较为顺利地推行，使检括户口收到了明显的成效。

关于"与吏民议定赋役"，即《通典》及《旧唐书·宇文融传》所谈到的"其新附客户，则免其六年赋调，但轻税入官"。至于"免其六年赋调"始年，应在开元十二年（724年）六月壬辰之后，同年八月乙亥之前。②

开元十二年（724年）六月壬辰诏令在全国十道推行的具体情况，《通典》《旧唐书》《新唐书》《唐会要》均有记载。综合上述文献的记载可知宇文融既是这次括户的策划人、设计师，又是这次括户的组织者、主持人。宇文融以劝农使兼租地安辑户口使的身份，凭借着唐玄宗授予他的"与吏民议定赋役"的大权，在29名助手即"劝农判官"的协助下，于全国范围内大张旗鼓、雷厉风行地推行检括户口诏令，收到了明显的成效。在推行诏令的过程中，朝廷有人提出异议，户部侍郎杨玚认为这是"籍外取税，百姓困弊，得不酬失"。③唐玄宗坚决支持宇文融，将杨玚贬官，"融乃自请驰传行天下，事无巨细，先上劝农使，而后上台省，台省须其意，乃行下。"④可见，宇文融以"钦差大臣"的身份，既有唐玄宗所赋予的"量事处分"⑤大权在手，又有由他选择的诸多得力"劝农判官"⑥的协助，终于使这次检括户口工作在全国获得了颇为圆满的成功。

关于劝农判官的总人数，《资治通鉴》《新唐书》《旧唐书》《唐会要》的说法不一，可归结为19人与29人两种说法。许道宗、赵克尧《唐玄宗传》认为：

---

①《资治通鉴》卷二一二。
②详见许道勋，赵克尧：《唐玄宗传》，北京：人民出版社，1995年，第262—264页。
③④⑤⑥《新唐书·宇文融传》。

"《旧唐书》与《通鉴》的 10 人说，是指最后一次派出的人数；《唐会要》29 人说是指先后两次派出的人数。而我们认为应是先后三次派出的人数，即开元九年二月为 10 人；十一年八月增派 9 人，计 19 人；十二年六月不久再增 10 人，共 29 人。"① 总之，在全国十道推行检括户口，是一件十分繁重而艰巨的任务。如果没有众多得力的劝农判官协助，没有唐玄宗的坚定支持，宇文融是无法完成这项重大使命的。

《唐玄宗传》还对宇文融所选择的 29 位劝农判官进行研究，指出这些人虽然大多官品不高②，但多为当时的名士才俊，不仅具有知名度，而且颇具才干，否则是难以完成这一重大使命的。29 名判官，属于京官者 6 人；属于地方官的有府职 6 人、县职 17 人。占总数 80% 的地方官，大多选自京畿、河南地区。因为这些地区土地兼并和户口逃亡颇为典型，这些地方官熟悉京兆地区情况③。可见，宇文融的这种考虑和人事选用原则是颇为高明的。宇文融同他选用的 29 位助手在工作中密切而有效的配合，无疑是括户获得成功的重要因素之一。

宇文融为唐玄宗所主持的检括户口工作，获得了巨大的成就，有关文献均有记载。这里，摘引《新唐书·宇文融传》有关的简要记载，述说如下。

宇文融策划括户，所要解决的问题是"天下户版刊隐，人多去本籍，浮食闾里，诡脱徭赋，豪弱相并，州县莫能制"。而宇文融本人向唐玄宗提出"请校天下籍"的主要目的，在于"收匿户羡田佐用度"，通过括户与括田来增加国家的赋税收入。实践表明，宇文融在大体上解决了他所要解决的问题，基本上达到了预期的目的。

始于开元九年（721 年）正月的第一阶段括户，宇文融以覆田劝农使的身份，"钩检帐符，得伪勋亡丁甚众"，获得初步成功，他本人被拔为兵部员外郎，兼侍御史。始于开元十一年（723 年）八月的第二阶段括户，宇文融以劝农使又兼租地安辑户口使的身份，上奏以"慕容琦、韦洽、裴宽、班景倩、库狄履温、贾晋等二十九人为劝农判官，假御史，分按州县，括正丘亩，招徕户口而分业之，又兼租地安辑户口使。于是诸道收没户八十万，田亦称是。岁终，羡钱数百万缗。帝悦，引拜御史中丞"。本传还记载了宇文融巡行天下时，"融所过，见高年，宣天子恩旨，百姓至有感涕者"。使者回京后向唐玄宗汇报上述情况，其下达诏书：

---

① ③许道勋，赵克尧：《唐玄宗传》，北京：人民出版社，1995 年，第 266 页。
② 最高者仅有大理寺丞一人，为从六品上，而京畿县尉与县尉等十七人，官品为从八品下与正九品下。

> "以客赋所在，并建常平仓，益贮九谷，权发敛；官司劝作农社，使贫富相恤。凡农月，州县常务一切罢省，使趋刈获。流亡新归，十道各分官属存抚，使遂厥功。复业已定，州县季一申牒，不须挟名。"

据《新唐书·宇文融传》上述记载，唐玄宗、宇文融的括户举措，其成就与意义有如下几点：

1. 开元九年（721年）开始括户的成绩与意义，主要不在于"得伪勋亡丁甚众"，而在于作为括户工作的"试验"阶段，使唐玄宗、宇文融从中总结经验教训，从而制定第二阶段括户的正确方针。

2. 括户的结果，使户口增加80万，即所谓"诸道收没户八十万"[①]，而开元十四年（726年）全国户口总数707万。同隋开皇三年（583年）括户164万（合30万户）相比，"得客户八十万"应是历代括户的最高数字。

3. 括户与括田并举，即"收没户八十万，田亦称是"，解决了"籍外羡田"的问题。

4. 括户与括田的直接效果，是国家财政收入总额的大为增加，即所谓"岁终，羡钱数百万缗"。

5. 对自首逃户的诸多优惠政策，如"括正丘亩，招徕户口而分业之"以及"毋得差科征役，租庸一皆蠲免""免其六年赋调"，等等，不仅解决了逃户"浮食闾里"的问题，而且通过括田和垦荒，使耕地面积扩大，逃户重新务农，加之对逃户的优惠政策，使得农业生产因此而获得发展。正因为括田为自首逃户带来了好处，括田官员所到之处才出现了"老幼欣跃，惟令是从，多流泪以感朕心，咸吐诚以荷王命"[②]的动人场面。唐玄宗的诏书也表明，他的检括户口绝不只是为增加赋税收入。在括户获得成效后，唐玄宗诏令"以客赋所在，并建常平仓"；"官司劝作农社，使贫富相恤"；农忙时"州县常务一切罢省"；对新归逃户，官府要予以"存抚，使遂厥功"；对"复业"逃户，州县需按时申报，"不须挟名"。可见，唐玄宗是把括户同落实静民劝农、体恤百姓的治国方针联系在一起的，目的是安民富民、强国兴邦。

6. 户口总数的增加、耕地面积的扩大、赋税收入的增加、农业生产的发展、实现富民强国，是导致开元中期经济繁荣的重要因素，为开元盛世的到来做出了重要

[①] 唐玄宗开元十三年（725年）二月制令作"归首百万"。
[②]《旧唐书·宇文融传》。

的贡献。有趣的是，开元十二年（724年），括户获得成功；同年，年丰谷贱；第二年，唐玄宗举行泰山封禅大典。这一切，都预示着开元盛世即将开始。

诚然，唐玄宗、宇文融的检括户口，在推行过程中也有其弊病，如"州县希旨，张虚数以正田为羡，编户为客"，[①]以至于加重了某些"实户"的赋税负担。此外，有些土著户为获得政府优惠政策，也选择离乡逃亡。国家虽采取措施予以制止，仍未能制止住户口流散的问题。但是，同括户所取得的巨大成就相比，上述弊病和遗留问题不过是次要的支流而已。

（三）开垦荒地

在隋唐时期，开垦荒田一直受到政府的鼓励，特别是从人多地少的"狭乡"到人少地多的"宽乡"开垦荒地，更是如此。按照唐律，废弃耕地和占田超过规定限度者要受到处分；然而属于开垦荒地而占田超过限度者，则不算犯罪。《唐律疏议》卷十三解释说："若占于宽闲之处不坐，谓计口受足之外，仍有剩田，务从垦辟，庶尽地利。故所占虽多，律不与罪。"在宇文融括户括田时，就采取了鼓励返乡逃户开垦荒地的政策。唐王朝从贞观至开元、天宝年间，垦荒人数一直呈上升趋势。在平原地区荒地日趋稀少的情况下，向山地垦田的数量日渐增加。元结的《元次山文集》卷七曾记载："开元、天宝之中，耕者益力，四海之内，高山绝壑，未耜亦满。"此外，在开元、天宝年间，唐代在一些荒山僻野增置新的县治，也反映了这一期间因人口增殖、土地兼并而出现大批流民开垦山地的历史实际。《元和郡县志·江南道下》所记载的因流民开山洞所设置的县，属于唐玄宗开元、天宝年间所设置的，有福州所属的古田、尤溪，渝州（今重庆）的璧山，合州（今重庆合川）的铜梁。与此同时，江南地区围水造田的数量也有明显的增加。垦荒（包括开山造田）和围水造田而导致的耕地面积的扩大，对于开元、天宝年间农业生产的发展来说，无疑是一个重要的因素。

水利工程的大量兴建，在有唐一代于唐玄宗开元年间形成高潮。据许道勋、赵克尧《唐玄宗传》的统计，贞观年间兴修的水利工程有26处，唐高宗时期31处，武则天时期15处。而唐玄宗开元年间有38处，天宝年间有8处，总计46处。《新唐书·地理志》所载开元年间兴修的46处水利工程，从文献所记载的主持人来看，

---

① 《新唐书·食货志》。

主持修渠数量最多的是刺史姜师度，共有 8 处；其次是太原府文水县令戴谦，共有 4 处；再次是蓟州三河县令鱼思贤，共有 3 处。从水利工程分布的地域来看，以山东最多，其次是山西、河北、河南、陕西。水利是农业的命脉，兴修水利在开元年间形成高潮，同唐玄宗贯彻静民劝农的治国方针有关，对开元年间农业的迅速发展起到了重大的作用。开元年间在兴修水利方面所取得的成就，是开元盛世的一个侧面。

（四）亩产提高

唐代农业生产的发展，与这一时期科学技术的发展有着直接的关系。有关唐代科技的发展，本卷第四节将专门论述。

关于唐代农业生产力的发展，粮食亩产的提高最能说明问题，它是农业生产力发展的集中体现。唐代的亩产数字，文献中虽不乏记载，但有一个古今度量衡的换算问题。唐代李翱的《平赋书》中，曾谈到"一亩之田，以强并弱，水旱之不时，虽不能尽地力者，岁不下粟一石"。[①]同汉代的亩产相比，唐代亩产一石，换成汉制，相当于汉代亩产 3.81 石，合今制亩产 334 斤。汉代亩产一般为 3 石，可见唐代的亩产同汉代相比，生产力提高了约 25%。

开元、天宝年间水利工程完备，粮食丰产丰收，粮价下降。据《通典》卷七《食货七》所载，开元十三年（725 年）唐玄宗泰山封禅，是时"米斗至十三文，青、齐谷斗至五文，自后天下无贵物；两京米斗不至二十文，面三十二文"。当时，国家与州县仓廪殷实，据《通典》卷十二《食货十二》记载："天下诸色米都九千六百六万二千二百二十石……诸色仓粮总千二百六十五万六千六百二十石。（其中）北仓六百六十一万六千八百四十石，太仓七万一千二百七十石，含嘉仓五百八十三万三千四百石，太原仓二万八千一百四十石，永丰仓八万三千七百二十石，龙门仓二万三千二百五十石。"粮仓储粮数量的巨大，无疑是农业连年丰收、农业生产力提高的结果。

开元年间农业生产的迅速发展，还表现在轮作复种面积的增加、水稻和经济作物的普遍种植等诸多方面。

---

① 《李文公集》卷五。

二　手工业的新貌

　　唐代的手工业从经营方式上看，依然是官府手工业和民间手工业两大类。就官府手工业同汉代相比，各部门的划分日趋精细，国家对官府手工业的管理也有所加强。在中央政府中，国家设置有"四监"来专门管理官府手工业。其中，少府监：掌百工技巧之政，下设中尚、左尚、右尚、织染、掌冶等五署，分管礼器制造、车伞制造、马辔皮加工、丝织印染、冶铸等，还掌管各地的盐监与铸钱监。将作监：掌管土木工匠之政，下设左校、右校、中校、甄官等四署，分管梓匠、土工、舟车等工，以及石工与陶工等。军器监：掌缮甲弩，下设弩坊、甲坊等二署，分管弓矢刀矛制造、成衣制造等。都水监：掌川泽津梁渠堰陂池之政，下设河渠署、河堤谒者、诸津令等。上述四监及监下诸署的设置，表明官府手工业管理机构的庞大和分工的精细，是唐代官府手工业比汉代有较大发展的标志之一。

　　唐代的民间手工业，可分为家庭手工业与手工业作坊两类。其中，手工业作坊在唐代有较大的发展，有的手工业作坊已具有相当大的经营规模，定州何名远拥有500张绫机的手工业作坊，便是个突出的例子。

　　从手工业的部门来看，唐代的手工业比前代均有长足的发展。下面从采矿业、铸造业、陶瓷业、纺织业、印染业、造纸业、印刷业、造船业、漆器业、食品业等十个部门分述如下。

（一）采矿业

　　唐代的采矿业主要由政府掌握，只在一定限度内允许私人开采，依产量多寡向国家纳税。唐代采矿业已相当发达，各种金属矿有168处之多，年产铁200万斤、铜26万斤、银1.2万斤。其中，铁矿的分布以南方诸道最多，有60余处，北方诸道有30余处。除金属矿外，唐代文献中已有关于煤矿和开采石油的记载。在四川临邛（今邛崃），"火井"（天然气）已被用来煮盐。

（二）铸造业

　　唐代的金属铸造业部门较多，所铸造的金属器物种类也不少。从现存唐代的金属器物来看，铸造技术比前代已有明显进步，工艺技术有所提高。除铸造和锻炼外，还有手工打制、加工磨制，以及镀金镀银等。金银合铸难题的解决，可谓唐代金银铸造技术的成就之一。在唐代的金属铸造业中，铸钱业和兵器制造业占有特殊的重要地位。

（三）陶瓷业

隋唐的瓷器已由原始瓷器即陶瓷飞跃到用高温烧制而成的、质地坚固的瓷器。隋代的何稠为瓷器烧制技艺的改进做出了重大贡献。隋代的瓷器较为质朴，唐代的瓷器有较大的发展，已成为独立的手工业生产部门，出现了很多著名的制瓷名窑。其中，北方的邢窑和南方的越窑是北方与南方的两大制瓷业中心。越窑系统所产的青瓷和邢窑系统所产的白釉瓷器，都是当时受人喜爱的产品。三色釉瓷器即"唐三彩"的出现，是中国陶瓷制作技术新发展的重要标志。唐三彩是在铅釉内掺和少量铁和钴的氧化物，先在1000℃以上窑温下烧制素坯，上釉后，在800℃左右温度下烧成。三彩以青、绿、铅黄三种颜色为普遍；又有所谓"蓝三彩"，即"三彩加蓝"，颇为名贵。唐三彩瓷器色彩鲜艳、花纹美丽、器形繁多，有俑类和其他器物两大类。器物的造型反映了唐代社会生活的各个方面，形象十分生动而逼真，在中国陶瓷史上可谓大放异彩，标志着唐代陶瓷业的新发展。

（四）纺织业

唐代纺织业中，最负盛名的是丝织品，其次是麻织品、毛织品。此外，在四川还有少量的棉织品。唐代纺织品的种类，从文献记载当时市场交换中所反映的情况来看，丝织品有绢、罗、绫、绸、绝、绫、锦、纹、丝布等，麻织品有葛麻布、白苎布、紫苎布、苎练布、胡女布、女稽布、细苎布、青苎布、楚布、直布、竹布、弥布、斑布等，毛织品有毛毡、绯毡、毛绦等。此外，还有丝麻毛的交织品，名称颇多。从分布地域看，丝织业分布广泛，以河南的丝织业最为兴盛，河北次之，江南地区较少。

（五）印染业

印染业与纺织业紧密关联。唐代的印染业，是在纺织业的飞速发展下被带动起来的。其中，以官府印染业代表了当时印染业的发展水平，这显然同官府纺织业产品直接为皇室服务、规模较大、拥有较强的经济实力和技术条件有关。唐代印染业发展了汉代印染加工技术，除夹缬外，又采用了蜡缬、绞缬等印染方法。夹缬作为当时采用最为普遍的工艺，是一种将化学的、物理的、美术的方法综合在一起的印染技术。从吐鲁番出土的唐代实物标本分析，可知当时的夹缬至少已含有三种印花工艺，即直接印花、碱剂印花、防染印花。盛唐时期为适应夹缬工艺的需要，已将镂空花版改为筛罗花版，同 20 世纪初兴起的筛网印花技术相比并不逊色，是当时印染工艺上的一个突破性发展。

（六）造纸业

造纸业在隋代已有较大的发展和进步，在造纸原料和造纸技术上均有很大发展。在唐代，由于文化事业的飞速发展，官府设置了很多造纸作坊，仅安徽、四川、江西、江苏、浙江等地，就有造纸作坊 90 余处，造纸业十分兴盛。从造纸业的工艺、种类、质地来看，唐代的造纸业确实大大超过了前代。当时生产的一些名纸，如宣州泾县的宣纸、浙江的剡藤纸、蜀郡的双流纸、薛涛笺、十色笺、鱼子笺，都颇负盛名，远销各地。当时造纸业最为发达的地区是四川，其他地区造纸业也有普遍分布，如南海生产的谷纸、罗州①生产的香皮纸等。同前代相比，唐代的造纸业分布更为普遍，种类与名目更为繁多，印色更为讲究，用途就更加广泛。总之，唐代造纸业的空前发展，是同这一时期社会的经济繁荣与文化事业昌盛，以及雕版印刷术的兴起紧密地联系在一起的。

（七）印刷业

雕版印刷术的出现，是唐代对中国印刷术发展的一大贡献。所谓雕版印刷术，是把文字刻在一定规格的整块木板板面（或其他质料板面）上，然后在整块版面上加墨印刷。唐穆宗时期的元稹曾谈到"模勒"，这是文献中所见有关雕版印刷的最早记载。大和九年（835 年），唐文宗诏令禁止各地百姓私置日历版，表明当时民间已经用雕版印刷日历。唐代的文化事业比起前代有高度的发展，因而雕版印刷术一旦出现，必定在社会上得到普遍应用。有人考证出中国最早的刻本书，是唐太宗时期刻印的《女则》（长孙皇后所著），大约刻印于贞观十年（636 年）。于敦

---

① 今广东廉江北。

煌发现的《金刚经》系唐懿宗咸通九年（868年）的雕版刻本，是世界上现存刻本书籍中有明确纪年的最早雕版印刷版本。唐代印刷业的中心是长安与成都，在今陕西、河南、江西、四川、江苏、浙江等地，从事雕版印刷的民间出版业已很普遍。

（八）造船业

唐代的造船业是在隋代造船业的基础上发展起来的，绝大部分集中在江南地区以及四川等地。唐代的国内外贸易的空前发展，水运交通从内河到海上都承担着重要的任务。这种实际需要，对促进唐代造船业的发展是一种巨大的推动力。当时造船所用木料，以坚硬耐久的楠木为上，其次是樟木。此外，木兰、杉树、柯树也被用来造船。由于这些树木大多生长在长江流域和珠江流域，因而造船业也大多分布在这一地区。从有关记载来看，唐玄宗开元、天宝年间，造船业在规模和型号上均有较大发展。据载，颇得唐玄宗宠遇的刘晏（716—780年），曾在扬子县（今江苏仪征）设置10个官府造船工场，造船2000艘以供内河航运。当时内河航运船只，其式样种类繁多，有平底船、座船、浅底层子船、杂船座船、海鸥船、网船、车船、马船、铁头船、腾浅船、万石船等。唐代制造的远洋船只，大的长20余丈，可载客600~700人，驰名世界，很受外国客商欢迎。外商愿意乘中国船只从事远洋贸易，航行于中国至红海之间。唐代的远洋船只，按载重计算可分为五千料船、二千料船、一千料船等不同载重等级。

（九）漆器业

唐代的漆器业，除前代已颇为盛行的干漆工艺外，又有"剔红"工艺。这种工艺用印版刻于平锦，雕法古朴，是宋代剔红漆器的先驱。唐代漆器中，颇负盛名的是所谓"平脱器"。日本正仓院所收藏的金银平脱器物，保存完整、种类繁多，由此可知平脱漆器在唐代很是流行。

（十）食品工业

唐代的食品业包括制盐业、制茶业、酿酒业、制糖业等。

唐代制盐业仍是海盐、池盐、井盐三大类，均很发达，大体上由官府经营。唐代较大的盐业区有长芦盐区、两淮盐区、两浙盐区、福建盐区。当时的盐池有18所，盐井有640处。

唐代制茶业因唐人饮茶之风大盛而得到迅速发展，不仅成了唐政府的重要税收来源，也是当时海外贸易的重要出口产品之一。在长江流域，西起四川，沿江而下，湖南、江西、安徽、江苏、浙江乃至福建，都是重要的茶叶产区。有些地区还出现了大型的茶园和制茶作坊，例如四川的张守珪，每年招募百余人于园中采摘，可见茶园规模之大。

酿酒业在唐代的新发展，在于对葡萄酒的酿造。葡萄酒的酿造源于西域诸国，唐代的葡萄酒酿造采用无曲发酵法，技术有所改进。盛唐大诗人王翰的诗篇中，便有"葡萄美酒夜光杯"的名句。唐代已有"烧酒"名称，但唐代烧酒是否是元代以后的蒸馏酒，至今尚无定论。

中国蔗糖制造业始于唐代，唐太宗贞观十一年（637年）曾派遣使者到摩揭陀（在今印度）学习并吸取熬制蔗糖的方法。唐代出产蔗糖的地区与现今的蔗糖产地大致相同，这显然与甘蔗的产地分布在这一地区相关。今日产糖的广东、四川、福建、台湾等地，在唐代史籍中已有产糖的有关记载。

三 商贸空前繁荣

（一）商业都市繁华

唐代农业和手工业的发展已达到相当水准，特别是开元、天宝年间的经济繁荣，导致了商品经济和商业的迅速发展。这一发展，集中体现在商业都市的繁荣上。

在隋代，商业都市已遍布全国各地，呈现一片繁荣景象。其中，以长安、洛阳东西二京为全国最大的商业都市。在长安城中，有东市（名为"都会"）和西市（名为"利人"）。洛阳城中，有东市（名为"丰都"）、南市（名为"大同"）、北市（名为"通远"）。以东都洛阳为例，东、南、北三市之中，共有一百二十行三千余肆，店铺多达四千有余。北临通济渠的通远市，渠下有来自各地的舟船，通常在万艘以上；市内各地商贾云集，一片繁荣景象。

唐代的商业都市，其繁华程度超过隋代。京都长安的东西二市，行铺林立。东市内财货有二百二十行，四面设有邸店；西市市内"店肆如东市之制，市署前有太衣行，杂糅货卖之所"[①]。

在唐代，最大的商业都市是扬州，其次为成都，即所谓"扬一益二"。扬州的繁荣，一是其位于东南的商品经济发达地区，二是其又为国际贸易的商埠，与扬州是水（长江、大运河）陆交通的枢纽城市有关。作为国内外商人和海内外商品集散地的扬州，实为唐代商品经济繁荣的窗口与缩影。唐代留下的文献其中包括诗词、小说等文学作品，对唐代扬州的繁荣程度多有生动的记载。

益州（成都）作为唐代的第二大商业城市，其繁荣程度不下于扬州，故人称"江山之秀，罗锦之丽，管弦歌舞之多，伎巧百工之富……扬不足以侔其半"[②]。唐代的大商业都市，还有江南的苏、杭二州。当时人称杭州"骈樯二十里，开肆三万室"[③]。诗人杜牧称杭州"户十万，税钱五十万"[④]。在扬州和广州之间，最大的商业城市

---

① （唐）韦述：《两京新记》。
② 《全唐文》卷七七四。
③ 《全唐文》卷三一六。
④ 《全唐文》卷七五三。

是洪州（今江西南昌市）。海外和岭南的货物大多由广州越过大庾岭，取水道到达洪州，然后沿长江东下到扬州。在长江中游的荆州（今湖北江陵县），也是一大商业都会，人称有 30 万人口[①]。岭南地区最大的商业都会，是著名的国际商港广州。此外，作为对外贸易的商港都市，还有浙江的越州（今浙江绍兴）、明州（今浙江宁波市）等。

（二）乡村集市遍布

乡村集市在我国先秦时代已多有出现，魏晋南北朝时期开始出现的"草市"，可谓城郊的初级商业市场。草市大多设在城郊、交通要道、驿站或较大村镇，是乡村集中的大型市场。唐人王建的诗句"草市迎江货，津桥税海商"，[②]表明草市在唐代已广泛存在。在草市中，也设有出售各种商品的店铺，商品种类以农林牧产品为主，也有各种日常生活必需品，其中也有酒肆、药肆一类的店铺。总之，草市作为满足中小城镇和乡村日常生活需要的商品市场，不仅商品种类繁多，而且具有相当的规模，因而在草市上所呈现的也是一片繁荣景象。唐代的不少诗篇中，对草市亦有所描绘，如李嘉祐的诗句"草市多樵客，渔家足水禽"。由于一些草市较为繁荣，有的被国家改设为县府的治所。例如德州境内的灌家口草市，在开元年间被升为归化县的县治；宗州的张桥行市，被升为永济的县治。

草市以外的定时集市（岭南称"墟"）大多是隔日或三五日一会，是乡镇间的初级农贸市场。集市的商品多是农户农林牧副渔等剩余产品，前来集市"赶集"的多是乡间农民。

还有一种间隔时间更长的集市，或一月，或半年、一年，类似后来的庙会。这种集市的规模较大，出售的商品种类繁多，在集会上还有竞技和各种文娱表演活动，远近参加的人很多。总之，乡村集市特别是草市的繁荣与普及，是唐代商业繁荣的一个重要侧面。

（三）富商大贾活跃

在唐代商业都会和大型草市上从事商业活动的是商人阶层。这一阶层，就他们

---

① 《资治通鉴》卷二五三。

② 《全唐诗》卷一一。

所拥有的资金和经营规模而言，有大、中、小之分。在经营方式上，仍有行商与坐贾之别；有的商人又兼营手工业。唐代的商业繁荣，便是同商人阶层的活跃紧密联系在一起的。其中，大商人阶层的空前活跃，是唐代商业繁荣的集中表现之一。

中国自先秦以来，统治阶级大多在不同程度上实行"重农抑商"的政策。然而，当社会经济特别是商品经济有较大发展的时期，大商人便会成为社会上的活跃人物。唐代商品经济的发展，使得大商人的商业活动空前活跃。由于商业利润高于农业和手工业生产，即所谓"用贫求富，农不如工，工不如商"[①]，从事商业的人数日趋增多。正如诗人姚合的诗篇所描绘的那样："客行野田间，比屋皆闭户。借问屋中人，尽去作商贾。"[②]

大商业都会是大商人最为集中的地方。在扬州，"富商大贾，动逾百数"。当时大商人的活动，在唐代诗人如刘禹锡、白居易、元稹、张籍的诗篇中均有所反映。例如，张籍《相和歌辞·贾客乐》的诗句"金多众中为上客，夜夜算缗眠独迟"，既写出了富商大贾在社会上的受人青睐，也描绘出了大商人为获取利润而日夜谋算的惟妙惟肖的形象与情景。元稹在《估客乐》中，为描写商人为追逐利润而长途贩运，不避艰难，写道："估客无住著，有利身即行""求名有所避，求利无不营"。当时大商人的经营活动，为得到官府势力的依托和庇护，无不通过行贿的方式同豪门权贵相勾结，以便牟取暴利，这便是元稹《估客乐》中所写到的"先问十常侍，次求百公卿，侯家与主弟，点缀无不精"。

在大商人牟取暴利、经商之风盛行各地的情况下，不少王公贵族和中外官吏，并不以接受大商人的贿赂为满足，朝廷和地方官员中直接参与或同商人合伙经营商业活动，已成为一种风气。他们借职权之便，争先在各地设置店铺、牟取暴利。唐政府曾三令五申禁止官吏经商，无奈收效甚微，最后只得承认现实，允许官吏在乡镇及坊市开设邸店，只是同百姓一样照章纳税即可。

（四）金属货币畅通

唐初沿用隋代五铢钱，但流通中由于劣币充斥。唐高祖武德四年（621年）废隋五铢钱，铸造并发行"开元通宝"钱，"轻重大小最为折衷，远近甚便之"[③]。这

---

① 《史记·货殖列传》。
② （唐）姚合：《姚少监诗集》卷六，上海：上海古籍出版社，2013年。
③ 《旧唐书·食货志》。

种新货币的推行，基本上获得了成功，直到唐玄宗开元年间，钱文均以"开元通宝"为定制。在流通过程中，也时有铜钱成色不足问题的发生。为此，唐玄宗在天宝年间对铜钱的成分从制度上做出了明文规定：铜 83.32%、白镴 14.56%、黑锡 2.12%。这无疑是铸钱制度上的明显进步。开元通宝的创制在我国货币发展史上的划时代意义，在于此后铜钱不再以重量为名，称为"通宝""元宝"，使铜币脱离了量名钱体系，发展成了更高一级的铸币形式。从此，开元钱的形制和轻重，往往成为后世制钱的模本。当时，全国共设置 99 炉铸钱，每年铸钱达 32.7 万余贯。

开元通宝钱对中国的衡法亦有重大的影响。在此以前，重量的计数以 24 铢为 1 两。自从 2 铢 4 絫的开元通宝钱流通后，十进位制的 1 两 10 钱制便开始逐渐形成。此外，铜钱以"通宝"命名，反映出人们对货币的实质与作用的认识已进一步加深，货币地位在社会经济生活中已增强。

在开元年间，也曾出现过私铸铜钱、"恶钱"的问题。特别是由于商品经济的发展，还出现钱重物轻的"钱荒"（流通中铜币的相对不足）问题。人们积蓄铜币，更使钱荒问题加重。为此，政府一方面禁止蓄钱和铜钱出境，一方面奖励采铜而增加铸钱，同时鼓励铜钱与绢帛兼行，明令以绢帛为合法货币。待至盛唐时期，绢帛开始逐渐被铜钱的流通所排挤。铜钱的匮乏问题，一直困扰着有唐一代。唐末，白银开始进入流通领域，但未能取得合法货币地位，需要兑换成铜钱后作为支付手段。

（五）金融机构出现

邸店作为唐代商业都会中商业服务性质的组织，最初只负责收储、寄存客商的货物。但在商业活动中，由于它一方面联系着贩运客商，一方面联系着零售商，因而除了收储、寄存货物、供商旅住宿等业务外，还很自然地成为了批发商和零售商的中介而从事商品交易的活动，突破了邸店原有的业务活动范围，使邸店的性质发生了新的变化。由于大邸店进出货物量的庞大，营业额很高，有大量款项需要收储拨兑，于是此项金融业务便成了邸店逐渐开始经营的重要营业项目之一，经手款项数目动辄千万，邸店便逐渐成为兼具最早钱庄职能的机构之一。这样，邸店便成了兼具收储寄存货物、供商旅住宿，既从事居间交易，又从事直接交易，还负责收储拨兑钱款等诸多职能于一身的机构。因此，邸店的获利是很丰厚的。所以一些富商大贾在京师、商业都会，以及重要通商口岸开设邸店、牟取利润。例如，大商人窦乂在长安西市秤行南造店二十余间，日收利钱数千文。①定州的何名远"每于驿边，起店停商"②。西京大商人邹凤炽的"邸店园宅，遍满海内，四方物尽为所收"③。有些官吏见有利可图，便凭借手中权势在藩镇开设邸店，唐玄宗曾诏令禁止。旅居中国的外国商人（特别是波斯商人）也在各大商业都市开设邸店，经营银钱业务，兼营收购珠宝。

柜房是唐代大城市中出现的专营金融机构。从唐德宗初年曾向僦柜或柜窖借1/4 的钱以供军用一事来推断，柜房在唐德宗以前就已经出现。柜房既吸收存款，又经营贷款，具有后世钱庄性质。柜房与今日银行的区别在于：银行吸收存款后需支付利息，而柜房接收存款后，只凭一定信物替存钱者支付款项，并向存款者收取一定的柜租。据文献记载，商民在柜房中"镶钱"的数目往往多至千、万甚至十万贯以上，存户可凭借"帖"或其他信物支取存款。除这些专营存款的柜房外，有些大商店、药店或外国商人的"波斯店"，也凭借商业上的往来关系，寄存人们的钱款。

飞钱作为中国最早的汇兑事业，其在唐代的出现，是商品货币经济发展到一定阶段的产物。从新旧唐书的有关记载看，飞钱首先流行于民间，类似现代的汇票，又称"便换者"。从唐玄宗干预此事来看，飞钱在当时已普遍通行。飞钱的产生，在于既避免了长途携带铜钱的麻烦，又可避免携带途中可能发生的危险，即所谓"有士鬻产于外，得钱数百缗，惧川途之难赍也，祈所知纳于公藏，而持牒以归，世所谓便换者"④。唐宪宗元和六年（811 年）曾禁止飞钱，但导致人们更加藏钱不出，不得不于次年解除禁令。后来，政府由户部、度支、盐铁三司兴办官营汇兑事业，专门办理飞钱事宜。飞钱的出现，既是唐商品货币经济发展的产物，又有助于当时商业活动的发展。

（六）互市与海外贸易

唐代同周边民族的互市贸易，有着多方面的目的与意义。唐王朝通过互市所得到的牲畜、畜产品，特别是马匹，既可充作军用，也可以作为耕畜。周边民族从互

---

① （北宋）李昉辑：《太平广记》卷二四三。

② 《太平广记》卷二四二。

② 《太平广记》卷四九五。

④ （唐）赵璘撰：《因话录》卷三。

市中得到的商品主要是丝绸和茶叶。唐政府重视互市贸易，为加强管理，中央政府专门设置了"互市监"。随着互市贸易的发展，丝绸古道上的商人往来日益增多，一片兴旺景象。名僧玄奘西行取经，便是随商贾前往的。自唐王朝建立以来，同周边突厥、吐谷浑、回纥、吐蕃等民族，时而有战事发生，但彼此间的互市贸易却相当频繁。互市贸易加强了唐王朝与周边民族的经济文化交流，既得到了国防上的用马，丝、茶的输出也刺激了内地商品经济的发展，可以说是互惠互利的。

唐代的对外贸易，除了通过丝绸之路同中亚或西亚的贸易外，更主要的是以与南海诸国的海上贸易为大宗。经海上来中国贸易的国家有日本、新罗、南海诸岛国、印度、波斯、大食（阿拉伯）等。其中，以大食最为重要。西亚各国商人由海上来华，要由波斯湾经印度，绕过马来半岛，抵达广州。广州是当时全国最大的对外海港贸易中心，到达广州的外国商品部分经南岭由河道经洪州到达扬州，再分散到各地；一部分经海运运抵福州、明州、温州等通商口岸。海上贸易的发展，使得唐玄宗设立"市舶使"专门管理海上贸易，海上贸易自开元年间开始呈现日趋发展的势头。

丝绸之路的兴盛和海上贸易的增加，使得开元年间来华的各国商人日趋增多。唐政府对外商来华予以种种优待，在经营和生活上为外商提供诸多方便，允许他们在京城、商业都市和通商口岸定居，自由经营，不予限制和歧视。在有的城市，还为外商专门划出了居留区即"蕃坊"，为他们按照本国习俗生活、信仰本国宗教提供方便。因此，在一些城市的外商居住区中，建筑了许多具有多国建筑风格的殿堂楼宇，包括不同宗教的庙宇和教堂。在唐代的商业活动中，外国商人的活动是一支颇为活跃的力量。

［卷七］
开元盛世：科技成就

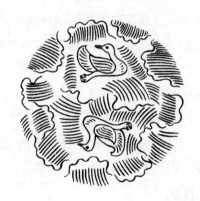

一　天文学成就

　　唐代在天文学上的成就，可概括为《步天歌》、大地测量、日食计算、天文仪器、《大衍历》、天文学名著等六个方面的内容。

（一）王希明的《步天歌》

　　唐代在星象观测方面的成就，在于改变了汉魏六朝以来强调巫咸、甘德和石申三家星位的区别，因而打乱了二十八宿的旧有体系，丰富了紫微垣、太微垣和天市垣等三垣内容，从而建立了三垣二十八宿的新体系，并且长久流传、影响深远。建立这一新体系的，是开元年间的天文学家王希明和他的《步天歌》。《步天歌》的星官体系，继承了三国时期吴太史令陈卓区分巫、甘、石三家星的做法，在原有基础上有重大发展，削弱了三家星的作用，按三垣二十八宿重新规划天空可见的星官，方便而实用。《步天歌》作为一部观测天文星象的科普读物，它将陈卓所绘的《陈卓星图》的283官1464星，编成七字一句的韵读，非常便于记忆。该书将周天分成三垣二十八宿的31个大区，绘有31张星图，是人们辨别和记忆星空的一种创造，"三垣二十八宿"的星空区域划分法，从此定型下来。《步天歌》由于通俗易懂、图文并茂，又可以韵读，因而对普及天文科学知识起到了重大的作用，是一本很实用的天文教科书。夜晚，人们一边看星图，一边读《步天歌》，可使人宛如在天空繁星中漫步。

（二）空前的大地测量

　　开元年间的全国大地测量，是知名天文学家僧人一行（俗名张遂）为编撰《大衍历》而进行的。这次大规模的天文实测，南至林邑（今越南中部），北抵铁勒（今内蒙古自治区以北），中间选12个测量点。这次测量的内容包括：每个测量点二分（春分、秋分）二至（夏至、冬至）时正午日影长度、测点的北极高度，以便确定南北昼夜的长短、各地日食的食分，等等。在这次测量中，以一行所领导的、由南宫说等人所主持的河南一段的测量更为精细。开元十二年（724年），测量人员以今河南焦作为中心，在河南白马（今河南滑县）、浚仪（治所在今河南开封）、扶沟、上蔡四个测量点，测量了夏至日影长和北极高度，用绳子丈量了测点之间的距离。经测量，白马至上蔡距离为 526.9 里，日影长相差 2.1 寸。通过与其他测点的数据相比，得出地面南北相差 351.27 里，北极高度相差 1 度，1 周天等于 365 又 1/4 度。这次所测量出的 1 度为 129.22 公里，虽然与今日测量的 1 度为 111.2 公里相比误差较大，但实际上测出了地球子午线 1 度的弧长，事实上已走到发现地球为球形的边缘。这次全国大地测量，对于一行《大衍历》关于日食和昼夜长短的计算有很重要的意义。

（三）日食、月食的认识和计算

唐代在日食计算上的进步，可见于一行《大衍历》关于不同地区所见食分不同的描述："日月交会，大小相若，而月在日下，自京师斜射而望之，假中国食既，则南方戴日之下，所亏才半。"这段叙述，事实上已隐约谈到全食带及食带以外见食不同的道理了。关于判别日食的亏超方位问题，一行《大衍历》也作出了很好的论述，比南北朝时人"日食皆从西，月食皆从东，无上下中央者"[1]的认识更为全面和细致。《大衍历》写道："月食：月在阴历（指黄道北），初起东南，甚于正南，复于西南。月在阳历（指黄道南），初起东北，甚于正北，复于西北。其食十二分以上者（指 12/15），皆起于正东，复于正西。""日食：月在阴历，初起西北，甚于正北，复于东北。月在阳历，初起西南，甚于正南，复于东南。其食十二分以上者，皆起正西，复于正东。"可见，《大衍历》关于日月交食的认识和计算，比以往有长足的地步。

（四）浑天黄道仪与浑天游仪

唐代所制造的天文仪器，承继前代人的积极成果，取得了长足的进步。贞观初年，太史李淳风在上奏中指出，后魏的铁浑仪"法制疏略，难为占步"[2]。于是，李淳风受命制作新仪器，于贞观七年（633 年）制成，称"浑天黄道仪"。这架铜制仪器，比后魏铁浑仪多了一重，成了内外三重的复杂仪器。中间一重称三辰仪，是新加进来的，既有赤道，又有黄道和白道。这件事并非容易，只有将仪器上的黄道与赤道的交点对准天空中春分点和秋分点的方向，仪器上黄道才与天球上的黄道平行。为解决这一难题，李淳风将二十八宿距星按它们与冬至点的相对位置，将距度刻在赤道上。当内重的四游仪望筒对准某一距星的时候，将三辰仪赤道上该距星

---

① （梁）萧子显撰：《南齐书·天文志》。

② 《旧唐书·天文志》。

的固定度数与望筒所指该星重合，这时三辰仪上的黄道就对准了天球上的黄道。白道则更为复杂，它不但与黄道有交角，而且白道与黄道的交点还沿黄道运动。李淳风根据黄白道交点大约每249个交点月沿黄道移动一周，便在黄白道上打249对孔，每过一个交点月，移动白道到下一对孔，终于解决了这一难题。可见，李淳风的浑天黄道仪的制造是何等的复杂。浑天黄道仪除实测功能外，它的演示功能可以把空中看不见的赤道、黄道和白道直观地显现出来，是学习天文知识难得的模型。

开元年间，一行与梁令瓒对李淳风的浑天黄道仪做出改进，于开元十一年（723年）制成"浑天游仪"。这一仪器的结构与浑天黄道仪基本相同，在外重六合仪上去掉了赤道，增加了卯酉圈，是由子午、地平和卯酉三大圆环构成的中空球体；中间三辰仪的赤道上1度1洞，使黄道环能在赤道内游动，白道环也能在黄道内游动，因为黄道环上也是1度1洞。仪器制成后，用来进行大规模的恒星位置测量，在实测中发现许多恒星的位置与古代观测值相比发生了显著的变化。

与此同时，一行与梁令瓒还制成水运浑天仪，以水力为驱动，类似现代的天球仪，可有规律地演示出日、月、星象的运动，比东汉张衡的水运浑象更加精巧、复杂。据《旧唐书·天文志》记载：该仪器"注水激轮，令其自转，一日一夜，天转一周"。同时，器上有二木人每逢一刻击鼓，每逢一辰敲钟，具有报时功能。

（五）僧一行的《大衍历》

《大衍历》是开元年间由一行编撰的一部优秀历法。在全国大地天文测量的基础上，又借助于浑天游仪的观测资料，一行在《大衍历》中纠正了刘焯《皇极历》的一些错误观点。例如，一行通过观测，发现太阳在冬至时在黄道上运行速度最快，以后逐渐地慢下来，到春分时速度适中，继续到夏至最慢，夏至以后则相反。这种认识，是较为接近天文实际的。在这一结论的基础上，一行提出了较为正确的"定气"概念，把黄道一周365.25度从冬至开始等分为24份。太阳每走到此分线上便是"气"的时刻。根据观测，一行发现定气的时间间隔并不相等，因而摈弃了刘焯的时间相等的内差公式，发明了自变数不等距内插公式（即二次内差公式），用来计算太阳的不均匀运动。这一计算公式，在中国数学史上也是一个进步。

《大衍历》共分七篇，内容为分别计算朔望和平气、计算七十二候、计算每日的太阳位置和运动、计算月亮的位置和运动、计算每天见到的天空星象和昼夜时刻、计算日月食、计算五大行星的运行和位置。《大衍历》是当时最为优越的历法，自《大衍历》问世后，后代的历法家均以《大衍历》的格式编写历法，足见《大衍历》

在中国历史上的地位。

一行在天文、历法、仪器制造和数学方面的诸多成就表明，他是中国科技史上卓有建树的著名科学家。

（六）天文学名著简介

唐代的天文学名著，除《大衍历》外，还有李淳风所著的《晋书·天文志》《隋书·天文志》《乙巳占》等。

李淳风是当时著名的天文史学家、天文仪器设计制造家、数学历算家、占星家。由李淳风所撰写的《晋书·天文志》《隋书·天文志》，被公认为历代天文志中的杰作，为后世史官撰写天文志建立了科学的格式。上述二志中，李淳风对历史上谈论天地结构的学说、论点、论据以及不同观点的争论，皆有简要的介绍。他论述了天文仪器的名称、结构、功能和研制者，记录了恒星天区的划分、星官名称、星数纪录，及其相对位置，列出测量的十二次度数和分野原则，最后是各种类型的天象记录和用该天象所作的星占。通读二史书的天文志，能得到与晋代、隋代和唐代天文学史有关的资料和成果，为后世撰写天文志开创了新的局面。

《乙巳占》是李淳风的又一著作，全书共分 10 卷，它全面总结各家星占学说，建立了一个非常系统的星占体系。该书介绍了自巫咸、甘德到郭璞等历代 28 位星占学家的观点，又使星占适应唐代的行政划分，参照历代的分野重新制定了新的分野，列出了对应的唐郡名称。此外，该书还有气相占及候风法，把风力定为十级，描述了木制相风木鸟的构造和用鸡毛编成的风向器："凡候风者，必于高迥平原，立五丈长竿，以鸡羽八两为葆，竖于竿上，以候风。"

《开元占经》是开元年间瞿昙悉达对收集到的天文星占资料所进行的分类汇编，是一部经过系统编辑的古代天文资料大全，记载了许多古代天文学家的一些精辟论著。全书 120 卷，前 2 卷收录古代天文学家关于宇宙的理论，卷三至卷九〇是辑录各种天象及星占文，卷九一至卷一〇二辑录各种气象及相应占文，卷一〇三收录了李淳风的《麟德历》，卷一〇四谈算法并收录了从印度传入的《九执历》，卷一〇五是历代 29 种历法的基本数据，卷一〇六至一一〇讲星图中的星位，最后 10 卷是有关草木鸟兽与人鬼器物的占文。《开元占经》内容丰富，保存了历代的天文历法资料：古老的恒星位置测量结果、三家星官的本貌、历代天象观测记录及论述、仅见于本书的古代论天资料、包括《麟德历》与《九执历》在内的历代历法资料、已经失传的古代文献资料、颇为全面的历代星占术资料，如此等等，受到了中外天文史学界的高度重视。

二 数学成就

唐代数学上的成就，可见于王孝通的《辑古算经》、僧一行的二次内差法、十部算经与算科教学等有关方面。

（一）王孝通的《缉古算经》

《辑古算经》属于中国古代《算经十书》之一，系唐初数学家王孝通所著，约成书于唐武德九年（626年）之前，是我国现存最早系统研究三次方程的著作。该书是为解决实际问题而作：自隋统一中国后，修筑长城、开凿运河等大型工程的建设，对数学知识和计算技能提出了更高的要求；该书介绍开带从立方法（求三次方程的正根），从而解决了修建工程中的许多计算难题。《辑古算经》是用三次方程解决实际应用问题的一个重要成就，自祖冲之、祖暅的《缀术》一书失传后，该书便成了我国数学史上关于三次方程的最早一部数学著作。在世界数学史上，《辑古算经》也是关于三次方程数值解法及其应用系统论述的最早著作，比其他国家的同类成果至少早了600年。

（二）僧一行的二次内插法

一行的二次内插法，是他在发现二十四节气的间隔并不相等这一现象之后，发明了自变数不等距内插公式即二次内差公式，用来计算太阳的不匀速视运动。一行的二次内插法是在刘焯内差公式的基础上创立的。由于刘焯把日、月的视运动视为匀速运动，因而认为二十四节气的间隔是等距的。在刘焯编制的《皇极历》中，他创造并应用了等间距二次内插法。

一行的《大衍历》中还有其他一些数学成就，如三次差分、等差级数求和、二次方程求根公式等。此外，一行还编制了世界上最早的正切表。

一行二次内差法的创立，在数学史和天文学史上均具有很重要的价值。同世界其他国家相比，印度数学家、天文学家婆罗摩芨使用等间距二次内插法的时间要晚于刘焯；而阿拉伯人、欧洲人使用内插法，分别在11世纪和17世纪。

（三）十部算经与算科教学

《十部算经》是历算学家李淳风为"算学科"所编辑的一部教材。算学被列入国家的最高学府国子监，始于隋代。唐初在国子监也设有"算学科"，杜佑《通典》记载："其常贡之科，有秀才，有明经，有进士，有明法，有书，有算……每岁仲冬，郡县馆监课试。"可见，算学已被国家、州、县三级学校列为课程。李淳风为学校所编辑和注释的十部算经，包含《九章算术》《海岛算经》《孙子算经》《五曹算经》《张丘建算经》《周髀算经》《五经算术》《缀术》《辑古算经》《夏侯阳算经》等。李淳风为《十部算经》所做的注释，除一般解释外，还纠正了前人算学著作中的一些错误，因而具有较高的学术价值。

关于算学科的修业情况，据《旧唐书·职官志》和《新唐书·选举志》记载，算科学生30名，分成两组，各15人；所学课程，两组各自有所侧重，学制均为7年。

《新唐书·选举志》还记载了算科的科举考试的情况："凡算学，录大义本条为问答，明数造术，详明术理，然后为通。试《九章》三条，《海岛》《孙子》《五曹》《张丘建》《夏侯阳》《周髀》《五经算》各一条，十通六，《记遗》《三等数》帖读十得九，为第。试《缀术》《辑古》，录大义为问答者，明数造术，详明术理，无注者合数造术，不失义理，然后为通。《缀术》七条，《辑古》三条，十通六，《记遗》《三等数》帖读十得九，为第。落经者，虽通六，不第。"科举考试及第后，习任从九品下的官阶。

上述文献记载表明，唐代学校中的算学教学，从机构设置、教师任用、学生修业、教材编辑、科举考试和录取后的官品待遇来看，均有制度上的明文规定，可谓相当完备，在当时处于世界领先地位。在欧洲，直到中世纪的后期才逐渐出现了正规的高等数学教育，比中国晚了600来年。

三　医学成就

　　唐代贞观年间至开元、天宝年间在医学上的成就，集中体现在孙思邈的《千金要方》与《千金翼方》、苏敬的《新修本草》、王泰的《外台秘要》上。此外，唐太医署在教学考试制度上，也颇有建树。

（一）孙思邈两部医学名著

　　孙思邈（581—682年）是唐代著名的伟大医学家，京兆华原人。少年时因体弱有病而学医，专研医学典籍，博览经史百家，是一位集儒、佛、道三教于一身的饱学之士。他在自己的从医实践中，对医术精益求精，虚心学习古今医学成果，亲自调查研究，不断总结经验。孙思邈不慕名利，曾多次拒绝隋文帝、唐太宗、唐高宗请他人京做官的要求。同时也不嫌贫贱、不辞劳苦，以治病救人为神圣的崇高职责，医德堪为万世表率。他的高明医术和崇高医德，使他在当时和后世享有极高的声誉。千百年来，有关他治病救人、起死回生的许多生动故事[①]，一直在民间广泛地流传着。

　　孙思邈在20岁时便因医术娴熟而闻名远近，加之他又长寿，百岁有余，一生成就甚大，而《备急千金要方》和《千金翼方》则是他一生医学成就的结晶。

　　《千金要方》成书于唐高宗永徽三年（652年），此时他已72岁，从医50年有余。该书共30卷，因"以为人命至重，有贵千金，一方济之，德逾于此"[②]而以"千金"命名，供患者"备急"之用。30年过后，当孙思邈一百周岁时，他又将自己一生亲自到各地采集、种植、炮制药物以及临床实践经验，写成《千金翼方》30卷，实为《千金要方》的姊妹篇。《千金要方》与《千金翼方》作为孙思邈一生最具代表性的医学巨著，二者相互补益，被后世誉为我国医学史上第一部临床医学的百科全书。

　　《千金要方》又名《备急千金要方》，30卷，总编232门，合方论5300首，

---

①如从棺材里救活已死的难产孕妇，把婴儿接生出来。
②（唐）孙思邈撰：《千金要方·自序》。

有"论"有"方"。包含有妇科、儿科、五官科、内科、外科,以及解毒、急救、食治、按摩、脉学、针灸等多方面的内容。《千金翼方》30卷,对233种药物的采集时节和方法有集中的论述,记述了20余种常用药物的栽培方法,记载了133州出产的药物,弥补了《新修本草》的疏漏和不足。上述二部医学巨著和他一生的医疗实践,可知孙思邈在医学史上的主要贡献,体现在如下几个方面。

重视妇幼儿科保健,是孙思邈医疗实践和医学理论的重要特色之一。《千金要方》于卷首《序例》之后,首列"妇人方"3卷、"少小婴孺方"2卷,将妇科、儿科放在首要地位。他认为:"生民之道,莫不以养小为大""先妇人、小儿而后丈夫、耆老者,则是崇本之义也"。在《千金要方》《千金翼方》中,妇产科内容达7卷之多,对月经不调、崩漏、带下以及临产、难产、婴儿急救、妇幼护理和预防妇婴传染病方面,均提出了一系列简便易行、切实有效的医疗保健方法,为妇幼科的医疗和理论的发展做出了卓越的贡献。

对于伤寒病的医治,孙思邈亦十分重视。他收集张仲景医治伤寒的部分药方和华佗、王叔和、张湛、张苗等人关于伤寒的论述,在《千金要方》和《千金翼方》中各有两卷专论医治伤寒,记载了很多预防温病传染的措施。孙思邈晚年见到了《伤寒杂病论》的另一传本,他在深入研究的基础上,以类证的方法进行编次。例如对太阳病,他提出分别用桂枝汤法、麻黄汤法、青龙汤法、柴胡汤法进行医治,即所谓"方证同条,比类相附,须有检讨,仓卒易知"①。特别是他重视用桂枝汤、麻黄汤、青龙汤医治伤寒病的观点,对后世有着深远的影响,长期被应用于医治伤寒病的治疗实践之中。

关于杂病证治,孙思邈也取得了突出的成就。他以五脏六腑为纲,对内科杂病进行探究,每类脏腑均单列一卷,论证其病理及其相关疾病,从而形成了一个个相对独立的完整体系,对诊断和医疗内科杂病做出了贡献。

强调针灸与药物并用的医病原则,是孙思邈医学理论的又一特色。他提出"针灸之功,过半于汤药"②,认为只有既精通针灸又精通药方并将二者相结合,才称得上是一位好医生。他所绘制的三幅大型彩色人体经脉俞穴图——《明堂三人图》,分别从正、背、侧三个方面,把十二正经和奇经八脉用不同的颜色绘出,标定650个

---

① (唐)孙思邈撰:《千金翼方》卷九。
② 《千金要方》卷二九。

穴位，开创彩色针灸绘图先例，还发现了不少的"经外奇穴"。孙思邈所记载的多种针灸方法和100多种病症的共400多条针灸处方，在针灸学上具有很高的价值。

提供饮食治疗，也是孙思邈医学理论的重要组成部分。他继承和发展了传统医学中关于疾病与饮食关系的理论，主张无病时要注意调节饮食，有病时首先应采用食疗，食疗不愈再采用药治。因为用各种药物在治病时，除正面作用外，还有不利于人体的副作用，因而能以食疗治病者，才称得上是良医。《千金要方》中有《食治》一卷，按果实、蔬菜、谷米、鸟兽四类收载154种食物，介绍它们的性味、禁忌、功效和主治、阐述食疗的功效和意义，为"食疗学"的发展奠定了基础。

孙思邈重视老年保健、精于养生之术，把卫生保健同老年疾病防治结合起来，从而形成了颇为系统而完整的保健学说，主张把养成良好的卫生习惯与适度的劳动或运动同定期服用营养药物结合起来。

在药物学方法上的成就，是孙思邈在医学上的两大贡献之一。《千金要方》与《千金翼方》中共记载了6500多个药方，集历代药方之大成，是我国方剂学史上的重要里程碑。由于在药物学上的成就卓越，孙思邈被后人称为"药王"；他所隐居的五台山被称为"药王山"。

（二）苏敬的《新修本草》

《新修本草》是我国最早的一部国家药典，也是世界上第一部由国家编修颁布的药典，比国外最早的《纽伦堡药典》早八百多年。

南朝陶弘景所编的《本草经集注》是在《神农本草经》的基础上集汉魏以来所发现的、未载入《神农本草经》的365种药物，用墨笔写成《名医别录》，同时用朱笔写出《神农本草经》，并将两部书合编在一起，称《本草经集注》。《本草经集注》的贡献，一是对《神农本草经》所载药物逐一进行整理，纠正原书或传抄中的错误；二是按照天然来源把药物分成玉石、草木、虫鱼、禽兽、果菜、米食六类，其药物分类法颇为独特；三是对药物性味、产地、采集、形态和鉴别的认识比前代大有提高，将药性分为寒、微寒、大寒、平、温、大温、大热等八种，首创根据疾病来分类药物的方法，开列各种病的通用药，为临床治疗提供便利。

《本草经集注》也有它的时代和地域的局限性，陶弘景一生偏居南方，对北方药物了解不够。随着隋唐的统一天下，特别是唐代中外交流的发展，一些新药物传入中国，而医疗实践中又有很多新的经验需要整理与总结，因而编写一部能反映唐代药物学成就的药典，条件已大体具备。

唐高宗显庆二年（657年），李续奉诏编修本草，在《本草经集注》的基础上加以扩充，取名为《英公唐本草》。后来，苏敬上书唐高宗，请求政府组织官方力量修订本草，高宗准其组织20余名专家对本草进行修订工作，最后由长孙无忌等人进行审核，于唐高宗显庆四年（659年）完成，定名《新修本草》。

《新修本草》共54卷，内含本草20卷、药图25卷、图经7卷、目录2卷，收载药物844种。该书在《本草经集注》的基础上，所收载的药物品种比《本草经集注》多114种，其中包括来自南洋、阿拉伯、波斯、印度的新药。在药物分类法上，该书把药物分为玉石、草、木、兽、禽、虫鱼、果、菜、米谷等十大类，确立了按自然来源对药物进行分类的方法，成为后世药物学分类法则之一。该书总结了唐代以前和唐朝建国以来药物学的成就，内容丰富、图文并茂，由国家作为药典颁行全国，具有很高的权威性。这对统一药名、订正对药性的认识、便利医生的临床应用，起了重大的积极作用。该书颁行后被太医署定为教材，成为此后中国二三百年间医学上的必读之书。同时，该书又传入多个国家，被日本、朝鲜等国列为医学界的必读书目。

（三）王焘的《外台秘要》

《外台秘要》是唐代医学文献大师王焘所编纂的一部医学文献巨著。王焘（670—755年）是陕西郿（今陕西眉县）人，曾祖王珪于唐太宗朝曾任宰相职务，祖与父亦任职为官。王焘幼而多病，因此喜好医学，与名医多有交往，并经常与名医探讨医学理论，从中受益颇多。他曾在唐代的最高学府——弘文馆任职20余年，有机会阅读许多医学典籍，并认真摘录了大量的宝贵资料。他有感于以往医学家对病因理论与医方联系的研究欠缺，致使二者相互脱节或相互矛盾，因而他在阅读和摘录医学典籍的基础上，于离开弘文馆后的10余年中，继续研究医书，对所摘录的大量医学文献资料进行分类整理，着重体现病因理论与医方之间的联系，终于在天宝十一年（752年）编成了《外台秘要》这部医学巨著。"外台"是指国家的藏书之处，"秘要"意思是说书中所列方剂是从较为秘密枢要的文献中摘录出来的。

《外台秘要》共40卷，辑录唐代以前医学家关于各科疾病的病理与药方，共分1104个门类，载药方6000余条。全书记载了内、外、骨、妇产、小儿、皮肤、眼、齿，以及精神等科相关病症与药方，还记载了乳石、明堂灸法、丸散成方、兽虫伤及畜疾等药方，引用了大量的文献资料。

在编纂方法上，《外台秘要》首先引述隋代巢元方《诸病源候论》及其他医学名家对病因病理的认识，然后再列举诸家医方和方论，先"论"后"方"，体例严谨。改变了《诸病源候论》只论病因症候而不列方药、各家方书详于方药而略于理论的缺欠，把医学基本理论、病症表现和治疗方药、方法紧密地联系起来。《外台秘要》在摘录每条医学文献资料时，其突出的特点是——注明资料的出处（书名和卷数），同时还注明自己的校勘意见。在中国医学史上，整理和编纂大型医学文献并详注引书的书名、卷数，王焘实为第一人。他不仅为后世留下了一部大型医学文献，而且为后世用科学的方法整理医学文献树立了典范。

《外台秘要》作为继《千金要方》后又一部医学巨著，辑录古代医学文献69家。该书除大量引用《伤寒论》《诸病源候论》以及《千金要方》外，其他如范汪的《范氏方》、陈延之的《小品方》、僧深的《深师方》、崔知悌的《崔氏方》、张文仲的《张文仲方》、许仁则的《许仁则方》等共数十种。古代流传下来的各家医方及古人的许多创见、发明等宝贵经验，均赖此书的辑录而得以流传下来。他所引用的一些医学文献，大多到宋代后逐渐失传，赖此书辑录而保存了这批宝贵的医学资料。由于《外台秘要》在摘录时注明书名、卷数，因而为后人辑复佚失古代医学提供了有利的条件。

《外台秘要》注意总结我国医学上的创造性成果，特别是急性传染病中的伤寒、温病、疟疾等病的方论，在书中占有较大的比例。书中还介绍了艾灸疗法、人工急救、病理检验、医学护理等方面的技术经验，例如《必效方》《古今录验》关于根据小便味甜诊断消渴病（糖尿病）的方法，《肘后方》《删繁方》所载用竹片夹裹骨折部位的骨折定位法等，都是《外台秘要》所记录下来的医疗方法，为后来的医学发展提供了宝贵的资料。

四　农学成就

（一）《兆人本业》与《四时纂要》

自南北朝时期贾思勰的《齐民要术》至隋末的一百年间，没有新农书的问世。有唐一代，各种农书相继问世，据古代文献资料的记载，唐代农书或类似农书的著述有 40 种左右，大致可分为《四民月令》类综合性农书和《茶经》类专业性农书两大类。

综合性农书有《兆人本业》、韦行规的《保生月录》、诸葛颖的《种植法》、李淳风的《演齐人要术》、王旻的《山居要术》、薛登的《四时记》、裴澄的《乘舆月令》、王从德的《农家事略》等十余种。专业性的农书有《茶经》《耒耜经》《司牧安骥集》《相马经》《耕谱》《蚕书》《园庭草木疏》《广中荔枝谱》等。上述农书，大部分早已散失，其部分内容只见于其他文献所摘录。流传至今的，只有《茶经》《耒耜经》《司牧安骥集》和《四时纂要》四种。

《兆人本业》撰于武则天时期，《唐会要》卷三六说："垂拱二年（686 年）四月七日，太后撰《百寮新诫》及《兆人本业》，颁朝集使。"据《旧唐书·文宗纪》所载："庚戌，敕李绛所进则天太后删定《兆人本业》三卷，宜令所在州县写本散配乡村"，可知该书为政府颁行的一部月令式农书，因而《困学纪闻》称该书讲述"农俗和四时种莳之法"。

《四时纂要》5 卷，系唐末或五代初年的韩鄂所撰写，是我国古代最著名的一部农家月令书，全书分 12 个月，每月依次列举天文、占候、从辰、禳镇、食忌、祭祀、种植、修造、牧养、杂事等农家逐月所应做的事项，并摘录有关文献资料，资料大多辑自《齐民要术》，少量辑自《氾胜之书》《四民月令》《山居要术》等。全书四万余字，主要是涉及农业生产包括农林牧副渔的有关知识，粮食与蔬菜生产的内容占有较大的比重。该书详细介绍了农作物（含经济作物、蔬菜瓜果）的种植方法，对于药用植物的栽培技术、农副产品（包括调味品、各种酒类的酿制技术）的加工工艺，也有简要的介绍。因此该书的实用性很强，对普及农业科学知识有一定的作用。唐代中央政府不止一次地向全国农家百姓颁发月令式农书，反映了国家对农业生产的重视，说明此类农书对唐代农业生产的发展确实起到了积极作用。直到北宋天禧四年（1020年），《四时纂要》和《齐民要术》仍被朝廷刊印后发给各地劝农官，推广于民间。至于《四时纂要》中有关占候、择吉、禳镇等带有浓厚迷信色彩的内容，这是时代局限性所决定的。虽然这些文字在书中占有将近一半的篇幅，但并非该书的主体部分。

（二）《茶经》与《司牧安骥集》

《茶经》3卷为陆羽所撰。陆羽生于开元二十一年（733年），死于唐德宗贞元年间（785—805年），复州竟陵（今湖北天门）人。他自幼喜欢饮茶，成年后以制茶为生，于青年时期曾漫游长江中下游和淮河流域，亲自考察并收集了关于茶叶生产和茶事的大量资料。后来，他隐居于浙江苕溪（今浙江湖州），写成《茶经》一书。

《茶经》系统总结前人种茶、制茶、饮茶的经验和他个人的体会，分3卷10篇论述了茶的起源、采茶与制茶的用具、茶叶的种类与采制、饮茶器皿的优劣、煮茶方法及水质品位、饮茶风俗及品茶和饮茶方法、关于茶的典故和传说以及药效等，列举名茶产地和茶叶优劣，要求将《茶经》书于绢帛而张挂。总之，《茶经》是唐代茶业生产和饮茶实践的经验总结，是我国和世界上最早、最著名的一部茶叶专著。它的问世，使茶树栽培、茶叶焙制和烹茶方法迅速地推广开来，饮茶之风因此而盛行全国。从此，茶叶成了我国人民的传统饮料，并逐渐传到国外，逐渐成为世界人民普遍欢迎的饮料之一。《茶经》对后世影响很大，流传极广。他本人因此在生前受到人们的尊敬，死后人们一直在纪念着他。

《司牧安骥集》是我国现存最早的一部兽医学专著，《宋史·艺文志》称其为李石所著。从书中内容和附图的风格来看，应属于唐代作品，很可能是唐太仆寺兽医博士所写的教材，由李石汇编而成。

五　地学成就

（一）地图绘制的成就

唐代地图绘制学继承了传统制图学的积极成果，在大地测量蓬勃开展的背景下有很大的发展。唐代疆域的辽阔和国家政治、军事上的需要，大大地推动了地图绘制学的发展。唐王朝建立后，重视本土地图的绘制，同时注意收集边疆、藩属和邻国的地图。盛唐时期国家对地图绘制更为重视，据《唐会要·职方员外郎》记载："建中元年（780年）十一月二十九日，请（诸）州图每三年一送职方，今改五年一造送。如州县有创造及山河改移，即不在五年之限。"由国家以命令的形式规定地方政府送呈地图的年限，足见唐王朝对地图绘制的重视。同时，国家再根据地方州县地图绘制全国的"十道图"（即全国疆域地图）。十道图内容一般包括山川、户口、赋税、行政区划、州县及文武官员数字，以适应行政管理的需要，作为国家核定户口、征收赋税的根据之一。地图的绘制须随着实际情况的变化而不断修改，文献曾记载长安四年（704年）、开元三年（715年）、元和八年（813年）都绘有十道图。据著录可知，十道图应有数卷，分别标明不同项目的内容和数字。如当时的《西国行传》10卷，便有附图3卷。

唐代著名地理学家贾耽（730—805年），曾担任鸿胪寺卿兼左右威远营使，经常有机会接见外国使节和来宾，询问"其山川土地之终始，是以九州之夷险，百蛮之土俗，区分指画，备究源流"。[①]正是在这种有利条件下，他撰写《古今郡国县道四夷述》47卷并绘制《陇右山南图》一轴。这轴地图是按裴秀"制图六体"的方法绘制，可以悬挂，图面上"岐路之侦候交通，军镇之备御冲要，莫不匠意就实，依稀像真"。[②]后来，贾耽升任宰相，有机会收集到更多的地理资料，于唐德宗贞元十七年（801年）绘制出一轴"广三丈，纵三丈三尺，率以一寸折成百里"的《海内华夷图》。该图面积10方丈，比例为1∶1500000，用朱、墨两种颜色标注地名，自称"宇宙虽广，舒之不盈庭；舟车所通，览之咸在目"[③]。可惜，他所

[①][②][③]《旧唐书·贾耽传》。

绘的这轴地图并没有流传下来。据《新唐书·地理志》所载，贾耽还绘制有从中国到朝鲜、越南、中亚、印度以及巴格达的路线图。

（二）方志名著问世

《元和郡县图志》是我国现存最早的一部全国性方志名著，也是一部以疆域行政区划为主体的地理总志。该书内容"起京兆府，尽陇右道，凡四十七镇""每镇皆图在篇首，冠于叙事之前"（《元和郡县图志·序》）。由于成书于唐宪宗元和八年（813年），故名《元和郡县图志》。南宋时图亡而志存，因此又称《元和郡县志》。

作者李吉甫（758—814年），赵州赞皇（今河北赞皇）人，唐宪宗时曾任宰相。在《元和郡县图志》的序言中，李吉甫认为通过"图书"来了解和掌握全国各地的"山川阨塞，户口虚实"，是"事关兴替、理切安危"的大事。而编撰与绘制"图志"的目的，是为了"扼天下之吭，制群生之命，收地保势胜之利，示形束壤制之端"。李吉甫强调："成当今之务，树将来之势，则莫若版图地理之为切也。"在安史之乱后藩镇割据的年代，李吉甫关于"版图地理"有利于维护和加强中央集权的论述，是有一定道理的，尽管版图地理并不能解决藩镇割据的问题。

《元和郡县图志》全书40卷，加上目录2卷，共42卷。今本仅有34卷，缺6卷。该书对当时全国十道所属各府州县的范围大小、四至、八到（按八个方位到主要城镇的距离和路线）、丘壤山川、阨塞险要、疆域沿革、户口多少、贡赋物产、名胜古迹，均有详细的介绍。全书所记载的河流有550余条，湖泊130余个。《元和郡县图志》对形势险要等与军事有关的内容，尤为重视。书称：关中形势，"居高屋之上建瓴水也"；襄阳形势，"北接宛洛，跨对樊沔，为荆郢之北门，代为重镇"。

《元和郡县图志》的内容继承了汉魏以来地理志、图志的成果，内容丰富、文笔简练、图文并茂，后人称其为"体例最善"，被后世的各种方志书籍奉为楷模，是我国地理志、图志和方志发展史上的重要里程碑。

（三）潮汐观测理论

唐代航海事业发达，对潮汐规律的观察与计算比前代有长足的进步。唐代窦叔蒙著《海涛志》，对潮汐周期性现象的三种情况有明确的认识和阐述。一是一日内海水有两次涨落（两次潮汐循环），即所谓"一晦一明，再潮再汐"；二是一个朔望月内海水有两次大潮和两次小潮，即所谓"一朔一望，载盈载虚"；三是一个回归年也有两次大潮和两次小潮，即所谓"一春一秋，再涨再缩"。可见，窦叔蒙不仅阐明了正规半日潮的一般规律，而且总结出一个回归年中阴历二月和八月出现两次大潮的规律。窦叔蒙在他的潮汐理论的基础上，发明了一种推算潮汐时间的图表法，根据当天月相，便可以从图上查出高潮到来的时刻。

比窦叔蒙稍晚的封演，把朔望月中潮时逐日推移规律叙说得很详尽。他在《说潮》一文中说："大抵每日两潮，昼夜各一。假如月出潮以平明，二日三日渐晚，至月半则月初早潮翻为夜潮，夜潮翻为早潮矣……凡一月旋转一匝，周而复始。虽月有大小，魄有盈亏，而潮常应之，无毫厘之失。"[①]后人评论封演对潮汐规律的叙述"语必征实，足资考证"，可见他的确是从认真观察的记录中得出的结论。

在李吉甫《元和郡县图志》中，对钱塘江潮也有准确的记载："常以月十日、二十五日最小，月三日、十八日极大。小则水渐涨，不过数尺；大至涛涌高至数丈。每年八月十八日，数百里士女共观。"对潮汐成因的认识，窦叔蒙在《海涛志》中阐述了潮汐和月球运动的密切关系："潮汐作涛，必符于月。"晚唐卢肇在《海潮赋》中谈到："日激水而潮生，月离日而潮大"，提出了太阳的作用与潮汐生成相关，可谓是一种新的见解。唐代的潮汐理论，在当时处于世界领先的地位。

[①]《全唐文》卷四四〇。

六　生物学成就

（一）生物学文献

唐代的生物学研究成就，主要见于当时的类书《艺文类聚》《初学记》《白氏六帖事类集》中。

《艺文类聚》系欧阳询（557—641年）等人奉敕编撰，共分46部。其中，与生物有关的共有果、木、鸟、兽、鳞介、虫豸等6部。尽管对生物归类并不完备，但书中有不少关于生物学的知识。

《初学记》系徐坚（659—729年）等人奉敕编撰，成书于开元十五年（727年）。全书分23部，与生物有关的共有果木、兽、鸟等3部。其中，谈及昆虫的有蚕、蝉、蝶、萤等4门。各章节体裁相同，均为先叙事，次事对，最后赋诗。

《白氏六帖事类集》30卷，系白居易（772—846年）所撰。杨亿《谈苑》对此书曾有如下评价，称白居易"以陶家瓶数十，各题门目，作七层架列斋中。命诸生采集其事类投瓶中。倒取抄录成书。故所记时代多无次"。所谓"无次"，是指分类上的杂乱。书中所载的昆虫类有虫蝗、蚕桑、异蚕、蝉、萤、蝇、蝶等。

（二）虫害的防治

关于唐代虫害的防治成就，开元初年蝗虫灾害严重，宰相姚崇力主扑灭，而汴州刺史倪若水等人却表示反对，认为应当用"德化"消除虫灾。在唐玄宗的支持下，姚崇采取利用蝗虫夜间投火光来掘坑焚埋的办法，终于战胜了蝗灾。

在《岭表录异》中，记载了用蚂蚁防除柑桔害虫的"生物防治法"："岑南蚁类极多，有席袋贮蚁子窠鬻于市者。蚁窠如薄絮囊，皆连带枝叶。蚁在其中，和窠而卖也。有黄色大于常蚁而脚长者。云南中柑子树无蚁者实多蛀，故人竞买之以养柑子也。"这不仅是我国利用其他生物防除虫害的最早记录，也是世界上关于生物防除法用于农业的最早记载。

（三）益虫的认识

唐代关于益虫的认识，可见于对白蜡虫、紫胶虫、五倍子蚜的认识。

白蜡虫是寄生在女贞和白蜡树上的一种同翅目蚧科昆虫。白蜡虫的雄虫能分泌白蜡，包围躯体。这种白蜡坚硬、洁白、光滑，熔点高达 83 摄氏度，是一种重要化工原料。白蜡虫产地遍及长江流域及江南广大地区，从唐代贡品中有黄色蜂蜡和白色虫蜡来看，唐代已知道养殖白蜡虫和使用白蜡。关于养虫和制蜡的方法，宋人周密《癸辛杂识》中有颇为详细的记载。

紫胶虫亦是同翅目昆虫，寄生于牛肋巴、秧青等 200 余种树木上，云南、西藏、台湾等地多有出产。紫胶虫的雄虫能分泌紫胶，亦是一种难以替代的重要化工原料。紫胶的记载，始见张勃的《吴录》，自苏敬《新修本草》将其作为药物收录后，始受人们注意。紫胶古称紫铆，唐人李珣在《海药本草》中介绍称紫铆"生南海山谷。其树紫赤色，是木中津液成也。"在《酉阳杂俎》前集卷十八中，则进一步指明："紫铆树，出真腊国……蚁运土于树端作窠，蚁壤得雨露凝结而成紫铆"，认识到紫胶的生成与蚁有关。

五倍子蚜是在盐肤木等树木上形成虫瘿（五倍子）的蚜虫，是一种同翅目、绵蚜科昆虫。虫翅型体长 1.5 毫米，无翅型体长 1.1 毫米。五倍子含鞣酸，可应用于制造染料、墨水、皮革，中医又用来入药。唐开元年间陈藏器在《本草拾遗》中收录入药，书称："盐肤子生吴蜀山谷，树状如椿。七月，子成穗，粒如小豆，上有盐似雪。"可见，只知五倍子生于盐肤木之上，不知其实是虫所形成的。直到宋代，才认识到五倍子是五倍子蚜虫在盐肤木树特定部位上所形成的虫瘿。

七　农业技术成就

唐代农业科技方面的成就颇多，这里仅就农具、作物栽培、畜牧和养鱼等方面的技术作简要介绍。

（一）"江东犁"及其他农具

唐代新式农具的出现和推广，首次出现和应用于南方水田的曲辕犁即所谓"江东犁"。晚唐陆龟蒙的《耒耜经》，对江东犁的构造和性能有详细介绍。江东犁由铁制的犁铧、犁壁和木制的犁底、压铧、策额（额音"额"）、犁箭、犁辕、犁梢、犁评、犁槃共十个零部件所组成。同原有的犁相比，江东犁的重大改进在于把直辕、长辕改为短辕、曲辕，犁架重量减轻，受力点降低，不仅可减轻扶犁者体力消耗并提高畜力使用效率，而且犁具轻巧灵活、便于操作，从而提高了生产效率，有利于保证耕地质量。江东犁的主要结构和性能原理，使它也适用于北方旱作地区。到宋元时期，江东犁已成为我国南方所普遍使用的耕犁了。

从《耒耜经》的记载看，南方水田所使用的主要农具除江东犁外，还有整地用的方耙，可用来破碎犁起的土垡，用耙齿清除杂草和作物残茬。方耙比北方旱作地区整地用的一字形耙和人字形耙要大，人站在耙上不易陷于泥水中，在结构上也更牢固些，可经受较大的阻力，适于水田整地，大大地提高了生产效率。

在提灌工具方面，被用来在河渠中提水的灌田水车（即"翻车"），在唐代已被广泛地应用于南北方的广大地区。据《旧唐书·文宗本纪》所载，太和二年（828年）闰三月丙戌朔，"内出水车样，令京兆府造水车，散给缘郑白渠百姓，以溉水田。"可见，国家对推广水车是相当重视的。在唐代，还有从河渠提水的"筒车"。李寔（一作"实"）注释杜甫的诗句"连筒灌小园"："川中水车如纺车，以细竹为之。车骨之末，缚以竹筒，旋转时低则舀水，高则泻水。"①此外，唐代还有用

---

① （清）仇兆鳌撰：《杜少陵集详注》卷一〇。

一个水轮带动一个或几个辗轮的水碾。《旧唐书·高力士传》曾记载："于京城西北截澧水作碾，并转五轮，日破麦三百斛。"

（二）大田作物栽培技术

江东犁在江南地区的普遍推广，使南方水田的耕作技术相应地有较大提高。犁具的改进，可使耕翻的宽度与深度保持一致，使耕起的土垡均匀整齐，合于"行必端，履必深"[①]的要求，从而使耕地质量的提高有了犁具上的保证。同样，方耙等农具的推广，对促进整地技术的提高也起到了很大的推动作用。

在大田作物的品种开发成就上，从文献记载来看，以水稻新品种的增加最为突出。在《四时纂要》和唐代诗歌等文献中所见到的水稻品种，据不完全的统计，有香稻、红莲、黄稻等12种。其中，有9种不见于前代的记载。这新增加的9个品种，大多是成熟期较晚的晚稻。

晚稻品种增加和普遍种植，不仅可提高水稻的产量和质量，也使稻、麦的复种成为可能。稻麦复种制至迟在开元年间已颇为普及，成书于9世纪60年代的樊绰《蛮书》，记载云南"从曲靖州已南，滇池已西，土俗唯业水田……水田每年一熟，从八月获稻，至十一月、十二月之交，便于稻田种大麦，三月、四月即熟。收大麦后，还种粳稻，小麦即于冈陵种之"。在唐代诗人的某些诗句中，也可以看出江南的大部分地区已实行稻麦复种。

南方水田栽培技术上的进步，可见于柳宗元散文《龙城录》的零星记载："余南迁高乡（今江苏高邮），道逢老叟，帅年少于路次，讲明种艺。其言：'深耕概（稠）种，时耘时籽。却马牛之践履，去螟螣之戕害。勤以朝夕，滋以粪土，而有秋之利，盖富有年矣。'"这段简短文字，已谈到栽培技术中的深耕、密植和及时除草、施肥、除虫害等田间管理的诸多重要环节。

（三）园艺和茶树栽培技术

在园艺业方面，唐代从边疆和国外引进了一批新的蔬菜和果树品种，如蔬菜类的莴苣、菠菜、浑葱、西瓜，等等。在食用菌的培养方法上，《四时纂要·三月》可谓是最早的文献记录："种菌子，取烂构木及叶于地埋之。常以泔浇令湿，两三

---

① （唐）陆龟蒙：《甫里先生文集·象耕鸟耘辩》。

日即生。又法：畦中下烂粪，取构木可长六七尺，截断碓碎，如种菜法，于畦中匀布，土盖，水浇，长令润。如初有小菌子，仰杷推之；明旦又出，亦推之；三度后出者甚大，即收食之。本自构木，食之不损人。"这一记载除对食用菌的生长条件有较为详细的记载外，所谓"有小菌子，仰杷推之"，实为帮助菌种扩散，是菌类培养技术的重大成就。

关于利用地热资源进行蔬菜栽培，可见于《新唐书·百官志》的记载："庆善石门温泉汤等监，每监监一人……凡近汤所润瓜蔬，先时而熟者，以荐陵庙。"唐代诗人王建《宫词》中的"内园分得温汤水，二月中旬已进瓜"诗句，表明利用地热资源促成蔬菜瓜果早熟已大见成效。

在果树栽培方面，从边疆和国外引进的果树品种有产于西亚和北非的波斯枣、海棕、椰枣、扁桃（巴旦杏）、菠萝蜜、木菠萝、油橄榄等。国内新驯化的猕猴桃，此时亦流传到海外。在果树嫁接技术上的进步，《四时纂要·正月》曾记载："其实内子相类者，林檎、梨向木瓜砧上，栗向栎砧上，皆活，盖是类也。"指出种子形态结构相近似的果树，嫁接后易于成活。《四时纂要》中的"取树本如斧柯大及臂者，皆堪接，谓之树砧"，表明当时在果树嫁接技术上已有长足的进步。唐代在果树栽培技术上的成就，还表现在柑橘栽培地区向北的推进、根据果树是否冬季休眠来确定是冬季移栽或春季移栽、葡萄扦插法繁殖等方面。

花卉业在唐代的大城市及其周围地区有很大发展，出现了靠种植花卉为生的花农，都市中出现了专门售花的花市，花卉种植和花卉市场有很大的发展，培育出很多卉木品种。有的名花甚至价值千金、备受呵护，即白居易《买花》诗中所说的"上张幄幕庇，旁织笆篱护。水洒复泥封，移来色如故"。"一丛深色花，十户中人赋"。[①]在唐代的花卉栽培中，牡丹花因武则天、唐玄宗赏识而成为社会上最为名贵的花卉。刘禹锡的《赏牡丹》中，有"庭前芍药妖无格，池上芙蕖净少情。唯有牡丹真国色，花开时节动京城"的诗句。此外，盆景艺术在唐代已经出现。

茶树的栽培和茶叶生产在唐代有很大的发展，在栽培技术上已总结出许多宝贵的经验和理论。在《四时纂要》中，对茶园的选址、种植季节、播种方法以及除草、施肥、灌溉和遮阴等，均有颇为详细的介绍。如茶园选址"宜山中带坡峻"之地，有良好的排水条件以避免"水浸根必死"的灾害；在种植上采取多籽穴播法，铲除

---

① （清）彭定求纂：《全唐诗》卷四二五。

杂草与树根以便于茶籽发芽生长；在施肥上"以小便、稀粪、蚕沙浇壅之，又不可太多，恐根嫩也"；又要采取遮阴措施，种于"树下或北荫之地"，或于"桑下、竹荫地种之"，如此等等。

（四）畜牧和养鱼技术

唐代畜牧业以养马业最为兴盛，《司牧安骥集·相良马》中对相马术理论有颇为精到的总结。在畜种繁育上，《酉阳杂俎》谈到种马"十三岁以下可以留种"，合于"戎马八尺，田马七尺，驽马六尺"的标准。在唐代，引进了大宛马、康国马和波斯马等优良种马来改良内地马种，取得了很大的成效。"既杂胡种，马乃益壮"（《新唐书·兵志》）。唐政府在同州（今陕西大荔）设置沙苑监，在沙苑牧场养殖良种羊，育成优良品种"同州羊"。

在养鱼技术方面，唐代在鱼种培养和人工养鱼上，已发现鱼在水草中产卵而采用收集水草的办法来采集鱼卵。如《吴郡图经续记》记载："夏至前三五日，白鱼之大者，日晚集湖边浇水中有菰蒋处产子，缀著草上……乃刈取菰蒋草有鱼子者，曝干为把，运送东都(洛阳)。"唐代已广泛采用这种方法并有所改进。《北户录·鱼种》记载南海各郡，人们在八九月间"于池塘间采鱼子著草上者，悬于灶烟上"。来年二月，将"收草漫于池塘间，旬日内如虾蟆子状，悉成细鱼，其大如发""号为鱼种"。这种鱼种采集方法，对人工养鱼业的发展无疑具有重大意义。唐代已采用开荒种稻的方法来人工养鱼，《岭表录异》记载："新泷等州（今广东新兴、罗定一带）山田，拣荒平处，锄为町畦。伺春雨，丘中聚水，即先买鲩鱼子散于田内。一二年后，鱼儿长大，食草根并尽。即为熟田，又收鱼利，及种稻且无稗草，乃齐民之上术。"这种养鱼方法，把养鱼、治田和利用生物防治杂草有效地结合在一起。

据《太平广记·通川河》记载，至迟在唐代已驯养水獭捕鱼："通川界内多獭，各有主养之……取得鱼必须上岸，人便夺之，取得多，然后自吃。"这一记载表明，继驯养鸬鹚捕鱼之后，驯养水獭捕鱼在某些地区已成为捕鱼方法之一。

八 手工业技术成就

盛唐时期的手工业技术成就是多方面的，这里从冶金技术、制瓷技术、纺织技术、造船技术、造纸技术、雕版印刷等方面分述如下。

（一）冶金技术

唐代冶金技术上的进步，有多方面的成果。在炼铁技术上，1958 年于安徽繁昌竹园湾一带所发现的 6 处较大的冶铁炉遗址、17 个废墟的实物表明，炼炉已具有炉身和炉腹角，比汉代直筒式炼炉有较大的进步；用石灰石作熔剂的技术有新的发展；炉子规模虽比汉代竖炉小些，但与当时的鼓风能力、燃料条件更相适应。

关于胆水炼铜技术，至迟在唐代已把对于铁与胆水中铜的置换作用的认识，应用于生产实际。据《梦溪笔谈》记载："信州铅山县有苦泉流以为涧，挹其水，熬之则成胆矾……熬胆矾铁釜久之亦化为铜水。"

在铸造技术方面，1975 年于扬州发掘的唐代铸铜遗址，在 200 平方米内出土 9 座炉灶和 5 件较为完整的尖底杯状坩埚。这种形制的坩埚对于了解殷墟出土将军盔的用途有一定的启示。关于失蜡法铸造，虽然发明于春秋时期，但文献记载却始见于唐代。唐初行开元通宝钱，《唐会要》卷八九记载："询初进蜡模，因文德皇后掐一甲迹，故钱上有掐文。""蜡"即蜡，"蜡模"即是蜡质钱样。据有关资料记载，至迟在唐代已采用翻砂铸钱。在唐代，一些特大铸件如大周万国颂德天枢（用铜铁 200 万斤）、九州鼎及十二神、扬州方丈镜、沧州铁狮子（重约 50 吨，用 500 多块外范）等，表明唐代的金属冶炼和铸造技术已达到较高的水平。

在热处理技术方面，可锻铸铁技术在汉魏有较大发展，后来在农业、手工业工具锻造中出现了"以锻代铸"的工艺，致使可锻铸铁工艺有衰退趋势。近年有人分析唐代铸铁件，发现多数农具已进行不完全的脱炭退火和石墨化退火。

在金银器加工技术方面，已出现了在银器上饰以镀金花纹的新兴工艺。

（二）制瓷技术

唐代的瓷器业，本书前文已有所介绍。从陶瓷技术的进步来看，在胎料选择和胎料加工技术上，均有较大的进步和提高。在瓷器成型技术上的重大成果之一，是较大型器具的制造。如瓶高50余厘米、口径60余厘米的唐代瓷器的出土，表明瓷器的成型和烧造技术均有较大的进步。在装饰技术上，已普遍采用模印法、刻画法和粘贴法。纹胎瓷器即用褐白两色胎泥相间绞合，然后拉制成坯，施釉后烧制而成。这种瓷器花纹状如木纹，似彩云般变化无穷，是陶瓷技术上的一项特殊创造。

在釉彩技术方面，唐代青瓷釉技术的发展、白釉成分的选择、化妆土技术的广泛使用、青花瓷与釉下彩和釉上彩技术的发明等，都取得了很大的成就。此外，唐代瓷器的乳浊釉的发明和发展、花釉瓷的发明和发展，特别是唐三彩的兴盛，都是重大的技术进步。

在瓷器的装烧技术方面，唐代的主要成就是采用匣钵装烧。这种技术的优点在于：坯件有匣钵保护，不受重压，不易损坏，同时也减少了明火对坯件的烧烤，这就为烧制精细瓷器创造了良好的条件。

（三）纺织技术

唐代纺织技术的发展，从织物的品种来看，有技术要求较高的纬锦，自唐代中期以后，随着重型打纬机的发展和人们对多色大花型的需要，使得斜纹、纬纱显花织法逐渐取代了平纹、经显花的主导地位。1966年和1967年在新疆吐鲁番阿斯塔那村48号墓与92号墓相继出土的"贵"字孔雀纹锦和联珠对鸭纹锦，堪称唐锦中的精品。由于纬显花织物具有很多优点，致使后来人们几乎放弃经显花技术。斜纹织物能充分显示丝线光泽，因而被织锦工艺广泛采用。总之，从平纹经锦过渡到斜纹纬纹，是丝织技术上的一个重大进步。此外，革丝技术即以本色丝作经，彩色丝作纬的纬丝起花艺术织物，已形成"通经回纬"的结构特征，此种工艺在唐代大为盛行，有很多精品保存至今。

唐代纺织技术的进步，表现在丝类和麻类织物的诸多新品种上。除锦外，许多织物的组织都有很大的变化。盛极一时的绫，在唐代出现了四枚异向绫，以三枚斜纹为底的同向绫等。绮、绫都采用了纬显花工艺。此外，还出现了固定绞组。在唐代，束综提花机技术也得到了广泛的推广。

在印染技术上，唐代已普遍采用植物性染料，印花织物种类繁多，染料技术有很大发展。在吐鲁番出土的唐代丝织物中，不同色阶的红、黄、蓝、绿、黑色织物，计有24色之多。在印花技术上，颜料印花、防染印花均有较大发展，并创造了碱剂印花。印花型版有凸纹版和镂空型版两种，颜料印花即用凸花型版或镂空型版将印浆直接印在织物上，把花纹显示出来。随着植物性染料的发展，绞缬制品在唐代颇为盛行。碱剂印花工艺，是唐代的创造。

（四）造船技术

唐代航海业相当发达，造船技术亦有明显的进步，至迟在唐代早期，已采用了"水密分舱"技术。水密舱壁是经过密封处理、由多块厚板拼合成的横向壁板，分舱是把船舱分隔成多间的技术。这样，即使一舱漏水，其他舱仍安然起增浮作用，同时，分舱又可起到支承、加强甲板和外板的作用。1973年于江苏如皋出土的一艘唐代早期木船，船分9舱，舱房间有隔舱板，缝间用石灰桐油填塞，严密而坚固，结构合理。水密分舱技术的发明，是中国对世界造船技术发展的一大贡献，李约瑟认为欧洲的水密分舱技术，是18世纪时从中国学习的。

在唐代，车船技术被用于战船。《旧唐书·李皋传》曾谈到：战舰"挟二轮蹈之，翔风鼓疾，若挂帆席，所造省易而久固"。这种用双脚驱动的车船，在造船史上亦具有重要意义。

在古代平底船基础上发展起来的"沙船"，因"出崇明沙而得名"。这种船平底方头、船体较宽、吃水较浅，可通行于浅水水域且又航行平稳，具有很多的优点。

船底涂漆技术，在唐代已被发明和使用。《旧唐书·杜亚传》曾记载，杜亚于唐德宗贞元年间任扬州长史兼淮南节度观察使。他"令以漆涂船底，贵其速进"。可见，船底涂漆既可减少水的阻力，又可以起到防腐的作用，因而被后世所采用。

（五）造纸技术

唐代造纸原料来源的扩大，表现在除主要原料麻类外，以皮类（如藤皮）为原料的皮纸有大量的增加，并且出现了麻、皮混合纤维纸。也有的纸是用麻、桑皮、月桂树纤等混合抄造的。此外，竹纸在唐代中期已经出现。

在造纸工艺技术上，起悬浮剂作用的某些植物浆液，在唐代被作为"纸药"用于造纸工艺流程，用来改善纸浆性能，提高纸的质量。

唐代对纸张成型后的表面处理，曾采取施胶、拖浆、填粉、加蜡、砑光等技术。

施胶大多是将一种淀粉剂掺入纸浆中，或刷于纸张表面上。淀粉剂的优点是不走墨，缺点是时间过长，淀粉层会因龟裂而脱落，因此有用植物胶或动物胶来代替的。

涂蜡有黄纸涂蜡、白纸涂蜡、粉纸涂蜡。染成黄色的纸再涂蜡，称为"黄硬"或"硬黄"。这种用优良纸张加工而成的纸，是唐代名贵纸张之一，它味苦、气香、色美、质地坚密，且防水防蛀。粉蜡纸是由施粉和涂蜡两道工序加工而成。

唐代纸张厚度与帘纹，从测定敦煌唐代石室写经纸的结果来看，厚度在 0.05 毫米至 0.44 毫米之间，可见纸张之薄和造纸技术之高。

唐代产纸地点遍布全国各地，产量很大，品种很多，用途很广，除书写、印刷、绘画用纸外，窗户纸、灯笼纸、防水纸也被广泛使用。当时著名的纸有色纸（特别是黄色纸使用最广）、水纹纸、宣纸、澄心堂纸、金花纸等。

（六）雕版印刷

雕版印刷是在章印、拓印和纺织品的型版印花的基础上发展起来的。我国至迟在唐代早期已出现雕版印刷，并于唐代中晚期在全国逐渐推广。1974 年于西安柴油机厂出土的陀罗尼经咒，虽然纸质粗糙、字的行距疏密不一、有的字迹不清，但可确认为唐初印制，是我国也是世界上所见到的最早印刷品。欧洲的雕版印刷，始见于 16 世纪。

已发现的唐代中期印刷品，有 1975 年于西安冶金机械厂出土的汉文印本陀罗尼经咒一张，纸面光滑致密、印文娴熟、字迹清晰。1966 年于韩国东南部庆州佛光寺释迦塔内发现汉文印本《无垢净光大陀罗尼经》一卷，经鉴定为 704—751 年印成的。此外，770 年前后，日本天皇下令雕印的梵文和汉文陀罗尼经咒，曾分藏于日本当时的各大寺院，有不少保留至今。朝鲜、日本的雕版印刷术，显然是从唐朝传入的。

唐代晚期的印刷品数量增多，雕印技术有较大的提高。

九　建筑技术成就

　　唐代的建筑业有蓬勃发展，形成了完整的建筑体系，是中国古代建筑发展史的一个高峰，在都城建设和宫殿建筑的规划布局上有重大的创新，成就辉煌。本部分就唐代建筑的木构架建筑技术、建筑材料和建筑装饰简述如下。

（一）木构架建筑技术

　　唐代所兴建的诸多宏伟单体建筑和规模庞大的建筑群组，标志着唐代木构建筑技术所达到的高度水平。例如唐代大明宫含元殿、麟德殿等建筑，雄伟壮阔。武则天在洛阳所建明堂，高294尺，方300尺，堂内有"巨木十围，上下通贯，栵栌橕椽藉以为本"[①]。可见，这一高大建筑是用巨木作中心柱来连接所有承重木构件的方式，以保证建筑整体的牢固。当时建筑的基本构件，形式逐渐定型化，各构件有一定的比例关系。唐代木构架建筑，从尺度规模、柱列布局、材分制度、斗拱形制、榫卯技术等方面，均已达到成熟阶段。用料标准化、规格化是唐代木构架建筑技术的重要成就和建筑技术成熟的重要标志。大量规格化预制构件的采用，使大规模建筑可以在短期内较快地完成。

（二）建筑材料与装饰

　　唐代的主要建筑材料有木、石、土、砖、瓦、石灰、琉璃、金属以及油漆等。在重要建筑基座、门阙上已广泛使用贴面砖，宫殿和贵族宅第已用花砖铺地。唐代的屋顶用瓦，有灰瓦、青掍瓦和琉璃瓦三种。青掍瓦质地紧密、表面光亮，多用于宫殿和寺庙建筑。琉璃瓦多用于宫殿的檐口、屋脊、鸱吻。盛唐以后一些重要建筑屋顶已铺满琉璃瓦。琉璃瓦的颜色多为绿色，也有蓝色的，还有表面雕刻着莲花的绿琉璃型砖。琉璃瓦的流光溢彩，使建筑物华美生辉。

　　建筑上的彩画和雕刻，是古代建筑装饰艺术的重要组成部分，彩画对木构件又

---

① 《资治通鉴》卷二四○。

有防腐的作用。唐代建筑上的油漆彩画的部位不断扩大，天花、藻井、檐、斗拱、木栏杆、柱、梁枋均有彩画或刷色。矿物染料品种的增加，使建筑彩画的色彩和图案更为丰富，技艺也日趋成熟，有"退晕""叠晕"等技法。唐代彩画图案丰富，纹饰生动活泼，以团花和绵纹居多，西域传入的宝相花、石榴花以及莲花的纹样也很普遍。敦煌石窟的彩画、壁画，为了解唐代彩画的盛况和造诣提供了宝贵的实物。

唐代在建筑与雕刻、绘画的结合上有重大发展，形成了特有的风格，取得了辉煌的成就。雕饰的花纹繁复多样，图案富丽而丰满。各种雕饰的运用，极大地丰富了建筑艺术的感染力。保存至今的安济桥栏板、龙门石窟奉先寺大佛背光、大雁塔门楣、南京栖霞寺舍利塔等，都是运用建筑雕刻的优秀范例。

[卷八]

开元盛世：文化昌盛

一　多元宗教 ☁

　　唐王朝的贞观之治和开元盛世，形成了社会安定、经济繁荣、文化昌盛、民族和睦、中外交流频繁和国力强盛的局面。与此相联系的是，唐代实行兼容并包的文化政策和宗教政策，因而唐代的各种宗教都得到充分的发展，盛极一时，宗教活动空前活跃，一派发达景象。从外国传入国内的各种宗教，也获得了合法的地位与发展。唐代宗教文化作为唐代精神文明的重要组成部分，它对政治、经济、哲学、文学、道德、音乐、美术、建筑、雕刻、科技等诸多领域均有重要的作用与影响。

（一）三教并奖

　　所谓三教即儒释道三教。唐太宗用儒家学说来治理国家，对佛、道二教并不信仰。贞观二年（628年），他对侍臣说："朕今所好者，惟在尧舜之道，周孔之教。以为如鸟有翼，如鱼依水，失之必死，不可暂无耳。"[①]他对道教信仰持否定态度，称"神仙事本虚妄，空有其名"[②]；又对佛教信仰持否定态度，称佛教"固弊俗之虚术……求其道者未验福于将来，修其教者翻受辜于既往"。[③]

　　唐太宗作为一名政治家，他本人虽不信仰佛教与道教，但却出于安定社会、教化百姓的政治需要，大力褒扬佛道二教，以"神道设教"[④]，重视发挥宗教的社会功能，因而同时奖掖儒释道三教，不把个人的信仰与好恶作为制定国家政策的出发点。为此，唐太宗礼敬玄奘，亲自撰写《大唐三藏圣教序》；又推崇老子，提高道士与道教的社会地位。在唐代贞观初年，国家也建立一些包括为阵亡将士设斋行道在内的寺院。贞观十五年（641年），唐太宗与僧人谈论佛道二者的先后，他说："今李家据国，李老在前；若释家治化，则释门居上。"[⑤]可见，唐太宗把道教列于首位，

---

①②《贞观政要》卷六。

③《旧唐书·萧瑀传》。

④（北宋）程颐撰：《易经程传·观卦》。

⑤（唐）道宣撰：《集古今佛道论衡》卷三。

是因为道教教主老子姓李，与皇室同姓，是皇室的先祖，有助于抬高李氏皇族的地位。而佛教有助于"治化"，是教化百姓的重要手段，因而"居上"。道佛二教，一个"在前"，一个"居上"，是分别就抬高皇室地位和教化百姓而言，唐太宗对二者予以相同的重视，目的是为着以神道设教，安定社会。

至于外来宗教如伊斯兰教、景教、摩尼教、火祆教，唐代中期以前均受到政府的宽容，尊重来华外籍侨民的信仰，允许在内地立寺传教，大唐臣民也可以自由信仰。从唐太宗到武则天时期，唐王朝都坚持三教并重、多教共存的政策。即便是偏重佛教的武则天，也认为三教作用相同，命人撰写《三教珠英》。朝廷大典时，往往令三教代表人物上殿，宣讲各自的经典。事实表明，唐代实行三教并重、多教共存政策，人们有宗教信仰的自由。

（二）三教之争

儒释道三教在唐代都为维护皇权服务，但三家毕竟各有自己的宗旨和理论体系。儒家是以自己的学说为治国服务，佛道则有相对独立的教团。三家各自为了在朝堂上占据优势，彼此间在理论上的争论与利益上的冲突是不可避免的。佛教原是从印度传入，使争论又含有中外文化冲突的因素。此外，宗教教团与朝廷在政治与经济利益上也有相矛盾的一面。因此，三教之间的对立与斗争是不可避免的。

有唐一代，三教之间较大的斗争有三次，下面介绍武德、贞观年间和武则天时期的这三次斗争。唐高祖武德四年（621年），太史令傅奕上《请废佛法表》，尖锐地提出佛教和寺院给国家和百姓所带来的害处："请胡佛邪教，退还天竺。凡是沙门，放归桑梓。令逃课之党，普乐输租，避役之曹，恒忻效力"[①]。僧人法琳撰《破邪论》，对傅奕的上表予以驳斥。唐高祖将废佛之事搁置。武德七年（624年），唐高祖为尊崇老子，令三教次序"今可老先，次孔，末后释宗"[②]。武德九年（626年），傅奕七次上疏，再次请求废佛，唐高祖下诏令佛道均废，因退位未能施行。贞观年间，傅奕再次上疏倡言反佛，唐太宗出于政治上的考虑，仍不废佛，只是对佛教略加约束。武德、贞观年间佛道之争涉及教义内容较少，大多是辩论利国与危国的问题。总的看来，道教因受到皇室宠信，略占上风。

---

① 《全唐文》卷一三三。
② 《集古今佛道论衡》卷三。

武后君临天下，改李唐为武周，不再与老子联宗，更多地依靠佛教为自己执政制造舆论。武则天明文规定："释教开革命之阶，升于道教之上。"[①]与此同时，取消了老子的玄元皇帝称号。道士杜义叛教，撰写《甄正论》，对道教进行全面批判，赞扬佛经是"圣文"，释教是"圣教"。由于武则天偏重佛教的政策，这一期间佛教略占优势。

（三）三教融合

由于唐王朝实行三教并进政策，三教之间的融合成了三教关系中的主流。就佛教而言，唐代的佛教已是中国化的佛教，不同程度地具有中国传统文化的内容和品格。在佛教的诸多宗派中，天台宗、华严宗和禅宗最具中国传统文化特色。尤其是禅宗，完全是中国独创的新宗派，受儒道两家影响最深。禅宗认为人人皆有佛性，只要"明心见性"即可成佛。

就道教而言，唐初的清净无为学派如成玄英、王玄览、司马承祯等人，其思想皆援佛入道，轻炼丹符篆，重清修养神。王玄览吸取佛教三世皆空和万法唯心学说，以灭绝"知见"为得道。司马承祯主张人与道一体，应静心修道，从而达到彼我两忘，恰如涅槃之境。甚至佛教的报应说、轮回说与天堂地狱说，都逐渐被道教不同程度地吸取。

就儒学而言，虽有如傅奕、韩愈那样的反佛儒者，但更多的儒者是爱好佛法，认为佛儒相通，可以互补。有唐一代，喜爱佛法的儒家学者不胜枚举。例如柳宗元认为："浮图诚有不可斥者，往往与《易》《论语》合，诚乐之，其于性情奭然，不与孔子异道。"[②]

在唐代三教合流的社会气氛中，士大夫阶层人士三教兼习或兼习二教已成为一种风气，热衷与僧、道交游；同时，僧人、道士结交儒者、朝廷官吏，熟悉儒家学说者亦大有人在。可见，唐代三教之间的交流互补，已经相当广泛和深入。当时的诸多宰相、大臣，同僧人道士交往密切；僧人习儒家典籍者，如浩初"通《易》《论语》"[③]，元暠"资其儒，故不敢忘孝；迹其高，故为释"。[④]总之，儒佛道三教在唐代的共处，已为当时的思想文化界所接受，成为人们多元信仰精神生活的一大特色。

---

① 《资治通鉴》卷二〇四。
②③④ （唐）柳宗元撰：《河东集》卷二十五。

（四）佛教文化

佛教文化本身就是唐代文化的一颗明星，又对当时社会意识形态的诸多方面有着深刻的影响。因此，佛教文化在唐代文化中的重要地位是不容置疑的。可以说佛教文化是唐代文化中最具特色的文化要素之一。

佛教活动的社会化和世俗化，使佛教教义和礼仪渗入社会生活的许多层面，成为当时人们精神生活的重要内容之一。

法会。佛教法会有常例和不定期两类，常例法会有佛生日、成道会、涅槃会、讲经会、盂兰盆会、天子诞辰、国忌等。不定期法会包括佛牙供养法会、斋会、八关斋会、讲经法会等。法会所举行的佛教仪式内容和礼仪颇多，有诵经歌咏，举行法会时所吸引的群众很多，场面很大。

斋会。斋会是对僧侣提供斋食的仪式，也叫设斋，按斋僧人数有"五百僧斋""千僧斋""万僧斋"等。上述宗教活动，使佛教在民间得到广泛而深入地流传。

民间传播佛教的僧侣被称为经师，通过转读、梵呗和唱导三种形式向民众讲述佛经的内容和思想。转读是诵读佛经，梵呗是将经文配上音节歌赞，唱导是说与唱相结合。唱导通俗易懂，易于被人们接受，开佛教俗歌之风，并由此派生出讲述宗教故事的"变文"文学。

佛教对儒家哲学的影响，在于佛教哲学逻辑严谨、思辨精深的特点，可弥补儒家哲学拙于理论思辨的缺陷。

佛教对唐代文学特别是诗歌的影响，在于盛唐诗歌中深浸着佛教的脱俗和超逸精神。所谓以禅入诗、以诗述禅的禅言诗，在盛唐有很大的发展。例如平生信佛的王维，其诗以表现禅宗情趣见长，后世有"诗佛"的雅称。他的《鹿柴》写空山人语、林景青苔，把空山人寂的情景和世界寂灭无常联系在一起。寒山和尚的《一住寒山》诗，更是饱含禅宗机锋的禅言诗。

佛教对唐代文学的又一重要影响，是以讲述佛经故事为主的"变文"，其说唱形式的保留和说唱内容向历史故事和民间故事的转化，即由雅文学向俗文学的转化，在唐代出现了《伍子胥变文》《王昭君变文》《董永变文》《孟姜女变文》等。这又为后世开创了口语文学和白话小说的先河。此外，许多佛经和传记，为后世民间文学创作提供了丰富的素材，如《大唐西域记》后来演绎成了名著《西游记》。

佛教对唐代绘画的影响，在于涌现出一批佛画大师。唐代的画圣吴道子，便是著名的佛画大师。他曾在长安、洛阳二京作佛、道壁画300余堵，树立了一代新画风。著名诗人王维，又是著名的画家。他诗中有画、画中有诗，画风洒脱超然，淡泊高远，独具风格。佛教绘画为唐代绘画增添了绚丽的色彩。

佛教对唐代雕塑的影响，首先见于佛像的雕塑上。敦煌石窟中的释迦涅槃雕像，清瘦羸弱，目中含有无限的慈悲与智慧。石窟中的大力金刚彩塑，尽显阳刚之美的健美造型。壁画中的飞天仙女，更是栩栩如生。今日云岗、龙门、敦煌等石窟中，聚集了诸多雕塑彩绘，是唐代佛像雕塑彩绘精品的荟萃之处。

（五）道教文化

道教文化作为唐文化的内容之一，对唐文化的影响有积极和消极两个方面。下面介绍有关积极方面的一些内容。

道教中的一些理论，与中医学和中药学有一定的联系，孙思邈本人便是道士兼医学家。至于道教中的炼丹术对化学知识的积累、火药的发明、金属的冶炼，均在不同程度上起过推动的作用。道教注意炼气炼神，包含有气功的合理内容，对养生之道有一定的积极意义。据《唐书》记载，孙思邈享年102岁，道士叶法善享年107岁。唐代的一些清修无为派道士，多为哲学家，他们的论著是唐代哲学的重要组成部分。

道教对唐代文学艺术的影响之一，在于道教中的一些仙话，在唐代形成民间故事，又形成民间文学。例如唐与五代的道士钟离权、吕洞宾、张果等人被后人艺术化，到宋代形成了"八仙"的民间传说，从中派生出不少文艺作品。唐代的一些志怪传奇，如《柳毅传》《南柯太守传》《枕中记》《游仙窟》等，其中渗透着某些道教意识。这些作品，后来又演变成戏曲。道教故事中的仙人与仙境，对发扬文学作品中的浪漫主义手法，是有所贡献的。

道教对唐代文学艺术的影响之二，在于唐代的一些诗词以咏神仙事迹为题材，或借助神仙故事进行艺术构思。浪漫主义诗人李白崇信道教，写了不少歌咏神仙的诗，如《梦游天姥吟留别》等，他本人也被称为诗仙。现实主义诗人杜甫，也写有一些游仙类的诗篇。白居易的《长恨歌》的结尾部分，也是借助于道教的想象力而完成的。

在绘画方面，吴道子的《送子天王图》《八十七神仙卷》，阎立本的《十二真君像》，都是以道教神仙为题材的绘画名作。

二　盛唐诗歌

盛唐诗歌是唐代诗歌的辉煌时代，在文学史上被誉为"盛唐气象""盛唐之音"，是开元盛世文化昌盛的重要内容和标志，在中国文学史上是一个伟大的里程碑。本篇介绍最具代表性的六位诗人和他们的诗作，以了解盛唐诗歌所取得的重大成就。

（一）田园诗人

盛唐时期，诗坛涌现出一大批优秀诗人。从张九龄到王维、孟浩然，山水田园诗逐渐走向成熟。

孟浩然（689—740 年）是襄阳（今湖北襄阳）人，早年隐居襄阳，曾游历长江上下，40 岁入长安应进士科举不第，返乡后漫游吴越，写了不少山水田园诗歌，山水隐逸是孟诗的主题。在隐逸诗中，《夜归鹿门歌》最具代表性：

> 山寺钟鸣昼已昏，渔梁渡头争渡喧。
>
> 人随沙岸向江村，余亦乘舟归鹿门。
>
> 鹿门月照开烟树，忽到庞公栖隐处。
>
> 岩扉松径长寂寥，惟有幽人自来去。

这首诗将诗人自己的形象与大自然的形象融合在一起，表现了诗人孤高自许、不同凡俗的人格追求。

在田园诗中，《过故人庄》尤为出色：

> 故人具鸡黍，邀我至田家。
>
> 绿树村边合，青山郭外斜。
>
> 开轩面场圃，把酒话桑麻。
>
> 待到重阳日，还来就菊花。

这首诗写田园景物清新秀丽的同时，又写故人情深谊厚，还写田家生活，简朴可爱、宁静优美。

在山水诗中，由于他特定的思想情绪，不免染上了一层冷清的色彩，如《宿桐庐江寄广陵旧游》的"风鸣两岸叶，月照一孤舟"。有的诗则寄托着作者的一缕淡淡的愁绪，如《宿建德江》：

移舟泊烟渚，日暮客愁新。

野旷天低树，江清月近人。

有时，孟浩然的山水诗也有豪壮的诗句，如《望洞庭湖赠张丞相》：

八月湖水平，涵虚混太清。

气蒸云梦泽，波撼岳阳城。

孟浩然诗的风格，总的看来是恬淡孤清。孟诗语言简净流丽、情深高雅、格调颇高、独具一格，比初唐诗歌有明显进步，显示出唐诗从初唐向盛唐过渡的痕迹。

盛唐时期的另一位具有代表性的山水田园诗人是王维。王维字摩诘，太原祁县（今山西祁县）人，开元九年（721年）中进士，官至殿中侍御史。王维诗歌题材广泛，主要有政治诗、边塞诗和山水田园诗。早年他曾写过抨击权贵、不满现实的感遇诗，如在《寓言二首》之一的末句，发出了"奈何轩冕贵，不与布衣言！"的质问，在《偶然作六首》之五中有"夫婿轻薄儿，斗鸡事齐主。黄金买歌笑，用钱不复数"的诗句。王维在他的边塞诗中，更是为后人留下了不少名篇名句，如《少年行四首》之二中的"孰知不向边庭苦，纵死犹闻侠骨香"；《陇西行》中的"关山正飞雪，烽戍断无烟"；《燕支行》中的"叠鼓遥翻瀚海波，鸣笳乱动天山月""拔剑已断天骄臂，归鞍共饮月支头"；《陇头吟》中的"关西老将不胜愁，驻马听之双泪流"；《老将行》中的"莫嫌旧日云中守，犹堪一战取功勋"。总之，王维的边塞诗名篇名句甚多。其中，《使至塞上》的"大漠孤烟直，长河落日圆"，写塞上景物，尤为千古传诵的名句。

在王维的诗作中，山水田园诗更是独具特色，因而被后人列为盛唐山水田园诗的代表性作家之一。他的山水诗，诗中有画、动静相生，名篇佳句甚多。如写大自然幽静恬适之美的《山居秋暝》中有"明月松间照，清泉石上流。竹喧归浣女，莲动下渔舟"。写秋雨过后山村傍晚景色的《鸟鸣涧》："人闲桂花落，夜静春山空。月出惊山鸟，时鸣春涧中。"还有意境开阔、气势雄伟的山水诗，如《终南山》："太乙近天都，连山到海隅。白云回望合，青霭入看无。分野中峰变，阴晴众壑殊。欲投人处宿，隔水问樵夫。"还有意境空寂、感情寂寞的山水诗，如《竹里馆》："独坐幽篁里，弹琴复长啸。深林人不知，明月来相照。"

在王维的田园诗中，最具代表性的是《新晴野望》：

新晴原野旷，极目无氛垢。

郭门临渡头，村树连溪口。

白水明田外，碧峰出山后。

农月无闲人，倾家事南亩。

其他如写田家生活的《渭川田家》：

斜阳照墟落，穷巷牛羊归。

野老念牧童，倚杖候荆扉。

雉雊麦苗秀，蚕眠桑叶稀。

田夫荷锄至，相见语依依。

即此羡闲逸，怅然吟式微。

可见，王维的山水田园诗构思精巧、音韵和谐，诗画与禅趣融为一体，又多用五言律诗和五言绝句的形式，艺术成就很高，对后来的山水诗和山水画有深远的影响。盛唐时代的山水田园诗人，著名的还有储光羲，其作品《田家杂兴》《田家即事》，以及《钓鱼湾》等，皆为传世名篇。此外，裴迪、常建等人，也有山水田园诗题材的佳作。

（二）边塞诗人

盛唐时代的边塞诗，均为有过军旅生活的诗人所作，其代表人物有高适、岑参以及王昌龄等人。

高适（704—765 年），字达夫，沧州渤海（今河北景县）人。他的诗歌今存200 余首，其内容有的反映早年的坎坷遭遇（如《别韦参军》），有的反映人民的疾苦（如《封丘县》），而他的 20 余首边塞诗，均具有很高的艺术成就。

高适的边塞诗，内容丰富，有的写征人思妇的感情，有的写边塞风光和描绘战斗场面，有的揭示边防政策的弊病以及对战士的同情、对某些将帅的讽刺，等等。其中，《燕歌行》是高适边塞诗中最具代表性的名篇：

汉家烟尘在东北，汉将辞家破残贼。

男儿本自重横行，天子非常赐颜色。

摐金伐鼓下榆关，旌旆逶迤碣石间。

校尉羽书飞瀚海，单于猎火照狼山。

山川萧条极边土，胡骑凭陵杂风雨。

战士军前半死生，美人帐下犹歌舞。

大漠穷秋塞草腓，孤城落日斗兵稀。

身当恩遇常轻敌，力尽关山未解围。

铁衣远戍辛勤久，玉箸应啼别离后。

少妇城南欲断肠，征人蓟北空回首。

边庭飘飖那可度，绝域苍茫无所有。

杀气三时作阵云，寒声一夜传刁斗。

相看白刃血纷纷，死节从来岂顾勋。

君不见沙场征战苦，至今犹忆李将军。

这首描写边塞的长诗，可谓是囊括了边塞诗篇所描写的各个方面的内容，然而又能集中到一点，表达诗的主题。结尾一句，用对李将军的追忆，浓缩着对士卒的同情，对将帅的讽刺，以及人们对胜利与和平的期望。该诗"词浅意深，铺排中即为诽刺"[①]，艺术成就甚高，是盛唐边塞诗中的名篇。

岑参（715—770 年），荆州江陵（今湖北江陵）人，天宝三年（744 年）中进士，曾任职于边庭，后来又入朝任右补阙，出任嘉州刺史。他一生三次出塞，任职于安西、北庭、关西等节度幕府。他的四百余首诗中，边塞诗占有很大比例。

岑参以浓重色调描写了西北边疆景色和战士不畏艰苦的英勇报国精神，获得了极大的成功。如《走马川行奉送出师西征》：

君不见，走马川行雪海边，平沙莽莽黄入天。

轮台九月风夜吼，一川碎石大如斗，随风满地石乱走。

写边塞严寒大雪的冬天景色，在《白雪歌送武判官归京》中，多有佳句：

北风卷地白草折，胡天八月即飞雪。

忽如一夜春风来，千树万树梨花开。

散入珠帘湿罗幕，狐裘不暖锦衾薄。

将军角弓不得控，都护铁衣冷难着。

岑参的边塞诗中，有的写热海奇景（如《热海行送崔侍御还京》），有的写将士不畏艰苦（如《走马川行奉送出师西征》），有的写战争场面（如《轮台歌奉送封大夫出师西征》），也有的写思乡怀友，质朴真切，如《逢入京使》："故园东望路漫漫，双袖龙钟泪不干。马上相逢无纸笔，凭君传语报平安。"又如《碛中作》："走马西来欲到天，辞家见月两回圆。今夜不知何处宿，平沙万里绝人烟。"

[①]（清）王夫之评选，任慧点校：《唐诗评选》，保定：河北大学出版社，2008 年。

岑参诗中用奇特想象写就的鲜明诗句颇多，如上面所引"一川碎石大如斗，随风满地石乱走""忽如一夜春风来，千树万树梨花开""纷纷暮雪下辕门，风掣红旗冻不翻""长安何处在？只在马蹄下"，如此等等。后人殷瑶评论说，岑诗"语奇体峻，意亦造奇"，可谓中肯之语。总之，在描写边塞奇异景色方面，岑参可谓是盛唐第一诗人。

高适、岑参都是擅长于七言歌行体的边塞诗名家，这种体裁既不受局限，又声韵谐合，形式富于变化，音调悲壮洪亮，气势雄伟。高、岑的七言歌行诗，实为盛唐歌行体的典范。高、岑的诗有共性，也有个性。严羽《沧浪诗话·诗评》说："高岑之诗悲壮，读之使人感慨。"胡应麟《诗薮》说："高岑悲壮为宗"。《诗谱》谈高、岑诗各自的特色，说道："高适诗尚质主理，岑参诗尚巧主景"，评价颇为中肯。

高、岑之外，王昌龄是盛唐擅长以七言绝句写边塞诗的一位著名诗人。他的诗作名篇很多，长期流传于民间，是学童们初学古诗时首先背诵的经典诗篇。如《出塞》："秦时明月汉时关，万里长征人未还，但使龙城飞将在，不教胡马度阴山。"又如《从军行》之五："大漠风尘日色昏，红旗半卷出辕门。前军夜战洮河北，已报生擒吐谷浑。"

（三）诗仙李白

李白与杜甫是盛唐诗坛上的两位伟人，在中国文学史上享有崇高的地位，二人的名字，是同盛唐时代紧密联系在一起的。千百年来，每当人们谈到开元盛世的时候，便会自然地联想起李白、杜甫和他们的诗篇。

李白（701—762年）字太白，祖籍陇西成纪（今甘肃天水附近），出生于中亚碎叶城，父亲可能是富商。李白5岁时，随父迁居绵州（今四川江油）。

李白生活在开元盛世，从小受到多方面的教育。20岁前后，游历成都、峨眉山，又在青城山隐居了几年。他受儒家思想与道家思想的影响，但受道家思想的影响更大些。

开元十三年（725年），李白25岁，离开四川而开始了他的漫游生活。他不屑于参加科举考试，希望凭着自己的才能在得力人物推荐下直取卿相职位。十几年间，他的漫游足迹遍及大半个中国，写出了许多不朽的优秀诗篇。天宝元年（742年），李白42岁，经吴筠推荐被唐玄宗征召入京，颇受玄宗的礼遇。由于不肯投靠权贵，诽谤与冷遇接踵而至，于天宝三年（744年）离开长安，又在各地流浪了

12 年。离开长安后，他结识了杜甫，二人结下了深厚的友谊。安史之乱爆发后，李白加入了永王李璘幕府。唐肃宗征讨永王，李璘兵败被杀，李白被捕入狱，流放夜郎（今贵州桐梓）。次年于三峡遇赦放还，62 岁时病逝于安徽当涂。李白一生诗作颇多，现存 1000 首左右。

李白在中国文学史上的地位，首先在于他的诗歌继屈原之后，达到了我国古代积极浪漫主义的新高峰。李诗中的理想主义、反抗精神和英雄性格的统一，达到了很高的技巧和艺术境界，使中国文学史上诗歌的浪漫主义传统得以发扬光大，起着继往开来的伟大作用。在李白的诗篇中，表现他反权贵、轻王侯的反抗精神的诗句，不胜枚举。例如《古风》其二十四抨击唐玄宗身边的宦官和斗鸡小儿，结句为"世无洗耳翁，谁知尧与跖！"《梦游天姥吟留别》中的"安能摧眉折腰事权贵，使我不得开心颜！"《古风》其十二中的"松柏本孤直，难为桃李颜"。他的反权贵精神，在《答王十二寒夜独酌有怀》中有集中的体现。他抨击朝廷在用人上贤愚不辨、"骅骝拳跼不能食，蹇驴得志鸣春风"的腐败现象，愿以严子陵为榜样，"达亦不足贵，穷亦不足悲"，绝不与小人流俗同流合污。而对劳动人民如拖船运石的农夫和农家老妇，却寄以深切的同情，如《丁都护歌》中的"拖船一何苦"和《宿五松山下荀媪家》中的"三谢不能餐"等诗句。

狂放不羁、追求个性自由，成了李白诗歌中浪漫主义的又一个重要方面。他在《行路难》中呼喊着"大道如青天，我独不得出"，于《赠新平少年》写道："摧残槛中虎，羁绁韝上鹰，何时腾风云，搏击申所能！"在《大鹏赋》中，大鹏于"斗转而天动，山摇而海倾"中翱翔宇宙之间的形象，则是李白所向往的境界。在山水诗中，李白追求自由、冲决羁缚的精神得到了充分的体现。他歌颂"君不见黄河之水天上来，奔流到海不复回"（《将进酒》）。又说："登高壮观天地间，大江茫茫去不还。"（《庐山谣寄卢侍御虚舟》）

李白的诗歌，一扫六朝华艳柔靡的诗风，为唐诗的繁荣开创了新的局面，在诗歌的艺术上取得了很高的成就。他的诗写景物，驰骋想象，其意象往往超越现实，名句甚多，如"白发三千丈"（《秋浦歌》）、"蜀道之难，难于上青天"（《蜀道难》）、"疑是银河落九天"（《望庐山瀑布》）、"燕山雪花大如席"（《北风行》），等等。李诗语言清新，不拘于格律，不雕琢字句，从而形成了飘逸、豪放、雄奇、瑰丽的艺术风格。李白才华横溢，诗篇"惊风雨""泣鬼神"，具有无穷的艺术魅力，为后世留下了宝贵的精神财富，影响深远，哺育着一代又一代的诗人和作家。正如韩愈的《调张籍》所说："李杜文章在，光焰万丈长。"他的好友杜甫也称颂说："白也诗无敌，飘然思不群。清新庾开府，俊逸鲍参军。"（《春日忆李白》）作为中国古典诗歌黄金时代的代表人物之一，李白以他诗歌的崇高成就，被后人称为"诗仙"。

（四）诗圣杜甫

杜甫（712—770年）是盛唐时代与李白齐名的一位伟大诗人。他祖籍湖北襄阳，出生于河南巩县，祖父曾任修文馆直学士，父亲曾任朝议大夫、兖州司马、奉天令。杜甫出生在唐王朝的鼎盛时期，他的一生经历了唐王朝由鼎盛向衰落转换的历史时代。这个时代和个人的经历，使杜甫的诗歌创作可划分为四个不同的时期。

35岁以前，杜甫接受了良好的教育，年轻时便显露出杰出的才华。20岁后开始漫游天下，写出了不少惊人的诗篇。33岁时，杜甫与李白相识，一道漫游了汴州（今河南开封）、齐州（今山东济南）、兖州（今山东曲阜）等地。李白的反抗权贵、追求自由的精神和艺术上的成就对杜甫有很大的影响。

35岁至44岁，是杜甫困守长安时期。他从小接受儒家思想教育，立志忠君报国，但35岁时在长安应试科举而落第。当时奸相李林甫专权，朝政腐败，杜甫虽曾多次投诗干谒，但都没有结果。困居长安的十年，使杜甫对社会的认识逐渐深刻了。41岁时，他写出了名篇《兵车行》，在现实主义道路上跨出了一大步。44岁所写的名篇《自京赴奉先县咏怀五百字》，则标志着杜诗现实主义特点已初步形成。

44岁这一年的十一月，安史之乱爆发。44岁至48岁期间，是杜甫陷于贼手和为官时期。这一时期，他写出了《羌村三首》、《北征》、"三吏"、"三别"等一系列忧国忧民的不朽诗篇，使他成了一位伟大的现实主义诗人。

48岁至59岁，杜甫曾在成都定居4年有余，后来又流离各地，生活穷困。这一时期，他又写了不少反映与同情人民疾苦的诗篇，如《茅屋为秋风所破歌》等。59岁时，杜甫死于由长沙到衡阳的一条破船上。他一生诗作很多，现存1400余首。

杜甫作为伟大的现实主义诗人，他的主要作品都贯穿着现实主义精神。

反映和揭露现实、讽喻时政，是杜诗现实主义内容的一个重要方面。杜甫的《兵车行》一诗，谴责唐玄宗穷兵黩武政策给百姓带来的灾难；《自京赴奉先县咏怀五百字》中的"窃比稷与契"，表达了他忧国忧民的责任感；《北征》与"三吏""三别"揭露了战争与动乱给百姓带来的苦难。尖锐的贫富悬殊和阶级对立，他只用"朱门酒肉臭，路有冻死骨"便深刻地概括出来。在很多诗篇中，杜甫写出了当时人民的疾苦，如《负薪行》《又呈吴郎》等，体现了他关心百姓的冷暖疾苦，他的思想感情同人民大众是相通的。杜甫热爱生活，善于写景咏物，人们日常生活的诸多场景，一旦被他的笔端点画出来，便显得格外生动、亲切。

杜甫诗歌题材广泛，形象多样而生动，形成了雄浑苍劲的艺术风格。他善于把感情凝聚在秋景之中，写秋景和长江，把诸多景物都纳入秋景和大江之中，留下了许多名句，如"王师未报收东郡，城阙秋生画角哀"（《野老》）、"俄顷风定云墨色，秋天漠漠向昏黑"（《茅屋为秋风所破歌》）、"秋枯洞庭石，风飒长沙柳。"（《奉赠李八丈判官》）、"星垂平野阔，月涌大江流"（《旅夜书怀》）、"五更鼓角声悲壮，三峡星河影动摇"（《阁夜》）。在《登高》诗中，杜甫把秋天和大江凝聚在一首七律之中，用秋风、高天、猿啼、飞鸟、沙洲、无边落木、不尽长江等景物，来衬托自己的处境，抒发自己的心情。他的《秋兴》八首，也是以秋天和大江的景物来表达自己的感情，体现出雄浑苍劲的艺术风格。

在艺术手法上，杜甫善于选取典型事物，对现实生活进行高度的艺术概括。如"朱门酒肉臭，路有冻死骨"（《自京赴奉先县咏怀五百字》），"戎马不如归马逸，千家今有百家存"（《白帝》）。在杜诗中，雄浑壮阔的艺术境界和细致入微的表现手法，是和谐与完美的统一。例如《春望》的"国破山河在，城春草木深。感时花溅泪，恨别鸟惊心。"正如《诗薮》评论所说："盛唐一味秀丽雄浑，杜则精粗、巨细、巧拙、新陈、险易、浅深、浓淡、肥瘦，靡不毕具。"在语言技巧上，杜诗千锤百炼，达到了"语不惊人死不休"的境地。如"风急天高猿啸哀，渚清沙白鸟飞回"（《登高》）、"三年笛里关山月，万国兵前草木风"（《洗兵马》）。

杜甫作为中国文学史上一位承前启后的伟大诗人，他继承了《诗经》和汉乐府诗的现实主义传统，又吸取六朝至盛唐时期诗歌在音韵格律、修辞造句上的技巧，把现实主义诗歌推向新的高峰。正如《诗薮》评论所说："大概杜有三难：极盛难继，首创难工，遭衰难挽。子建以至太白，诗家能事都尽，杜后起集其大成，一也。排律近体，前人未备，伐山道源，为百世师，二也。开元既往，大历系兴，砥柱其间，唐以复振，三也。"元稹称杜诗"尽得古今之体势，而兼人人之所独专矣"，概括了杜诗在题材、形式和技巧上，既集前人诗歌成就之大成，又有自己的创新和发展，因而对后世也有着深远的影响。杜诗在中国诗歌史上的伟大成就和承前启后的伟大作用，使他被后人誉为"诗圣"。

三　史学理论

唐代的史学成就，主要有设馆修史和《史通》与《通典》的问世。设馆修史已见于第二章，而《通典》的问世，在安史之乱以后。本篇阐述刘知几和他的《史通》。

（一）刘知几及其历史观

刘知几（661—721 年）字子玄，徐州彭城（今江苏徐州）人，我国第一部史学理论专著《史通》的作者。刘知几自幼喜读历史，20 岁时举进士，授河南获嘉县主簿，连任 20 年，其间他阅读了包括历代史书在内的大量文献典籍。在武则天执政时期，刘知几三次上书言事，引起了女皇的注意。从武后圣历二年（699 年）到他临终前后的 20 年，他在朝廷担任史官，参与撰修国史的工作，于景龙四年（710年）撰成《史通》一书。

《史通》作为中国史学史上第一部系统的史学理论专著，它的问世，标志着中国的史学批评即史学理论的发展进入了一个新的阶段。

《史通》共 20 卷，分内外篇两大部分，共 52 篇，现存 49 篇，其内容有史书体例、史料考订、史书编撰、史书笔法以及史家史才等。刘知几的史学思想，可从历史观和历史编纂理论两个方面来谈。

《史通》的《疑古》《惑经》敢于对圣经贤传提出怀疑批判，是刘知几历史观中的进步思想。在《疑古》篇中，刘知几对《尚书》中的有关记载提出疑问，认为《尚书》所载尧舜禅让说与实际不相符合。在《惑经》篇中，刘知几对孔子《春秋》提出 12 条"所未谕"的问题，指出孔子存在着五种"虚美"现象。《史通·惑经》无疑是接受了王充《论衡》的《问孔》和《书虚》篇的影响，但他敢于进一步提出疑古和惑经的问题，对圣贤经传提出怀疑批判，毕竟是可贵的。

对天命论思想提出反对意见，是刘知几历史观的又一内容。《史通·杂说上》对《史记·魏世家》的"太史公曰"提出批判："夫论成败者，当以人事为主，必惟命而言，则其理悖矣……夫推命而论兴灭，委运而忘褒贬，以之垂诫，其不惑乎？"

（二）《史通》的编纂理论

《史通》一书的主要成就，在于对历史文献编纂理论所做出的重大贡献。关于编撰史书的目的与作用，《史通·曲笔》说："盖史之为用也，记功司过，彰善瘅恶，得失一朝，荣辱见诛。"在编纂内容上，刘知几主张在以往史书"五志"的基础上"广以三科"（即"一曰叙沿革，二曰明罪恶，三曰通古今"）和增加三志（即"一曰都邑志，二曰氏族志，三曰方物志"），《史通》的《书事》和《书志》对此有详细的论述。在史书编纂体例方面，刘知几主张断代的编年与纪传应并行不悖：即"班、荀二体，角力争先，欲废其一，固亦难矣。后来作者，不出二途。"①在史书取材方面，刘知几主张"良史以实录直书为贵"②，在叙事上以简要为主："夫国史之美者，以叙事为工；而叙事之工者，以简要为主。"③为此，他又提出"省句""省字"的问题。在"文"与"史"的关系上，刘知几主张"史之为务，必借于文"④，但"文之于史，迥然异辙"⑤。

《史通》诸篇在文献编纂理论方面，所立篇目甚多，提出了不少宝贵的见解，这里对以下10篇的编纂理论逐一介绍。

《史通·断限》是关于取材的时间断限理论，刘知几肯定孔子编纂《尚书》的"以舜为始"和左丘明编纂《左传》的"以隐为先"。自我国第一部断代"正史"《汉书》问世后，断限便成了取材时不可回避的问题。《断限》说："因有沿革，遂相交手，事势当然，非为滥轶也。"刘知几认为时代皆有一定的时间断限，因时代沿革，关联处必然相涉，这不能算做"滥轶"。应当注意的是在相关处避免重复，即"亦有一代之史，上下相交，若已见它记，则无宜重复"。

《史通·采撰》是关于选材的理论，刘知几主张"征求异说，采摭群言""各有所长，实广见闻"，广泛搜集史料，如此才能成一家之言，"传诸不朽"。与此同时，刘知几又主张对广泛搜集的史料进行考证，去伪存真，反对把"道听途说""街谈巷议"作为可信史料写入史书。对于"异辞异事，学者宜善思之"。

《史通·载文》是关于史书"载文"的理论，刘知几肯定先秦史书以"诗云""书云"的方式转录或摘录其他文献中可信史料的做法，因为这些"载文"合乎"不虚美，

---

① 《史通·二体》。
② 《史通·惑经》。
③④ 《史通·叙事》。
⑤ 《史通·核才》。

不隐恶""俱称良直"的原则。至于《史记》《汉书》以来的一些载文，则指出"其失有五"，即"虚设"类的"禅书""让表"；"厚颜"类的敌对政权之间相互攻击的"诰誓"与檄文；"自戾"类的以皇帝名义发布的、与实际情况不一致的褒贬文字；"假手"类的并非由君主起草的"诏命"；"一概"类的不顾实际的颂扬之辞。总之，刘知几关于史书"载文"的理论，在于是否堪称实录、有无信史价值。

《史通·称谓》是关于文献中称谓的理论，刘知几认为，历史文献中所载当时的称谓，自有其形成的缘由和背景，没有一定的准则。史臣编纂史料，应尊重当时的历史实际，一般不宜更改，即所谓："夫历观自古，称谓不同。缘情而作，本无定准……史臣编录，无复弛张。盖取叶随时，不藉稽古。"今日编纂历史档案文献汇编，大体上也是遵循这一原则的。

《史通·题目》是关于撰写题目的理论，刘知几认为，题名（如史书书名、档案史料汇编选题的题名）应遵守"名以定体，为实之宾"原则，与史书的体例（如编年、纪传、纪事本末）相符合，做到题名一致。今日档案文献汇编的题名如《××全集》《××选集》《××书信集》《××电稿》等，亦属于此类。刘知几还主张拟制题名时，在文字上要力求精练，言简意明，做到"辞约而旨丰"。

《史通·编次》是关于编排史料的理论，刘知几认为，除了编年体史书按年代顺序排列外，其他如纪传体史书中的人物列传，特别是几个历史人物的合传，要遵守分类的逻辑原则。同一级类别必须按同一根据划分，同一级各类别应当界限分明，不能互相交叉、包含或从属。对于《史记》一书将老聃与韩非并列一传、龟策与历史人物同为列传等"不可胜记"的"舛误"，刘知几提出了质疑。

《史通·补注》是关于注释的理论，刘知几认为，注释作为文献学中不可缺少的部分，指出注释前人文献的意义在于"开导后学，发明先义"。他称赞裴松之《三国志注》、刘峻《世说新语注》的取材丰富，"喜聚异同"，从而保存了许多宝贵的史料。至于"兼采"众家之说为主的注释之外，还有"以训诂为主"的注释，应务求简明准确。在这个问题上，刘知几的上述见解是不适用的。

《史通·论赞》是关于撰写论赞的理论，刘知几认为，撰写史书论赞的目的，在于"辨疑惑，释滞凝"，帮助读者解决读史时的疑难或误解的问题。他称赞《左传》中的"君子曰"，对《史记》中的"太史公曰"提出非难。这是一个值得商榷的地方。但是，刘知几关于撰写论赞时应当遵守的"事无重出""文省可知"原则，至今仍是撰写史书评论时应当借鉴的。

《史通·序例》是关于撰写序言、凡例的理论，刘知几认为，撰写序言的目的在于"叙作者之意"，帮助读者了解原作的时代背景、写作目的，等等。关于"序"中附出之"例"，刘知几认为"夫史之有例，犹国之有法……昔夫子修经，始发凡例"。关于"序"与"例"的关系，正如浦起龙《史通通释》所概括的那样："大指谓序贵简质，例贵严明。"即是说：序言在文字上要简练而质朴，忠于原作的本意；凡例要严明而准确，与所编（或所著）之书完全符合。所谓"序中附出之例"表明序言与凡例（即编辑说明）二者既有联系（因而有时可合而为一），又有区别（因而往往是分立），二者在内容上各自有所侧重。

《史通·叙事》等篇关于编纂的理论，在《叙事》篇，刘知几谈到叙事应"以简要为主""务却浮词"，做到"言近而旨远，辞浅而意深"。在《书事》篇中，刘知几指出"叙事为烦"的四大流弊，如记载"祥瑞"、记录"非复异闻"、记载官员的虚衔、非关国史的家谱，等等，应予以消除。在《烦省》篇，刘知几主张编纂史料应遵守"远略近详"的原则。

《史通》关于文献编纂的上述理论，对于后世档案文献编纂工作来说，大多具有一定的借鉴和指导意义。

从事文献编纂（含档案文献编纂）工作的是史官和史学家。史官和史学家的学术水平与工作态度，与编纂工作的质量有着密不可分的联系。在《史通》一书中，刘知几第一次明确提出史家应具有才、学、识"三长"。在修史制度上，刘知几主张个人修史，"一家独断"，反对设局修史。

刘知几和《史通》作为中国第一部系统的史学理论专著，其成就含有多方面的内容，在中国史学史上具有特殊的地位，是盛唐史学的一大成就，而有关历史文献编纂理论的内容，又是《史通》的主要贡献。

四　图书文字

在唐代的文化事业中，图书事业和语言文字事业均有很大的发展，取得了很多具有划时代意义的成就，现逐一分述如下。

（一）类书的大量编纂

类书是将图书所含各种内容按分门别类原则进行编纂而成的、具有资料汇编性质的图书。我国最早的一部类书是成书于三国时代的《皇览》。唐代自建国以来，由朝廷组织力量和私人编纂的类书很多，见于公私书目著录的有 50 余种。其中，较为重要的有成书于唐高祖武德五年（622 年）的《艺文类聚》100 卷。该书开创"事居其前，文列于后"的体例，保存汉至隋代的许多辞章名篇，对后世类书的编纂有很大的影响。唐太宗贞观年间，李世民命魏征等人编纂《群书治要》50 卷。贞观十年（636 年），唐太宗不满意《群书治要》，命高士廉、魏征、房玄龄等人编纂《文思博要》，成书于贞观十五年（641 年）十月，全书 1200 卷又目录 12 卷。该书卷帙浩大、资料丰富，北宋官修《太平御览》时曾多所资取。宋室南渡后，该书失传。武则天时期所编纂的《三教珠英》1300 卷又目录 13 卷，至南宋时仅存 3 卷，今已不存。

《初学记》是唐玄宗命徐坚所撰，全书 30 卷，原为供皇子学习所用。该书以知识为重点，兼辞藻典故，每一事目下均分"叙事""时对"和"诗文"三部分。其中，"叙事"部分对类事进行精心编纂，组成前后连贯的文章，有近似于现代百科全书的做法之处，深受后世文人学者喜爱，流传至今。

唐代类书的历史贡献，一是所创立的类书体例对后世类书编纂有很大影响，二是保存了大量古代文献资料，为后代学者的校勘和辑佚工作提供了条件，为古代文化事业的发展做出了贡献。

（二）典藏与图书形式

隋朝重视图书事业的管理，唐承隋制，秘书省仍是国家图书事业的最高管理机构。唐代秘书省的长官秘书监，皆由德高望重、学识渊博的人如魏征、虞世南、颜师古、令狐德棻等人担任。除秘书省外，与图书事业有关的机构还有弘文馆、崇贤馆（又名崇文馆）以及司经局、史馆、翰林院、集贤院等。其中，弘文馆学士"掌详正图书"，兼备顾问、贵族子弟学校等职责。崇贤馆隶属东宫，"掌校理四库书籍，正其讹谬"。史馆中的藏书以史部书籍为重点，翰林院亦有大量藏书，集贤院是唐玄宗专为校书而设。唐代由国家上述部门所典藏的图书，是按经、史、子、集四类分库典藏的。

唐代的图书主要是手写本，这种手写本的图书主要是采用"卷轴装"的形式。由于类书的出现，卷帙浩大，又出现了折叠装的书籍形式，称"经折装"。在经折装的基础上，又出现了"旋风装"的形式。唐代后期雕版印书的出现，开始逐渐出现了以散叶装订成册的印本图书形式。唐代图书形式上的变化与改进，是唐代文化事业发展的标志之一。

（三）汉字规范化与字样学

魏晋六朝以来的国家分裂和汉字形体本身的发展，使得这一时期自造简体字、俗体字、异体字广为滋生流行，以至于经典文献中的字体也是多有错谬，对于文化事业的发展颇为不利。隋唐的统一，为规范汉字字体提供了有利的条件。唐太宗很重视统一楷书字体，于是统一楷书字体的"字样学"应运而生。颜师古（581—645年）的《字样》、杜延业的《群书新定字样》、颜元孙的《干禄字书》、欧阳融的《经典分毫正字》和唐玄宗的《新加九经字样》等。据《旧唐书·颜师古传》记载，颜师古受唐太宗之命，对《五经》中的错讹歧异文字多所考订，"当代共传，号为颜氏《字样》"，可见《字样》一书的影响之大。

颜师古《字样》早已失传，流传至今的是他第四代孙颜元孙所著的《干禄字书》。从书名可知，该书为适应科举考试必须用"正字"的需要，故以"干禄"求官命名。《干禄字书》的贡献在于，他把异体文字区分为"俗""通""正"三体，指出三种不同字体的适用范围。日常生活中常用的后起文字称俗字，沿用已久且见于公文的称通字，有来历可垂之久远，写入著作的称正字。该书按平上去入分四部分，各部分字按韵次先后排列。作为流传至今的我国最早的一部规范楷书形体的著作，不仅对当时规范汉字起了重大作用，而且对后代汉字规范工作有着深远的影响。该书的体例，至今仍有借鉴意义。

（四）韵书定型与声母归类

魏晋南北朝时期的南北对峙，加剧了南北方音分歧，致使韵书"各有土风，递相非笑"[①]。隋统一中国后，陆法言在前代韵书的基础上，写出了统一中国音韵的韵书定型之作——《切韵》。《切韵》作为中国音韵学史上的一部划时代著作，它体例完备，为后代韵书所效法。它上推古音，下考当代方言，颇受后代音韵学界重视。

《切韵》也有它的不足，即收字较少，训释有不完备之处，还存有一些错误。唐代订补《切韵》的著述有王仁煦的《刊谬补缺切韵》。他解释书名说："刊谬者，谓刊正谬误；补缺者，加字及训。"可见，该书的宗旨和基本内容，在于纠正《切韵》的错误，增收文字，增加训释。

孙愐的《唐韵》是唐代订补《切韵》的又一部重要著作。除了刊正谬误、增加文字和注释外，《唐韵》的贡献在于在《切韵》的 193 韵的基础上又增加 11 个韵部。加上《刊谬补缺切韵》增加的广、严二韵，基本上奠定了后来《广韵》206 韵的规模。

汉魏以来反切注音法的产生，表明人们已把汉语音节分成声母和韵母两部分。《玉篇》卷首所载《切字要法》表明，它所归纳 30 类声类，已包括了 30 个字母在内。唐人在前代反切上字的基础上，创造出 30 个字母。敦煌发现的《归三十字母例》与守温的 30 字母相一致。守温根据声母发音部位不同，把声母分为唇、舌、牙、齿、喉等五音，并且把喉音分为清音和浊音两类。这种分类，标志着汉语音韵学已朝着科学的语音分析方向迈出了可喜的一步。

（五）少数民族文字的定型

唐代少数民族文字主要有古藏文、于阗文、突厥文、回鹘文、焉耆—龟兹文等。上述几种少数民族文字的体系，在唐代均有较大的发展，日趋完备。

藏文是我国仍在使用中的历史悠久的民族文字之一，通行于西藏和青海、甘肃、四川、云南等省的藏族地区。藏文创制后，曾进行过三次修订，以 9 世纪的第二次修订影响最大，在规范化上取得明显成效。藏文的书写方式为由左向右横写，自创制以来用藏文书写和记录的文献浩如烟海，是中华民族传统文化的重要组成部分，为藏族文化传播和丰富祖国文化宝库有着巨大的贡献。

于阗文是我国古代塞种人使用的文字，因发现于新疆和阗（古称于阗）而得名，

[①]（北齐）颜之推撰：《颜氏家训·音辞篇》。

又称于阗塞克文。王先谦《汉书补注·西域传》称"塞种本允姓之戎，世居敦煌，为月氏迫逐，遂往葱岭"。由于古代于阗为佛教东来的经由之路，至今所发现的于阗文大多为佛教经典。于阗文的词形变化具有印欧语的特征，如名词分阴、阳二性和六格，有单数、复数之分；动词有人称、时、式、态等4种变位，这显然同操印欧语的人群曾定居这里有关。

突厥文是古代突厥、回纥、黠戛斯等操突厥语各族所使用的文字。这种文字的碑文发现于鄂尔浑河和叶尼塞河流域，有"鄂尔浑—叶尼塞文"之称；因其与古代北欧日耳曼民族使用的卢尼文外形相似，有人称它为"突厥卢尼文"。此外，还有"蓝突厥文""西伯利亚文"等名称。突厥文的写本是在20世纪初在敦煌大批古代文物出土后发现的。这些文献主要是可汗与文武大臣们的墓志铭、记功碑以及宗教性文献和官府文书等。突厥文有40个字母，有的字母有五六种变体，是一种音素、音节混合型文字，通常是从右到左横写。

回鹘文是以粟特（或称窣利）字母为基础的拼音文字，为回鹘族人所使用。使用这种文字的地区包括今日蒙古国以及中国甘肃、新疆和中亚。回鹘文是唐代西域各国广泛流行的文字，不仅代表着东突厥各族文化的发展水平，而且对其他民族文化有很大影响，契丹文、蒙文、满文都是在回鹘文的影响下产生的。

焉耆—龟兹文是新疆古代印欧语系居民使用的文字，因发现于焉耆、龟兹（今新疆库车）而得名。至今所发现的焉耆—龟兹文的文献多为佛经、戒律、密咒、本生故事等，也有寺院账目、书信、诗文、剧本、字书和医方。

以上五种少数民族文字，近代以来的中外专家学者多有研究，成果颇多，这里不再一一列举。

五　学校教育 🌀

　　唐代的教育制度，本书卷二已有所介绍。本篇概述介绍唐玄宗开元、天宝年间的情况。唐玄宗在位期间，是唐代学校最为兴盛的时期。开元七年（719 年），唐玄宗敕令从州县学生中选送"聪悟有文辞史学者"入四门学为"俊士"，贡举落选而愿意入学者也可以入四门学学习。这一敕令，开创了后世贡举入监制度。与此同时，还规定了学生补阙制度。特别是朝廷规定允许百姓设立私学，有愿在州县学校寄读的受业者，亦予以允许。

　　开元六年（718 年），设置丽正书院，以文学名士徐坚、贺知章、张说等人为学士，令这些人在修书之余兼作讲学，为后世兴办书院提供了经验。开元十三年（725 年），改丽正书院为集贤书院，五品以上为学士，六品以下为直学士，对学士与直学士的待遇颇为优厚。

　　开元二十六年（738 年），唐玄宗敕令天下州县在乡里设立学校，使学校教育普及到基层，这在中国教育史上是一件大事。天宝十二年（753 年），唐玄宗敕令天下罢乡贡之举，规定不经由各级学校学习的学生不得参加选官，以支持学校教育的发展。尽管两年后又取消这一的规定，但亦说明唐玄宗对兴办各级学校的重视。

　　上述情况表明，开元年间的学校教育是唐代教育最为兴盛的时期。

六 音乐舞蹈

在人类艺术史上，音乐与舞蹈有着密切的联系。唐代社会稳定、经济繁荣，为音乐舞蹈的发展提供了物质基础。而唐王朝对外开放、兼收并蓄的文化政策，使得唐代音乐舞蹈在继承前代成果的基础上，大量吸收各民族的相关的成就，从而使唐代音乐舞蹈成为我国古代音乐舞蹈发展的高峰。

（一）贞观十部乐

自魏晋南北朝以来，边疆地区和国外音乐文化不断传入中国。特别是唐代政治稳定、经济繁荣和兼收并蓄的文化政策，使得音乐艺术在唐代有很大的发展，呈现出纷繁多彩的绚丽景象。贞观年间十部乐的乐部划分，即是这一繁丽景象的体现。除宫廷仪式所用的雅乐之外，十部乐有燕乐（宫廷俗乐）、清商乐（中原汉族传统音乐）、西凉乐（兼有西域胡乐和汉族音乐特点）、高昌乐（今新疆吐鲁番一带）、龟兹乐（今新疆库车一带）、疏勒乐（今新疆疏勒一带）、康国乐（今乌兹别克斯坦撒马尔罕一带）、安国乐（今乌兹别克斯坦布哈拉一带）、天竺乐（古印度音乐）、高丽乐（今朝鲜半岛音乐）。十部乐中，除燕乐、清商乐为汉族音乐外，其他八部均为边疆少数民族或邻国音乐。其中，以龟兹乐为西域音乐中最为优秀者，影响广泛。兼有胡、汉两种音乐特点的西凉乐，在唐代更是风靡一时。

（二）大曲《霓裳羽衣曲》

从音乐体式上看，唐代最为重要也最具有代表性的是歌舞大曲。大曲一般由散序、中序和曲破三部分组成。每一部分，又可以分成若干段落。散序为乐器演奏部分，节奏自由。中序以歌唱为主，用器乐伴奏，节奏较慢，中序亦称"歌头"。曲破亦称"舞遍"，以舞为主，用器乐伴奏，节奏渐快。歌唱部分大多为抒情段落，入破后舞蹈渐趋高潮，结尾或炽烈激扬，或优雅飘逸。有一部分大曲又称"法曲"，曲调大多典雅清幽，受到了佛教音乐和道教音乐的一些影响。唐玄宗死后不久，崔令钦撰写《教坊记》，记载大曲曲名 46 个，其中有些曲名是以地名命名的。例如

《绿腰》《雨霖铃》《柘枝》《玉树后庭花》《凉州》《伊州》《甘州》《龟兹乐》《霓裳》等。

《霓裳》是唐代最负盛名的歌舞大曲，全称为《霓裳羽衣舞》，又从曲作的角度称《霓裳羽衣曲》。这部法曲淡丽典雅，有清乐风格，乐舞宛转飘逸，表现了羽化而登仙的道教思想。天宝四年（745年），唐玄宗册立杨太真为贵妃，曾表演《霓裳》。刘禹锡的诗作《三乡驿楼伏睹玄宗望女几山诗，小臣斐然有感》曾写道："开元天子万事足，唯惜当时光景促。三乡陌上望仙山，归作《霓裳羽衣曲》。"据白居易的《霓裳羽衣舞歌》及自注，可知《霓裳》的散序6段，器乐轮奏，不歌不舞；中序18段，有拍序和抒情性慢舞，也可能有歌；曲破12段，节奏急促，有舞而可能无歌。白居易《早发赴洞庭舟中作》有"出郭已行十五里，唯消一曲慢《霓裳》"。可见，这一清雅的大型法曲是很长的。

（三）诗词乐曲和变文说唱

唐代文人的诗（特别是精致绝句）词作品，其中有一部分在当时是入乐歌唱的。因而唐代诗乐、词乐的音乐基础是民间曲子。唐代流传最广、绵延最久的诗乐是《渭城曲》。该曲的诗作是王维的《送元二使安西》："渭城朝雨浥轻尘，客舍青青柳色新。劝君更尽一杯酒，西出阳关无故人。"由于诗句有三次叠唱，又称《阳关三叠》。白居易《南园试小乐》有"高调管色吹银字，慢拽歌词唱《渭城》"，可知《渭城曲》的节奏是相当缓慢的。在入乐的唐人诗歌中，绝句因其短小精炼，更多地被当时人入乐歌唱，故后世有人称唐人绝句为"唐代乐府"。

唐代僧人说唱佛经故事以及历史传说和民间故事的底本称"变文"，变文大多是散文与韵文相间。散文部分由说唱人讲说，韵文部分由说唱人歌唱。这种散韵说唱的结构与形式，实际上开创了后世说唱艺术典型结构的先河，后代戏曲中的"道白"与演唱，可上溯到变文说唱。由于变文说唱艺术的对象是广大下层民众，因而变文的音乐不仅借助于民间曲调，而且受外来音乐影响较大。《宋高僧传》卷二五记载唐代僧人少康说："康所述偈赞，皆附会郑卫之声，变体而作。非哀非乐，不怨不怒，得处中曲韵。譬犹善医，以饧蜜涂逆口之药，诱婴儿之入口耳。"此即《广弘明集·滞惑解》所说的"设乐以诱愚小，俳优以招远会"。说唱音乐的题材内容为宗教性（宗教故事）和世俗性（历史故事与民间故事）两大类，这种情况，从北宋至明清一直如此。

（四）乐器、乐师以及乐队

据《隋书》《旧唐书》《新唐书》中的《音乐志》《礼乐志》记载，隋唐时期的乐器种类很多，有笙、排箫、笛、篪、筚篥、埙、贝、琴、瑟、筑、筝、卧箜篌、竖箜篌、秦琵琶、五弦琵琶、曲项琵琶、编钟、编磬、铜钹、腰鼓、节鼓、檐鼓，以及其他五种鼓。上述乐器中，有中原传统乐器，也有许多外来乐器。

同唐代音乐纷繁绚丽的盛况相联系的，是唐代著名乐器演奏家辈出，有如璀璨群星。宋人朱长文《琴史》卷四记载隋唐琴师，有29人之多。盛唐开元、天宝年间的著名琴师，有陇西人董庭兰，他琴艺超群，擅长琴坛盛行的"沈家声"和"祝家声"，颇受与他交往的诗人称赞："董夫子，通神明，深山窃听来妖精。言迟更速皆应手，将往复旋如有情。空山百鸟散还合，万里浮云阴且晴。嘶酸雏雁失群夜，断绝胡儿恋母声。"①玩味李颀诗句，宛如亲见当年董庭兰俯首低眉、潜心抚琴，聆听他那悠扬婉转、令百兽起舞、天地动容、山谷回应的美妙琴声。

薛易简是天宝年间的琴待诏，他不仅是著名的演奏家，又著有《琴诀》一卷，从理论上阐发抚琴技艺，深受后世重视。他说："琴之为乐，可以观风教，可以摄心魂，可以辨喜怒，可以悦情思，可以静神虑，可以壮胆勇，可以绝尘俗，可以格鬼神，此琴之善者也。"这里，薛易简把弹琴的精湛技艺和陶冶性情、净化心灵的社会效应融合为一，对音乐的社会功能作出了极为精辟的深刻论述。

除琴师外，唐代的各种乐器如曲项琵琶、五弦琵琶、箜篌、笙、笛、筚篥、方响、羯鼓等，都分别有诸多著名演奏家留名于后世。有些演奏家又是作曲家，如擅长曲项琵琶的段善本、擅长箜篌的张徽、擅长羯鼓的唐玄宗李隆基等，都是演奏家兼作曲家。

来自西域的音乐和乐器（特别是曲项琵琶和筚篥）与中原音乐和乐器的融合，对后世宫廷音乐和民间音乐的演奏有着深远的影响。唐代乐队独奏、重奏、合奏的体制，也是同这一实际有着直接的联系。从清商乐、西凉乐、龟兹乐演奏时所用乐器来看，中原传统音乐清商乐中所使用的中原传统乐器篪、埙、琴、瑟、筑、秦琵琶等，在西凉乐中未被采用。作为西域音乐的典型代表龟兹乐，所使用的重要乐器有筚篥类、竖箜篌、五弦琵琶以及贝、铜钹、腰鼓、齐鼓、檐鼓等9种鼓类。作为兼有西域音乐和中原音乐特点的西凉乐，既采用了中原传统乐器卧箜篌、编钟、编

---

① （清）蘅塘退士编，陈婉俊补注：《唐诗三百首》，北京：中华书局，1978年。

磬等，也采用了西域乐器中的曲项与五弦琵琶、腰鼓、齐鼓、檐鼓等。

从清乐、龟兹乐和西凉乐所使用的不同种类乐器来看，这种多类型的乐器构成，大体上代表了唐代中原传统乐队、西域乐队和中原与西域混合型乐队等三种不同的乐队体制。

清乐、龟兹乐和西凉乐所共同使用的乐器，除来自西域的曲项琵琶外，还有中原传统乐器笙、排箫、笛类、筝类。这种情况表明，唐代中原汉族音乐和西域少数民族音乐、外国音乐的交流和融合，取得了前所未有的成就，极大地丰富了中华民族的音乐文化。

（五）单双人小型表演舞蹈

唐代舞蹈艺术内容丰富、形式多样、技巧高超，是中国古代舞蹈艺术发展的高峰。就舞蹈的形式而言，既有单双人的小型表演舞蹈，又有大型的"大曲""法曲"类表演舞蹈；既有宫廷乐舞与四方乐舞，而宫廷乐舞又有《坐部伎》与《立部伎》之分；社会各阶层的群众性舞蹈之中，既有节日歌舞与风俗歌舞，又有民间艺人的歌舞献艺与皇室贵族的自舞之风，还有民间祭祀与寺院舞蹈。唐代舞蹈在服饰、化妆、演出场地等方面都颇为讲究，文艺界人才辈出，舞蹈技巧精湛，舞蹈编导造诣高深，同时为后世留下了宝贵的舞谱记录和大量壁画等实物上的绝妙造型画面。

在唐代的单双人小型表演性舞蹈中，可按照风格特点区分为"健舞"与"软舞"两种品类。这两种品类的小型表演性舞蹈，曾广泛流传在唐代的宫廷、贵族士大夫家中和民间。"健舞"以其动作雄豪刚健、节奏明快而间有舒缓段落而得名，"软舞"的动作则优美柔婉、节奏舒缓而含有节奏明快的舞段。崔令钦作于天宝年间记述开元年间教坊制度的《教坊记》和成书于晚唐时期的《乐府杂录》曾分别列举当时的"健舞"与"软舞"节目，除《柘枝》一舞相同外，其余则全不相同。从所列舞名来看，中外各民族的民间舞蹈占有很大的比例。

"健舞"类舞蹈来自西域的"胡风"舞蹈，舞风矫健、活泼、俊俏，体现了游牧民族的豪爽性格，与兴旺向上、豁达开放的时代精神相一致，因而与当时人们审美观点和欣赏情趣相吻合，深受各阶层的普遍喜爱和欢迎。以快速、轻盈、急速连续旋转为主要特征的《胡旋舞》《胡腾舞》《柘枝舞》等皆属于此类。其中，尤其是风靡一时的《胡旋舞》，以其特有的艺术魅力，更是令唐代人们喜爱、惊叹不已，以至于达到了"臣妾人人学圜转""五十年来制不禁"①的程度。《乐府杂录》记载："舞有《骨鹿舞》《胡旋舞》，俱于一小圆毯（毯）子上舞，纵横腾踏，两足终不离毯子上，其妙如此也。"敦煌二二〇窟"东方药师净土变"乐舞图中，两个伎乐天展臂旋转、佩带飘绕，表演动作类似《胡旋舞》的急速连续旋转，二人都是立于一个小圆毯子上起舞。

《胡腾舞》是以腾踏跳跃为主要特征的"健舞"类著名舞蹈，从中亚塔什干一带传入。唐代诗人刘言史《王中丞宅夜观舞胡腾》、李端《胡腾儿》诗，对胡腾舞扮演者的民族、服饰及急促多变的腾踏舞步，演员的惊喜、幽默、诙谐的表情，均有细腻的描绘，表演结束时，观众无不"四座无言皆瞪目"。陕西西安市东郊苏思勖壁画，有一胡人舞者高跃后刚刚落地的舞姿，与唐诗中描绘的《胡腾舞》形象极为相似。

《柘枝舞》有的分类归入"健舞"，有的则归入"软舞"，原是中亚一带的舞蹈。《全唐诗》中有很多描绘《柘枝舞》的诗篇和诗句，从这些诗句中可知，表演者多为年轻女子、身着轻薄贴身的绣花窄袖罗衫；纤细的腰间，系垂着花带与珠翠饰品；头戴珍珠绣帽，垂挂金铃；足登红色软锦靴，面容雪白姣好，步履轻灵。在鼓类乐器的伴奏下，窈窕纤细的妙龄舞女，以其轻盈多变的舞步，边舞边歌，以其"体轻似无骨"的风姿和神韵，征服了在座的所有看客，收到了"观者皆耸神"的效果。在卢肇《湖南观双柘枝舞赋》中，有"乍折旋以赴节，复婉约而含情""缥渺兮翔凤，婉转兮游龙"和"突如其来，翼尔而进""将腾跃之激电，赴迅速之惊雷""来复来兮飞燕，去复去兮惊鸿"等描述，把《柘枝舞》所具有的飞燕之轻盈和惊鸿之迅捷这一"软舞"和"健舞"的双重特征，描绘得跃然纸上。

《双柘枝》作为《柘枝舞》在中原地区长期流传中的发展与变形，在唐人诗赋中多有描述。这种由两位年轻女子表演的舞蹈，在长期发展中逐渐地与西域民族风格的单人舞相区别，演变成《屈柘枝》，从而被归入"软舞"类。

《屈柘枝》据《山堂肆考》所载："羽调有《柘枝曲》，商调有《屈柘枝》。此舞因曲为名。用二女童，帽施金铃，抃转有声，其来也于二莲花中藏，花折面后见，对舞相呈，实舞中雅妙者也。"可见《屈柘枝》是由《柘枝》演变而来，增加了汉族传统舞蹈的情调。

除"胡腾""胡旋""柘枝"三舞外，健舞类的《剑器》《黄章》《达摩支》

---

① （唐）白居易著；谢思炜校注：《白居易诗集校注》，北京：中华书局，2006 年。

等。此三舞都同武术或武舞有关。

唐代"软舞"类的舞蹈，影响较大的有《绿腰》（又名《六幺》《录要》《乐世》）、《春莺啭》，在五代南唐画家顾闳中《韩熙载夜宴图》，绘有舞伎舞《六幺》的场面。元稹《法曲》诗、张祜《春莺啭》诗，都提到《春莺啭》舞蹈。此外，唐代的"软舞类"舞蹈还有《回波乐》《乌夜啼》和《兰陵王》。

（六）歌舞大曲表演性舞蹈

唐代歌舞大曲是音乐、舞蹈、诗歌相结合的大型套曲，它是在汉代相和大曲的基础上，吸收西域的歌舞形式融合而成。大曲的第三部分即"破"，是全曲的高潮和结尾部分，也是舞蹈表演的主要段落。大曲中有一部分称"法曲"，情调比大曲更优雅些。在唐代的大曲、法曲中，就其中的舞蹈部分来看，最为精彩且最具代表性的是《霓裳羽衣舞》。曾目睹过该舞表演的白居易，在《霓裳羽衣舞歌》中用"飘然转旋回雪轻，嫣然纵送游龙惊，小垂手后柳无力，斜曳裾时云欲生"诗句，描绘了舞女的轻盈旋转动作，回眸微笑的媚态，飘起的舞裙，犹如一抹浮云。而"上元点鬟招萼绿"与"王母挥袂别飞琼"诗句，分别描绘了舞女的相向聚拢和扬袖相背分开。而"繁音急节十二遍，跳珠撼玉何铿铮。翔鸾舞了却收翅，唳鹤曲终长引声"诗句，描绘"入破"后乐曲节奏加快，舞蹈旋转动作急促，舞蹈的结束动作犹如飞舞的鸾凤收翅落地，"长引声"是乐舞结束时，乐声渐弱而悠长，令人回味，遐想无穷。陈旸《霓裳羽衣曲赋附歌》，称该乐舞"制神仙之妙曲，作歌舞之新规"，盛赞"千歌万舞不可数，就中最爱霓裳舞"。

《霓裳羽衣舞》有独舞、双人舞及数百人大型舞等多种形式，从音乐、服饰和舞蹈动作，都是为着刻画天仙神女形象、气氛，艺术水平很高，是唐代舞蹈的代表作之一，也是中国古代舞蹈史上的一颗耀眼明珠。

唐代的大曲舞蹈名目很多，从内容上可分为表现仙女的舞蹈，如《凌波曲》《菩萨蛮舞》；表现哀怨情绪的舞蹈，如《何满子》《叹百年队舞》（又称《叹百年》）；表现飞鸟美姿的《火凤舞》。此外，还有"花舞""字舞"等。

（七）宫廷乐舞与四方乐舞

唐代的宫廷乐舞，将礼仪性、艺术性与娱乐性融合为一，规模大、乐部多，兼具中原与地方特色，有继承更有创新，是汉族传统乐舞吸收少数民族乐舞、某些外国乐舞而发展起来的，体现了唐王朝的疆域辽阔、国力强盛和睦邻友好的民族政策与对外政策。从"十部乐"来看，除燕乐、清商乐外，其余 8 部均为少数民族和外国乐舞，共 22 曲。而清商乐一部，武则天时尚存 60 余曲。这些少数民族和外国乐舞，在名称、译音、服装和乐器方面，均保有原来的民族风格和地方特色。

燕乐作为宫廷传统乐舞，其内容主要是对唐王朝及其统治者歌功颂德、祝福昌盛，有《景云乐》等 4 曲，以《破阵乐》《庆善乐》为大型演出形式，《景云乐》是歌颂贞观十四年（640 年）"景云现，河水清"的祥瑞。

清商乐曲目最多，不用于祭祀，主要用于宴享，其舞蹈的总体风格是"舞容闲婉""从容雅缓，犹有古士君子之遗风，他乐则莫与为比"[①]。

西凉乐是兼有汉族风格与西域乐特色的乐舞，西凉地方风格明显，如《凉州舞》《狮子舞》等。

天竺乐是古印度乐舞，随佛教艺术传入中国，舞者的形象、服饰和舞姿，均含有浓厚的印度乐舞风韵。

高丽乐是鸭绿江地区高句丽族的民族乐舞。该乐舞服饰华丽，"极其长袖""双双并立而舞"[②]，多是一种对舞的形式。

龟兹乐、康国乐、安国乐、疏勒乐、高昌乐皆为西域乐舞。其中，龟兹乐舞艺术成就最高，民族与地方特色最浓，已发展成为歌、乐、舞一体的多段体大型乐舞。康国乐"舞急转如风，俗谓之胡旋"（《旧唐书·音乐志》），属于"健舞"类舞蹈。高昌乐风格近似龟兹乐，对中原乐舞有所吸收。

《南诏奉圣乐》与《骠国乐》是唐玄宗死后传入中国的，这里不再介绍。

（八）坐部伎与立部伎

唐代宫廷宴享乐舞按演出形式与场合又分为坐部伎、立部伎两类。坐部伎于"宫中宴用坐奏"[③]，在室内厅堂演出，表演人数在 3 人至 12 人之间。这一特点使得坐部伎的舞蹈精致，艺人技艺水平较高。所谓"太常阅坐部，不可教者隶立部；又不可教者，乃习雅乐"[④]，表明坐部伎演员必须具有较高的技艺水平。立部伎于"殿庭宴用立奏"[⑤]，在室内庭院或广场演出，故规模较大，表演人数在 64 人至180 人之间。这一特点使得立部伎艺人所表演的舞蹈雄伟壮丽，表演者技艺水平略

---

①② 《旧唐书·音乐志》。
③④⑤ 《新唐书·礼乐志》。

低于坐部伎艺人。

唐代坐、立部伎中的乐舞，是宫廷表演长期的保留节目。节目在中原乐舞基础上，吸取并融合了少数民族乐舞和国外乐舞，因而风格多样，表现手法丰富，具有较高的艺术性和欣赏价值，在中国音乐舞蹈史上享有一定的地位。

据文献记载，坐部伎乐舞有贞观年间的《燕乐》（《景云乐》《庆善乐》《破阵乐》《承天乐》），武则天时期的《长寿乐》《天授乐》《鸟歌万岁乐》，唐玄宗时期的《龙池乐》《小破阵乐》。立部伎乐舞规模较大、人数众多，乐舞有唐代以前的《安乐》《太平乐》，贞观年间的《破阵乐》《庆善乐》，唐高宗时期的《大定乐》《上元乐》，武后时期的《圣寿乐》和唐玄宗时期的《光圣乐》。

《破阵乐》（又名《七德舞》），是唐代著名乐舞，与《庆善乐》《上元乐》合称"唐代三大舞"。《破阵乐》的内容是歌颂唐太宗李世民统一天下的武功，原名《秦王破阵乐》，演出于宫廷的隆重场合。贞观七年（633 年），唐太宗亲绘《破阵乐》舞图，令乐官吕才编制音乐，魏征、李百药等人编制歌词。表演者披银甲执戟而舞，多达 120 人。乐舞分三大段，每段四个阵势，按传统阵法设计队形，"象战阵之形"。其中有"前出四表，后缀八幡，左右折旋，趋走金鼓，各有其节"的"八阵图"场面（《渊鉴类涵·乐部二·舞二》）。

此外，《庆善乐》宣扬唐太宗荣归出生地即庆善宫，宴请群臣、赏赐乡里的场景。《上元乐》以舞蹈的形式将皇帝当作天神歌颂，用于郊庙祭祀，有宗教意味。《大定乐》是歌颂平定辽东武功的舞蹈。《圣寿乐》是用"字舞"的形式歌颂皇帝的舞蹈，《开元字舞赋》对此舞有细腻的描写。上述 7 部乐舞都是为歌舞皇帝的武功和文德而作，只有《太平乐》（又称《五方狮子舞》）是来自民间的乐舞。

坐、立伎各部乐舞由于是宫廷乐舞，编导力量强、演员阵营大、训练有素，深受统治阶级的重视，因而具有较高的技艺水平，对唐代乐舞的发展有所推动和贡献。

（九）节日歌舞与风俗歌舞

民间群众性舞蹈是唐代舞蹈的重要组成部分。民间群众性舞蹈所取得的成就，是唐代舞蹈高度发展的重要标志之一。民间舞蹈包括节日歌舞和风俗歌舞。

"踏歌"作为唐代盛行的节日歌舞，同其他民间歌舞一样，可以上溯到很早以前。唐代盛行"踏歌"，诗人对"踏歌"多有描述。如李白《赠汪伦》诗句："李白乘舟将欲行，忽闻岸上踏歌声。"储光羲《蔷薇》诗句："连袂踏歌从此去，风吹香气逐人归。"张祜《正月十五夜灯》诗句:"三百内人连袖舞,一时天上著词声。"《朝野佥载》曾记载先天二年(713年)元宵节之夜,安福门内外装置高达20余丈的大灯轮,燃灯5万余盏,有千余名青年女子身穿盛装,组成"踏歌"队伍,在火树银花之下踏歌三日三夜,盛况空前。

"泼寒胡戏"是唐代盛行的西域风俗歌舞,类似今日泼水节的群聚泼水、歌舞、游乐活动,在寒冬举行。《新唐书·宋务光传》载清源县尉吕元泰"上书言时政",谈到"比见坊邑相率为'浑脱'队,骏马胡服,名曰'苏莫遮'。旗鼓相当,军阵势也"。又说"腾逐喧噪""锦绣夸竞""胡服相欢""浑脱为号""法胡虏之俗""鼓舞跳跃而索寒"。从吕元泰对"泼寒胡戏"提出"非先王之礼乐"的指责中,可见这一群众性风俗歌舞的盛大热闹场面和西域胡人风俗的特色。张说《苏摩遮》诗,对《泼寒胡戏》亦有生动的描写:"摩遮本出海西胡,琉璃宝服紫髯胡。闻道皇恩遍宇宙,来时歌舞助欢娱。绣装帕额宝花冠,夷歌骑舞借人看。自能激水成阴气,不虑今年寒不寒。腊月凝阴积帝台,豪歌击鼓送寒来。同囊取得天河水,将添上寿万年杯。"开元元年(713年),唐玄宗为推行开元新政,于十月十七日诏令:"敕腊月乞寒,外蕃所出,渐浸成俗,因循已久。自今已后,无问蕃汉,即宜禁断。"①这一风俗歌舞娱乐活动从此被明令禁止。

(十)自舞之风与歌舞献艺

在唐代的上层社会,从皇室、贵族、百官及文人学士,除观赏伎人乐舞外,大多喜爱自舞。《唐宋白孔六帖·舞部》,曾记载唐太宗在一次大宴上亲自起舞,并向臣下说:"舞以达欢,不必合度"。《新唐书》中的《太平公主传》《安乐公主传》,曾记载二位公主起舞之事。朝廷大臣起舞之事,史书亦多有记载。《旧唐书·安禄山传》,记载安禄山"至玄宗前,作《胡旋舞》,疾如风焉"。《旧唐书·郭山恽传》记载唐中宗与修文学士集宴,令各人即兴表演舞蹈取乐,工部尚书张锡舞《谈容娘》,将作大匠宗晋卿舞《浑脱》,左将军张洽舞《黄獐》,如此等等。

唐代宫廷与民间还流行着酒宴中的自娱舞蹈"打令"。朱熹《朱子语类》卷九十二曾谈到这种舞蹈:"唐人俗舞,谓之打令,其状有四:曰招、曰摇、曰送。其一记不得……舞时皆裹幞头。列坐饮酒,少刻起舞。有四句号云:'送摇招摇,

---

① 《唐会要》卷三十四。

三方一圆，分成四片，得（送）在摇前'。人多不知，皆以为哑谜。"

在唐代的乡镇中，还活跃着很多民间歌舞艺人。他们活动于广大民众之中，乡村、城镇多有他们的足迹。其中，有的民间艺人亦有着高超的技艺。杜甫《观公孙大娘弟子舞剑器行》，有"一舞剑器动四方，观者如山色沮丧"的诗句，常非月描写艺人街头献艺，在《咏谈容娘》中有"马围行处匝，人压看场圆"的诗句。至于民间的胡姬歌舞，唐人诗句中亦有记载，例如：贺朝的"胡姬春酒店，弦管夜锵锵"；李白的"笔踪起龙虎，舞袖拂云霄。双歌二胡姬，更奏远清朝"；"胡姬貌如花，当垆笑春风。笑春风，舞罗衣，君今不醉欲安归？"等名句，可见，乡镇酒店亦是胡姬献舞的场所之一。

据《唐会要》记载，唐初宫廷中的散乐艺人，是由各州的艺人按规定时间，轮流到宫廷值班。民间艺人个别地入宫献艺，也是常有的事。《明皇杂录》曾记载，新丰（今陕西临潼）曾经献女伶谢阿蛮入宫，进献《凌波曲》乐舞。

（十一）祭神舞蹈与寺院舞蹈

唐代民间祭祀及寺院舞蹈活动很是兴盛。自古代以来，宗教祭礼中的舞蹈，是人们"通神""娱神"的手段。所谓"巫舞"，是指民间祭祀中巫人娱神的舞蹈；"傩舞"是驱疫赶鬼的"傩礼"（又称"大傩"）戴着假面所跳的舞蹈。这两种古老的舞蹈，在唐代更为流行。唐代的"巫舞"，其神秘气氛有所淡薄，更加美丽悦目。王维的《祠渔山神女歌·送神》，有"纷进舞兮堂前，目眷眷兮琼筵……悲急管兮思繁弦，神之驾兮俨欲旋"诗句，描写祭祀结束时送神的舞蹈动作和乐曲节奏与旋律。王叡的《祠渔山神女歌二首·迎神》诗中的"蒲草头花椰叶裙，蒲葵树下舞蛮云"以及《相和歌辞》中的"桄桄山响答琵琶，酒湿青莎肉饲鸦"，李贺《神弦曲》中的"画弦素管声浅繁，花裙綷縩步秋尘"等诗句，对女巫们的衣裙、打扮，均有生动的描绘。

此外，唐代的迎神赛神，均有舞蹈表演。王建《赛神曲》写道："男抱琵琶女作舞，主人再拜听神语……纷纷醉舞踏衣裳，把酒路旁劝行客。"刘禹锡的《阳山观庙赛神》，亦有"日落风声庙门外，几人连踏竹枝还"的诗句。王维《凉州郊外游望》写道："野老才三户，边村少四邻。婆娑依里社，箫鼓赛田神。洒酒浇刍狗，焚香拜木人。女巫纷屡舞，罗袜自生尘。"

用歌舞祭神求雨，渊源于古代，唐代亦盛行不衰，如李约《观祈雨》写道："桑条无叶土生烟，箫管迎龙水庙前。朱门几处看歌舞，犹恐春阴咽管弦。"至于宫廷或民间的"傩礼"或"傩舞"，有的已不具有"大傩"的阴森气氛，而颇像有趣的歌舞游戏。孟郊《弦歌行》写道："驱傩击鼓吹长笛，瘦鬼染面惟齿白。暗中牵牵拽茅鞭，倮足朱裈行戚戚。相顾笑声冲庭燎，桃弧射矢时独叫。"

寺院中的乐舞，以具有佛教艺术色彩的大型女子群舞《四方菩萨蛮舞》最为有名。此外，还有《鹤舞》《花舞》等。

舞蹈产生于民间，民间舞蹈是唐代舞蹈赖以发生发展的泉源。唐代舞蹈所达到的高超水平，是同民间舞蹈的发生发展分不开的。

（十二）舞蹈名家与舞蹈技巧

唐代乐舞的高度发展，是同著名舞蹈家和他们的高超舞蹈技艺联系在一起的。

杨贵妃是当时著名的舞蹈家，《旧唐书·杨贵妃传》称她"姿质丰艳，善歌舞，通音律，智算过人"。白居易《长恨歌》用"回眸一笑百媚生，六宫粉黛无颜色"来形容杨贵妃的舞姿和魅力。她曾表演《霓裳羽衣舞》和《胡旋舞》，舞技高超，白居易《胡旋女》诗"中有太真外禄山，二人最道能胡旋"，盛赞杨氏胡旋技巧的高超。

江采苹是唐玄宗的宠妃，能歌善舞，喜爱梅花，又称梅妃。她擅长《惊鸿舞》，唐玄宗称赞她："吹白玉笛，作《惊鸿舞》，一座光辉。"[①]

谢阿蛮是宫廷舞蹈家，以擅长《凌波舞》而著名，舞技精美，颇受唐玄宗和杨贵妃的赏识。

张云容原为杨贵妃侍儿，是著名的宫廷舞伎。因表演《霓裳羽衣曲》成功，杨贵妃赠诗称赞："罗袖动香香不已，红蕖袅袅秋烟里。轻云岭上乍摇风，嫩柳池边初拂水"（《赠张云容舞》），对她的舞技给予形象的描绘和很高的评价。

公孙大娘是盛唐杰出的舞蹈家，既献艺于民间，又多次被召入宫，以表演《剑器舞》而独具特色，技巧高超，首屈一指，杜甫诗称她"先帝侍女八千人，公孙剑器初第一"（《观公孙大娘弟子舞剑器行》）。郑嵎《津阳门》诗写公孙大娘在宫中为唐明皇生日举办的盛大乐舞表演："公孙剑伎方神奇"，同时自注说："有公孙大娘舞剑，当时号为雄妙。"

唐代的著名舞蹈家中，亦不乏男性。如来自西域安国（今中亚布哈拉一带）的著名舞人安叱奴，唐高祖时曾官居五品。

---

① （明）陈耀文辑：《天中记》卷二十。

唐代的舞蹈继承先秦、汉魏六朝舞蹈的优秀成果，吸取边疆民族和国外舞蹈技法，融合古代与当代、汉族与边疆民族、国内与国外、北方与南方即古今中外舞蹈，从而形成了唐代舞蹈的丰富内容、多样形式和雄健豪迈、节奏明快、优美流畅、飘逸轻盈、委婉哀怨的多彩艺术风格及高超的舞蹈技巧。

气魄雄壮宏伟是唐代剑舞和武舞的共同特色。如大型男子群舞《破阵乐》的磅礴气势、雄壮场面，女子单人《剑器舞》那令人眼花缭乱的舞姿与快似闪电的剑影，体现了所向无敌的战斗精神和时代风貌。

明快轻捷、急速旋转是唐代流行的西域舞蹈的特有风格。如《胡腾舞》的腾踏跳跃、《柘枝舞》的机敏轻灵、《胡旋舞》急速旋转，等等。特别是快节奏的急速旋转作为唐代舞蹈普遍流行的新颖技巧，在各种健舞、软舞等乐舞中，经常被不同程度上采用，对唐代舞蹈技巧和艺术风格有较大的影响。

委婉飘逸的抒情特色，在唐代软舞的巾舞、袖舞中有充分的体现和发展。唐人诗句中的"拂水低徊舞袖翻"（杜甫诗）、"翩翩舞袖双飞蝶"（白居易诗）、"长袖舞春风"（刘希夷诗）等，不胜枚举。

运用腰肢功夫以增加舞蹈表演技巧，在唐代有很大的成就，见于唐人诗句的有："腰支一把玉，只恐风吹折"（李群玉诗），"舞筵须拣腰轻女"（白居易诗），"纤腰间长袖，玉佩杂繁缨"（杜牧诗），"鼓催残拍腰身软，汗透罗衣雨点花"（刘禹锡诗）等。

轻飘欲仙是唐代表现神女天仙类舞蹈的鲜明特点。这种风格，在《霓裳羽衣曲》以及《凌波曲》《菩萨蛮》中有充分的体现。舞女们的舞姿，在音乐的伴奏下，个个犹如仙女下凡，把观众带入仙境之中。正如阙名诗所描绘的那样："霓裳绰约兮，羽衣翩跹。高舞妙曲兮，似于群仙。"

表演哀伤悲痛的舞蹈，在唐代亦有很大的发展，如《何满子》《雨霖铃》《叹百年》等，"声词哀怨，听之莫不泪下"[1]"词语凄恻，闻者涕流"[2]。

总之，唐代舞蹈的多种艺术风格和旋转、腾跃、软柔等高难度技巧，是唐代舞蹈高度发展的重要内容和标志。

---

[1] 《太平广记》卷二三七。

[2] 《旧唐书·曹确传》。

七　美术雕塑

唐代的美术，在绘画、书法、雕塑和工艺美术等几个方面，都取得了很大的成就，堪称中国古代的"美术盛世"。

（一）绘画艺术

隋唐国家统一昌盛，为南北画风的相互影响和绘画艺术的发展，提供了极为有利的条件。在人物画、花鸟画、山水画等方面，唐代都取得了卓越的成就，超越前人，影响后世。

唐太宗于建国之初偃武修文，对绘画特别是人物绘画给予相当的重视，倡导为现实服务。而唐初的著名人物画大师阎立本，便是在这种时代背景下，于人物画上取得了伟大的成就，被唐代评论家称为"阎则六法赅备，万像不失""像人之妙，号为中兴""兼能书画，朝廷号为丹青神化"[1]。武德四年（621年），秦王李世民开文学馆，"又使库直阎立本图像，褚亮为赞，号十八学士。"[2]贞观十七年（643年），阎立本受命画《凌烟阁功臣二十四人图》。当时，边疆少数民族首领来京朝见很频繁，阎立本又受命绘画《王会图》《职贡图》《步辇图》。诸图中各个民族的不同人物，情态各异、惟妙惟肖。

大型经变是唐代佛教壁画最为完善且最具时代特点的绘画形式，其著名画家是吴道子。吴道子曾在长安、洛阳的寺观绘制大量宗教壁画，一生绘制壁画三百余堵。吴道子在壁画中所绘制的不同人物形象，"奇踪异状"，[3]无一雷同；各具特征，生动传神，受到了后人极为崇高的评价。《广川画跋》评论说："吴生之画如塑然，隆颊丰鼻，跌目陷脸，非谓引墨浓厚，面目自具，其势有不得不然者……旁见周视，盖四面可意会，其笔迹圆细如铜丝萦盘，朱粉厚薄，皆见骨高下，而肉起陷处，此其自有得者。"吴道子在使用不同表现手法时，注意整体画面的和谐统一，从而

---

① ③（唐）张彦远：《历代名画记》卷九。
②《资治通鉴》卷一八九。

达到了"天衣飞扬，满壁风动"①的艺术效果。

描绘贵族仕女生活场面和情景的画家，是唐代人物画家中的又一重要流派，其代表人物是张萱，他的名作有《捣练图》②《虢国夫人游春图》③。张萱仕女图的艺术成就，对晚唐仕女画名家周昉、五代仕女画名家顾闳中均有较大的影响。周昉的《挥扇仕女图》④与顾闳中的《韩熙载夜宴图》⑤，皆为深受盛唐仕女图影响而创作出的一代名画。

唐代的花鸟画家人才辈出，各有特长。例如：冯昭正的花鸟画"尤善鹰鹘鸡雉，尽其形态。嘴眼脚爪，毛彩俱妙"⑥；康萨陀的花鸟画"初花晚叶，变态多端；异兽奇禽，千形万状"⑦。特别是殷仲容善画花鸟，"妙得其真，或用墨色如兼五彩"⑧。边鸾画孔雀"翠彩生动，金羽辉灼"⑨，画牡丹"花色红淡，若浥雨疏风，光色艳发"⑩，因而被称为"花鸟冠于代"，张彦远《历代名画记》称他"善画花鸟，精妙之极。至于山花、园蔬，亡不遍写"。

山水画在唐代亦有长足进步。著名山水画家李思训，系唐宗室，历武后、中宗、玄宗三朝，官至左武卫大将军。《历代名画记》称"其画山水树石，笔格遒劲，湍濑潺湲，云霞缥缈，时睹神仙之事，窅然岩岭之幽"，被称为"国朝山水第一"。唐代诗人牟融《题李昭训山水》，对李思训山水画有如下的描述："卜筑藏修地自偏，尊前诗酒集群贤。半岩松暝时藏鹤，一枕秋声夜听泉。风月谩劳酬逸兴，渔樵随处度流年。南州人物依然在，山川幽居胜辋川。"现藏台北故宫博物院的《江帆楼阁图》，相传为李思训所作。该图气势雄浑，别具特色。

吴道子山水画与李思训山水画风格不同，朱景玄《唐朝名画录》记李、吴二人同作大同殿山水壁画，李思训用数月之功，吴道子画嘉陵山水则一日而成："吴道玄者，天付劲毫，幼抱神奥，往往于佛寺画壁，纵以怪石崩滩，若可扪酌；又于蜀道写貌山水，由是山水之变始于吴，成于二李。"

迨至晚唐、五代，又有荆浩、董源、巨然等著名山水画家问世，为后人留下

①（唐）段成式撰：《酉阳杂俎》。
②宋摹本，现藏美国波士顿博物馆。
③宋摹本，现藏辽宁省博物馆。
④⑤现藏故宫博物院。
⑥⑦⑧（唐）张彦远《历代名画记》。
⑨《宣和画谱》。
⑩（北宋）董逌编纂：《广川画跋》。

了《匡庐图》《关山行旅图》^①《潇湘图》^②《夏山图》^③《秋山问道图》^④《万壑松风图》^⑤。

唐代绘画艺术高度发展的重要标志之一，是绘画理论体系的日趋完备。唐代绘画理论著作犹如雨后春笋，全书保存至今的有裴孝源的《贞观公私画录》、朱景玄的《唐朝名画录》和张彦远的《历代名画记》。裴氏《画录》为绘画的现存著录。朱氏《画录》为断代画史著作，在评介画家时分列神、妙、能、逸四个品次。张彦远是晚唐书画理论家，他的《历代名画记》约成书于大中元年（847 年），书中提出了"笔""意"论，提出品评作品的 5 个等级，对绘画源流、师授、古画特征、山水树石、鉴定、收藏，都提出了自己的独到见解。

（二）书法艺术

唐代书法艺术在隋代基础上有很大发展。欧阳询、虞世南二书法家由隋入唐，二王书风随之带入唐朝。唐太宗、唐高宗、唐玄宗都十分爱好书法，虞世南是唐太宗的书法老师，唐太宗搜集王羲之墨迹不遗余力。欧阳询初学王羲之书法，后来有所创新，故张怀瓘《书断》称他"八体尽能，笔力险劲，篆体尤精，飞白冠绝，峻于古人……真行之书出于大令，别成一体"。他的传世碑刻有《房彦谦碑》《化度寺邕禅师舍利塔铭》《九成宫醴泉铭》等。这些楷书碑刻，凝练整秀、遒逸冲和，取王羲之楷则，又行以隶法，体现了欧体的本色。晚年字形修长，笔势见方，传世墨迹有《行书千字文》《草书千字文》《史事帖》三种。《宣和书谱》列欧阳询为翰墨之冠。欧阳询之子欧阳通，书法亦颇有成就，故书史上有"大小欧"之称。

虞世南入唐后为弘文馆学士，列于凌烟阁二十四功臣。他的书法圆融丰腴、外柔内刚，被时人评为"欧之与虞，智均力敌""虞则内含刚柔，欧则外露筋骨"^⑥，《宣和书谱》称虞世南"立意沉粹，若登太华，百盘九折，委曲而入杳冥"。他的传世作品有楷书《孔子庙堂碑》。

褚遂良（596—658/659 年）于欧阳、虞之后，集二家书法之大成，其传世作品《孟法师碑》是其楷书代表作品。李宗瀚跋云："遒丽处似虞，端劲处似欧，而运以公

---

① ④ 现藏台北故宫博物院。
② 现藏故宫博物院。
③ ⑤ 现藏上海博物馆。
⑥ （宋）佚名纂：《宣和书谱》卷八。

隶遗法，风规振六代之余，高古近二王以上，殆登善早年极用意书。"永徽四年（653年），褚遂良58岁时所书写的《雁塔圣教序》①，米芾称"别有一种骄色"②。他晚年所书写的《同州圣教序》，被评为"故自飘然，不可攀仰矣"③，是他晚年的力作。《枯树赋》是褚遂良行书的代表作。

盛唐时期的著名书法家有李邕（678—747年），一生撰文及书碑八百通，他的行楷对中唐行楷有相当大的影响。而张旭的草书在今草基础上发展成为"狂草"，被称为"草圣"，其作品有《古诗四帖》④和西安碑林的《肚痛帖》。

颜真卿（709—784年）早年受褚遂良影响，后来拜张旭为师，其书法浑厚圆劲、气度恢宏、结构宽博，被苏轼称为"颜鲁公书雄秀独出，一变古法""诗至于杜子美，文至于韩退之，书至于颜鲁公，画至于吴道子，而古今之变，天下之能事毕矣"⑤。颜真卿的传世碑刻墨迹之多为唐代书法家之冠，如《多宝塔感应碑》等，不胜枚举。

颜真卿之后的唐代著名书法家，还有中唐时期的怀素和晚唐时期的大书法家柳公权。

唐代的书法理论与绘画理论神貌相合，著述甚多，对后世具有重要影响的有唐太宗的《笔法诀》《指意》《论书》、李嗣真的《书后品》、孙过庭的《书谱》、张怀瓘的《书断》，对书法理论均有较大的贡献。

（三）雕塑艺术

雕塑艺术，堪称盛唐艺术一绝，主要表现在佛道造像、陵墓雕塑等方面。

佛道二教的神像雕刻，自六朝至隋代，已有相当的发展。唐代高祖、太宗、高宗、武后在位期间，全国各地修建的寺院和佛道造像，多不可计。其中，奉先寺的群像塑造规模最大，超过了龙门所有石窟。当时，出现了不少雕塑佛道神像的能手。绘画大师吴道子也善于雕塑，并且同自己的绘画具有相同的风格，被称为"吴装"。天宝四年（745年），汴州相国寺造排云阁，阁中文殊、维摩像即是吴道子妆塑。

杨惠之是天宝年间著名的雕塑家。他早年曾与吴道子同门学画，由于吴道子在

---

① 现藏故宫博物院。
② 《书评》。
③ 《虚舟题跋》。
④ 现藏辽宁博物馆。
⑤ （南宋）郎晔：《经进东坡文集事略》卷六十。

绘画上技法超群，杨惠之便专攻雕塑，在雕塑上有创造性发展，因而当时画工塑匠间流传着"道子画，惠之塑，夺得僧繇神笔路"的说法。杨惠之一生塑造佛道神像甚多，被称赞为"形模如生""精绝殊胜，古无伦比"。有的记载说，塑壁技术和千手千眼佛的制作是由他创始的。洛阳广爱寺楞伽山和五百罗汉像、洛阳北邙山玄元观老君庙泥塑神山，都是杨惠之塑造。杨惠之在寺庙中所塑造的佛道神像，后来在民间寺庙中广为效法流传，影响深远。

敦煌莫高窟的佛像造像，人体结构和形体特征独具特色，手法更加细腻，善于表现人物性格和内心世界，含蓄优美，形成了特有的艺术风格。莫高窟第328窟的彩塑群像，姿态各异，于整体对称中求得变化。菩萨纤巧的手势与微妙的面部表情、优美的体态，表现出菩萨特殊的精神状态。整个群像中的人物，迦叶正立合掌，阿难袖手斜视；前者和善，后者文静。菩萨的冥想与虔诚，都是在释迦牟尼向弟子说法这一情景下不同人物的不同表现。

莫高窟第130窟的倚坐佛像（俗称南大像），高达26米，第96窟倚坐大佛，高达33米。而开元年间兴造的乐山大佛高36丈，气势恢宏，是世界现存较大的佛像之一。

唐代皇帝陵墓石雕，内容十分丰富。今日所能见到的实物，有昭陵"六骏"浮雕，乾陵的石雕有侍臣10对、藩王像61躯、华表1对、翼马1对、鸵鸟1对、鞍马5对，其塑造规模之大和数量之多，在唐代陵墓中首屈一指。乾陵石蹲狮，头大体壮、卷鬣突目、神态威武，用写实手法雕造而成。石雕行列之首的翼马，高3.17米，长2.80米，立于双重基座之上，大有"昭陵六骏"的雄风。翼马的肩项浮雕，双翼作卷云纹饰，使形象更为生动。乾陵翼马寓有吉庆祥瑞的象征，唐代乾陵之后陵墓大多有翼马，并成为唐陵神兽雕刻的基本题材。武则天为生母扩建陵墓，增设石刻，有保存下来的"天鹿"，风格与翼马相似：天鹿兽身写实，头似鹿，顶生一角，足似马蹄，尾长大，双肩生翼。此外，顺陵朱雀门前有一对走狮，体高3.05米，长3.45米，由整块石灰岩雕成。石狮静而待发、动作含蓄的走势，张口的吼状，表现了石狮威猛的雄风，形象十分生动。

另外是唐代工艺美术的成就，内容十分丰富。最具特色的有陶瓷类的唐三彩工艺，染织类的织锦工艺，夹缬、蜡缬、绞缬工艺以及金银器工艺、漆器工艺、玉雕、牙雕与石雕工艺等。本书卷六第二节已有所介绍，此处从略。

［卷九］
开元盛世：民族和睦

一　民族融合

　　唐玄宗依贞观故事治国，继续执行唐太宗对"中华"与"夷狄""爱之如一"的民族政策，把姚崇《十事要说》中的"不幸边功"奉为开元新政中治国方针的重要原则之一，对边境地区的少数民族政权实行包容性的民族政策。在开元年间的近30年中，唐朝对边境少数民族政权，除不得已动用武力抵制其骚扰外，很少会主动发起武力征讨，更不必说发动大规模的战争了。对于主动归附或武力征服的少数民族地区，唐王朝执行少数民族地区羁縻州的政策。到天宝年间，唐朝边境地区的羁縻州已多达856个。原少数民族的首领，仍担任着羁縻州都督、刺史的职务，与唐王朝中央政府保持着良好的隶属关系，而且较少向朝廷缴纳赋税。

　　唐王朝执行民族对等政策，体现在政治、经济、军事和文化等诸多方面。首先，少数民族首领或少数民族出身人物被允许参预国家政权并担任重要职务。

　　宇文融，祖先为匈奴人。为唐玄宗检括户口有功，官至黄门侍郎、同中书门下平章事，位列宰相。

　　源乾曜，祖先为鲜卑族人。开元初年位列宰相，为相10年。

　　唐玄宗时代担任国家中央与地方重要文武官职的还有：

　　李光弼，契丹族人。天宝末年任节度使，天下兵马副元帅。

　　哥舒翰，突厥人。天宝元年（742年）任陇右道营田大使，十二年（753年）任河西节度使。安史之乱爆发后任兵马副元帅，守卫潼关。

　　高仙芝，高句丽人。开元末年任安西副都护，后任安西节度使。安禄山在范阳举兵造反时，曾以副元帅职务出征。

　　安禄山，父康国人，母突厥人。深受唐玄宗宠幸，身兼平卢、范阳、河东三镇节度使，有士众15万人。于天宝十四年（755年）举兵反叛。

　　史思明，突厥人，官至平卢兵马使。与安禄山一同举兵反叛。

　　王忠礼，高句丽人。曾任河东节度使。

　　仆固怀恩，铁勒族人。玄宗时曾任陇右节度使。因讨伐安禄山收复两京有功，官至尚书左仆射兼中书令、朔方节度使。

王武俊，奚族人。开元年间任裨将，后来升任卢龙节度使。

王廷凑，回纥阿布忠族人。曾任成德节度使。

李国昌，沙陀族人。曾任代北节度使。

尉迟胜，于阗人。曾任右威卫将军、骠骑大将军。

尚可孤，鲜卑族人。天宝末年任左威卫大将军。

王毛仲，高句丽人。官至辅国大将军。

论弓仁，吐蕃族人。曾任右骁卫大将军。

高力士作为唐玄宗在位期间握有大权的宦官，原是蛮族冯盎之曾孙，开元年间任右监门将军、知内侍省事。

贞观、开元年间大量任用少数民族出身的人才担任国家文武要职，从一个侧面说明唐太宗、唐玄宗确实执行了"中华、夷狄爱之如一"的民族政策。这种民族和睦共事的盛况，在其他以汉族人为最高统治者的封建朝代并不多见。

二　朝聘往来 〜

　　唐玄宗时期，边疆地区少数民族政权与唐王朝之间有着频繁的朝聘往来。朝贡作为对唐王朝隶属关系的一种确认，当然要向唐朝进献本地的土特产品作为贡品。另一方面，唐王朝对前来进贡的使者，总是给予友好的接待和礼遇，特别是以中原的特产作为回赠。这在某种程度上体现着民族平等的关系。进贡与回赠，实际上成了双方贸易的一种形式，并不是经济上的掠夺与榨取。少数民族首领充任刺史等，还享有财政上的自主权，更可以说明这一点。

　　在唐王朝与边疆少数民族政权的朝聘关系中，唐与渤海的往来具有一定的代表性。

　　渤海是唐王朝在东北地区建立的忽汗州都督府，又称渤海都督府，是一个以粟末靺鞨为主体的多民族国家。渤海与唐既有着中央政权与地方政权的关系，又有着宗主与藩属的关系。渤海须接受所在边州（先是平卢节度使，后改平卢淄青节度使）的统领，忠于唐朝；唐朝又向渤海派出"长史"，作为渤海王的助手，参与对这一地区的统治管理。另一方面，渤海王在境内有权按本民族的传统方式进行统治，大唐朝廷不予干涉。先天二年（713年），渤海王大祚荣接受唐朝册封，被封为左骁卫员外大将军、渤海郡王、忽汗州都督。从此之后，渤海与唐一直保持着非常友好的密切往来，每当老王去世、新王嗣立，都要向唐朝遣使"告哀"，同时请求册封，唐朝亦派使者携诏书至渤海吊祭和册立。这种友好关系，被唐代诗人温庭筠概括为"疆理虽重海，车书本一家"（《送渤海王子归本国》）。

　　唐与渤海之间彼此的聘问往来频繁，见于记载的有132次。据金毓黻《渤海国志长编》统计，渤海向唐朝进贡的土特产品有兽类、禽类、水产品、药品、金属类等42种，唐朝向渤海回赠的礼品有农产品、纺织品和金银器皿等。

　　唐王朝与边疆少数民族之间的朝聘关系，在唐与渤海之间的往来中可见一斑。

三　汉番通婚

　　唐玄宗开元、天宝年间，汉族与边疆少数民族之间的通婚，由于统治阶级奉行"和亲"政策，上至皇室贵族，下及平民百姓，多见于文献。皇室与少数民族首领之间的通婚，见于记载的有如下。

　　开元元年（713 年）八月，"丙辰，突厥可汗默啜遣其子杨我支来求婚。丁巳，许以蜀王女南和县主妻之。"①

　　开元二年（714 年），唐玄宗封奚族首领李大酺为饶乐郡王，以李大酺为左金吾卫大将军、饶乐都督，"诏宗室出女辛为固安公主，妻大酺"。②

　　开元四年（716 年），唐玄宗以契丹首领李失活为松漠府都督，封松漠郡王，授左金吾卫大将军。"以东平王外孙杨元嗣女为永乐公主，妻失活。"③

　　开元十年（722 年）十二月庚子日，"以十姓可汗阿史那怀道女为交河公主，嫁突骑施可汗苏禄"。④

　　开元十年（722 年），唐玄宗以契丹王郁于为松漠郡王，"以宗室所出女慕容为燕郡公主妻之"。⑤

　　开元十四年（726 年），"正月，癸未，更立契丹松漠王李邵固为广化王，奚饶乐王李鲁苏为奉诚王。以上从甥陈氏为东华公主，妻邵固；以成安公主之女韦氏为东光公主，妻鲁苏"⑥。

　　天宝三年（744 年）十二月癸卯日，唐玄宗"以宗女为和义公主，嫁宁远奉化王阿悉烂达干"。⑦

　　天宝四年（745 年），"契丹大酋李怀秀降，拜松漠都督，封崇顺王，以宗室出女独孤为静乐公主，妻之"。⑧

　　天宝四年（745 年），以宜芳公主嫁饶乐都督李延宠。

---

① 《资治通鉴》卷二一〇。
②③⑤⑧ 《新唐书·北狄传》。
④ 《资治通鉴》卷二一二。
⑥⑦ 《资治通鉴》卷二一三、卷二一五。

天宝年间，"尉迟胜本王于阗国，天宝中，入朝，献名玉、良马。玄宗以宗室女妻之，授右威卫将军、毗沙府都督。"①

据文献所载，开元、天宝年间在长安、洛阳、扬州、广州等大工商业城市定居并从事商业的少数民族商人特别是西域商人，人数数以千计，他们中有不少人同汉族女子娶妻生子。至于迁居于内地或京城与汉族杂居的少数民族的平民百姓，与汉族通婚的更是不胜枚举。

总之，唐王朝尤其是盛唐时期，实行汉番通婚的自由政策和开元、天宝年间汉番各族大量通婚的事实，反映了汉族与少数民族的民族和睦现象。从这个侧面，我们看到盛唐社会具有相当的开放性、包容性。从处理民族关系的整体考察，除了清代，盛唐应是封建社会中最好的时期。

各民族的和睦相处，必然带来经济文化大交流。由唐太宗开创、玄宗推行的民族和睦政策，加上开元年间的国力强盛和疆域辽阔，使得汉族与边疆少数民族的经济文化交流，继贞观、永徽之后，于开元、天宝年间达到鼎盛时期。本书卷六所谈到的互市贸易，本节所谈到的朝贡和回赠，都是唐王朝与边疆少数民族地区经贸往来的直接体现。少数民族商人在长安、洛阳、扬州、广州等大工商城市的人数之多，从侧面说明了内地与边疆经贸往来的迅速发展。

汉族与少数民族的文化交流，本书卷八已经谈及西域音乐、舞蹈对汉族传统音乐、舞蹈的巨大影响，后者对前者的吸取以及二者的相互融合，故而不再重叙。这里，仅列举寓居或定居于内地并在文学艺术上卓有成就的少数民族人物，以见汉族与少数民族文化交流的一个侧面。

曹氏家族的曹保、曹善才、曹刚祖孙三代，源出西域昭武九姓曹国，后居长安，是曲项琵琶演奏大师。

裴兴奴，与曹刚齐名的琵琶演奏大师，疏勒人。曹刚善于运拨，力若风雷；裴兴奴善于拢捻，故人称"曹刚（一作"纲"）有右手，兴奴有左手"②。刘禹锡有"一听曹刚弹《薄媚》，人生不合出京城"（《曹刚》）诗句。

白明达，著名乐工，龟兹族人。康萨陀，著名画家，于阗人。

尉迟乙僧，著名画家，善画外国画及佛像，于阗人。

唐代的乐舞受西域影响之大，自不待言，即便是绘画，受西域文明的影响也是很明显的。

---

① 《新唐书·尉迟胜传》。
② （唐）段安节撰：《乐府杂录·琵琶》。

［卷十］
开元盛世：中外交流

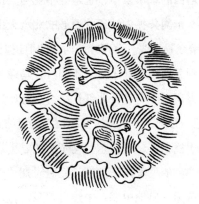

一　中外交通主要线路 🌀

　　唐代的对外交通线路，可谓四通八达。唐人贾耽所著《古今郡国县道四夷述》，对此有详细著录。《新唐书·地理志》曾记载七条对外交通要道。其中，营州（今辽宁朝阳）入安东道与安西（今新疆库车）入西域，分别是丝绸之路在大唐的东西两端。这条线路东起朝鲜平壤，经营州、云中（今山西大同）、夏州（今陕西横山），到达新疆西州（今新疆吐鲁番东南），然后进入中亚细亚。

　　安西—西域道对外交通线路，分南北二路。北道由交河（今新疆吐鲁番北五公里处交河城故址）至碎叶城（今吉尔吉斯斯坦北部边境的托克马克）。南道由西州（今吐鲁番东南）至怛罗斯（今哈萨克斯坦东南部边境的江布尔城）。碎叶城初唐隶属安西四镇，为唐代最西的军事重镇，它地处中亚与天山南北二路之间的交通要冲，同葱岭以东的疏勒、于阗分扼内地通往西域的北（天山北麓）、中（天山南麓北线）、南（天山南麓南线）三线。而碎叶城西南的怛逻斯，实为当时的国际城市，它西南经石国（今乌兹别克斯坦塔什干）、康国（今乌兹别克斯坦撒马尔罕），往南抵达阿姆河南岸的吐火逻（今阿富汗北部），可通往印度。由康国而西，经安国（今乌兹别克斯坦布哈拉一带），可以到达今伊拉克的巴格达。由巴格达可以把"丝绸之路"和阿拉伯交通干线相连，通往东罗马帝国的君士坦丁堡、沙兰国（今巴勒斯坦的耶路撒冷）以及非洲的尼罗河三角洲。盛唐时期"丝绸之路"的北、中、南三线，北线可达东罗马帝国，出地中海；中线可越葱岭抵达波斯；南线可越葱岭抵达北印度。

　　安南—天竺道对外交通线路，它起自安南都护府交趾（今越南河内附近），经太平、峰州（今越南山西），溯红河而上，经古涌步（今云南个旧）到达龙武州（今云南建水），然后出安南境，进入剑南道辖境，经曲江、通海、江川到柘东城（今云南昆明），往西接中印缅道。中印缅道北起四川成都，经会理、姚安到达羊苴咩城（今云南大理），抵达永昌郡（今云南保山北50里），渡过怒江，翻越高黎贡山到达腾冲附近的诸葛亮城。然后分西路和西南路进入缅甸、印度。西南路由诸亮城出发是唐代中印缅的主要交通线，它渡过缅甸伊洛瓦底江，可抵达印度东北阿萨姆的迦

298

摩缕波国，即今印度的马哈斯坦。西路由诸葛亮城出发西行，在今缅甸密支那附近的丽水城渡过伊洛瓦底江，经孟拱到印度曼尼坡，再翻越巴勒尔岭，到达迦摩缕波国境内，与西南路会合。然后沿恒河南岸到达当时中印度的摩揭陀国。在唐代，安南—天竺道是中国西南地区同东南亚越南、缅甸、印度的交通要道。

广州海道是唐代海上的重要交通路线之一。据贾耽对中国帆船远航海外的记载，海船利用十一、十二月的季风从广州启航，经越南占婆岛（今越南东二百里海岛）直抵海峡（马六甲海峡），沿苏门答腊出十度海峡，经达狮子国（今斯里兰卡）北部摩诃帝多港（今斯里兰卡西北）、莫来国（今印度西南海岸的奎隆）、拔风国（今印度孟买），西航至达弗利刺河（今伊拉克幼发拉底河）到达末罗国（今伊拉克巴士拉）。从广州至波斯湾，除停船时间不计外，全程需89天。待来年五月，航船利用季风由波斯湾启程返回广州。此航线的中心是狮子国。在贾耽所记载的航程中，还有一条从波斯湾沿东非海岸航至三兰国的航线，这应是中国帆船所传导的中国文化的最大半径。

通往日本的航线有北线和南线两条，往往是利用冬春的东北信风和夏秋的西南信风。日本的遣唐使来中国，大多走北线，从难波三津浦（今大阪市南区三津寺町）启航，沿濑户内海西航，在北九州的筑紫大津浦（今博多）停泊。从这里西航，始有南线与北线之分。北线经壹岐岛、对马岛，沿朝鲜南海岸西行，在朝鲜仁川港附近横渡黄海到达辽东半岛，再渡过渤海到达山东半岛，或在仁川港附近横渡黄海直达山东半岛登州的文登登陆。南线由博多，经九州西北的平户岛、值嘉岛，横渡东海直航长江口到达扬州或者抵达明州（今浙江宁波）。

二 国际都市长安、广州

在唐代的中外经济文化交流中，形成了南北的两大国际都市——广州和长安。而长安作为陆路交通的国际都市，实为当时亚洲文明的中心、东西文化交融的胜地。

长安是唐王朝的国都，也是外侨聚居的国际大都市。这里居住着数以万计的外国使节、僧侣、武士、学者、艺人和商旅。

各国的外交使团，是长安外籍人员的重要组成部分。当8世纪下半叶吐蕃占领河西、陇右时，中西交通被切断，居于长安的使团人数多达4000人。其中，有些人已在长安娶妻生子，买田宅，开店铺。当时的外籍人员，有不少人入宫廷担任侍卫，如吐火罗（阿富汗的巴尔克）、护密（阿富汗的瓦汗）、小勃律（克什米尔的吉尔吉特）、拔汗那的贵族相继入宫廷担任侍卫。其中，康兰庭（696—740年）一家从撒马尔罕侨居长安已经四代，他担任宿卫的将军。此外，波斯国的王储，曾流落寓居长安。波斯被阿拉伯灭亡，末代国王被杀，王子卑路斯逃奔吐火罗，于673年来到长安，被委任为右武卫将军。卑路斯死后，他的儿子泥涅斯于679年被唐朝送到碎叶，客居吐火罗20年，后来又回到长安，直到病死。当时，常驻长安的各国外交使团中的官员、学者和专门人才，同中国的官员、僧侣、文人相互交往，建立友谊，这对于中外文化的交流起到了重大的作用。

各国来唐朝留学的学生，是长安城中外籍人员的又一重要组成部分，日本、新罗、高句丽、百济、高昌和吐蕃来唐朝中央学府的留学生共有8000人之多。

外交使团官员与随从人员、来自各国的入宫侍卫人员和留学生，在促进交流方面发挥了骨干作用，中外文化交流的成就，是同他们的活动密不可分的。

各国来唐都长安的僧侣和宗教界人士，是长安外籍人员的另一重要组成部分。当时的长安，不仅成了亚洲的佛学中心，也是各国僧侣、宗教界人士造访与会聚的都市。当时，玄奘、义净在长安先后主持译场，利用收藏的大量梵文原本，校勘、翻译佛教经论。参与这项工作的有印度、克什米尔、吐火罗、康国和何国的高僧，其中有南印度的菩提流志、中印度的地婆诃罗及善无畏、南印度的金刚智及其弟子北天竺人不空、康国的法藏等著名高僧。玄奘时期的弘福寺、慈恩寺和义净时期的大荐福寺，云聚着这样一大批著名的中外高僧在这里翻译佛经，表明亚洲的佛学中心已由中印度的那烂陀寺转移到长安的著名佛寺，长安在东亚佛教以至世界佛教发展史上具有重要地位。

除著名佛寺外，长安还有大秦寺（景教）、波斯寺（祆教）、穆护寺（摩尼教）。这些外来宗教是同各国外交使团、商人、文人、艺人一道传入中国的。唐政府允许各国在长安设立庙宇、自由传教，中外信徒皆有。

音乐、舞蹈、美术方面的外国和西域的著名乐师、艺人，数量很多。其中，有不少是著名的大师，如琵琶大师曹保、曹善才、曹刚三代，善弄婆罗门的米国米嘉荣、米和父子，康国的唐昆仑、康迺，安国的安叱奴、安万善等都是著名的艺人。

南方的广州作为唐朝海外贸易的中心，是唐王朝的第二大国际都市，从广州驶出和驶入港口的，有印度、波斯、斯里兰卡和东南亚的船只，中国的船只也从这里驶往印度、阿拉伯等地。这里云聚着各国的商人，到8世纪末，侨民多达12万以上。来自海外各国的香木、香脂、棉布、药材、珍珠、珊瑚、犀牙、玻璃等物，由广州进口后销往内地。中国的瓷器、丝织品、茶叶，乃至于纸张、印刷品和雕版印刷术，也从广州运往海外各国，传入阿拉伯以及非洲、欧洲。总之，广州作为唐王朝南方港口城市，是中外文化交流最大的一个窗口，是一个名副其实的国际交流中心，唐代的中外文化交流及其所取得的成就，同长安、广州两大国际都市所起的特殊作用是分不开的。

三　唐朝与中东世界 🌥

　　唐与中东世界的文化交流，主要是与波斯和阿拉伯帝国的文化交流。在751年怛逻斯战役以前，波斯是同唐朝保持友好关系的邻国。波斯被阿拉伯帝国灭亡之前，波斯末王伊嗣俟曾三次向唐太宗求救，唐没有以实际行动予以支持。641年，阿拉伯于尼诃温德大败波斯10万大军，萨珊波斯宣告灭亡。唐对阿拉伯势力东进未采取直接抵御措施。751年怛逻斯战役中，高仙芝所统率的安西联军失败。此后，唐王朝不再同阿拉伯在中亚展开正面的冲突，而是转而争取阿拉伯的支持，同吐蕃进行坚决的斗争。于是，约751年，阿拔斯王朝取代倭马亚王朝。在第二年即天宝十一年（752年）十二月，阿拉伯（唐官方称其为"黑衣大食"）派特使谢多诃密来到长安，第一次同大唐正式建立外交关系，并授予特使以左金吾卫员外大将军的勋位。次年的三、四、七、十二月，阿拔斯王朝的使者四次来长安，从此开始了两国关系的新纪元，两国之间的经济文化交流进入空前繁荣兴旺的时期。

　　阿拉伯和中国的贸易货物，有丝绸、陶瓷、麝香、沉香、芦荟、花缎、帆布、宝剑、马鞍、肉桂、高良姜等。中国手工业产品的非凡技艺和绘画的高超艺术，令阿拉伯人惊叹不已。特别是造纸、冶金、绫绵和瓷器这四大工艺，从此传入阿拉伯世界以至于欧洲。唐与阿拔斯王朝建立友好关系后，怛逻斯战役被俘人员中具有上述四种工艺技术的人员受到特殊优待，在中亚定居并开始传授技艺。撒马尔罕与阿拔斯王朝最初的都城库法，是中国工匠最早聚居的两大城市。撒马尔罕和巴格达的中国式植物纤维造纸厂的兴建，使阿拉伯世界的书写用纸，很快由植物纤维纸取代了苇纸、羊皮纸和软手卷。中国造纸术在阿拉伯的普及，为促进巴格达、大马士革和开罗文化生活的繁荣昌盛起到了重大的作用。

　　唐代的丝织技艺，由于中国工匠在伊朗、伊拉克、叙利亚的传授，使得阿拉伯世界的丝织业大有起色，织造锦缎、绣品的技艺迅速在这一地区传播开来。绣有金线的色缎自中国传入大马士革后，其产品很快便扬名欧洲。阿拉伯的许多城市，都以用中国工艺生产地毯、刺绣、锦缎和袍服而闻名欧亚。

　　唐代的三彩和青、白瓷器的生产工艺，也被阿拉伯世界所采用，伊朗、伊拉克均有三种瓷器的仿造品，其中心城市可能在巴格达。当时的埃及，也有中国瓷器的销售。阿拉伯世界所仿造的瓷器，由于多方面的客观原因，其产品在此后的几个世纪中，仍难和中国制造的瓷器匹敌。

此外，中国的炼丹术对阿拉伯的炼丹术亦有很大的影响。

由阿拉伯运来的香料和珠宝，在贸易中占有很大的比重。唐朝的上层社会，上至王公，下至富绅，都用香料来作熏香、化妆、净身、调料、涂料和照明。珠香、象犀、玳瑁在进口货物中也占有较大的比重。例如法里斯的朱尔出产的红蔷蔻香水，沙普尔所生产的闻名天下的香油、香膏（用紫花地丁、睡莲、水仙、桃金娘、柠檬花提炼）也都传入中国。进口的阿拉伯香药，以乳香、没药、无食子（无石子）、阿月浑子、诃黎勒、安息香、金钱矾、密陀僧、炉甘石、阿魏等最为著称。与此相关联的，阿拉伯人所喜爱的蔷薇、紫花地丁、桃金银、水仙、紫罗兰、素馨花（耶悉茗）和红花，从此也逐渐成为中国群芳谱中为人们所喜爱和熟悉的花卉品种。

此外，波斯枣不仅传入中国，自9世纪起，枣椰树已开始移栽于中国的广东。李珣的《海药木草》所记载的诸多海药中，就有枣椰树。

在中阿的科技文化交流方面，除中国炼丹术传入阿拉伯并经阿拉伯传入欧洲从而对制药化学产生影响外，中国的脉学和麻醉术也在这一时期传入阿拉伯，对阿拉伯医学产生了重要影响。与此同时，阿拉伯曾多次向中国赠送药品如乳香、没药、血竭、木香等，这对丰富中国医药学的内容也起到了积极的作用。

四 唐与东罗马及非洲

　　唐与东罗马的外交关系，从 7 世纪中叶至 8 世纪中叶，大多是通过基督教会进行的。当时，在阿拉伯侵袭下，东罗马失去了叙利亚、巴勒斯坦、美索不达米亚，因而通过使节向中国求助，但唐太宗未能在政治、军事上予以实际的支持。这一时期的贸易和文化交流，主要通过北高加索和里海地区进行。

　　667 年，东罗马拂菻王派出的使者再度来到长安，带来了对治疗冻伤咬伤有奇效的希腊名药——底也伽。此种药物中含有蛇胆、鸦片。进入 8 世纪以后，东罗马曾多次派使者来长安。719 年（唐玄宗开元七年），东罗马通过吐火罗大首领向唐王朝献狮子与羚羊，同时有大德僧（即景教的主教）来到中国。742 年（唐玄宗天宝元年）5 月，又有大德僧从东罗马来到中国。可见，《大秦景教流行中国碑》在陕西立碑（781 年）以前，景教在关中地区已颇为流行。来自拜占庭的使节与僧侣，使唐王朝对东罗马文明的昌盛和首都的豪华有所了解，加强了彼此间文化信息的沟通。唐朝同东罗马及其他草原民族之间的丝绸贸易，其中介商人是分布于天山以北直至里海的铁勒民族和由中国西迁的可萨突厥人。在北高加索东部地区，8—9 世纪墓葬出土的唐代丝织物和汉语文书册，表明唐代这一地区同中国有着经济文化往来。

　　唐代和东非南方三兰国的交往，是通过海道进行的。三兰国是唐王朝航船所到达的最远港口，索马里南部的黑人国殊奈，在 629 年（唐太宗贞观三年）便有使者来到长安。《通典》作者杜佑的族子杜环，751 年怛逻斯战役被俘后，被送至库法，受到优待，得以周游西亚，随阿拉伯使团到过今埃及、苏丹、埃塞俄比亚等地，亲眼在埃及、努比亚和埃塞俄比亚见到流行的大秦法（基督教）。杜环从埃塞俄比亚的萨瓦港回到波斯湾，于 762 年搭船返回广州。他所写的《经行记》，记载了他在西亚和非洲的见闻。成书于 9 世纪的《酉阳杂俎》一书，对亚丁湾南岸、索马里的情况和中国同这一地区的商品贸易亦有所记载。1954 年于陕西长安裴氏小娘子墓出土的黑人陶俑，人物造型惟妙惟肖、活泼可爱。

五　唐与印度半岛诸国

　　唐与印度之间的文化交流，在唐王朝对外文化交流中占有特殊重要的地位，内容十分丰富。唐与印度的文化交流，可从佛学、天文学、数学、医学及其他几个方面介绍如下。

　　唐与印度在佛学上的交流是同玄奘、王玄策访问和出使印度以及校勘、翻译佛学经论联系在一起的。

　　玄奘（602—664年），本姓陈，名祎，洛州缑氏（今河南偃师南）人，法名玄奘。他14岁出家，立志深造佛学，走访长安、成都等地的名僧，对佛经有较高的造诣。他深感阐释佛性教义的各派学说歧异，"南北异学，是非纷纠"①。于是，他抱着"求如来之秘藏，寻释迦之遗旨"的目的，发誓到佛国深究佛法，以正译经的谬误，贞观元年（627年）八月，玄奘从长安启程，取道西域，经高昌、热海（伊塞克湖），渡阿姆河，经迦毕试（今阿富汗喀布尔附近）进入印度。旅途中，玄奘历尽千辛万苦，"乘危远迈，杖策孤征"②，越"万里山川"③，经"百重寒暑"④，战胜了"积雪""惊沙"⑤，终于到达天竺。

　　玄奘在印度佛教最高学府摩揭陀国的那烂陀寺，跟从住持戒贤大师研习大乘佛教瑜伽派的经典，5年中遍读各种典籍，周游北、西、中、东、南五印度。640年，玄奘用梵文写成《会宗论》，调和大乘佛学中瑜伽和中观两派。次年，他参加戒日王在曲女城（卡瑙季）召集的无遮大会，讲经18日，写成《制恶见论》，曾和"顺世论"者辩论获胜。贞观十七年（643年），玄奘载誉启程归国。次年到达于阗，派人上表唐太宗。贞观十九年（645年）正月，回到长安，僧俗倾城出观，焚香散花、顶礼膜拜。玄奘去印度取经，从启程至回到长安，历时19年，行程5万余里，带回经论657部。

　　玄奘回到长安不久，又去洛阳，受到唐太宗的召见。唐太宗称赞他的"词论典雅，风节贞峻，非唯不愧古人，亦乃出之更远"。⑥

---

① （唐）玄奘撰：《大唐西域记》序二。
②③④⑤见《大唐三藏圣教序》，载《全唐文》卷一〇。
⑥ （唐）慧立本、彦悰撰：《大慈恩寺三藏法师传》。

玄奘乘机提出选贤译经的要求，唐太宗应允。从此，玄奘以世界级佛学大师的身份，在长安弘福寺与慈恩寺组织大规模的佛教经论译场，校勘、翻译佛教经论，编成《成唯识论》，开创了唯识宗。

玄奘在印度向戒日王介绍中国乐曲《秦王破阵乐》，又于647年奉命将老子《道德经》由汉文译成梵文。应印度友人和烂陀寺同学之请，将马鸣的《大乘起信论》由汉译本还原成梵文本，为印度保存了早已失传的佛学名著。玄奘还把他在西域、印度的见闻写成《大唐西域记》一书，该书记载了中亚、印度、巴基斯坦、孟加拉、阿富汗以及斯里兰卡的社会生活和宗教、艺术的圣迹，深受当时和今日学者的重视。

作为中印文化交流的使者，玄奘在佛教经论上的贡献和为双向传播中印文化所作出的业绩，是永垂史册的。

王玄策原是唐太宗时期的黄水（今广西罗城西北）县令，贞观十七年（643年）以副使的身份与正使李义表一道奉命出使印度，取道于新开通的吐蕃（西藏）、泥婆罗（尼泊尔）道路，经半年时间，到达中印度摩揭陀国都巴特那，在印度留居二年，对中印佛教文化交流和密切唐与摩揭陀两国友好关系做出了贡献。李义表在东印度迦摩缕波国（阿萨姆）访问时，童子王向李义表请求提供《道德经》梵文译本，供宣扬道教之用。《道德经》由玄奘译成梵文本后，王玄策第二次出使印度时送至童子王手中。道教和老子学说从此经云南、西藏、尼泊尔进入阿萨姆。

647年，王玄策和蒋师仁取道西藏、尼泊尔出使印度，次年抵达印度时，戒日王已死，各地出现群雄割据局面，使团的财物也被阿罗那顺王抢劫。王玄策借来尼泊尔和吐蕃精兵，生擒阿罗那顺，凯旋。东印度童子王支持王玄策的军事行动，请他将地图和礼物在归国时带回长安，同时请求派人送来老子像，以便供奉。

王玄策第三次出使印度，是奉命向摩诃菩提寺送佛袈裟，于660年抵达，于摩诃菩提寺建立碑记。归国时在迦毕试国（今阿富汗喀布尔以北）取得佛骨一片，带回长安在宫中供奉。王玄策又根据摩诃菩提寺弥勒图像，于长安敬爱寺造弥勒塑像。

王玄策三次出使印度，密切了唐朝与中印度、东印度、迦毕试、尼婆罗等国的佛教、道教和文化交流，促进了唐与印度各国之间使团的相互往来。

唐与印度在天文学上的相互交流，成绩斐然。印度、阿富汗天文学家于7、8世纪不断访问中国，在隋代已有《婆罗门舍仙人所说天文经》等七八部印度天文、历算著作的中译本，唐初李淳风的《麟德历》和一行的《大衍历》，都曾参考过印度的《九执历》。观测试验结果表明，《大衍历》的正确率（70%~80%）远高于《九执历》的正确率（10%~20%）。当时的太史监备有迦什氏、瞿昙氏和拘摩罗等三家印度历。至8世纪中叶，只使用瞿昙氏一家。瞿昙一家是世代居于长安的印度侨民，先后四代（100年）断断续续出任太史局、司天台负责官员。第三代瞿昙课（712—776年）曾担任太史监、司天监要职，司天台因此被有人称为瞿昙监。瞿昙悉达（第二代）712年任太史监，于718年奉命翻译印度《九执历》，与《麟德历》参照执行。他还参加编纂了《开元占经》，保存了许多珍贵的天文资料。758年，太史监改为司天台，瞿昙课调任司天台秋官正。765年，升任司天监。由他参考《九执历》编制的历法，人称瞿昙历，与国家颁行的《至德历》参照执行。

同印度在数学上的交流，是唐代中外数学交流的又一重要内容。在《隋书·经籍志》中，曾著录印度《婆罗门算法》等三部数学著作。开元六年（718年），在唐王朝司天监工作的印度天文学家瞿昙悉达奉唐玄宗之命，将印度历算名著《九执历》译成汉文，编入《开元占经》第104卷。熟悉《九执历》的一行，于《大衍历》中附有一张八尺之表，在太阳天顶距从0度到80度的影长表，一行给出的是0度到80度的间隔为1度的d（影长）值表，可谓是世界上最早的正切表。一行的正切表，可能是受到印度正切表启发而获得的。关于中国数学成就对印度的影响，李约瑟《中国科学技术史》第3卷，曾列举解高次方程、比例算法、分数、正数、盈不足术、不定分析等14个方面的证据，证明中国《九章》的《均输》《勾股》同印度数学家的理论有着惊人的相似。这些相似表明，中国的数学对印度的数学曾产生过重要影响。

印度的医学著作如《龙树菩萨药方》《婆罗门诸仙药方》《婆罗门药方》《西域婆罗仙人方》《西域名医所集药方》《耆婆所述仙人命论方》等，在隋代已有中文译本。在唐代所翻译的佛经中，也含有不少有关医药的内容。例如《佛说疗治病经》，介绍了“痔”的分类。当时还有来中国行医的印度医生，刘禹锡《赠眼医婆罗门僧》诗一首，谈到印度眼科医生已施行针拨白内障手术。从印度传入中国的药物有火珠、郁金香、菩提树、龙脑香等。印度的医方和医学理论，在唐代医书中亦有所记载。例如孙思邈《千金要方》曾载有“耆婆万病丸”“耆婆治恶病方”“耆婆汤”等印度药方，印度医学中的地、水、火、风“四大”学说在《千金要方》、《外台秘要》中亦有记载。

中国医学的传入印度，与僧侣的往来亦有关系。在印度学习佛经的唐朝僧人义净，曾在印度传授过中国本草学、脉学、针灸学和养生学等方面的医药知识。

六　唐朝与东南亚各国

　　唐朝与东南亚各国的文化交流，所涉及的国家有安南、环王、真腊、缅甸、诃陵、佛逝等。

　　越南北部在唐代属于安南都护府辖境。越南中部林邑在隋朝灭亡后复国，唐高祖武德六年（623年）二月，林邑王梵志曾遣使入贡。653年，林邑更国号"环王"，同唐王朝仍保持着通贡关系。

　　唐代越南向中国进贡的特产有黄金、象齿、犀角、沉香、豆蔻等，唐代的瓷器、丝织品在越南亦很流行。越南北部的龙编（红河河口）和南部的匕景（又称北景，位于顺化东南灵江口），曾被阿拉伯地理学家伊本·郭大贝在9世纪中叶列为晚唐中国沿海四大漕口之一。匕景是唐代外销瓷器最南边的一大港口。

　　越南受汉文化影响很大，越南士人参加唐朝科举并入仕为官者亦不在少数。8世纪的姜公辅父子兄弟三人都曾考中唐朝进士，公辅官至翰林学士，其《白云照春海赋》为唐代名作，在越南任职的汉族官员王福畴、马总都极力推崇儒学，传播儒家文化。前者死后，后者为他立祠堂，称王夫子祠；后者以安南都护、本管经略使身份，推广儒家教育，成为众望所归的人物。越南的佛学是从中国传入的，越南高僧与中国文人常作诗唱和。唐代诗人沈佺期的《九真山净居寺谒无碍上人》、贾岛的《送安南惟鉴法师》，皆为一时名篇。

　　真腊原名扶南，是建于湄公河和湄公河下游的一个印度化国家，佛教在这里很是盛行。扶南的乐舞，直到唐代仍然被保留，用二人舞，服朝霞衣，穿赤皮鞋。

　　缅甸即骠国，北部是中印交通的必经之路，南部也是中印航道所通过的地方。唐代南诏通过交通线同缅甸交流的货物有氎𦋺、缯帛、江猪（海豚）、琉璃罂（玻璃瓶）、琥珀、光珠、瑟瑟（绿宝石）、海贝等。8世纪末以后，骠国乐舞在长安颇受赏识。

　　诃陵是中爪哇的印度化国家，盛产玳瑁、黄金、犀、象，号称南海富国。640年，诃陵使者到达长安，曾受到唐太宗的隆重接待。644年，苏门答腊的摩罗游（今占卑）使者到达长安，两国建立友好关系，中国的航船畅通于马六甲海峡。

7世纪下半叶在苏门答腊巨港兴起的室利佛逝,是东南亚的佛学研究中心,信奉大乘佛教。义净(635—713年)法师于671年取道海上赴印度,曾在佛逝(巨港)停留6个月,学习印度梵文。689年,义净为在佛逝继续研究佛学,翻译和写作《南海寄归内法传》《大唐西域求法高僧传》,又重返佛逝,直到695年才返归洛阳。归国时,义净带回梵本近400部,还有金刚佛像和舍利300粒。义净的《南海寄归内法传》作为研究唐代东南亚各国历史的重要著作,近代已被译成英、法等国文字。

　　义净主张研究佛学要熟读梵本,并编写《梵语千字文》,倡导编写外语读本,实为中国第一部外文词典。《大唐西域求法高僧传》,收录到过诃陵、佛逝等国的高僧,多达15人。

　　室利佛逝使者于670—742年之间,曾多次前来中国。开元十二年(724年)七月,室利佛逝使者曾带来侏儒4人、僧祇女2人、杂乐人一部和五色鹦鹉。唐回赠绢百匹,授国王尸利陀罗跋摩为左威卫大将军。开元二十九年(741年)腊月,佛逝国的王子来中国,唐宰相设宴于曲江,册封国王刘滕末恭为宾义王,授左金吾大将军。

七　唐与新罗等国 ～

　　新罗是唐初朝鲜半岛上的三个国家之一，在唐王朝的支持下，于660年和668年灭百济和高句丽。7世纪末，新罗统一了大同江以南的朝鲜半岛，与唐朝的政治、经济、文化关系更加密切，彼此间的友好使者往来频繁。

　　新罗不断向唐朝派遣大批留学生，是唐与新罗文化交流的一大特色。840年，新罗第一批留学生来到长安。在唐代的外国留学生中，新罗留学生之多，仅次于日本的留学生。有不少留学生参加唐朝科举，进士登第，在唐朝担任官职。例如崔致远12岁入唐求学，18岁成为进士，在唐朝任职多年，29岁归国时已名震中华。新罗使团、留学生和来访文人之多，使新罗开始吸取唐文化，在政治制度、经济制度、教育制度、科举制度等多方面效法唐朝制度，儒家思想成为新罗王朝占统治地位的思想，并一直影响到此后几百年的朝鲜历史。

　　新罗自650年起使用唐代年号，采用唐历，广泛使用汉字、汉文，并开始用汉字音义标记朝鲜语。朝鲜学者薛聪、强首等人，于692年完成一种朝鲜语解读法，即所谓"吏读"，实现了汉字和朝鲜语的最早结合，开朝鲜创造自己的文字谚文的先河。

　　采用汉字为朝鲜学者学习唐代文学提供了十分有利的条件，很多朝鲜学者成为汉语言文学的名作家。唐代的诗歌、散文作品，被大量介绍到新罗，新罗的文学也是以诗歌、散文为主。强首和金大问是新罗的著名散文作家，新罗当时写给唐朝的国书，大多是出于强首的手笔；金大问是留唐学生，归国后用汉文写成了《花郎世记》《汉山记》《乐本》等名作。崔致远归国后成为新罗重臣和著名诗人。他用汉文创作今体赋501首，五言、七言今体诗100首，杂诗30首。《桂苑笔耕集》20卷，使得汉文学在新罗大放光彩，影响深远。

　　新罗的乐器受中国影响很大，如三竹（大芩、中芩、小芩等三种竹笛）、三弦（玄琴、加耶琴、琵琶）。唐太宗的十部乐中，有高丽乐一部。在长安，有很多来自朝鲜半岛的乐师和歌舞家。

　　自新罗统一朝鲜半岛后，中国流行的佛教、道教也传入新罗，佛教有律宗、涅槃宗、华严宗、法相宗和禅宗等。律宗的开山祖慈藏，636年率领10人来唐，643年迎回藏经一部，任大国统，开创律宗。华严宗开创人义湘，于671年回国后，号称海东华严初祖。朝鲜流行的禅宗同中国一样，有南禅、北禅之分。南禅开山祖道义于784年留学中国，821年归国后创立禅宗，有弟子800人。北禅是神行（信行）留学中国后归国创设，自新罗时期以后，佛教在朝鲜的盛行，使朝鲜成为一个信仰佛教的国家。

道教在朝鲜于唐玄宗时期再度兴盛，唐玄宗于738年派大师邢璹出使新罗，向新罗王赠送《道德经》，道教在朝鲜开始流行，新罗留唐学生金可纪等人曾传习道教。待到9世纪，新罗也如同唐朝建国以来那样，出现了儒、佛、道三教并行的局面。

同佛教传入和兴盛于新罗相联系的，是雕版印刷的佛教经卷也传入新罗。1966年10月在新罗首都庆州佛国寺释迦塔内，发现了704年至751年雕版印刷的《无垢净光大陀罗尼经》，实物可能来源于当时的长江三角洲。

新罗与唐朝之间的贸易很兴盛，官方贸易很频繁。从中国运往朝鲜的，有各种金属工艺品、丝织品、高级袍服、茶和书籍。由朝鲜使节赠送给唐朝的，有金、银、人参、毛皮等。当时，来唐朝侨居的新罗人很多，扬州江都、楚州山阳（淮安）、泗州涟水、密州诸城、登州牟平与文登，均有成批的新罗人侨居。

来唐朝求法的新罗僧侣，有不少人卓有成就。圆测（613—696年）是新罗王族弟子，627年来唐后师从法常、僧辨、玄奘学习，参加译经工作，精通六国语言，一生著译甚多，是玄奘著名弟子之一，死后与玄奘著名弟子窥基同葬于玄奘墓两侧。慧超（705—787年）于723年来唐求法，跟从印度高僧金刚智从海上赴印度，遍游北、西、中、东、南五印度，又到过伊拉克、叙利亚，于727年经中亚回到长安。780年赴五台山乾元菩提寺研究密教经典，著有《往五天竺国传》。该书的残本，于1908年发现于莫高窟藏经洞。金地藏（630—728年）亦出身新罗王族，本名金乔觉。他于653年来唐，后在安徽青阳九华山化城寺为住持。大诗人李白来九华山时曾见到地藏，二人相谈极为相得。地藏坐化于寺中，信徒为他建塔。化城寺是九华山开山寺院，后成为中国佛教四大名山之一。

在医药交流方面，中国的医书如《素问》《伤寒论》《千金要方》等，唐代时已传入朝鲜。693年，新罗仿唐制置医学博士，以《素问》等中国医书教授学生。同时，朝鲜的药材如人参、牛黄等也传入中国，在《新修本草》中有所记载。《外台秘要》中，还选录了"高丽老师方"。

八　唐与东瀛日本 🌫

在唐朝与日本的文化交流中，日本派往唐朝的"遣唐使"团，特别是其中的留学生和学问僧为中日文化交流做出了重要的贡献。由唐朝前往日本的文化使者，如音韵学家袁晋卿和鉴真和尚，为传播唐文化和佛教文化，做出了重大贡献。而中日文化交流在唐代所取得的重大成就，是同当时两国的国情和基本国策联系在一起的。

有唐一代，日本派往中国的友好使团有19次，除3次"送唐客使"和1次"迎入唐使"及2次尚未成行外，实际来唐的"遣唐使"团有13次。唐玄宗开元、天宝年间，有3次"遣唐使"来华。"遣唐使"团除大使、副使等官员外，人数最多的是留学生，其次是学问僧，此外还有随从医师、乐师、画师和技师、水手等。来唐留学生主要是贵族子弟和僧侣，初时每次不过二三十人，文武天皇（697—707年在位）以后，每次来唐留学生人数多达七八十人。晚唐时期，来唐的留学生中还出现了有汉学根基、在专业领域有所造诣的还学生、还学僧（又称请益生、请益僧），他们学习期限为一二年，然后归国，相当于今日所说的短期出国学习、科研的"访问学者"。来唐的遣唐使团包括留学生和留学僧在内，入境后在唐期间的交通、食宿按规定享受免费待遇，始终受到鸿胪寺的优惠接待。唐玄宗在位期间接待的三次遣唐使团，第一次在开元五年（717年）三月，成员中有著名留学生阿倍仲麻吕、吉备真备等人，唐玄宗"命通事舍人就鸿胪宣慰"[①]。第二次在开元二十一年（733年）四月，多治比广成率第十次遣唐使团来唐，途遇风浪，唐玄宗派通事舍人韦景先往苏州宣慰。次年，唐玄宗在洛阳接见遣唐使团成员。第三次在天宝十一年（752年），日本派出了第十一次遣唐使团，次年正月初一，唐玄宗在大明宫含元殿接见了使团。

日本留学生来唐入国子、太学、四门学习，留学生和学问僧归国时所带回的物品主要是包括经史子集四部在内的各种书籍、文集和佛道经卷、佛像、佛画、佛具

---

① 《册府元龟·朝贡四》。

等。这些留学生归国后有的还担任政府要职。正是这些归国的留学生、学问僧为在日本传播唐文化起到了重要的作用。

第九次遣唐使团中的著名学者朝衡即阿倍仲麻吕（708—770年）来唐后入太学学习，成绩优秀，参加科举中进士，然后在唐政府先后担任多种官职，官至秘书监（从三品），同著名诗人王维、李白等均有交往，死于中国，一生为中日友好事业做出了很多贡献。与朝衡一同来唐留学的吉备真备，在唐学习17年，于734年归国，归国时带回《唐礼》《大衍历经》《乐书要录》等书籍，及铜律管、测影铁尺等。归国后为皇太子讲授《礼记》《汉书》，传授唐代律令和历法。后来，他在政府中担任大宰大贰、右大臣等要职，又创造片假名，制定和文楷书字母，开创日本文字，贡献甚大。

日本大化革新期间的大和朝廷，仿照唐朝的三省六部制度，设立二官八省制，在政治、经济、教育等各项制度上仿效唐朝。这一期间，唐文化在日本社会生活乃至于风俗习惯方面，均有很大的影响。唐代佛教六宗均传入日本，其中三论宗与法相宗名师辈出。这些名师，大多是入唐求法的一代名僧。

开元二十四年（736年），唐朝著名音韵学家袁晋卿应邀随日本遣唐副使前往日本，被日本天皇任命为太学音博、太学头（大学校长），为创造日本文字做出了贡献。

鉴真法师是名垂史册的中日文化交流使者。他费时12载，克服千难万险，终于在753年（天宝十二年）第6次渡海成功，抵达日本，受到日本朝野的热烈欢迎，754年，鉴真亲自为太上皇、皇太后、皇太子授菩萨戒，为沙弥澄修等440多人受戒。755年，东大寺戒坛院落成。不久，东大寺内唐禅院建成，由鉴真主持僧侣的修道。鉴真赴日，改变了有僧无法、盛行自度与私度的日本佛教现状。同鉴真一行前往日本的24人，有僧侣、画师、玉工、铸写、绣师、修文、镌碑、医生、建筑师等各种工匠职人，他们在建筑、艺术、医药等方面为传播唐文化起到了重大的作用。鉴真本人又是一位医学家和药学家，为日本皇太后治愈疑难病症，有《鉴真上人秘方》传世。

在唐代的中外数学交流方面，中国数学及其数学教育、科举制度对日本和朝鲜的影响很大。唐代初年，朝鲜仿照中国数学教学制度，在国学中设置了算学博士，用中国编纂的数学教科书作为教材，制定了与中国大致相同的考试制度。在唐代，日本曾多次派出使者到唐代学习，建立学校，设置博士，招收学生，学习和考试科目大致相同。据记载日本典章制度的《令义解》所载，在日本："凡算经：《孙子》《五曹》《九章》《六章》《缀术》《三开重差》《周髀》《九司》各为一经，学生分经习业。其算学生辩明术理……试《九章》三条，《海岛》《周髀》《五曹》《九司》《孙子》《三开重差》各一条。试九考试也是全通为甲，通六为乙。若落《九章》者，虽通六而不第……"[①]开元五年（717年），日本吉备真备来中国，居住16年，回国时带走《大衍历立成》12卷、《大衍历经》1卷，二次内插法也因此而传入日本。

---

①转引自李俨著：《中国算学史》，上海：商务印书馆，1937年。